新編諸子集成

墨子閒詁

下

〔清〕孫詒讓 撰
孫啟治 點校

中華書局

墨子閒詁卷十一

大取第四十四

畢云：「篇中言『利之中取大』，即『大取』之義也。意言聖人厚葬固所以利親，盛樂固所以利子，而節葬、非樂則利尤大也，墨者固取此。」案：畢說非也。此與下篇亦墨經之餘論，其名大取、小取者，與取譬之取同。小取篇云「以類取，以類予」，即其義。篇中凡言「臧」者，皆指臧獲而言。畢竝以「葬親」爲釋，故此亦有「厚葬」、「節葬」之說，竝謬。此篇文多不相屬，蓋皆簡札錯亂，今亦無以正之也。

天之愛人也，薄於聖人之愛人也；畢云：「言天地之大，人猶有憾。」其利人也，厚於聖人之利人也。大人之愛小人也，薄於小人之愛大人也；畢云：「言不如小人之姑息。」其利小人也，吴鈔本無此字。厚於小人之利大人也。以臧爲其親也而愛之，畢云：「說文云『葬，臧也』，即『藏』字正文，謂葬親。」顧云：「臧，賤稱也，篇內同義，亦互見小取篇。」案：顧說足正畢說之謬。此「臧」即臧獲之臧，詳小取篇。言臧善事吾親，因而愛利之也。非愛其親也；「非」字疑衍，此篇多以一是一非相對言之。以臧爲其親也而利之，吴鈔本「爲」下有「利」字，疑衍。「利之」謂資給之。非利其親也。以樂爲利其子，而爲其子欲之，「樂」

謂音樂。畢云「當有『非』字」，誤。**愛其子也；以樂爲利其子，而爲其子求之，非利其子也。**疑當作「非求其子也」。畢云：「此辯葬之非利親，樂之非利子，即『節葬』、『非樂』之説也。」案：畢説謬。**於所體之中而權輕重，之謂權。**吴鈔本作「於所體輕重之中而權其輕重，之謂權」。案：「其」字疑當有。文選運命論李注引尸子云：「聖人權福則取重，權禍則取輕。」**權非爲是也，非非爲非也。**俞云：「當作『非爲非也』，衍一『非』字。」案：當作「亦非爲非也」，上「非」字乃「亦」之誤，無衍文。**權，正也。**經上篇云：「欲正權利，惡正權害。」**斷指以存掔，**意林引作「脛」。畢云：「此『捥』字正文，舊作『[illegible]』，誤。説文云：『掔，手掔也。』揚雄曰：『掔，握也。从手，臤聲。』鄭注士喪禮云：『手後節中也，古文掔作捥。』」**利之中取大，害之中取小也。害之中取小也，**畢云：「當爲『者』。」**非取害也，取利也。其所取者，人之所執也。**言爲人所持執，不能自免。**遇盜人，而斷指以免身，利也；其遇盜人，害也。**淮南子説山訓云「斷指而免頭，則莫不利爲也。故人之情，於利之中則爭取大焉，於害之中則爭取小焉」，意本於此。**斷指與斷腕，**畢云：「玉篇云：『腕，烏段切，手腕，亦作捥。』案『捥』、『腕』皆『掔』字之俗。」**利於天下相若，無擇也。死生利若，一無擇也。**當作「非無擇也」，謂必舍死取生。**殺一人以存天下，非殺一人以利天下也；**此對下「是殺己以利天下」爲文，當作「非殺人以利天下也」，「一」字涉上而衍。**殺己以存天下，是殺己以利天下。於事爲之中而權輕重，之謂求。求爲之，非也。**疑當作「非爲之也」，脱二字。**害之中取小，求爲義，非爲義也。**此疑當接後「不可正而正之」句。**爲暴人語天之爲是也而性，**句。**爲暴人歌天之爲非也。諸陳執既有所**

爲，而我爲之陳執，執之所爲，因吾所爲也；若陳執未有所爲，而我爲之陳執，陳執因吾所爲也。暴人爲我爲天之以人非爲是也而性。此文多譌脱，「爲是也而性」語，前後兩見，疑「性」並當作「惟」，惟與唯通。經下篇云：「物一體也，説在俱一、惟是。」説云：「惟是，當牛馬。」惟是亦即唯是，謂言是則應之也。此義似與彼同，而上下文仍難通。不可正而正之。上云：「權，正也。」言於不可正之中，而權其正。利之中取大，此節疑當接上文「非爲義也」下。非不得已也；害之中取小，不得已也。所未有而取焉，是利之中取大也；於所既有而棄焉，是害之中取小也。

義可厚，厚之；義可薄，薄之，謂倫列。「謂」上當重「之」字。戰國策宋策高注云：「倫，等也。」服問鄭注云：「列，等比也。」德行、君上、老長、親戚，此皆所厚也。爲長厚，不爲幼薄。句。親厚，厚。厚其近親。親薄，薄。薄其遠親。親至，薄不至。言有至親，無至薄。義，厚親不稱行而顧行。「顧」當爲「類」。後云「厚親不稱行而類行，其類在江上井」，即釋此節。「行」謂德行。爲天下厚禹，爲禹也。爲天下厚愛禹，此句「厚」字疑衍。乃爲禹之人愛也。「人愛」二字疑倒。厚禹之加於天下，據下文，「之」下當有「爲」字，言所以厚愛禹者，爲其德加於天下。畢云「言禹之厚德及天下」，非。而厚禹不加於天下。言所厚止於禹身，不偏及天下。若惡盜之爲加於天下，言惡盜爲其害及天下。畢云：「言盜之惡行及天下」，非。而惡盜不加於天下。言所惡止於盜身，不偏及天下。愛人不外己，己在所愛之中。言己亦猶是人也。己在所愛，愛加於己。倫列之愛己，愛人也。言愛己亦可謂之愛人。此下疑當接後「臧之愛己，非爲愛己之人也」句。荀子正名篇云：「聖人不愛己，此惑於用名以亂名者也。」聖人惡疾病，畢云：「言自重其身。」不惡危難，畢云：「言爲人則不避艱險。」正體不動，疑當作「四體不勤」。欲人之利也，非惡人之害也。畢云：「言欲存其身以利人，非惡人之以危難害己。」聖人不爲其室臧之，故在於臧。此義難通，畢云：「言臧富在下」，非。聖人不得爲子之事。似言聖人事親，愛無窮而事必有所盡。聖人之法，死亡親，亡、忘通。謂親死而忘之，即薄喪之義。爲天下也。厚親，分也，以死亡之，句。體渴興利。此即節喪下篇「疾從事」之意。畢云：「説文云：『渴，盡也。』『竭，負舉也。』今經典多以『竭』爲『渴』。此云云者，謂盡其利以厚喪也。」案：畢説非是。有厚薄而毋倫列之興利，爲己。此下疑當接下「天下之利」句。

語經：畢云：「意言聖人厚葬之説，爲自厚其親，語其經耳。經猶云正，非必欲天下人如是也，故下辨之。」案：「語經」者，言語之常經也，此總目下文，畢説非。語經也，當爲「者」，畢云：「『也』同『者』」，非。非白馬焉，此即白馬非馬之説，公孫龍子有白馬論，詳小取篇。執駒焉説求之，畢云：「案列子仲尼云『公子牟曰：白馬非白，形名離也，孤犢未嘗有母，非孤犢也』，似與此意同。『執駒焉説求之舞』，似當云『執駒馬説求之無母』，即孤犢之論乎？」案：莊子天下篇云「孤駒未嘗有母」，白馬孤駒，蓋名家常語，所謂「語經」也。「説求之」上疑脱「有」字，與下「無説」文相對，畢説非其恉。舞説非也。舞當從畢校爲「無」之誤，而句讀則非。漁大之舞大，疑當作「殺犬之無犬」。經下云「狗，犬也，而殺狗非殺犬也，可」，即此義。「殺」俗作「煞」，釋慧苑華嚴經音義云「漁，聲類作『魰』」，二形相近而譌。非也。所謂無説。三物必具，然後足以生。必與畢通。此下疑當接後「以故生，以理長，以類行也者」句。

三物，即指故、理、類而言之，謂辭之所由生也。

臧之愛己，此節疑當接上文「愛己愛人也」下。**非爲愛己之人也。**言臧自愛其身，非爲愛己之爲人也。**厚不外己，**「厚」下當有「人」字，上文云：「愛人不外己。」**愛無厚薄。舉己，非賢也。**「舉」當作「譽」。**義，利；不義，害。**句。**志、功爲辯。**志，舊本作「之」，今據道藏本、吴鈔本正。下文云：「志、功不可以相從也。」

有有於秦馬，疑當作「有友於秦焉」。**有有於馬，**疑當作「有友於□焉」。**也智來者之馬也。**未詳。

愛衆衆世，與愛寡世相若。兩「世」字，畢竝以意改作「也」，王校從之。王引之云：「『愛衆衆也』，下『衆』字衍，當作『愛衆也與愛寡也相若』。又案下文『凡學愛人』與『小圜之圜』云云，文義不相屬，疑當在『愛衆也』上。『凡學愛人』乃統下文之詞，『愛衆也』云云則承上句而詳言之也，古書錯簡耳。」案：此當作「愛衆世與愛寡世相若」。「衆世」、「寡世」以廣陝言，下文「尚世」、「後世」以古今言，文自相對。「凡學愛人」句，亦非此處錯簡。畢、王校竝未允。

兼愛之有相若。有與又通。**愛尚世與愛後世，**王云：「尚與上同。」**一若今之世人也。**王引之云：「『今之世人』，當作『今世之人』。『今世』與『尚世』、『後世』相對爲文也。」**鬼，非人也；兄之鬼，兄也。**王引之云：「『鬼非人也』，當作『人之鬼非人也』，寫者脱去『人之』二字耳。小取篇云『人之鬼，非人也；兄之鬼，兄也』，是其證。」案：無「人之」二字義自可通，今不據增。**天下之利驩。**驩猶悦也。天志中篇云：「今有人於此，驩若愛其子，竭力單務以利之。」此疑當接上「興利爲己」句。**聖人有愛而無利，俔日之言也，**説文人部云：「俔，譬諭也，一曰閒見。」爾雅釋言云：「閒，俔也。」案：「俔」有閒訓，此疑亦當與閒義同。方言云：「閒，非也。」孟子離婁篇云：「政不足閒也。」倪閒蓋謂駁難相非，故下云「乃客之言」。「日」疑當作「曰」。或疑當爲「儒者之言」。「儒」俗作「偄」，與「倪」相似而誤。亦通。**乃客之言也。天下無人，子墨子之言也。**「無人」，即兼愛之義。言人己兩忘，則視人如己矣。「子墨」下舊無「子」字，今據吴鈔本補。**猶在。**似言害捨大取小，然其害猶在。上疑有脱文。

不得已而欲之，非欲之也。舊本重「非欲之」三字。畢云：「一本無。」案：顧校季本亦無，今據删。此即前「害之中取小，不得已也」之義。疑當在上文「是害之中取小也」下。**非殺臧也。**王引之云：「『非殺臧也』上有脱文，以下二句例之，當云『專殺臧，非殺臧也』。」**專殺盜，非殺盜也。凡學愛人。**「學」當爲「譽」。前云「譽己非賢也」，後又云「愛人非爲譽也」，此句或當接後「利人也，爲其人也」句。

小圜之圜，與大圜之圜同。方至尺之不至也，「方」當爲「不」。**與不至鍾之至不異，**「鍾」當爲「千里」二字。「之至」當作「之不至」。謂尺與千里，遠近異，而其爲不至則同。故下云「遠近之謂」。今本「千里」二字誤合爲「重」字，校者又益金爲「鍾」，遂不可通。續漢書五行志童謡以「董」字爲「千里草」，與此可互證。**其不至同者，遠近之謂也。**

是璜也，畢云：「説文云：『璜，半璧也。』」**是玉也。**此與上「是」字疑竝當作「意」。**意楹，非意木也，意是楹之木也。意指之人也，非意人也。**王引之云：「當作『意人之指，非意人也』。」意，度也，言所度者人之指，非度人也。下文云『一指，非一人也』，是其證。」**意獲也，**説文犬部云：「獲，獵所獲也。」**乃意禽也。**俞云：「『乃意禽也』當作『非意禽也』，與上文『非意木也』、『非意人也』一律。」詒讓案：「乃」字不誤，此與上文反正相對，言獵者之求獲，欲得禽也。志、功不可以相從也。「志」即意求之也。「功」謂求而得之。

利人也，爲其人也。畢云：「爲，一本作『非』。」富人，言譽人之富。非爲其人也。畢云：「舊二字倒，一本如此。」有爲也以富人，言有所爲，以使人富。富人也。治人，有爲鬼焉。言治人之事，兼有事鬼，若祭祀之類。爲賞譽利一人，非爲賞譽利人也，亦不至無貴於人。「無貴」疑當作「無賞譽」。言賞譽雖不能徧及人，亦不至因此遂不用賞譽也。智親之一利，畢云：「智同知。」未爲孝也，亦不至於智不爲己之利於親也。言雖不足爲孝，亦不至於明知己之有利於親，而不爲之。

智是之世之有盗也，上「之」字當衍。吴鈔本無下「之」字。蓋「世之」二字誤倒，校者又於下增一「之」字，遂致複出。「盗」當作「人」，涉下而誤。盡愛是世。俞云：「當作『智是世之有盗也，不盡是世』，下文『智是室之有盗也，不盡是室也』，可證。」案：俞校未塙，以文義推之，當作「智是世之有人也，盡愛是世」，即兼愛之義。智是室之有盗也，不盡是室也。「不盡」下，以下文推之，當有「惡」字。智其一人之盗也，不盡是二人。畢云：「『二』當爲『一』。」詒讓案：當作「不盡惡是人」，此脱「惡」字，衍「二」字耳。雖其一人之盗，苟不智其所在，盡惡其弱也。「弱」疑當爲「朋」，形近而誤。言盗雖止一人，然不能審知其誰某，則盡惡其朋黨也。

諸聖人所先爲，人欲名實，「欲」疑「效」之誤。名實不必名。疑當作「實不必名」，上「名」字誤衍。苟是石也白，句。敗是石也，「敗」當爲「取」。盡與白同。言白石之白皆同。是石也唯大，唯、雖通，吴鈔本作「惟」。不與大同。言大石之中，仍有大小之異。是有便謂焉也。「便」疑當爲「使」。以形貌命者，必智是之某也，貌，吴鈔本作「皃」，下同。焉智某也。焉猶乃也。不可以形貌命者，唯不智是之某也，唯亦與雖通。智某可也。諸以居運命者，爾雅釋詁云：「運，徙也。」畢云：「居運，言居住或運徙。」苟人於其中者，皆是也。「人」當作「入」。入是、去非，文正相對。去之，因非也。諸以居運命者，若鄉里齊、荆者，皆是。諸以形貌命者，若山丘室廟者，皆是也。

智與意異。舊本脱「異」字，今據吴鈔本補。上文辨「智」、「意」二者之文甚詳。重同，經説上云：「二名一實，重同也。」具同，「具」當爲「俱」。經説上云：「俱處於室，合同也。」連同，國語楚語韋注云：「連，屬也。」同類之同，經説上云：「有以同，類同也。」同名之同，丘同，丘與區通，詳經下篇。謂同區域而處。鮒同，鮒、附通。史記魏世家「屈侯鮒」，説苑臣術篇「鮒」作「附」。周禮大司徒鄭注云：「附，麗也」。是之同，畢云：「一本又有『同』字。」然之同，同根之同。此四字疑當在前「同名之同」下。此下文「有非之異，有不然之異」二句，正與上文「是之同，然之同」相對，明不當以此句廁其閒也。有非之異。有不然之異。有其異也，爲其同也，爲其同也異。此下疑當接下「長人之異，短人之同」二節。一曰乃是而然，吴鈔本作「是」。二曰乃是而不然，三曰遷，昔是而今不然。四曰强。貌是而情不然。子深其深，淺其淺，益其益，尊其尊。以上似竝辨辭氣之異同。俞云：「『尊』當讀爲『剸』。説文刀部：『剸，減也。』剸有減損之義，故與『益其益』對文成義。」案：俞説是也。後漢書光武十王傳贊「沛獻尊節」，李注引禮記「恭敬尊節」，今曲禮作「撙節」。「尊」、「撙」、「剸」聲類竝同。察次山比因至優指復，句。次察聲端名因請復。此文脱誤不可校，以意推繹，兩「次」字疑皆當作「次」，即「盗」之壞字。一「優」字，二「復」字，皆「得」之誤。「請」讀爲「情」。「請復」，即下文之「請得」也。審校文義，疑首句當作「察盜止此室因指得」，次句當作「察盜聲端名因情得。」上云「智是室之有盜也，不盡是室也」，言察盜之止於是室，乃因人指而得之。若察盜之聲，而得其名，則因籀其情而得之也。大指蓋如是。今本「止此室」譌爲「山比至」，而以「至」字倒著「因」下，又涉「復」字而衍一「優」字，「察次」復倒作「次察」，遂無從諟正矣。「端名」亦難通，疑「端」當爲「揣」之誤。

正夫辭惡者，人右以其請得焉。「正」當爲「匹」。「右」疑「有」之誤，有與或義同。請亦讀爲情，下同。此以籀獄爲喻也。「辭惡」謂不受惡。左宣二年傳「趙盾爲法受惡」，杜〔一〕注云「爲法受屈」，與此義可相證。言匹夫雖賤，而不肯受屈，必欲自明其志，則可以得其情實。**諸所遭執而欲惡生者，人不必以其請得焉。**「惡生」謂樂於就死也。言遭囚執而不求生，則雖有屈抑而不欲自明，故不能必得其情實也。

聖人之附瀆也。附，道藏本、吳鈔本竝作「坿」。畢云：「『瀆』字未詳。」**仁而無利愛，**而，吳鈔本作「人」。**利愛生於慮。**謂以仁待人，而無私愛利之心。凡愛利，皆生於自私之心，不足爲仁也。經說上云：「慮也者，以其知有求也。」**昔者之慮也，非今日之慮也；昔者之愛人也，非今之愛人也。愛獲之愛人也，生於慮獲之利。**謂因賴其利而愛之。**慮獲之利，非慮臧之利也；**臧、獲異人，故所慮與所利不同。舊本無下「慮獲之利」四字，王引之云：「『生於慮獲之利』下，當更有『慮獲之利』四字，『慮獲之利，非慮臧之利也』、『而愛臧之愛

〔一〕「杜」，原誤「柱」，據活字本改。

人也，乃愛獲之愛人也』，相對爲文。」案：王說是也，今據增。**而愛臧之愛人也，乃愛獲之愛人也。**言所愛雖異，其爲愛人則同。臧、獲統於人之內也。**去其愛而天下利，弗能去也。**疑當作「弗能不去也」。言去一人而利天下，雖在所愛，不能不去也。**昔之知牆，非今日之知牆也。**蘇云：「『牆』疑當作『臧』。」俞云：「『牆』字不可通，乃『嗇』字之誤。呂氏春秋情欲篇『論早定則早知嗇』，先己篇『嗇其大寶』，高注竝曰：『嗇，愛也。』『昔之知嗇，非今日之知嗇』，猶上文云『昔者之愛人也，非今之愛人也』。」案：蘇說近是。此下疑當接後文「藉臧也死，而天下害」句。**貴爲天子，其利人不厚於正夫。**顧云：「『正』作『匹』。」俞校同。案：顧校是也。此書「匹夫」字多譌作「正夫」，詳節葬下篇。此言利人之心，貴賤所同。蘇云「『正』讀如『征』」，誤〔一〕。**二子事親，**此上疑當接上文「義厚親不稱行而類行」下。**或遇孰，或遇凶，**孰，道藏本、吳鈔本竝作「熟」。畢云：「言歲孰、歲凶。」**其親也相若，**言不以孰凶而事親有厚薄。**非彼其行益也非加也，**疑當作「非彼其行益加也」。**外執無能厚吾利者。**「執」疑「埶」之譌。謂外物不能使吾利親之心加厚。**藉臧也死而天下害，吾持養臧也萬倍，吾愛臧也不加厚。**「藉」即假借字。首句「臧」字，舊本誤「藏」，今據吳鈔本正。「持養」義詳非命下篇。言假令臧死而害及天下，則吾之持養之也當萬倍，然爲天下去害，非愛臧加厚也。

〔一〕「誤」，原作「語」，據活字本改。

長人之異短人之同，其貌同者也，貌，吳少本作「皃」，下竝同。故同。俞云：「『長人之異短人之同』當作『長人之與短人也同』，下二句正釋『長人』『短人』所以同之故也。下文曰『指之人也與首之人也異，人之體非一貌者也，故異。將劒與挺劒異，劒以形貌命者也，其形不一，故異』，竝與此文一律，可證。」指之人也與首之人也異，首之人，謂以首向人。人之體非一貌者也，故異。將劒與挺劒異，將，𢪒之借字。說文手部云：「𢪒，扶也。」「挺，拔也。」劒以形貌命者也，其形不一，故異。楊木之木與桃木之木也同。諸非以舉量數命者，敗之盡是也。「敗」疑亦當爲「取」，形近而誤。此言不以量數舉者，若一人爲人，百人亦爲人，故云「取之盡是也」。故一人指，非一人也；是一人之指，乃是一人也。王引之云：「『故一』下衍『人』字，『一人之指』上衍『是』字。當作『故一指，非一人也；一人之指，乃是一人也』。」方之一面，非方也；言方冪與方周、方體不同。方木之面，方木也。

以故生，「以」上當有「夫辭」二字，下文可證。廣雅釋詁云：「故，事也。」此疑當接上「語經」節下。以理長，以類行也者。二字當乙。蘇云「據下文，當作『辭以類行者也』」，非。立辭而不明於其所生，忘也。顧云：「『忘』，當爲『妄』。」今人非道無所行，道與理同，此釋「以理長」之義。言不循道，則辭不可行。唯有强股肱，而不明於道，唯與雖通。其困也，可立而待也。夫辭以類行者也，立辭而不明於其類，則必困矣。故浸淫之辭，文選洞簫賦李注云：「浸淫猶漸冉，相親附之意也。」其類在鼓栗。「在」下吳鈔本有「於」字，此文有譌。蘇云：「此下言『其類』者十有三，語意殊不可曉，疑皆有說以證明之，如韓非儲說所云者，而今已不可考矣。」聖人也，爲天下也，其類在于追迷。畢云：「言能追正迷惑。」案：以下竝釋「以類行」之義，而文多難通。畢以意説之，皆不甚塙。今無可質證，姑存以備攷。或壽或卒，其利天下也指若，畢云：「言其指相若。」蘇云：「『指』當作『相』。」其類在譽石。畢云：「疑『譽名』，言聖人有壽有不壽，其利天下同，則譽在也。」案：畢説未塙，疑當作「礜石」，説文石部云：「礜，毒石也。」山海經西山經云「礜石可以毒鼠」，郭璞注云：「今礜石殺鼠，蠶食之而肥。」此言礜石害鼠，而利於蠶，以況或壽或卒之利害不同也。一日而百萬生，愛不加厚，此疑釋「藉臧也死而天下害」一節之義。其類在惡害。畢云：「言意多所愛而不行者，畏難之故。」愛二世有厚薄，而愛二世相若，「二」當爲「上」，字之誤。説文古文「上」作「二」，與「二」形相似。『上世』與『尚世』義同。此釋上文「愛尚世與愛後世，一若今之世人也」。其類在蛇文。此文有譌，洪云：「『文』當作『玄』，玄即蚿字之省。莊子秋水篇『夔憐蚿，蚿憐蛇』，亦取相愛爲義。」案：洪説未塙。愛之相若，擇而殺其一人，畢云：「言愛二人同，擇而殺其一。殺，減也。」案：此似釋上文「殺一人以存天下，非殺一人以利天下」一節之義。畢説失之。其類在阬下之鼠。阬，舊本譌「院」，今據道藏本、吳鈔本正。爾雅釋詁云：「阬，虚也。」得鼠則殺之，爲其害物也。小仁與大仁，行厚相若，大仁，舊本作「大人」，今從吳鈔本。仁與人通。此似釋上文「大人之愛小人也」一節之義。其類在申。有譌脱。凡興利除害也，上文云「興利爲己」，此疑釋其義。其類在漏雍。吳鈔本作「厚壅」，疑「扇甕」之譌。王云：「雍與甕同，井九二『甕敝漏』，釋文『甕』作『雍』。北山經『縣雍之山』，郭璞曰『音汲甕』，水經晉水篇作『縣甕』。漢紀孝成紀『申徒狄蹈甕之河』，漢書鄒陽傳『甕』作『雍』。」案：王説是也。此似言甕之害在於漏，去其漏，則得汲水之利也。厚親不稱行，而類行，此釋上文「義可厚厚之」一節之義。其類在江上井。不爲己之可學也，「學」疑「譽」之誤。上文云「譽己非賢也」，此或釋其義。其類在獵走。愛人非爲譽也，其類在逆旅。言因求利而愛人。此釋上文「爲賞譽利一人」一節之義。愛人之親，若愛其親，此疑釋上文「以臧爲其親也」一節之義。其類在官苟。有譌。兼愛相若，一愛相若，言愛一人與兼愛衆人同。一愛相若，四字重出，當是衍文。此疑釋上文「愛衆衆也」一節之義。其類在死也。畢云：「一本作『虵』。」案：顧校季本亦作「虵」。此文有譌。

小取第四十五

夫辯者，將以明是非之分，審治亂之紀，明同異之處，察名實之理，處利害，國語魯語云「智者處物」，韋注云：「處，名也。」淮南子説林訓云：「見之明白，處之如玉石。」決嫌疑。句。焉摹略萬物之然，説文手部云：「摹，規也。」淮南子本經訓高注云：「畧，約要也。」俞正燮云：「摹畧，即今言之模量，古言之無慮。」俞云：「『然』字無義，疑當作『狀』，『狀』誤爲『肰』，因誤爲『然』。」論求羣言之比。以名舉實，經説上云：「舉，告以文名，舉彼實也。」以辭抒意，史記平原君傳集解引別録：「鄒衍曰：辯者抒意通指，明其所謂。」漢書劉向傳「一抒愚意」，顏注云：「抒，謂引而泄之也。」畢云：「『紀』、『理』、『疑』、『比』、『意』爲韻，古四聲通。」以説出故。以類取，以類予。畢云：「『故』、『取』、『予』爲韻。」有諸己不非諸人，無諸己不求諸人。

或也者，不盡也。易乾文言云：「或之者，疑之也。」假者，今不然也。畢云：「假設，是尚未行。」效者，爲之法也；所效者，所以爲之法也。故中效，畢云：「中，去聲。」則是也；不中效，則非也，此效也。辟也者，畢云：「辟同譬。說文云：『譬，諭也。』諭，古文『喻』字。」舉也物而以明之也。畢云：「舉也，『也』字疑衍。」王云：「『也』非衍字，也與他同，舉他物以明此物，謂之譬，故曰『辟也者，舉他物而以明之也』。墨子書通以『也』爲『他』，說見備城門篇。」案：王說是也。潛夫論釋難篇云：「夫譬喻也者，生於直告之不明，故假物之然否以彰之。」荀子非相篇云：「談說之術，分別以喻之，譬稱以明之。」侔也者，比辭而俱行也。說文人部云：「侔，齊等也。」謂辭義齊等，比而同之。援也者，曰：子然，句。我奚獨不可以然也？說文手部云：「援，引也。」謂引彼以例此。推也者，以其所不取之，同於其所取者，予之也。淮南子本經訓高注云：「推，求也。」此云「取」，與求義同。謂所求者在此，所不求者在彼，取彼就此，以得其同。所謂『予之也』。是猶謂也者同也，吾豈謂也者異也。

夫物有以同而不，不讀爲否。率遂同。率、遂聲近義同。廣雅釋詁云：「率，述也。」率、遂、述古竝通用。耕柱篇云「古之善者不遂」，遂即述也。明鬼下篇「率徑」，月令作「徑術」，鄭注謂即周禮匠人之「遂徑」，竝其證也。辭之侔也，畢云：「之侔，一本作『侔之』。」案：顧校季本亦作「侔之」。有所至而正。疑當作「止」。其然也，有所以然也。其然也同，句。其所以然不必同。「其然也同」，舊本脫上三字。王引之云：「『同其所以然不必同』當作『其然也同，其所以然不必同』，承上文其然與所以然言之也。下文『其取之也同，其所以取之不必同』，文義正與此合，寫者脱去上三字耳。」其取之也，有所以取之。舊本無「所」字，王引之云：「『以』上當有『所』字。下文『其所以取之不必同』，即承此言之也。上文『其然也，有所以然也』，文義正與此合。寫者脱『所』字。」案：王校是也，今據增。其取之也同，句。其所以取之不必同。句。是故辟、侔、援、推之辭，畢云：「譬也，侔也，援也，推也，即上四者。」行而異，轉而危，俞云：「危讀爲詭。漢書天文志『司詭星出正西』，史記天官書『詭』作『危』。是危、詭古字通。『行而異，轉而詭』，詭亦異也。」遠而失，句。流而離本，句。則不可不審也，不可常用也。故言多方，莊子天下篇「惠施多方」，呂氏春秋必己篇高注云：「方，術也。」殊類異故，則不可偏觀也。偏與徧通。下同。

夫物或乃是而然，或是而不然，或一周而一不周，周，舊本竝作「害」，王引之云：「兩『害』字俱當作『周』，隸書『周』字與『害』相似，故誤爲『害』。下文『此一周而一不周者也』，與此相應，字正作『周』。」案：王説是也，今據正。或一是而一不是也，不可常用也。故言多方，殊類異故，則不可偏觀也。非也。王引之云：「此本作『或一是而一非也』，當以『非也』二字接『或一是而一』下。其『不可常用也』以下三句，則因上文而衍。『不是也』三字，又後人所增。蓋後人不知『不可常用』云云，爲衍文之隔斷正文者，又不知『非也』二字本與『或一是而一』作一句，乃足以『不是也』三字耳。下文云『此乃一是而一非者也』，與此相應，當據以删正。」白馬，馬也；乘白馬，乘馬也。畢云：「張湛注列子云：『白馬論曰：馬者所以命形也，白者所以命色也，命色者非命形也。』」詒讓案：張本公孫龍子文。驪馬，馬也；説文馬部云：「驪，馬深黑色。」乘驪馬，乘馬也。獲，人也；愛獲，愛人也。臧，人也；愛臧，愛人也。畢云：「方言云：『臧、獲，奴婢賤稱也。荆淮海岱襍齊之間，罵奴曰臧，罵婢曰獲。齊之北鄙，燕之北郊，凡民男而壻婢謂之臧，女而婦奴謂之獲。亡奴謂之臧，亡婢謂之獲。』王逸注楚辭云：『臧，爲人所賤繫也；獲，爲人所係得也。或曰：臧，守藏者也；獲，主禽者也。』」此乃是而然者也。獲之親，舊本作「視」。畢云：「當爲『事』。」王引之云：「畢説非也。『視』乃『親』字之譌。『獲之親，人也。獲事其親，非事人也』，兩『親』字上下相應。猶下文云『其弟，美人也；愛弟，非愛美人也』，兩『弟』字亦上下相應。」案：王説是也，今據正。人也；獲事其親，非事人也。其弟，美人也；愛弟，非愛美人也。畢云：「言使其弟有美容，而愛弟者，非以容也。」車，木也；乘車，非乘木也。船，木也；人船，畢云：「當爲『乘船』。」蘇云：「『人』當爲『入』之誤。」非人木也。盗人，人也；多盗，非多人也；無盗，非無人也。奚以明之？惡多盗，非惡多人也；欲無盗，非欲無人也。畢云：「此所謂辯名實之理。」世相與共是之。若若是，則雖盗人人也，衍一「人」字。愛盗非愛人也，不愛盗非不愛人也，殺盗人非殺人也，「盗」下「人」字衍。荀子正名篇云：「『殺盗非殺人也』，此惑於用名以亂名者也。」無難盗無難矣。據下文，疑衍「盗無難」三字。此與彼同類，世有彼而不自非也，墨者有此而非之，無也故焉，舊本「故」在「也」上，王引之云：「『無故也焉』當作『無也故焉』，『也故』即他故。下文云『此與彼同類，世有彼而不自非也，墨者有此而非之，無也故焉』，文正與此同，今本『也故』二字倒轉，則義不可通。」案：王校是也，今據乙。所謂内膠外閉，爾雅釋詁云：

「膠，固也。」謂内膠固而外閉塞。與心毋空乎，空讀爲孔。列子仲尼篇「文摯謂龍叔曰：子心六孔流通，一孔不達」，張注云：「舊説聖人心有七孔也。」内膠而不解也。此乃是而不然者也。舊本「然」作「殺」。畢云：「據上當爲『然』，一本作『然』。」蘇云：「『然』與『煞』字形相近，遂展轉致訛。」案：畢、蘇校是也。顧校季本亦作「然」，今據正。且夫讀書，非好書也。疑當作「夫且讀書，非讀書也；好讀書，好書也」。且鬭雞，非雞也；畢云：「言人使之鬭。」好鬭雞，好雞也。且入井，非入井也；止且入井，止入井也。且出門，非出門也；止且出門，止出門也。據上文，當亦有「世相與共是之」五字。若若是，且夭，非夭也；壽夭也。疑當重「夭」字。有命，非命也；非執有命，非命也。無難矣。此與彼同類，舊本脱「類」字，畢云「據上當有『類』字」，王説同，今據補。世有彼而不自非也，墨者有此而罪非之，畢云：「據上無『罪』字。」蘇云：「『罪』字衍。即『而非』兩字之訛。」王説同。案：「罪」疑當作「衆」，形近而譌。言墨者有此論，而衆共非之。似非衍文。上文無此字，或轉是誤脱耳。無也故焉，舊本誤作「無故焉也」，王、顧竝據道藏本正，吴鈔本同。畢本亦誤，云「據上文『焉也』當倒」，尤非。所謂内膠外閉，與心毋空乎，内膠而不解也。此乃是而不然者也。舊本脱「不」字。王云：「上文『白馬，馬也』以下，但言是，不言非，故曰『此乃是而然者也』。『獲之親人也』以下，言是又言非，故曰『此乃是而不然者也』。『且夫讀書，非好書也』以下，亦是非竝言，而以此三句承之，則亦當云『此乃是而不然者也』，寫者脱去『不』字耳。」案：王校是也，今據補。愛人，待周愛人，而後爲愛人。不愛人，不待周不愛人，不周愛，因爲不愛人矣。舊本「不周愛」，作「不失周愛」。俞云：「周猶徧也，『失』字衍文。此言不愛人者，不待偏不愛人，而後謂之不愛人也。有不偏愛，因爲不愛人矣。今衍『失』字，義不可通，乃淺人不達文義而加之。」案：俞說是也，今據刪。乘馬，不待周乘馬，然後爲乘馬也。有乘於馬，因爲乘馬矣。逮至不乘馬，待周不乘馬，而後爲不乘馬。此一周而一不周者也。舊本「不待周乘馬」句脫「不」字，「而後爲不乘馬」句脫「爲」字。下又衍「而後不乘馬」五字。王引之云：「『待周乘馬，然後爲乘馬也』，『待』上當有『不』字。『不待周乘馬』，所謂不周也。下文『待周不乘馬』，所謂周也，以相反爲義。『而後不乘馬』，『不』上當有『爲』字，猶上文云『然後爲乘馬也』，寫者脫去耳。其重出之『而後不乘馬』五字，則衍文也。」案：王說是也，今據增刪。居於國，則爲居國；有一宅於國，而不爲有國。桃之實，桃也；棘之實，非棘也。棘之實，棗也，故云「非棘」。詩魏風園有棘「其實之食」，毛傳云：「棘，棗也。」說文朿部云：「棘，小棗叢生者。」問人之病，問人也；惡人之病，非惡人也。人之鬼，非人也；兄之鬼，兄也。祭人之鬼，非祭人也；「祭人之鬼」，舊本脫「人」字。王引之云：「『祭之鬼』當作『祭人之鬼』，承上文「人之鬼」而言也，寫者脫『人』字。」案：王說是也，今據補。祭兄之鬼，乃祭兄也。之馬之目盼，顧云：「淮南說山訓作『眇』，此作『盼』，誤也。」畢云：「上『之』疑當爲『大』。」王引之云：「上『之』非『大』字之譌。之猶於也。言『於馬之目盼』，則謂之馬盼；於馬之目大，而不謂之馬大。於牛之毛黃，則謂之牛黃；於牛之毛衆，而不謂之牛衆」也。」蘇云：「之馬，猶言是馬。盼，視也。」案：說文目部云：「盼，白黑分也。」「眇，一目小也。」馬目不可以言「盼」，顧校近是。「之」當從蘇訓爲是，前經說諸篇義多如此。則爲之馬盼；畢云：「『爲』當作『謂』。」之馬之目大，而不謂之馬大。莊子天下篇釋文引司馬彪云「狗之目眇，謂之眇狗；狗之目大，不曰大狗，此乃一是一非」，即襲此文，而易「馬」爲「狗」。之牛之毛黃，則謂之牛黃；之牛之毛衆，而不謂之牛衆。一馬，馬也；二馬，馬也。馬四足者，一馬而四足也，非兩馬而四足也。一馬，馬也。王引之云：「『一馬，馬也。二馬，馬也』，已見上文。此『一馬，馬也』四字，蓋衍。」馬或白者，畢云：「『白』舊作『自』，以意改。」案：顧校季本正作「白」。二馬而或白也，非一馬而或白。此乃一是而一非者也。

耕柱第四十六

子墨子怒耕柱子，墨子弟子。耕柱子曰：「我毋俞於人乎？」荀子榮辱篇楊注云：「俞讀爲愈。」淮南子説山訓高注云：「愈，勝也。」畢云：「古『愈』字只作『俞』，太平御覽〔二〕引作『愈』。」子墨子曰：「我將上大行，大，吴鈔本作「太」。蘇云：「大讀爲太。」畢云：「高誘注吕氏春秋云『大行在河内野王縣北』，山在今河南懷慶府城北，亦名羊腸坂。」駕驥與羊，王云：「羊不可與馬竝駕，『羊』當爲『牛』。太平御覽〔三〕地部五引此已誤作『羊』，藝文類聚地部及白帖五竝引作『牛』。」子將誰敺？」畢云：「『子』舊作『我』，據藝文類聚、太平御覽改。説文云：『敺，古文驅，从攴。』藝文類聚引作『驅』。」耕柱子曰：「將敺驥也。」子墨子曰：「何故敺驥也？」耕柱子曰：「驥足以責。」畢云：「藝文類聚引作『以驥足責』。」王云：「『驥足以責』本作『以驥足責』，言所以敺驥

〔二〕「覽」，原誤「覺」，徑改。
〔三〕「覽」，原誤「覺」，徑改。

者，以驥之足責故也。此正答墨子『何故敺驥』之問。今本倒『以』字於『足』字之下，則非其旨矣。類聚、白帖、御覽竝作『以驥足責』。」蘇云：「言任敺策也。」**子墨子曰：**畢云：「『子墨』二字舊脱，據太平御覽增。」**「我亦以子爲足以責。」**王云：「本作『我亦以子爲足責』，此正答耕柱子『以驥足責』之語。今本『足責』作『足以責』，亦誤。類聚、御覽無『以』字。」蘇云：「亦責備賢者之意。」

巫馬子謂子墨子曰：畢云：「藝文類聚引『謂』作『問』。」蘇云：「巫馬子爲儒者也，疑即孔子弟子巫馬期，否則其後。」詒讓案：史記孔子弟子傳云「巫馬施少孔子三十餘歲」，計其年齒，當長墨子五六十歲，未必得相問答，此或其子姓耳。**「鬼神孰與聖人明智？」子墨子曰：「鬼神之明智於聖人，猶聰耳明目**畢云：「藝文類聚襍器物部引作『聰明耳目』。」**之與聾瞽也。**畢云：「藝文類聚引『瞽』作『盲』。」**昔者夏后開**畢云：「昔者，藝文類聚引作『若』。後漢書注引云『開冶』。」詒讓案：「冶」字不當有，崔駰傳注蓋誤衍。蘇云：「開即啟也，漢人避諱而改之。」**使蜚廉折金於山川，**畢云：「藝文類聚、後漢書注、太平御覽、玉海俱引『蜚』作『飛』。」蘇云：「此爲夏之蜚廉。」詒讓案：初學記鱗介部、文選七命注竝作「飛」。又畢本「折」改「採」，云：「舊作『折』，據文選注改。山海經云『其中多金，或在山，或在水』。諸書引多無『川』字，非。」王云：「畢改非也。折金者，擿金也。漢書趙廣漢傳『其發姦擿伏如神』，師古曰：『擿，謂動發之也。』管子地數篇曰：『上有丹沙者，下有黄金。上有慈石者，下有銅金。上有陵石者，下有鉛錫有銅。上有赭者，下有鐵。君謹封而祭之，然則與折取之遠矣。』彼言『折取之』，此言『折金』，其義一也。說文曰：『晢，上擿巖空青珊瑚墮之。從石，折聲。』『晢』與『折』亦聲近而義同。後漢書崔駰傳注、藝文類聚雜器物部、初學記鱗介部、太平御覽珍寶部九、路史疏仡紀、廣川書跋、玉海器用部引此竝作『折金』。文選注作『採金』者，後人不曉『折』字之義而妄改之，非李善原文也。」又云：「山水中雖皆有金，然此自言『使蜚廉折金於山』，不兼『川』言之。後漢書注、文選注、藝文類聚、初學記、太平御覽引此皆無『川』字，則『川』字乃後人以意加之也。」案：王說是也。**而陶鑄之於昆吾，**吴鈔本無「之」字。畢云：「藝文類聚、後漢書注、文選注俱引作『以鑄鼎於昆吾』。吾，文選注作『吴』。括地志云：『濮陽縣，古昆吾國，故城縣西三十里，昆吾臺在縣西百步，在顓帝城內，周回五十步，高二十丈，即昆吾虚也。』」王云：「『陶鑄之於昆吾』本作『鑄鼎於昆吾』，此淺人不曉文義而改之也。金可言鑄，不可言陶。上言『折金』，故此言『鑄鼎』。此言『鑄鼎』，故下言『鼎成』。若以『陶鑄』竝言，則與上下文皆不合矣。後漢書注、文選注、藝文類聚、初學記竝作『鑄鼎』，太平御覽作『鑄之』，路史作『鑄陶』，玉海作『陶鑄之』，則羅長源所見本已有『陶』字，蓋唐、宋閒人改之也。」詒讓案：呂氏春秋君守篇云「昆吾作陶」，高注云：「昆吾，顓頊之後，吴回之孫，陸終之子，己姓也。爲夏伯制作陶冶。」通典州郡篇云：「濮州濮陽縣即昆吾之虚，亦名帝丘。」案濮陽故城在今直隸大名府開州西南，即古昆吾國也。夏啟使蜚廉就其地而鑄鼎，故文選張協七命云「銘德於昆吴之鼎」。吾、吴字通。濮陽古亦名帝丘，呂氏春秋應言篇云「市丘之鼎」，宋本蔡邕集薦邊文禮書作「帝丘之鼎」，亦指夏鼎言之。**是使翁難雉乙卜於白若之龜，**舊本無「雉」字，今據玉海增。白，畢校改爲「目」，云：「舊脱『乙』字，又作『白苦之龜』，誤。藝文類聚引作『使翁難乙灼目若之龜』，玉海引作『使翁難雉乙卜於白若之龜』。當从『目若』者，周禮云『北龜者曰若』，爾雅釋魚云『龜左睨不類，右睨不若』，賈公彥疏禮以爲『睥睨』，是『目若』之說也。若，順也。」王云：「舊本譌作『白苦之鬼』，畢據藝文類聚改爲『目若之龜』，引爾雅以爲『目若』之證，殊屬附會。今考初學記、路史、廣川書跋、玉海竝引作『白若之龜』，『白』字正與今本同，未敢輒改。」詒讓案：白若，道藏本作「目苦」，吴鈔本、季本作「白苦」。初學記引亦作「使翁難乙灼白若之龜」，江淹集銅劍讚敘云「昔夏后氏使九牧貢金，鑄九鼎於荆山之下，於昆吾氏之墟，白若甘攙之地」，虞荔鼎録文略同，似皆本此書，亦作「白若」，而以爲地名，疑誤。但此文舊本譌脱難通，審校文義，當以玉海所引校長。「翁」當作「菻」，說文口部「嗌」籀文作「菻」。經典或叚爲「益」字，漢書百官公卿表「菻作朕虞」是也。菻與翁形近，節葬下篇「哭泣不秩聲嗌」，「嗌」亦誤作「翁」，是其證。「難」當爲「蔪」，備穴篇「剄以金爲蔪」，「蔪」今本亦譌「難」。又經說上篇「蔪指、蔪脯」，「蔪」竝作「雗」，皆形近譌易。蔪與斮音義同，詳經下篇。「蔪雉」猶言斮雉，即謂殺雉也。史記龜筴傳說宋元王得神龜云「乃刑白雉及與驪羊，以血灌龜於壇中央」，蓋以雉羊之血釁龜也。「乙」當作「已」，已與以同。言啟使伯益殺雉以釁龜而卜也。玉海所引「雉」字尚未譌，今本又脱「雉」字，遂以「翁難乙」爲人姓名，真郢書燕說，不可究詰矣。又博物志云「昔夏啟筮徙九鼎，啟果徙之」，似即此事，而傳聞小異。**曰：**畢本「曰」上增「龜」字，云：「舊脱『龜』字，據玉海增。」王云：「曰者，翁難乙既卜，而言其占也。下文『乙又言兆之由曰』，即其證。自『鼎成四足而方』以下六句，皆是占詞。畢依玉海於『曰』上加『龜』字，非也。『龜曰』二字義不可通。藝文類聚作『使翁難乙灼目若之龜成曰』，則『曰』上本無『龜』字明矣。」案：王校是也。但此下文六句，似是啟使益命龜之辭，故辭終曰「上饗」，明將鑄鼎以共祭享也。下又言「兆之繇」，乃是占詞。王以下六句竝爲占詞，恐非。**『鼎成三足而方，**王云：「『三足』本作『四足』，此後人習聞鼎三足之說，而不知古鼎有四足者，遂以意改之也。藝文類聚、廣川書跋、玉海引此皆作『四足』。博古圖所載商周鼎四足者甚多，未必皆屬無稽。廣川書跋曰『祕閣二方鼎，其一受太府之量，一秝七斗，又一受量損二斗三升，四足承其下，形方如矩。漢人謂鼎三足以象三德，又謂禹之鼎三足，以有承也。韋昭以左氏說莒之二方鼎，乃謂其上則方，其下則圓。方其時，古鼎存者盡廢，其在山澤邱隴者未出，故不得其形制』，引墨子『鼎成四足而方』，以爲古鼎四足之證。」王引之云：「左傳『莒之二方鼎』，服虔曰：『鼎三足者圓，四足者方。』則漢人說方鼎固有知其形制者。」案：二王說是也。此書多古字，舊本蓋作「亖足」，故譌爲「三」。後文「楚四竟之田」，「四」今本亦譌「三」，可證。銅劍讚亦譌作「三足」。**不炊而自烹**，畢云：「此『亯』字俗寫，玉海引作『亨』，藝文類聚引作『不灼自成』。」詒讓案：說文火部云：「炊，爨也。」銅劍讚及鼎録竝云「不炊而自沸」。論衡儒增篇云「世俗傳言〔二〕周鼎不爨自沸，不投物物自出」，漢時俗語蓋出於此。**不舉而自臧**，畢云：「玉海引作『藏』。」詒讓案：銅劍讚作「不昇而自藏」，鼎録亦作「藏」。稽瑞引墨子曰「神鼎不灼自熟，不爨自沸，不汲自滿，五味生焉」，疑即此異文。「炊」、「灼」，「熟」、「烹」，「舉」、「爨」，字形竝相近。**不遷而自行**，畢云：「太平御覽引作『捲』，說文云：『拪，古文䙴，从手、卥。』則『捲』實古『拪』字，後加爲『捲』耳。今書又作『遷』，皆傳寫者以少見改之。又藝文類聚引俱無『而』字。」**以祭於昆吾之虛**，舊本作「墟」，今據吴鈔本正。畢云：「此『虛』字俗寫。括地志云：『昆吾故城在濮陽縣西三十里。』」詒讓案：此即漢書郊祀志說九鼎嘗鬺亨上帝鬼神也。**上鄉！』**畢云：「疑同『尚饗』。」**乙又言兆之由**畢云：「舊脱『乙』字，『又』字作『人』，據藝文類聚、玉海改。藝文類聚『由』作『繇』，

〔二〕「言」字原脱，據活字本補，與論衡儒增合。

無『兆之』二字。玉海亦作『繇』。」詒讓案：「乙」當作「巳」。由、繇通。言巳卜又言其兆占也。左傳閔二年杜注云：「繇，卦兆之占辭。」曰：『饗矣！上文命龜云「上饗」，此兆從之，故云「饗矣」。逢逢白雲，逢、蓬通，毛詩小雅采菽傳云：「蓬蓬，盛貌。」莊子秋水篇云「蓬蓬然起於北海」。一南一北，一西一東，王云：「藝文類聚同。太平御覽、路史、玉海竝作『一東一西』。」王引之云：「作『一東一西』者是，『一東一西』當在『一南一北』之上。『雲』與『西』爲韻。『西』，古讀若『駪駪征夫』之『駪』，説見六書音均表。『北』與『國』爲韻。大雅文王有聲篇『鎬京辟廱，自西自東，自南自北，無思不服』，『廱』與『東』爲韻，『北』與『服』爲韻，是其例也。而諸書所引『一南一北』句皆在上，則其誤久矣。」九鼎既成，遷於三國。』銅劒讚作「定之國都」，疑誤。畢云：「『北』、『國』爲韻。藝文類聚引作『而遷三國』。」夏后氏失之，殷人受之；殷人失之，周人受之。此即夏鼎也，漢書郊祀志云：「禹收九牧之金，鑄九鼎，象九洲，皆嘗鬺亨上帝鬼神。其空足曰鬲，以象三德，饗承天祜。夏德衰，鼎遷于殷。殷德衰，鼎遷于周。」此以禹爲啟，蓋傳聞之異。夏后殷周之相受也，數百歲矣。使聖人聚其良臣與其桀相而謀，桀、傑通，詳非命中篇。謀，舊本誤「諫」。王引之云：「『諫』字與上下文義不合。『諫』當爲『謀』，字之誤也。管子立政九敗解『諫臣死而諂臣尊』，今本『諫』作『謀』，與此文互誤。淮南主術篇『耳能聽而執正進諫』，高注：『諫或爲謀。』言雖聖人與良臣桀相共謀，必不能知數百歲之後也。」案：王校是也，蘇説同，今據正。豈能智數百歲之後哉？畢云：「智，一本作『知』，下同。藝文類聚引云『此知必千年，無聖之智，豈能知哉』。」而鬼神智之。是故曰鬼神之明智於聖人也，猶聰耳明目之與聾瞽也。」與，吳鈔本作「於」。

治徒娛、縣子碩問於子墨子曰：二人蓋竝墨子弟子。呂氏春秋尊師篇云「高何、縣子石，齊國之暴者也，指於鄉曲，學於子墨子」，即此縣子碩也。蘇疑即檀弓縣子瑣，未塙。「爲義孰爲大務？」子墨子曰：「譬若築牆然，譬，吴鈔本作「辟」。能築者築，能實壤者實壤，能欣者欣，畢云：「説文云：『掀，舉出也。』與欣同。」王引之云：「舉出之事與築牆無涉。欣當讀爲睎。説文曰：『睎，望也。』吕氏春秋不屈篇曰『今之城者，或操大築乎城上，或負畚而赴乎城下，或操表掇以善睎望』，此云『能築者築』，即彼所云『操大築乎城上也』；『能實壤者實壤』，即彼所云『負畚而赴城下』也；『能欣者欣』，欣與睎同，即彼所云『操表掇以善睎望』也。睎字從希得聲，古音在脂部。欣字從斤得聲，古音在諄部。諄部之音多與脂部相通，故從斤之字亦與從希之字相通。説文曰：『昕，從日，斤聲，讀若希。』左傳曹公子欣時，漢書古今人表作郗時，是其證也。」然後牆成也。爲義猶是也。能談辯者談辯，能説書者説書，能從事者從事，然後義事成也。」

巫馬子謂子墨子曰：「子兼愛天下，未云利也；我不愛天下，未云賊也。俞云：「廣雅釋詁：『云，有也。』此兩『云』字均當訓有。」功皆未至，子何獨自是而非我哉？」子墨子曰：「今有燎者於此，畢云：「説文云：『燎，放火也。』舊『於此』二字倒，一本如此。」案：顧校季本亦作「於此」。一人奉水將灌之，一人摻火將益之，畢云：「『摻』即『操』字異文，唐人别有音，非也。」功皆未至，子何貴於二人？」巫馬子曰：「我是彼奉水者之意，意，舊本作「義」，今據道藏本、吴鈔本正。而非夫摻火者之意。」子墨子曰：畢云：「舊脱『墨子』二字，以意增。」「吾亦是吾意，而非子之意也。」

子墨子游荆耕柱子於楚，畢云：「游，謂游揚其名而使之仕。」王云：「『耕柱子』上不當有『荆』字，耕、荆聲相近，則『荆』蓋『耕』字之誤而衍者。魯問篇曰『子墨子游公尚過於越』。」蘇云：「篇首但言耕柱子，此多一『荆』字，疑衍文。」二三子過之，食之三升，三升，蓋謂每食之數。襍守篇云「參食食參升小半，日再食」，説苑尊賢篇「田需謂宗衞曰：三升之稷，不足於士」。閻若璩謂古量五當今一，則止今之大半升耳。莊子天下篇説宋鈃、尹文曰「請欲固置五升之飯，足矣，先生恐不得飽，弟子雖飢，不忘天下」，此復少於彼，明其更不飽矣。客之不厚。二三子復於子墨子曰：「耕柱子處楚無益矣。二三子過之，食之三升，客之不厚。」子墨子曰：「未可智也。」畢云：「智，一本作『知』，下同。」毋幾何，而遺十金於子墨子，曰：吴鈔本無「於」字。孟子公孫丑篇趙注云：「古者以一鎰爲一金。鎰，二十兩也。」史記燕世家正義引臣瓚云：「秦以一鎰爲一金。」公羊隱五年何注云：「古者以金重一斤。」文選王命論李注引韋昭云：「一斤爲一金。」二説不同，未知孰是。畢云：「『十金』當爲『千金』之誤。」俞云：「戰國齊策『乃使操十金』，注：『二十兩爲一金。』然則十金爲二百兩矣。墨氏崇儉，其徒以十金餽遺，不爲不豐；畢率意增益，厚誣古人，殊爲無謂。」「後生不敢死，「後生」即弟子之稱，非儒下篇云「弟子後生」。畢云：「稱『不敢死』者，猶古人書疏稱『死罪』，常文。」有十金於此，願夫子之用也。」子墨子曰：「果未可智也。」

巫馬子謂子墨子曰：「子之爲義也，王云：「舊本脱『曰子』二字，今以意補。」人不見而耶，鬼〔二〕不見而富，王引之云：「『耶』字義不可通，蓋『服』之壞字也。富讀爲福，福、富古字通。而，汝也。『人不見而服』者，未見人之服汝也。『鬼不見而富』者，未見鬼之福汝也。故下文曰『而子爲之，有狂疾』也。『服』與『福』爲韻。」蘇云：「『耶』當作『取』。」案：王讀「富」爲「福」，是也。「耶」疑「助」之譌。王、蘇校竝未塙。而子爲之，有狂疾！」子

〔二〕「鬼」下原有「而」字，據活字本删。按「而」字乃宣統本誤衍，各本無。

墨子曰：「今使子有二臣於此，畢云：「謂家臣。」其一人者見子從事，不見子則不從事；其一人者見子亦從事，不見子亦從事，子誰貴於此二人？」巫馬子曰：「我貴其見我亦從事，不見我亦從事者。」子墨子曰：「然則是子亦貴有狂疾也。」

子夏之徒問於子墨子曰：史記索隱引別録云：「今按墨子書有文子，文子即子夏之弟子，問於墨子。如此則墨子在七十子之後也。」案：今本無文子，或在佚篇中。「君子有鬬乎？」子墨子曰：「君子無鬬。」子夏之徒曰：「狗豨猶有鬬，豨，道藏本、吴鈔本作「猪」，下同。説文豕部云：「豨，豕走豨豨也。」方言云：「豬，南楚〔一〕謂之豨。」惡有士而無鬬矣？」子墨子曰：「傷矣哉！言則稱於湯文，行則譬於狗豨，傷矣哉！」

巫馬子謂子墨子曰：「舍今之人而譽先王，畢云：「『先』舊作『大』，一本如此。下同。」是譽槁骨也。譬若匠人然，智槁木也，畢云：「智同知。」而不智生木。」子墨子曰：「天下之所以生者，以先王之道教也。今譽先王，是譽天下之所以生也。可譽而不譽，非仁也。」畢云：「舊脱『非』字，一本有。」

子墨子曰：「和氏之璧，韓非子和氏篇云：「楚人和氏得玉璞楚山中，奉而獻之厲王，使玉人相之，曰：

〔一〕「楚」，原誤「處」，據方言改。

『石也。』王以和爲誑，而刖其左足。及厲王薨，武王即位，和又奉其璞而獻之武王，使玉人相之，又曰：『石也。』王又以和爲誑，而刖其右足。武王薨，文王即位，和乃抱其璞而哭於楚山之下。王乃使玉人理其璞而得〔一〕寶焉，遂命曰『和氏之璧』。」案淮南子覽冥訓高注以和氏所獻者爲楚武王、文王、成王，與韓子不同，未知孰是。**隋侯之珠，**淮南子覽冥訓高注云：「隋侯，漢東之國，姬姓諸侯也。隋侯見大蛇傷斷，以藥傅之。後蛇於江中銜大珠以報之，因曰隋侯之珠，蓋明月珠也。」畢云：「文選李斯上秦始皇書注引『隋』作『隨』。」**三棘六異，**史記楚世家云「居三代之傳器，吞三翮六翼，以高世主」，索隱云：「『翮』，亦作『鬲』。三翮六翼，亦謂九鼎。空足曰翮，『六翼』即六耳，翼近耳旁。」宋翔鳳云：「棘同翮，異同翼，亦謂九鼎也。爾雅釋器『附耳外謂之釴』，翼、釴字通。釋器又云『款足者謂之鬲』，即翮也。漢書郊祀志：『鑄九鼎，其空足曰鬲，以象三德。』」蘇林曰：「足中空不實者，名曰鬲也。」**此諸侯之所謂良寶也。**畢云：「藝文類聚引云：『申徒狄曰：周之靈珪出於土石，楚之明月出於蚌蜃。』太平御覽引云：『周公見申徒狄曰：賤人强氣則罰至。申徒狄曰：周之靈珪出於土石〔二〕，楚之明月出於〔三〕蚌蜃，五象出於漢澤。和氏之璧，夜光之珠，三棘六異，此諸侯之良寶也。』又一引云：『申徒狄謂周公曰：賤人何可薄邪？周之靈珪出於土石，隋之明月出於蚌蜃，少豪大豪出於污澤，天下諸侯皆以爲寶。狄今請退也。』文各不同，當是此『和氏之璧』上脱文。」案：周公、申徒狄語當在佚篇，與此文

〔一〕「得」字原脱，據韓非子和氏補。

〔二〕「石」，原作「口」，據太平御覽補。按：引見御覽八百二。

〔三〕「於」，原作「口」，據太平御覽補。按：引見御覽八百二。

不相冡也。詳佚文。可以富國家，衆人民，治刑政，安社稷乎？曰：不可。所謂貴良寶者，爲其可以利也。而和氏之璧、隋侯之珠、三棘六異不可以利人，是非天下之良寶也。今用義爲政於國家，人民必衆，刑政必治，社稷必安。所爲貴良寶者，可以利民也，而義可以利人，故曰：義，天下之良寶也。」

葉公子高問政於仲尼論語述而集解：「孔安國云：『葉公名諸梁，楚大夫，食采於葉，僭稱公。』」左定五年傳「葉公諸梁」，杜注云：「司馬沈尹戌之子，葉公子高也。」莊子人間世釋文云：「字子高。」曰：「善爲政者若之何？」仲尼對曰：「善爲政者，遠者近之，而舊者新之。」言待故舊如新，無厭怠也。畢云：「論語作『近者說，遠者來』。」詒讓案：韓非子難三篇亦云：「葉公子高問政於仲尼，仲尼曰：政在悅近而來遠。子貢問曰：何也？仲尼曰：葉都大而國小，民有背心，故曰『政在悅近而來遠』。」子墨子聞之曰：「葉公子高未得其問也，仲尼亦未得其所以對也。葉公子高豈不知善爲政者之遠者近也，畢云：「『也』當爲『之』。」而舊者新是哉？畢云：「一本無『是』字。」蘇云：「『是』當作『之』。」問所以爲之若之何也。不以人之所不智告人，畢云：「智，一本作『知』。」以所智告之，畢云：「舊『以所』二字倒，一本如此。」故葉公子高未得其問也，仲尼亦未得其所以對也。」

子墨子謂魯陽文君畢云：「文選注云『賈逵國語注曰：魯陽文子，楚平王之孫，司馬子期之子，魯陽公』，即此人。其地在魯山之陽。地理志云『南陽魯陽有魯山』，師古曰：『即淮南所云魯陽公與韓戰，日反三舍者也。』」蘇云：

「魯陽文君即魯陽文子也。國語楚語曰：『惠王以梁與魯陽文子，文子辭，與之魯陽。』是文子當楚惠王時，與墨子時世相值。」詒讓案：楚語韋注説與賈同。文君即左哀十九年傳之公孫寬，又十六年傳云「使寬爲司馬」。淮南子覽冥訓高注云：『魯陽，楚之縣公，楚平王之孫，司馬子期之子，今南陽魯陽是也。』」曰：「大國之攻小國，譬猶童子之爲馬也。畢本無「也」，云：「一本有『也』字。」文選注云：『幽求子曰：年五歲閒有鳩車之樂，七歲有竹馬之歡。』」案：道藏本、季本、吴鈔本竝有「也」字，今據補。童子之爲馬，足用而勞。畢云：「言自勞其足，謂竹馬也。」案：此直言童子戲效爲馬耳，不必竹馬，畢説竝非。今大國之攻小國也，攻者農夫不得耕，婦人不得織，以守爲事；攻人者，亦農夫不得耕，婦人不得織，以攻爲事。故大國之攻小國也，譬猶童子之爲馬也。」

子墨子曰：「言足以復行者，常之；不足以舉行者，勿常。畢云：「舊脱『不』字，一本有。」不足以舉行而常之，是蕩口也。」貴義篇亦有此章，而文小異。蕩口，此篇亦兩見，蓋謂不可行而空言，是徒敝其口也。經説上〔一〕篇云「霄盡，蕩也」，即消磨敝盡之義。

子墨子使管黔滶畢云：「疑『敖』字。」蘇云「『滶』與『游』字形相近，當誤衍。」案：畢説是也。説文水部有「滶」字，从水，敖聲，此借爲「敖」。檀弓有齊人黔敖，此墨子弟子，與彼名同。游高石子於衛，魯問篇有高孫子，呂氏春秋尊師篇有墨子弟子高何，未知即高石子否。衛君致祿甚厚，設之於卿。畢云：「舊作『鄉』，一本如此，

〔一〕「經説上」，原誤「經下」，據本書改。

下同。」案：顧校季本作「卿」。荀子臣道篇楊注云：「設，謂置於列位。」高石子三朝必盡言，而言無行者。去而之齊，見子墨子曰：「衞君以夫子之故，舊本脱「衞」字，今據道藏本、季本、吴鈔本補。致禄甚厚，設我於卿。石三朝必盡言，而言無行，是以去之也。衞君無乃以石爲狂乎？」無，吴鈔本作「毋」。子墨子曰：「去之苟道，受狂何傷！古者周公旦非關叔，畢云：「『關』即『管』字假音，一本改作『管』，非是。左傳云『掌其北門之管』，即關也。」辭三公，東處於商蓋，畢云：「商蓋即商奄。尚書金縢云：『周公居東二年。』」王云：「『商蓋』當爲『商奄』。『蓋』字古與『盇』通，『盇』、『奄』草書相似，故『奄』譌作『盇』，又譌作『蓋』。韓子説林篇『周公旦已勝殷，將攻商奄』，今本『奄』作『蓋』，誤與此同。昭二十七年左傳『吴公子掩餘』，史記吴世家、刺客傳竝作『蓋餘』，亦其類也。」顧、蘇説同。案：王説是也。左昭九年傳云「蒲姑、商奄，吾東土也」，孔疏引服虔云：「商奄，魯也。」又定四年傳云：「因商奄之民，命以伯禽，而封於少皞之虚。」説文邑部「奄」作「𨛬」，云：「周公所誅𨛬國，在魯。」史記周本紀索隱引括地志云「兖州曲阜縣奄里，即奄國之地」，又引鄭康成云「奄國在淮夷之北」，是商奄即奄，單言之曰奄，絫言之則曰商奄。此謂周公居東，蓋東征滅奄，即居其地，亦即魯也。蔡邕琴操云：「有譖公於王者，周公奔魯而死。」案蔡説奔魯，與此書合，但謂公死於魯，則妄耳。詩豳風破斧云「周公東征，四國是皇」，毛傳云：「四國，管、蔡、商、奄也。」彼商謂殷，與奄爲二國，非左傳、墨子之商奄也。人皆謂之狂。後世稱其德，揚其名，至今不息。且翟聞之，爲義非避毀就譽，畢云：「舊二字倒，一本如此。」案：顧校季本不倒。去之苟道，畢云：「舊二字倒，一本如此。」案：季本亦不倒。受狂何傷！」高石子曰：「石去之，焉敢不道也？昔者夫子有言曰：『天下無道，仁士不處厚焉。』今衞君無道，而貪其祿爵，則是我爲苟陷人長也。」畢云：「陷，一本作『處』。」詒讓案：「苟陷人長」疑當作「苟啗〔一〕人食」。啗、陷聲同，食、長形近，故譌。說文口部云：「啗，食也。」依或本則當爲「苟處人厚」，與上文相應，然義較短。子墨子說，而召子禽子曰：即禽滑釐，見公輸篇。「姑聽此乎！夫倍義而鄉祿者，說文人部云：「倍，反也。」蘇云：「倍、背同，鄉、向同。」我常聞之矣，倍祿而鄉義者，於高石子焉見之也。」

子墨子曰：「世俗之君子，貧而謂之富，則怒；無義而謂之有義，則喜。豈不悖哉！」

公孟子曰：「先人有則三而已矣。」子墨子曰：「孰先人而曰有則三而已矣？子未智人之先有。」蘇云：「此節文有錯誤。」

後生有反子墨子而反者，荀子解蔽篇楊注云：「反，倍也。」下「反」當爲「返」之叚字，廣雅釋詁云：「反，歸也。」「者」下當有「曰」字。蓋門人有倍墨子而歸者，其言如是。「我豈有罪哉？吾反後。」言彼有先反者，吾雖反尚在其後。子墨子曰：「是猶三軍北，句。失後之人求賞也。」謂戰敗失道而後歸，不得與殿者同賞。

公孟子曰：「君子不作，術而已。」畢云：「術同述。」詒讓案：此即非儒篇所云「君子循而不作也」。

〔一〕「啗」，原誤「陷」，據上下文義改。

子墨子曰：「不然，人之其不君子者，蘇云：「『其』當爲『甚』，字之誤。下言『次不君子』，可證。」古之善者不誅，畢云：「『誅』疑當爲『述』。『術』、『誅』、『遂』疑皆聲誤。下同。」俞云：「『誅』當爲『訹』，字之誤也。上文『君子不作，術而已』，此云『古之善者不訹』，『術』與『訹』竝『述』之叚字，其字竝從朮聲，故得相叚借也。若作『誅』，則與述聲絶遠矣。」案：俞說是也。今也善者不作。蘇云：「『今也』當爲『今世』。」案：「也」即「之」之譌，蘇校未塙。其次不君子者，古之善者不遂，畢云：「疑當爲『述』，月令以『遂』爲『術』。」己有善則作之，欲善之自己出也。今誅而不作，是無所異於不好遂而作者矣。吾以爲古之善者則誅之，今之善者則作之，欲善之益多也。」畢云：「意言古之善者多，故但述而行之；今之善者少，故須作。作者欲善之多，無異於述也。」蘇云：「此言述、作不可偏廢，皆務爲其善而已。述主乎因，故以古言；作主乎刱，故以今言。述而又作，則善益多矣。畢注似未得本意。」案：蘇說是也。

巫馬子謂子墨子曰：「巫馬子」見前。蓋巫馬期之子姓。史記孔子弟子傳「巫馬施，字子旗」，集解引鄭康成孔子弟子目録云：「魯人。」故下云「愛魯人於鄒人」，家語弟子解作陳人，非也。「我與子異，畢云：「『子』舊作『之』，一本如此。」我不能兼愛。我愛鄒人於越人，愛魯人於鄒人，愛我鄉人於魯人，愛我家人於鄉人，愛我親於我家人，愛我身於吾親，以爲近我也。擊我則疾，擊彼則不疾於我，疾猶痛也。說文手部云：「擊，攴也。」疒部「疾」、「痛」竝訓「病也」。我何故疾者之不拂，而不疾者之拂？說文手部云：「拂，過擊也。」畢云：「舊『不疾』二字倒，一本如此。」故有我有殺彼以我，無殺我以利。」蘇云：「二句當有脱訛，以下文語意攷之，當言『有殺彼以利我，無殺我以利彼也』。『有我』二字疑衍。」俞云：「此當作『故我有殺彼以利我，無殺我以利彼』。」子墨子曰：「子之義將匿邪？意將以告人乎？」巫馬子曰：「我何故匿我義？畢云：「一本作『意』，非。」吾將以告人。」子墨子曰：「然則一人說子，謂說其義而從之。一人欲殺子以利己；十人說子，十人欲殺子以利己；天下說子，天下欲殺子以利己。一人不說子，一人欲殺子，以子爲施不祥言者也；十人不說子，十人欲殺子，以子爲施不祥言者也；天下不說子，天下欲殺子，以子爲施不祥言者也。說子亦欲殺子，不說子亦欲殺子，是所謂經者口也，殺常之身者也。」「常」，疑當作「子」。此下亦有脱誤。子墨子曰：「子之言惡利也？言惡所利。若無所利而不言，是蕩口也。」「不言」疑當作「必言」。「蕩口」義見前。

子墨子謂魯陽文君曰：「今有一人於此，羊牛犓豢，犓，吳鈔本作「蒭」，道藏本同。畢云：「此『豢』字俗寫，太平御覽引作『芻豢』。」維人但割而和之，畢云：「『維人』當爲『饔人』之誤。『但割』即『袒割』。說文云：『但，裼也。从人，旦聲。』經典用『但』爲『第』字之義，而忘其本。」詒讓案：「雍」、「維」形近而誤。儀禮公食大夫禮、少牢饋食禮竝有「雍人」。雍，雝之隸變，即饔之省。食之不可勝食也。道藏本無「不可」二字，有「食之」二字，吳鈔本同。畢本增「不可」二字，無「食之」二字，云：「舊脱『不可』二字，據太平御覽增。」案：以文義校之，「食之不可」四字當竝有，今據增。見人之作餅，畢云：「『作』舊作『生』，皆據改。」案：「生」字似不誤。說文食部云：「餅，麪餈也。」則還然竊之，「還」疑「睘」之借字。說文目部云：「睘，驚視也。」曰：『舍余食。』畢云：「言捨以爲余食。」蘇云：「『舍余食』者，言舍其芻豢羊牛之食，而從事於竊也。」案：二説竝非。舍，予之叚字，古賜予字或作「舍」，詳非攻中篇。舍余食，猶言與我食也。**不知日月安不足乎？**畢云：「或當云『明不足乎』。」戴云：「『安』字語詞，無實義。」詒讓案：「日月」疑「耳目」之誤，言其見物而貪也。**其有竊疾乎？」魯陽文君曰：「有竊疾也。」**

子墨子曰：「楚四竟之田，畢云：「『四竟』二字，舊作『三意』，據太平御覽改。」**曠蕪而不可勝辟，**畢云：「太平御覽引云『楚四境之田，蕪曠不可勝闢』。」魯陽，楚縣，故云然也。」**謼靈數千，**畢云：「説文云：『謼，召也。』」顧云：「靈，令也。」戴云：「靈，令之叚字。」案：依畢、顧、戴説，則數千爲謼令之人數，與上下文義竝不貫，殆非也。此「謼靈」當爲「呼虚」。凡經典謼召字多叚「呼」爲之，二字互通。周禮大小鄭注、漢書高帝紀應劭注竝云「璺呼」，文選蜀都賦李注引鄭康成易注云「坼呼」。説文土部云：「壉，㙠也。」呼即壉之叚字。壉本訓㙠，引申爲壉隙。呼虚，謂閒隙虚曠之地。此與上文竝即公輸篇「荆國有餘於地而不足於民」之意。非攻中篇云「今萬乘之國，虚數於千，不勝而入，廣衍數於萬，不勝而辟」，與此文義正同。「虚」、「靈」俗書形近而誤，詳天志下篇。**不可勝，**畢云：「下當脱『用』字。」詒讓案：據非攻篇，當脱「入」字。**見宋鄭之閒邑，**「閒邑」言空邑，與王制「閒田」義同。**則還然竊之，此與彼異乎？」魯陽文君曰：「是猶彼也，實有竊疾也。」**

子墨子曰：「季孫紹與孟伯常治魯國之政，蘇云：「季孫紹與孟伯常不見於春秋，當爲季康子、孟武伯之後，與墨子同時者也。」詒讓案：禮記檀弓「悼公之喪，季昭子問於孟敬子」，鄭注云：「昭子，康子之曾孫，名强。敬子〔二〕，

〔二〕「子」，原誤「之」，據禮記檀弓鄭注改。

武伯之子，名捷。」此季孫紹、孟伯常，當即昭子、敬子之子若孫也。不能相信，而祝於䕺社，䕺，舊本譌「禁」。下同。王云「『禁社』乃『䕺社』之誤，䕺與叢同。爾雅『灌木，叢木』，釋文曰：『叢，本或作䕺。』漢書東方朔傳『䕺珍怪』，師古曰：『䕺，古叢字。』」案：王校是也，洪説同，今據正。「叢社」，詳明鬼下篇。曰：『苟使我和。』王引之云：「苟猶尚也。」是猶弇其目畢云：「説文云：『弇，蓋也。』」而祝於䕺社也俞云：「『也』當作『曰』。其下句即祝詞也。上文『而祝於䕺社曰：苟使我和』，是其證。」『苟使我皆視。』豈不繆哉。」

子墨子謂駱滑氂吳鈔本作「釐」，下仍作「氂」。案此與禽子同名。曰：「吾聞子好勇。」駱滑氂曰：「然，我聞其鄉有勇士焉，吾必從而殺之。」子墨子曰：「天下莫不欲與其所好，度其所惡，畢云：「度，謂渡去也。」王引之云：「畢説非也。『與』當爲『興』，『度』當爲『廢』，皆字之誤也。『廢』、『度』草書相似，故『廢』譌作『度』。史記歷書『名察廢驗』，今本『廢』字亦譌作『度』。『興』與『廢』、『好』與『惡』，皆對文。」今子聞其鄉有勇士焉，必從而殺之，是非好勇也，是惡勇也。」

墨子閒詁卷十二

貴義第四十七

子墨子曰：「萬事莫貴於義。今謂人曰：『予子冠履，而斷子之手足，子爲之乎？』必不爲。何故？則冠履不若手足之貴也。又曰：『予子天下而殺子之身，子爲之乎？』必不爲。何故？則天下不若身之貴也。王云：「『何故則』本作『何則』，後人誤以『則』字下屬爲句，故於『何』下加『故』字耳。何則與何也同義。辭過篇曰『何則，其所道之然也』，尚賢篇曰『何則，皆以明小物而不明大物也』，荀子宥坐篇曰『何則，陵遲故也』，秦策曰『臣恐韓、魏之卑辭慮患，而實欺大國也，此何也』，史記春申君傳作『何則』，是其證。太平御覽人事部十一、六十二、資産部二引此竝作『何則』，無『故』字。」案：「故」字似非衍文。御覽所引或有删節，王校未塙。爭一言以相殺，是貴義於其身也。「貴義」疑當作「義貴」。畢云：「太平御覽引作『義貴於身』。」故曰：萬事莫貴於義也。」淮南子泰族訓云「天下大利也，比之身則小，身之重也，比之義則輕」，義本此。

子墨子自魯即齊，毛詩鄭風東門之墠傳云：「即，就也。」言由魯至齊。畢云：「二字舊倒，以意改。」過故

人，畢云：「太平御覽引作『之齊，遇故人』。」**謂子墨子曰：**畢云：「四字太平御覽引作『故人』。」**「今天下莫爲義，子獨自苦而爲義，子不若已。」子墨子曰：「今有人於此，有子十人，一人耕而九人處，則耕者不可以不益急矣。何故？則食者衆而耕者寡也。**王校亦删「故」字。**今天下莫爲義，則子如勸我者也，**畢云：「太平御覽人事部六十二、資産部二引作『子宜勸』，又作『子宜勸我』。」王云：「此不解『如』字之義，而以意改之也。如猶宜也，言子宜勸我爲義也。『如』字古或訓爲宜。」**何故止我？」**畢云：「太平御覽『故』作『以』。」

子墨子南游於楚，見楚獻惠王，畢云：「檢史記，楚無獻惠王也，藝文類聚引作『惠王』，是。又案文選注引本書云『墨子獻書惠王，王受而讀之，曰良書也』，恐是此閒脱文。」蘇云：「獻惠王即楚惠王也。蓋當時已有兩字之謚。」詒讓案：此文脱佚甚多。余知古渚宫舊事二云：「墨子至郢，獻書惠王，王受而讀之，曰：『良書也。是寡人雖不得天下，而樂養賢人。請過進日百種以待，官舍人不足須天下之賢君。』墨子辭曰：『翟聞賢人進道不行，不受其賞；義不聽，不處其朝。今書未用，請遂行矣。』將辭王而歸，王使穆賀以老辭。魯陽文君言於王曰：『墨子，北方賢聖人，君王不見，又不爲禮，毋乃失士！』乃使文君追墨子，以書社五里封之，不受而去。」此與文選注所引合，必是此篇佚文。但余氏不明著出墨子，文亦多删節譌舛，今未敢據增。余書「獻惠王」亦止作「惠王」，疑故書本作「獻書惠王」，傳寫脱「書」、存「獻」，校者又更易上下文以就之耳。**獻惠王以老辭，**蘇云：「楚惠王以周敬王三十二年立，卒於考王九年，始癸丑，終庚寅，凡五十七年。墨子之游，蓋當其暮年，故以老辭。」詒讓案：渚宫舊事注云：「時惠王在位已五十年矣。」余說疑本墨子舊注。然則此事在周考王二年，魯悼公之二十九年也。使穆賀見子墨子。子墨子說穆賀，穆賀大說，謂子墨子曰：「子之言則成善矣，畢本「成」改「誠」，云：「舊作『成』，據蓺文類聚改，一本同。」案：顧校季本亦作「誠」。王云：「古或以成爲誠，不煩改字。」而君王天下之大王也，毋乃曰『賤人之所爲』而不用乎？」畢云：「蓺文類聚引作『用子』，又節。」子墨子曰：「唯其可行。譬若藥然，畢云：「蓺文類聚引作『焉』。」草之本，吴鈔本「本」作「木」，下同。蘇云：「『草之本』上當脱一字。」天子食之以順其疾，畢云：「蓺文類聚引『順』作『療』。」豈曰『一草之本』而不食哉？畢云：「蓺文類聚引『食』作『用』。」今農夫入其稅於大人，大人爲酒醴粢盛，畢云：「『粢』當爲『齍』，説文云：『黍稷在器以祀者。』盛，解同，俱从皿，亦見周禮也。前文皆同此義。」以祭上帝鬼神，豈曰『賤人之所爲』而不享哉？故雖賤人也，上比之農，下比之藥，曾不若一草之本乎？且主君亦嘗聞湯之説乎？「主君」，謂穆賀也。戰國策、史記載蘇秦説六國君，齊楚魏韓燕諸王皆稱秦爲主君，索隱云：「禮，卿大夫稱主，今嘉蘇子合從諸侯，褒而美之，故稱曰主君。」案：左傳昭二十九年，齊高張唁魯昭公，稱主君，杜注云「比公於大夫然」，此小司馬所本。後魯問篇墨子稱魯君亦曰主君。戰國策秦策樂羊對魏文侯，魏策魯君對梁惠王，亦並稱主君。則戰國時主君之稱蓋通於上下，小司馬據春秋時制，謂唯大夫稱主，非也。昔者，湯將往見伊尹，令彭氏之子御。彭氏之子半道而問曰：『君將何之？』湯曰：『將往見伊尹。』彭氏之子曰：『伊尹，天下之賤人也。尚賢中篇云「伊摯，有莘氏女之私臣，親爲庖人」，故曰天下之賤人。若君欲見之，吴鈔本「若君」作「君若」。亦令召問焉，彼受賜矣。』湯曰：

『非女所知也。吴鈔本「女」作「汝」。今有藥此，蘇云：「『藥』下當脱『於』字。」食之則耳加聰，目加明，則吾必説而强食之。今夫伊尹之於我國也，譬之良醫善藥也。而子不欲我見伊尹，是子不欲吾善也。』因下彭氏之子，不使御。彼苟然，然後可也。」盧云：「此下疑有脱文。」詒讓案：此七字與上文亦不相應，上下似並有脱佚。

子墨子曰：「凡言凡動，利於天鬼百姓者爲之；凡言凡動，害於天鬼百姓者舍之；凡言凡動，合於三代聖王堯舜禹湯文武者爲之；凡言凡動，合於三代暴王桀紂幽厲者舍之。」

子墨子曰：「言足以遷行者，常之；不足以遷行者，勿常。不足以遷行而常之，舊本脱下「不足」二字，王據上句補，與耕柱篇合，今從之。是蕩口也。蘇云：「耕柱篇亦有此文，上『遷』字作『復』，下二『遷』字作『舉』。」

子墨子曰：「必去六辟。辟，僻之借字。嘿則思，畢云：「默字俗寫从口。」言則誨，動則事，使三者代御，舊本作「使者三代御」。畢云：「此言三世爲人御，必能抑然自下，若去其喜怒樂悲愛，而有聖人之用心也。」俞云：「『使者三代御』當作『使三者代御』。『三者』即『嘿』、『言』、『動』三事也。御，用也。荀子禮論篇『時舉而代御』，楊注曰：『御，進用也。』此云『代御』，義與彼同，言更迭用此三者，則必爲聖人也。因『三者』二字傳寫誤倒，畢遂曲爲之説，謬矣。」案：俞説是也，今據正。必爲聖人。必去喜，去怒，去樂，去悲，去愛，而用仁義。俞云：「『去愛』下當有『去惡』二字，傳寫脱之。喜怒樂悲愛惡，其六者皆宜去之。即上文所謂『去六辟』也。」手足口鼻耳疑脱一「目」字。從事於義，必爲聖人。」

子墨子謂二三子曰：「爲義而不能，必無排其道。言於道不能無出入。莊子大宗師篇郭注云：「排者，推移之謂也。」譬若匠人之斲而不能，無排其繩。」畢云：「排猶背。」

子墨子曰：「世之君子，使之爲一犬一彘之宰，『宰』即膳宰也，見儀禮燕禮、禮記文王世子、玉藻。舊本脱「一犬」二字，王據羣書治要補，云：「魯問篇亦云『竊一犬一彘』。」不能則辭之；使爲一國之相，不能而爲之。豈不悖哉！」

子墨子曰：「今瞽曰：『鉅者白也，俞云：「『鉅』無白義，字當作『豈』。豈者，皚之叚字。廣雅釋器：『皚，白也。』『皚』省作『豈』，又誤作『巨』，因爲『鉅』矣。呂氏春秋有始覽『南方曰巨風』，李善注文選引作『凱風』，蓋亦省『凱』爲『豈』，而誤爲『巨』也，可以爲證。」黔者黑也。』吴鈔本「黑」作「墨」，非。畢云：「説文云：『黔，黎也。秦謂民爲黔首，謂黑色也。』」雖明目者無以易之。兼白黑，使瞽取焉，不能知也。淮南子主術訓云「問瞽師曰：白素何如？曰：縞然。曰：黑何若？曰：黮然。援白黑而示之，則不處焉」，與此語意同。故我曰瞽不知白黑者，知，吴鈔本作「能」，以上文校之，疑當作「不能知」，今本及吴本並脱一字耳。非以其名也，以其取也。今天下之君子之名仁也，雖禹湯無以易之。兼仁與不仁，而使天下之君子取焉，不能知也。故我曰天下之君子不知仁者，非以其名也，亦以其取也。」

子墨子曰：「今士之用身，不若商人之用一布之慎也。周禮泉府鄭注云：「布，泉也。其藏曰泉，其行曰布。」商人用一布布，下「布」字當作「市」，言用一布市物也。不敢繼苟而讎焉，「繼苟」義不可通，疑當作「謨詢」，即「謑詬」之或體也。說文言部云：「詬，謑詬，耻也。或作『詢』，从句。」「謑，或从奊，作『謨』。」楚辭九思云「違羣小兮謑詢」，王注云：「謑詢，耻辱垢陋之言也。」荀子非十二子篇云「無廉耻而忍謑詢」，楊注云：「謑詬，詈辱也。字本作『謨詢』。」漢書賈誼傳云「頑鈍亡耻，奊詬亡節」，顏注云：「奊詬，謂無志分也。」吕氏春秋誣徒篇云「草木雞狗鳥獸，不可譙詬遇之。譙詬遇之，則亦譙詬報人」，「譙詬」亦「謨詬」之譌。蓋謑詬本訓耻，因以爲耻詈人之語，又引申之，人之蒙耻辱，無決擇，亦謂之謑詬。此以市布爲喻，亦言不敢輕易無決擇而讎物也。畢云：「『讎』即『售』字正文。」必擇良者。今士之用身則不然，意之所欲則爲之，厚者入刑罰，薄者被毁醜，則士之用身不若商人之用一布之慎也。」

子墨子曰：「世之君子欲其義之成，吴鈔本「義」作「治」。而助之修其身則愠，是猶欲其牆之成，而人助之築則愠也，豈不悖哉！」

子墨子曰：「古之聖王，欲傳其道於後世，是故書之竹帛，鏤之金石，傳遺後世子孫，欲後世子孫法之也。今聞先王之遺而不爲，是廢先王之傳也。」王云：「『遺』字義不可通。『遺』當爲『道』，此涉上文『傳遺』而誤也。上文曰『古之聖王欲傳其道於後世』，故此文曰『今聞先王之道而不爲，是廢先王之傳也』。」

子墨子南遊使衞，遊，吴鈔本作「游」。畢云：「北堂書鈔作『使於衞』。」關中載書甚多，畢云：「『關中』

猶云扃中，關、扃音相近。」案：畢説是也。文選張衡西京賦「旗不脱扃」，薛綜注云：「扃，關也。」左傳宣十二年孔疏引服虔云：「扃，横木校輪閒。」蓋古乘車，箱畸閒以木爲闌，中可皮物，謂之扃，亦謂之關。故墨子於關中載書矣。

弦唐子見而怪之，廣韻一先云：「弦，又姓。」風俗通云：「弦子後。」左傳：「鄭有商人弦高。」曰：「吾夫子教公尚過曰：公尚過，吕氏春秋高義篇作「公上過」，高注云：「公上過，子墨子弟子也。」案：王符潛夫論志氏姓篇「衛公族有公上氏」，廣韻一東云「衛大夫有公上玉」，尚、上字通。過，疑亦衛人。『揣曲直而已。』説文手部云：「揣，量也。」今夫子載書甚多，何有也？」子墨子曰：「昔者周公旦朝讀書百篇，畢本無「書」字，云：「本多作『讀書百篇』，繹史同。」蓺文類聚引無『書』字，北堂書鈔凡三引，兩引無，一引有，無者是也。」案：道藏本、吴鈔本並有「書」字，今不據删。夕見漆十士。畢云：「『漆』，『七』字假音，今俗作『柒』。蓺文類聚引作『七』。」詒讓案：「唐岱嶽觀碑、五經文字石本「七」字並作「漆」。故周公旦佐相天子，其脩至於今。吴鈔本「脩」作「修」。翟上無君上之事，下無耕農之難，吾安敢廢此？畢云：「北堂書鈔引云『相天下猶如此，況吾無事，何敢廢乎』。」翟聞之：『同歸之物，信有誤者。』易繫辭云「天下同歸而殊塗」，孔疏云：「言天下萬事，終則同歸於一。」蓋謂理雖同歸，而言不能無誤。然而民聽不鈞，吴鈔本作「均」。畢云：「『均』字假音。」是以書多也。今若過之心者，數逆於精微，周禮鄉師鄭注云：「逆猶鉤考也。」同歸之物，既已知其要矣，是以不教以書也。而子何怪焉？」畢云：「言苟得其精微，則無用以書爲教。」

子墨子謂公良桓子曰：蘇云：「公良桓子，蓋衛大夫。」詒讓案：史記孔子弟子列傳有公良儒，陳人，則陳亦有此姓。「衞，小國也，處於齊、晉之閒，猶貧家之處於富家之閒也。貧家而學富家之衣食多用，則速亡必矣。今簡子之家，廣雅釋言云：「簡，閱也。」飾車數百乘，馬食菽粟者數百匹，婦人衣文繡者數百人。吾取飾車、食馬之費與繡衣之財以畜士，俞云：「『吾』當爲『若』，字之誤也。」必千人有餘。若有患難，則使百人處於前，數百於後，畢云：「『數百』下當脱『人處』二字。」王云：「『百人』亦當爲『數百人』。上文曰『千人有餘』，故此分言之，曰『數百人處於前，數百人處於後』。今作『百人』，則與上下文不合。」與婦人數百人處前後孰安？吾以爲不若畜士之安也。」

子墨子仕人於衞，畢云：「舊脱『人』字，一本有。」詒讓案：荀子富國篇楊注引作「子墨子弟子仕於衞」，則疑「仕於衞」上脱「弟子」二字。所仕者至而反。子墨子曰：「何故反？」對曰：「與我言而不當，畢云：「後作『審』。」詒讓案：荀子注引亦作「當」，疑「審」字近是。曰『待女以千盆』，女，吴鈔本作「汝」。盆，畢本改「益」，云：「舊作『盆』，誤。古無『鎰』字，只作『益』，或作『溢』。漢書食貨志云『黄金以溢爲名』，注：『孟康曰：二十兩爲溢也。』賈逵國語注云：『二十四兩。』」王云：「古『鎰』字皆作『溢』，無作『益』者。此言『千盆』、『五百盆』，皆謂粟，非謂金也。荀子富國篇『今是土之生五穀也，人善治之，則畝數盆』，楊倞曰『蓋當時以盆爲量』，引考工記曰『盆實二鬴』，又引墨子曰『待女以千盆，授我五百盆』，則『盆』非『益』之譌也。富國篇又云『瓜桃棗李，一本數以盆、鼓』，鼓亦量名。」授我五百盆，「盆」，畢本亦改「益」，非，下同。故去之也。」子墨子曰：「授子過千盆，則子去之乎？」對曰：「不去。」子墨子曰：「然則非爲其不審也，爲其寡也。」

子墨子曰：「世俗之君子，視義士不若負粟者。今有人於此，負粟息於路側，欲起而不能，君子見之，無長少貴賤，必起之。何故也？王云：「『故』字亦後人所加。御覽人事部六十二引無『故』字。」曰：義也。今爲義之君子，畢云：「『之』舊作『也』，據太平御覽改。」奉承先王之道以語之，縱不説而行，説，吴鈔本作「悦」。又從而非毁之。則是世俗之君子之視義士也，不若視負粟者也。」道藏本「也」作「之」。畢云：「一本脱此字。」

子墨子曰：「商人之四方，市賈信徙，畢云：「當爲『倍徙』，下同。」案：畢校是也。徙、蓰字通。雖有關梁之難，盜賊之危，必爲之。今士坐而言義，無關梁之難，盜賊之危，此爲信徙不可勝計，然而不爲。則士之計利，畢云：「『則』舊作『財』，一本如此。」不若商人之察也。」

子墨子北之齊，遇日者。史記日者傳集解云：「古人占候卜筮，通謂之日者。」索隱云：「名卜筮曰日者以墨，所以卜筮占候時日通名日者故也。」畢云：「文選劉孝標辯命論注引『遇』作『過』。」詒讓案：高承事物紀原引亦作「過」。日者曰：「帝以今日殺黑龍於北方，畢云：「事類賦引『殺』作『屠』。」而先生之色黑，舊本「生」誤「王」，今據吴鈔本、顧校季本正。不可以北。」淮南子要略云「操舍開塞，各有龍忌」，許注云：「中國以鬼神之事曰忌，北胡南越皆謂之請龍。」案：此日者以五色之龍定吉凶，疑即所謂龍忌。許君「請龍」之説，未詳所出，恐非古術也。畢云：「『北，事類賦作『往』。」子墨子不聽，遂北，至淄水，不遂而反焉。畢云：「舊脱『至淄水不遂』五字，據史記日者傳集解及事類賦增。史記集解云『墨子不遂而反焉』，又多二字。淄水出今山東益都縣西南顔神鎮東南三十五里原山，經臨淄縣東北，流至壽光縣北，入海。」日者曰：「我謂先生不可以北。」子墨子曰：「南之人不得北，北之人不得南，其色有黑者，有白者，何故皆不遂也？且帝以甲乙殺青龍於東方，以丙丁殺赤龍於南方，以庚辛殺白龍於西方，以壬癸殺黑龍於北方，畢本此下增「以戊己殺黃龍於中方」，云：「此句舊脱，據太平御覽增。」王云：「畢增非也。原文本無此句，今刻本御覽鱗介部一有之者，後人不知古義而妄加之也。古人謂東西南北爲四方者，以其在四旁也。若中央爲四方之中，則不得言中方，一謬也；行者之所向，有東有西，有南有北，而中不與焉，二謬也。鈔本御覽及容齋續筆所引皆無此句。」案：王説是也。此即古五龍之説，鬼谷子「盛神法五龍」，陶弘景注云：「五龍，五行之龍也。」水經注引遁甲開山圖云「五龍見教，天皇被迹」，榮氏注云：「五龍治在五方，爲五行神。」説文戊部云：「戊，中宮也，象六甲、五龍相拘絞也。」義並同。然則五龍自有中宮，但日者之言，不妨約舉四方耳。若用子之言，則是禁天下之行者也，畢云：「舊脱『天』字、『之』字，據太平御覽增。」是圍心而虚天下也，蘇云：「『圍心』未詳，『圍』或當作『違』。」吴玉搢云：「『圍心』即違心，古圍、違字通。」子之言不可用也。」

子墨子曰：此上疑有脱文。「吾言足用矣。舍言革思者，「舍」下亦當有「吾」字。蘇云：「革，更也。」是猶舍穫而攈粟也。國語魯語「收攟而烝」，韋注云：「攟，拾也。」一切經音義引賈逵云：「攈，拾穗也。」攈、攟字同。畢云：「攈，拾也。一本作『攗』，非。」以其言非吾言者，畢云：「太平御覽引『其』作『他』。」是猶以卵投石也，盡天下之卵，其石猶是也，不可毀也。」畢云：「太平御覽作『石猶不毀也』」。

公孟第四十八

公孟子謂子墨子曰：惠棟云：「公孟子即公明子，孔子之徒。」宋翔鳳云：「孟子公明儀、公明高，曾子弟子。公孟子與墨子問難，皆儒家之言。孟與明通，公孟子即公明子，其人非儀即高，正與墨翟同時。」詒讓案：潛夫論志氏姓篇「衛公族有公孟氏」，左傳定十二年孔疏謂公孟縶之後，以字爲氏。説苑脩文篇有公孟子高見顓孫子莫及曾子，此公孟子疑即子高，蓋七十子之弟子也。「君子共己以待，蘇云：「共讀如恭。」詒讓案：荀子王霸篇云「則天子共己而已」，楊注云：「共讀爲恭，或讀爲拱，垂拱而已也。」案此「共己」當讀爲「拱己」，非儒篇云「高拱下視」是也。問焉則言，不問焉則止。譬若鍾然，扣則鳴，不扣則不鳴。」非儒下篇述儒者之言曰「君子若鍾，擊之則鳴，弗擊不鳴」，即此。畢云：「説文云：『扣，牽馬也。』『敂，擊也，讀若扣。』此假音耳。」子墨子曰：「是言有三物焉，子乃今知其一身也，吴鈔本「其」下有「有」字。王引之云：「『身』字義不可通，『身』當爲『耳』。隸書『身』字或作『耳』，見漢荆州從事苑鎮碑，與『耳』相似，故『耳』誤爲『身』。管子兵法篇『教其耳以號令之數』，今本『耳』誤爲『身』。所謂『是言有三物』者，不扣則不鳴者一，雖不扣必鳴者二，而公孟子但云『不扣則不鳴』，是知其一而不知其二也，故曰『子乃今知其一耳』。今本『耳』誤爲『身』，『身』下又衍『也』字。」又未知其所謂也。若大人行淫暴於國家，進而諫，則謂之不遜，因左右而獻諫，則謂之言議，此君子之所疑惑也。吴鈔本「所」下有「以」字。疑惑，謂言之無益而有害，則君子遲疑不敢發，此明不扣而不鳴之一物。若大人爲政，將因於國家之難，譬若機之將發也然，非儒篇云「若將有大寇亂，盜賊將作，若機辟將發也」。君子之必以諫，「子」下疑脱一字。然而大人之利，蘇云：「此下有脱簡，下文『有之也，君得之，則必用之矣』十一字當在此。」案：蘇校未塙。若此者，雖不扣必鳴者也。若大人舉不義之異行，雖得大巧之經，可行於軍旅之事，欲攻伐無罪之國，有之也，君得之，則必用之矣。以廣辟土地，著稅僞材。畢云：「『僞』疑當爲『賜』，說文云『此古貨字，讀若貴』。」蘇云：「『有之』以下十一字，當在上文『然而大人之利』句下，誤錯於此。此文當云『欲攻伐無罪之國，以廣辟土地，著稅僞材』。」案畢校近是，但「著稅」義難通，疑「著」當作「籍」。毛詩大雅韓奕箋云：「籍，稅也。」節用上篇云「其籍歛厚」。材、財字通。「籍稅賜材」，猶云籍歛貨財矣。出必見辱，所攻者不利，而攻者亦不利，是兩不利也。若此者，雖不扣必鳴者也。以上明不扣必鳴之二物，畢云「已上申明知其一身」，失之。且子曰：『君子共已待，問焉則言，不問焉則止，譬若鍾然，扣則鳴，不扣則不鳴。』今未有扣子而言，是子之謂不扣而鳴邪？「謂」上當有「所」字。是子之所謂非君子邪？」畢云：「已上申明又未知其所謂。」

公孟子謂子墨子曰：「實爲善人，孰不知？句。譬若良玉，處而不出，有餘糈。「玉」疑當爲「巫」。「糈」舊誤「精」。王校下文諸「精」字皆爲「糈」，惟此未正。今審校當與彼同。淮南子說山訓云：「巫之用糈藉」，高注云：「糈，祀神之米。」譬若美女，處而不出，人爭求之。行而自衒，內則「奔則爲妾」，鄭注云：「『奔』或爲『衒』。」列女傳辯通篇「齊鍾離春衒嫁不售」。畢云：「說文云：『衙，行且賣也。衒，或字。』」人莫之取也。之，舊本作「知」。畢云：「知，一本作『之』。」詒讓案：作「之」是也，意林作「人莫之娶」，今據正。今子偏從人而說之，偏，舊本作「偏」，畢以意改「徧」，道藏本、季本、吴鈔本正作「偏」。王以「偏」爲古「徧」字，詳非攻下篇。何其勞也？」子墨子曰：「今夫世亂，求美女者衆，美女雖不出，人多求之。今求善者寡，畢云：「言好德不如好色。」不强説人，人莫之知也。且有二生於此，善筮，舊本「筮」譌「星」，王據下文改。一行爲人筮者，一處而不出者。行爲人筮者此十一字舊脱，王據上下文義補。與處而不出者，其糈孰多？」糈，舊本誤「精」。王云：「『精』當爲『糈』，字之誤也。莊子人閒世篇『鼓筴播精』，釋文：『『精』如字，一音所，字則當作『糈』。』是『糈』與『精』字形相似而易譌也。郭璞注南山經曰：『糈，先吕反，今江東音所。』説文：『糈，糧也。』言兩人皆善筮，而一行一處，其得米孰多也？史記貨殖傳云『醫方諸食技術之人，焦神極能，爲重糈也』，是其證。」案：王校是也，今據正，下同。公孟子曰：「行爲人筮者其糈多。」子墨子曰：「仁義鈞，吴鈔本作「均」。行説人者，其功善亦多，何故不行説人也？」

公孟子戴章甫，畢云：「戴，本多作『義』，以意改。」案：顧校季本正作「戴」，士冠禮記云：「章甫，殷道也。」鄭注云：「章，明也。殷質，言以表明丈夫也。」論語先進篇「端章甫」，集解：「鄭玄云：衣玄端，冠章甫，諸侯日視朝之服。」禮記儒行：「魯哀公問孔子儒服，對曰：某長居宋，冠章甫之冠。」此公孟子儒者，故亦儒服與？搢忽，畢云：「搢，即晉字俗寫。忽，即笏字。古文尚書『在治忽』，亦用此字。舊作『㧾』，誤。」詒讓案：儀禮既夕「木笏」，鄭注云：「今文『笏』作『忽』。」史記夏本紀集解引鄭康成注尚書作「在治曶」，云：「曶者，笏也。」忽、曶、笏字並通。釋名釋書契云：「笏，忽也，君有教命及所啟白，則書其上，備忽忘也。」荀子哀公篇〔一〕：「夫〔二〕章甫、絇屨，紳而搢笏。」儒服，而以見

〔一〕「哀公篇」，原誤「法行篇」，據荀子改。

〔二〕「夫」，原誤「六」，據荀子改。

子墨子，曰：「君子服然後行乎？其行然後服乎？」子墨子曰：「行不在服。」公孟子曰：「何以知其然也？」子墨子曰：「昔者齊桓公高冠博帶，金劍木盾，畢云：「説文云：『盾，瞂也，所以扞身蔽目。象形。』陸德明周禮音義云：『食允反，又音允。』」詒讓案：此所言皆朝服，朝服未有用盾者，「盾」疑亦「笏」之誤，但木笏非貴服，所未詳也。以治其國，其國治。昔者晉文公大布之衣，牂羊之裘，牂，道藏本、吴鈔本並从牛，誤。韋以帶劍，並詳兼愛中、下篇。以治其國，其國治。昔者楚莊王鮮冠組纓，説文糸部云：「組，綬屬也，其小者可以爲冠纓。」〔二〕玉藻云：「玄冠朱組纓，天子之冠也。玄冠丹組纓，諸侯之齊冠也。」此朝服當爲冠弁服，但組纓爲常制，不足爲華侈，與鮮冠綘衣博袍，文例不相應。疑此「組」當爲「韈」之叚字。荀子樂論篇云：「亂世之徵，其服組鮮。」韈，義詳節用篇。綘衣博袍，畢云：「太平御覽引作『裦衣博裦』。」王云：「哀十四年公羊傳『反袂拭面，涕沾袍』，何注曰：『袍，衣前襟也。』」綘，舊本作「絳」。王引之云：「『絳』當爲『綘』，字之誤也。綘與縫同。集韻『縫，或省作綘』，漢丹陽太守郭旻碑：『彌綘衮□』〔三〕，『綘』即縫字。字從夆，不從夅。縫衣，大衣也。字或作『逢』，又作『摓』。洪範『子孫其逢』，馬注曰：『逢，大也。』儒行『衣逢掖之衣』，鄭注曰：『逢猶大也。大掖之衣，大袂襌衣也。』莊子盜跖篇『摓衣淺帶』，釋文曰：『摓，本又作縫。』列子黄帝篇釋文：『向秀注曰：「儒服寬而長大。」』荀子非十二子篇『其冠進，其衣逢』，儒效篇『逢衣淺帶，解果其冠』，楊倞注並曰：『逢，大也。』列子黄帝篇曰『女逢衣徒

〔二〕按：此引説文據文選七啟李善注，與通行大徐本説文略異。

〔三〕「旻」字原避諱缺末筆。又「衮」下原是缺文，應作方框「□」，原誤刻作「口」，並據隸續卷三改。

也』。縫、絳、逢、摓字異而義同。絳衣與博袍連文，絳、博皆大也。淮南齊俗篇作『裾衣博袍』，高注曰：『裾，褒也。』褒亦大也。氾論篇又云『褒衣博帶』。」案：王説是也，今據正。「絳衣」即禮經侈袂之衣，周禮司服鄭注云：「士之衣，袂皆二尺二寸而屬幅，其袪尺二寸。大夫以上侈之，侈之者蓋半而益一焉。半而益一，則其袂三尺三寸，袪尺八寸。」「博袍」即謂絳衣之前襟，廣雅釋器云：「袍，長襦也。」彼燕居之服，非聽治所用，與此袍異也。任大椿謂「絳衣博袍」即漢晉以後之朝服絳紗袍，大誤。以治其國，其國治。昔者越王句踐剪髮文身，淮南子齊俗訓云「越王句踐劗髮文身，南面而霸天下」，又云「越人劗鬋」，許注云：「鬋，斷也。」「剪」即「鬋」之俗。説苑奉使篇：「越諸發曰：越翦髮文身，爛然成章，以象龍子者，將避水神也。」以治其國，其國治。此四君者，其服不同，其行猶一也。翟以是知行之不在服也。」公孟子曰：「善！吾聞之曰『宿善者不祥』，畢云：「讀如『無宿諾』。」請舍忽、畢云：「舊作『招』。」易章甫，復見夫子，可乎？」子墨子曰：「請因以相見也，若必將舍忽、易章甫必，舊本作「不」。畢云：「不，一本作『必』，亦是。」蘇云：「『不』字誤，一本作『必』，是也。畢注以『不』爲句，非。」案：蘇説是也，今據正。而後相見，然則行果在服也。」畢云：「言其意在服也。」

公孟子曰：「君子必古言服，句。然後仁。」孟子告子篇荅曹交曰：「子服堯之服，誦堯之言，行堯之行，是堯而已矣。」公孟子之言同於彼。但孟子兼重行，而公孟子唯舉言服，故爲墨子所折。子墨子曰：「昔者商王紂卿士費仲爲天下之暴人，明鬼下篇作「費中」，「中」、「仲」古今字。箕子、微子爲天下之聖人，此同言而或仁不仁也。畢云：「言同時之言，而仁不仁異。」周公旦爲天下之聖人，關叔爲天下之暴人，關叔即管叔，詳耕柱篇。此同服或仁或不仁。然則不在古服與古言矣。且子法周，而未法夏也，畢云：「謂節葬、節用之屬，墨氏之學出于夏。」子之古非古也。」

公孟子謂子墨子曰：「昔者聖王之列也，上聖立爲天子，其次立爲卿大夫，今孔子博於詩書，察於禮樂，詳於萬物，若使孔子當聖王，則豈不以孔子爲天子哉？」子墨子曰：「夫知者，必尊天事鬼，愛人節用，合焉爲知矣。今子曰孔子博於詩書，察於禮樂，詳於萬物，而曰可以爲天子，是數人之齒，而以爲富。」畢云：「齒，年也。」俞云：「數人之年，安得以爲富？畢説非也。齒者，契之齒也。古者刻竹木以記數，其刻處如齒，故謂之齒，易林所謂『符左契右，相與合齒』是也。列子説符篇：『宋人有遊於道，得人遺契者，歸而藏之，密數其齒，曰：吾富可待矣。』此正數人之齒以爲富者。蓋古有此喻。」案：俞説是也，蘇説同。

公孟子曰：「貧富壽夭，齰然在天，説文齒部云：「齰，齧也。」非此義。畢云：「齰同錯。」不可損益。」又曰：「君子必學。」子墨子曰：「教人學而執有命，是猶命人葆畢云：「葆，言包裹其髮。」而去亓冠也。」亓，畢本作「丌」，云：「舊作『亦』，知是此字之譌。『丌』即『其』字，以意改。」王引之云：「古『其』字亦有作『亓』者，玉篇：『亓，古文其。』是其證。今本墨子『其』作『亦』，則是『亓』之譌，非『丌』之譌也。後凡『亓』譌作『亦』者，放此。」案：王説是也，今並據正。

公孟子謂子墨子曰：「有義不義，無祥不祥。」無，畢本改「有」，云：「舊作『無』，據下文改。」王云：「畢改非也。公孟子之意，以爲壽夭貧富皆有命，而鬼神不能爲禍福，故曰『有義不義，無祥不祥』。墨子執非命之説，以爲鬼神實司禍福，義則降之祥，不義則降之不祥，故曰『有祥不祥』。『有祥不祥』乃墨子之説，非公孟子之説，不得據彼以改此也。」顧、蘇説同。子墨子曰：「古聖王「古」下吳鈔本有「者」字。皆以鬼神爲神明，而爲禍福，畢云：「而同能。」執有祥不祥，是以政治而國安也。自桀紂以下，皆以鬼神爲不神明，不能爲禍福，執無祥不祥，是以政亂而國危也。故先王之書子亦有之曰：戴云：「『子亦』疑當作『亓子』。亓，古『其』字。其子即箕子，周書有箕子篇，今亡。孔晁作注時，當尚在也。」『亓傲也，畢云：「以下『亓』字〔二〕，舊皆作『亦』。」出於子，不祥。』此言爲不善之有罰，爲善之有賞。」

子墨子謂公孟子曰：「喪禮，君與父母、妻、後子死，畢云：「後子，嗣子也。」三年喪服，義詳節葬下、非儒下二篇。伯父、叔父、兄弟期，族人五月，「族人」上，王校增「戚」字，説詳節葬下篇。姑、姊、舅、甥皆有數月之喪。或以不喪之閒誦詩三百，周禮大司樂鄭注云：「以聲節之曰誦。」弦詩三百，禮記樂記注云：「弦謂鼓琴瑟也。」歌詩三百，周禮小師注云：「歌，依詠詩也。」舞詩三百。謂舞人歌詩以節舞。左襄十六年傳云「晉侯與諸侯宴于温，使諸大夫舞，曰：歌詩必類」，是舞有歌詩也。墨子意謂不喪則又習樂，明其曠日廢業也。毛詩鄭風子衿傳云「古者教以詩樂，誦之歌之，弦之舞之」，與此書義同。若用子之言，則君子何日以聽治？庶人何日以從事？」公孟子曰：「國亂則治之，國治則爲禮樂。舊本脱「國」字，王據下文補。國治則從事，國富則爲禮樂。王云：「下『國治』當爲『國貧』。『治』與『亂』對，

〔二〕按「亓」，畢沅注原作「丌」。此引作「亓」，當系孫據王引之説改，詳上節注。

『富』與『貧』對。『國亂則治之』，即上文所謂君子聽治也，『國貧則從事』，即上文所謂庶人從事也。非儒篇曰『庶人怠於從事則貧』，故曰『國貧則從事』。今本『貧』作『治』者，涉上文『國治』而誤。」子墨子曰：「國之治，盧云：「此下脱『治之故治也』五字。」治之廢，則國之治亦廢。國之富也，從事，故富也。從事廢，則國之富亦廢。下「事」字舊本譌作「是」，今據道藏本、吴鈔本正。故雖治國，勸之無饜，畢云：「猶云勉之無已。」然後可也。今子曰『國治則爲禮樂，亂則治之』，是譬猶噎而穿井也，畢云：「説文云：『噎，飯窒也。』飯窒則思飲。」俞云：「晏子春秋襍上篇『噎而遽掘井』，説苑襍言篇作『譬之猶渴而穿井』，渴字較噎爲勝，疑此文亦當作『渴』。因『噎』字古作『飼』，漢書賈山傳『祝飼在前』，師古曰：『飼，古噎字。』是也。形與『渴』微似，故『渴』誤爲『噎』。」案：畢説是也。死而求醫也。古者三代暴王桀紂幽厲，薾爲聲樂，畢云：「説文云：『薾，華盛。』言盛也。或『侈』假音字。」不顧其民，是以身爲刑僇，國爲戾虛者，吴鈔本無「者」字。王云：「『戾虛』當爲『虛戾』。魯問篇曰『是以國爲虛戾，身爲刑戮也』，趙策曰『齊爲虛戾』，又曰『社稷爲虛戾，先王不血食』。戾猶厲也，非命篇曰『國爲虛厲，身在刑僇之中』，是『虛戾』即『虛厲』也。小雅節南山篇『降此大戾』，大雅瞻卬篇『戾』作『厲』。小宛篇『翰飛戾天』，文選西都賦注引韓詩『戾』作『厲』。孟子滕文公篇『樂歲粒米狼戾』，鹽鐵論未通篇『狼戾』作『梁厲』。莊子人閒世篇『國爲虛厲，身爲刑僇』，釋文：『李云：居宅無人曰虛，死而無後爲厲。』」皆從此道也。」

公孟子曰：「無鬼神。」又曰：「君子必學祭祀。」畢云：「當爲『禮』。」詒讓案：即五禮之吉禮。子墨子曰：「執無鬼而學祭禮，是猶無客而學客禮也，客禮，即五禮之賓禮。是猶無魚而爲魚罟也。」説文网部云：「罟，网也。」爾雅釋器云：「魚罟謂之罛。」詩碩人孔疏引李巡云：「魚罟，捕魚具也。」

公孟子謂子墨子曰：「子以三年之喪爲非，子之三日之喪亦非也。」畢云：「『三日』當爲『三月』。韓非子顯學云『墨者之葬也，冬日冬服，夏日夏服，桐棺三寸，服喪三月』，高誘注淮南子齊俗云『三月之服，是夏后氏之禮』。而後漢書王符傳注引尸子云『禹制喪三日』，亦當爲『月』。」子墨子曰：「子以三年之喪非三日之喪，是猶倮謂撅者不恭也。」舊本「倮」作「果」，今從道藏本改，吳鈔本又作「裸」。畢云：「『果』當爲『裸』，説文云『袒也』。玉篇云：『倮，赤體也。』『撅』當爲『蹶』，説文云：『僵也，一曰跳也。』」洪云：「禮記內則『不涉不撅』，鄭注：『撅，揭衣也』。謂袒衣與揭衣，其露體不恭一也。晏子春秋外篇上『吾譏晏子，猶訾倮而高撅者也』，其義與此同。」俞云：「畢謂『撅』當爲『蹶』，失之。蹶與裸兩意不倫，不當取以爲喻。內則『不涉不撅』，撅衣雖不恭，然裸則更甚，故曰『是猶果謂撅者不恭也』。」

公孟子謂子墨子曰：「知有賢於人，謂偶有一事賢於他人。則可謂知乎？」子墨子曰：「愚之知有以賢於人，有以，吳鈔本作「亦有」。而愚豈可謂知矣哉？」

公孟子曰：「三年之喪，學吾之慕父母。」俞云：「『吾』下脱『子』字。管子海王篇『吾子食鹽二升少半』，尹知章注曰：『吾子，謂小男小女也。』此文公孟子曰『三年之喪，學吾子之慕父母』，故下子墨子曰『夫嬰兒子之知，獨慕父母而已』，『嬰兒子』即『吾子』也。」子墨子曰：「夫嬰兒子之知，畢云：「衆經音義云：『倉頡篇云：男曰兒，女曰嬰。』」獨慕父母而已。父母不可得也，然號而不止，此亓故何也？亓，顧校季本作「其」。即愚之至也。然則儒者之知，豈有以賢於嬰兒子哉？」

子墨子曰：「問於儒者：蘇云：「『曰』字誤倒，當作『問於儒者曰』。」『何故爲樂？』曰：『樂以爲樂也。』」說文木部云：「樂，五聲八音總名。」引申爲哀樂之樂。此第二「樂」字用引申之義，古讀二義同音，故墨子以「室以爲室」難之。樂記云「故曰樂者樂也，君子樂得其道，小人樂得其欲」，又禮器云「樂者，樂其所自成」，仲尼燕居云「行而樂之，樂也」，荀子樂論篇亦云「樂者，樂也」，此即墨子所庰儒者之說。子墨子曰：「子未我應也。今我問曰：『何故爲室？』曰：『冬避寒焉，夏避暑焉，室以爲男女之別也。』俞云：「『避寒』、『避暑』、『爲男女之別』，三句皆以室言，不當於『男女之別』句獨著『室』字，『室』乃『且』字之誤。古書『且』字或誤爲『宜』，詩假樂篇釋文曰『且君且王，一本且並作宜』是也。『且』誤爲『宜』，因誤爲『室』矣。」案：「室」當作「宮」，辭過篇云「宮牆之高，足以別男女之禮。」節用上篇云「宮牆足以爲男女之別」，皆於避寒暑外，分別言之。此亦當同。俞說未允。則子告我爲室之故矣。今我問曰：『何故爲樂？』曰：『樂以爲樂也。』畢云：「舊脫『爲』字，據上文增。」是猶曰：『何故爲室？』曰：『室以爲室也。』」

子墨子謂程子曰：蘇云：「程子即程繁也。見三辨篇。」「儒之道足以喪天下者，四政焉。儒以天爲不明，畢云：「舊脫『天』字，據下文增。」以鬼爲不神，天鬼不說，此足以喪天下。又厚葬久喪，重爲棺槨，多爲衣衾，送死若徙，三年哭泣，扶後起，杖後行，並詳節葬下篇。耳無聞，目無見，此足以喪天下。又弦歌鼓舞，畢本「鼓」作「鼓」，云：「此『鼓』字从攴，與鐘鼓字異，彼从支。」案：畢校非也，詳兼愛中篇。習爲聲樂，此足以喪天下。又以命爲有，貧富壽夭、治亂安危有極矣，有極猶言有常，詳非儒下篇。不可損益也。爲上者行之，必不聽治矣；「必不」二字舊倒，今據吳鈔本乙，與下文合。

爲下者行之，必不從事矣，此足以喪天下。」程子曰：「甚矣！先生之毀儒也。」子墨子曰：「儒固無此若四政者，而我言之，若，舊本作「各」。王云：「『此各』當爲『此若』，若亦此也。言儒無此四政也。下文曰『今儒固有此四政者』，是其證。今本『此若』作『此各』，則文義不順。墨子書多謂此爲此若，說見魯問篇。」案：王說是也，今據正。則是毀也。今儒固有此四政者，而我言之，則非毀也，告聞也。」畢云：「言告所聞。」程子無辭而出，子墨子曰：「迷之！」「迷之」義不可通，疑「迷」當爲「還」之誤，謂墨子呼程子令還也。反，後坐，畢讀「反」爲句，「後」又爲句，云：「言惑於此說者，請反而後後留之。」王云：「畢說非也。『後』當爲『復』，『復』、『後』字相似，故書傳中『復』字多譌作『後』。『反』爲一句，『復坐』爲一句，謂程子反而復坐也。今本『復』作『後』，則義不可通。」進復曰：王云：「『復』，如孟子『有復於王者曰』之『復』，謂程子進而復於墨子也。」「鄉者先生之言有可聞者焉，「生」舊本譌「王」，今據吴鈔本正，下同。畢云：「『聞』當爲『閒』。」案：畢校是也。孟子云『政不足與閒也』，趙注云：「閒，非也。」若先生之言，則是不譽禹，不毀桀紂也。」此因墨子言不毀儒，而遂難之，言人不能無毀譽也。子墨子曰：「不然，夫應孰辭，稱議而爲之，孰辭，習孰之辭，猶云常語。議，吴鈔本作「義」。案：「稱議」上當有「不」字。「應孰辭不稱議而爲之」，謂應習孰之辭，則信口酬荅，不待稱議而後對，故下云「敏」也。此明前云不毀儒，非不毀桀紂之謂，不可以習孰應對之語，執以相難。畢云「孰」當爲「執」，亦通。敏也。厚攻則厚吾，薄攻則薄吾。王引之云：「吾，讀爲列禦寇之禦。禦古通作吾，趙策曰『王非戰國，守吾之具，其將何以當之乎』，是其證。」案：王校是也。「吾」當爲「圄」之省，說文口部云：「圄，守也。」應孰辭而稱議，是猶荷轅而擊蛾也。」此即申應孰辭不必稱議之指。畢云：「蛾，同螘。」子墨子與程子辯，稱於孔子。畢云：「稱述孔子。」程子曰：「非儒，句。何故稱於孔子也？」子墨子曰：「是亦當而不可易者也。俞云：「『亦』當爲『亓』，古文『其』字也。言我所稱於孔子者，『是其當而不可易者也』。『其』字即以孔子言。本篇『其』字多誤爲『亦』，畢氏已訂正，而未及此。」今鳥聞熱旱之憂則高，魚聞熱旱之憂則下，當此，雖禹湯爲之謀，必不能易矣。鳥魚可謂愚矣，禹湯猶云因焉。王云：「云猶或也。言鳥魚雖愚，禹湯猶或因之也。古者云與或同義。」今翟曾無稱於孔子乎？」畢云：「言孔子之言，有必不能易者。此下舊有『有游於子墨子之門者，謂子墨子曰：先王以鬼爲神明知能爲禍人哉』二十七字，今據一本移後。」

有游於子墨子之門者，身體强良，良，吴鈔本作「梁」。後魯問篇亦云「强梁」，然義似不同。」思慮徇通，史記黄帝本紀「黄帝幼而徇齊」，集解：「徐廣曰：墨子曰『年踰十五〔一〕則聰明心慮無〔二〕不徇通矣』。裴駰案：徇，疾也。」索隱云：「徇齊，家語及大戴禮並作『叡齊』，一本作『慧齊』。叡、慧皆智也。史記舊本亦有作『濬齊』，蓋古字假借『徇』爲『濬』。濬，深也，義亦並通。」案：徐引墨子，今無此文，蓋在佚篇中。説文人部云：「侚，疾也。」「徇」即「侚」之譌。莊子知北游篇云「思慮恂達」，又借「恂」爲之。欲使隨而學。子墨子曰：「姑學乎，吾將仕

〔一〕「十五」，原誤「五十」，據史記五帝本紀集解乙正。
〔二〕「無」字原脱，亦據史記五帝本紀集解改。

子。」勸於善言而學，其年，意林引作「朞年」。畢云：「同『期年』。」詒讓案：此書期年字多作『其』，詳節葬下篇。而責仕於子墨子。子墨子畢云：「舊脱二字，以意增。」曰：「不仕子。子亦聞夫魯語乎？吴鈔本無「夫」字。「語」，意林引作「人」。魯有昆弟五人者，亓父死，畢云：「亓，舊作『亦』，下同。一本俱作『其』。」詒讓案：意林正作「其」，下並同。亓長子嗜酒而不葬，亓四弟曰：『子與我葬，畢云：「與舊作『無』，一本如此。」當爲子沽酒。』勸於善言而葬，已葬而責酒於其四弟，吴鈔本無「其」字。四弟曰：『吾末予子酒矣。末，道藏本、吴鈔本並作「未」。子葬子父，我葬吾父，豈獨吾父哉？子不葬，則人將笑子，故勸子葬也。』今子爲義，我亦爲義，豈獨我義也哉？子不學，則人將笑子，故勸子於學。」

有游於子墨子之門者，子墨子曰：「盍學乎？」對曰：「吾族人無學者。」子墨子曰：「不然，夫好美者，豈曰吾族人莫之好，故不好哉？夫欲富貴者，豈曰我族人莫之欲，畢云：「已上八字舊脱，據一本增。」故不欲哉？畢云：「太平御覽引云：『墨子謂門人曰：「汝何不學？」對曰：「吾族無學者。」墨子曰：「不然，豈有好美者，而曰吾族無此，不欲邪？富貴者，而曰吾族無此，不用也？」』與此微異。」好美、欲富貴者，不視人猶强爲之。畢云：「此下舊接『爲善者富之』云云二百六十四字，今據文義移後。一本此下亦接『夫義，天下之大器也』。」夫義，天下之大器也，何以視人必强爲之？」畢云：「『必』，當爲『不』。」已上十六字，舊脱在『則盗何遽無從』下，今據一本移正。」蘇云：「此勉之詞，『必』字不誤。」案：依蘇説，則當讀「何以視人」句斷，下云「必强爲之」，乃勉其爲義，非責其不爲也。考意林約引此文，作「强自力矣」，則馬總所讀，似已如是。然今以語氣校之，竊疑「必」字當在「視人」上，仍爲詰責之辭，與上文「不視人」云云，文例正相對也。

有游於子墨子之門者，謂子墨子曰：「先生以鬼神爲明知，先生，舊本譌「先王」，今據道藏本、吴鈔本正。又舊本「神爲」二字到轉，王校乙正，吴鈔本不到。能爲禍人哉福，畢云：「『人哉』已上二十七字，舊在『今翟曾無稱於孔子乎』下，今據一本在此。一本又無『知能爲禍人哉』六字。」案：吴鈔本亦無「知能」以下六字。又畢本脱「福」字，各本並有，今增。王云：「此當以『能爲禍福』連讀，不當有『人哉』二字。下文曰『先生以鬼神爲明，能爲禍福，爲善者賞之，爲不善者罰之』，是其證。今本『禍福』二字之間衍『人哉』二字，則義不可通。」案：王説固是，但疑當作「能爲人禍福哉」，「人哉」二字恐非衍文，未敢肊定，姑仍舊本。爲善者富之，王云：「富與福同。」爲暴者禍之。舊本脱「爲」字，王補。今吾事先生久矣，而福不至。意者，先生之言有不善乎？王引之云：「意者，疑詞。廣雅曰：『意，疑也。』」鬼神不明乎？我何故不得福也？」子墨子曰：「雖子不得福，吾言何遽不善？而鬼神何遽不明？王云：「遽亦何也。連言何遽者，古人自有複語耳。漢書陸賈傳『使我居中國，何遽不若漢』。」子亦聞乎匿徒之刑之有刑乎？」俞云：「『之刑』二字衍文。『子亦聞乎匿徒之有刑乎』，『徒』謂胥徒，給徭役者，『匿徒』謂避役。」蘇説同。案：此疑當作「匿刑徒之有刑乎」，衍一「之」字，「刑徒」又誤到耳。蓋即左傳昭七年所謂僕區之法，孔疏引服虔云「爲隱匿亡人之法」是也。對曰：「未之得聞也。」畢云：「『之得』二字舊倒，以意移。」子墨子曰：「今有人於此，什子，言其賢過子十倍，下云「百子」同。子能什譽之，而一自譽乎？」對曰：「不能。」「有人於此，百子，子能終身譽亓善，而子無一乎？」對曰：「不能。」子墨子曰：「匿一人者猶有罪，今子所匿者若此亓多，將有厚罪者也，何福之求？」

子墨子有疾，跌鼻進而問曰：「問」下吴鈔本有「焉」字。先生以鬼神爲明，能爲禍福，爲善者賞之，舊本脱「爲」字，王校補。爲不善者罰之。今先生聖人也，何故有疾？意者，先生之言有不善乎？鬼神不明知乎？」子墨子曰：「雖使我有病，何遽不明？「何」上疑脱「鬼神」二字。人之所得於病者多方，有得之寒暑，有得之勞苦，百門而閉一門焉，則盜何遽無從入？」王云：「舊本脱『閉』字、『入』字，今據魯問篇及太平御覽疾病部一引補。」案：王校是也。淮南子人閒訓云「室有百户閉其一，盜何遽無從入」，即本此文。畢云：「舊有『夫義，天下之大器也』云云十六字，據一本移前。」

二三子有復於子墨子學射者，子墨子曰：「不可，夫知者必量亓力所能至吴鈔本作「夫智者亦必量力所能至」。而從事焉。國士戰且扶人，猶不可及也。畢云：「及猶兼。」今子非國士也，豈能成學又成射哉？」

二三子復於子墨子曰：「告子曰：『言義而行甚惡。』顧云：「『曰』當爲『日』。」蘇云：「『告子曰』之『曰』當作『日』，或爲『口』字之訛。下墨子言告子口言而身不行，是其證也。然此告子自與墨子同時，後與孟子問荅者，當另爲一人。」案：「曰」字不誤，此文當作「告子曰『墨子言義而行甚惡』」。蓋告子嘗以此言毁墨子，而二三子爲墨子述之，故下文墨子云「稱我言以毁我行」，又云「告子毁猶愈亡也」。今本「告子曰」下脱「墨子」二字，遂若二三子斥告子行惡，與下云「毁」皆不相應矣。顧、蘇説並未憭。又案：孟子告子篇趙注云：「告，姓也。子，男子之通稱也。名不害，兼治儒墨之道者，嘗學於孟子。」趙氏疑亦隱據此書，以此告子與彼爲一人。王應麟、洪頤煊説並同。然以年代校之，當以蘇說爲是。請棄之。」子墨子曰：「不可，稱我言以毀我行，愈於亡。亡、無字同。有人於此，翟甚不仁，經說下云：「仁，愛也。」言與翟甚不相愛也。仲尼燕居云：「食饗之禮，所以仁賓客也。」尊天、事鬼、愛人甚不仁，猶愈於亡也。今告子言談甚辯，言仁義而不吾毀，上下文兩言「毀」，則此不當云「不吾毀」，「不」字當是衍文。告子毀，畢云：「二字倒，今移。」猶愈亡也。」

二三子復於子墨子曰：「告子勝爲仁。」畢云：「文選注引無『爲』字。」蘇云：「『勝爲仁』者，言仁能勝其任也，或以『勝』爲告子名，未知然否？」案：文選陳孔璋爲曹洪與魏文帝書云「有子勝斐然之志」，李注引此文釋之，則崇賢似以「勝」爲告子之名。蘇引或說，本於彼。閻若璩四書釋地又續引或說，謂告子名不害，字子勝，並無塙證，疑不足據。子墨子曰：「未必然也。告子爲仁，譬猶跂以爲長，畢云：「『跂』舊作『跛』，據文選注改。此『企』字假音，爾雅云『其踵企』，陸德明音義云：『去豉反，本或作跂。』說文云：『企，舉踵也。』『跂，足多指。』二字異。」隱以爲廣，畢云：「隱，文選注引作『偃』。『隱』、『偃』音相近，亦通。言企足以爲長，仰身以爲廣。偃猶仰。」不可久也。」

告子謂子墨子曰：「我治國爲政。」「我」下疑當有「能」字。故下墨子難之曰：「惡能治國政？」子墨子曰：「政者，口言之，身必行之。今子口言之，而身不行，是子之身亂也。子不能治子之身，惡能治國政？子姑亡，畢云：「言子姑無若此。」詒讓案：「姑亡」，亦見備梯篇。子之身亂之矣！」吳鈔本無「身」字。畢云：「一本作『子姑防，子之身亂之矣』，是。」

墨子閒詁卷十三

魯問第四十九

魯君畢云：「當是魯陽文君，楚縣之君。」蘇云：「此魯君自是魯國君，故以齊攻爲患，畢注非也。」俞云：「魯陽文君，耕柱篇再見，此篇亦屢見。子墨子之意，皆勸以無攻小國，與此不同。且此篇有魯君，又有魯陽文君，別而書之，其非一人明甚。」詒讓案：蘇、俞說是也。以時代攷之，此魯君疑即穆公。謂子墨子曰：「吾恐齊之攻我也，可救乎？」子墨子曰：「可。昔者三代之聖王禹湯文武，百里之諸侯也，說忠行義，取天下。三代之暴王桀紂幽厲，讎怨行暴，失天下。俞云：「『怨』字乃『忠』字之誤，言與忠臣爲讎也。上文說禹湯文武曰『說忠行義，取天下』，與此相對，可證。」吾願主君之上者尊天事鬼，下者愛利百姓，厚爲皮幣，卑辭令，亟偏禮四鄰諸侯，亟，舊本誤作「函」，今以意校正。爾雅釋詁云：「亟，疾也，速也。」本篇「亟」字多誤爲「函」，詳後。敺國而以事齊，患可救也，非此，顧無可爲者。」非此顧，舊本作「非願」二字，畢云：「言非此之爲願。」王云：「畢説非也。『願』當爲『顧』，字之誤也，『顧』、『願』草書相似。顧與固通，『顧』上當有『此』字，言非此固無可爲者也，『此』字即指上數事而言。今本『顧』譌作『願』，又脱『此』字，則義不可通。」案：王説是也，今據補正。

齊將伐魯，子墨子謂項子牛曰：項子牛，蓋田和將。伐魯事詳後。「伐魯，齊之大過也。昔者吴王東伐越，棲諸會稽，吴伐越事，詳非攻中篇。國語越語云「越王句踐棲於會稽之上」，韋注云：「山處曰棲。」西伐楚，葆昭王於隨；葆、保通。左傳定四年吴入郢，楚鬭辛與其弟巢以王奔隨。北伐齊，取國子以歸於吴。舊本「國」下衍「太」字，王云：「『國太子』本作『國子』，謂齊將國書也。吴敗齊於艾陵，獲國子，事見春秋哀十一年。淺人誤以『國』爲國家之國，因加『太』字耳。」案：王説是也，今據删。諸侯報其讎，百姓苦其勞而弗爲用，是以國爲虚戾，虚戾，義詳公孟篇。身爲刑戮也。昔者智伯伐范氏與中行氏，兼三晉之地，詳非攻中篇。此三晉謂晉卿三家，即智氏、范氏、中行氏也，故非攻篇云「并三家以爲一家」，與韓、趙、魏不同。諸侯報其讎，百姓苦其勞而弗爲用，是以國爲虚戾，身爲刑戮，用是也。王云：「『用是』二字涉上文而衍。上文『是以國爲虚戾，身爲刑戮也』，無『用是』二字，是其證。」故大國之攻小國也，是交相賊也，過必反於國。」

子墨子見齊大王曰：畢云：「太平御覽無『大』字，下同。」蘇云：「『大』當讀泰，即太公田和也。蓋齊僭王號之後，亦尊其祖爲太王，如周之古公云。」俞云：「大公者，始有國之尊稱，故周追王自亶父始，而稱大王。齊有國自尚父始，而稱大公。以及吴之大伯，晉之大叔，皆是也。田齊始有國者，和也，故稱大公，猶尚父稱大公也。至其後子孫稱王，則亦應稱大王矣，猶亶父稱大王也。因齊大王之稱它書罕見，故學者不得其説，太平御覽引此文，遂删『大』字矣。」案：蘇、俞説是也。據史記田敬仲世家及六國年表，田莊子卒於周威烈王十五年，子大公和立。安王十六年，田和始立爲諸侯。墨子見大王，疑當在田和爲諸侯之後。「今有刀於此，試之人頭，倅然斷之，畢云：「『卒』字異文作『倅』，讀如倉猝。」可謂利乎？」大王曰：「利。」子墨子曰：「多試之人頭，倅然斷之，可謂利乎？」大王曰：「利。」子墨子曰：「刀則利矣，孰將受其不祥？」大王曰：「刀受其利，試者受其不祥。」畢云：「言持刀之人。」子墨子曰：「并國覆軍，賊敫百姓，畢云：「舊作『敖』，非，太平御覽引作『殺』。案説文云『敫，古文殺』，出此，今依改正。」案：畢校是也，説詳尚賢中篇。孰將受其不祥？」大王俯仰而思之曰：「我受其不祥。」

魯陽文君將攻鄭，子墨子聞而止之，謂陽文君曰：畢云：「『謂』下當脱『魯』字。」「今使魯四境之内，畢云：「謂魯陽。」大都攻其小都，大家伐其小家，殺其人民，取其牛馬狗豕布帛米粟貨財，則何若？」魯陽文君曰：「魯四境之内，皆寡人之臣也。今大都攻其小都，大家伐其小家，奪之貨財，則寡人必將厚罰之。」子墨子曰：「夫天之兼有天下也，亦猶君之有四境之内也。今舉兵將以攻鄭，天誅亓不至乎？」道藏本、吴鈔本「亓」並誤「亦」。魯陽文君曰：「先生何止我攻鄭也？我攻鄭，順於天之志。鄭人三世殺其父，蘇云：「『父』當作『君』。據史記鄭世家云『哀公八年，鄭人弒哀公而立聲公弟丑，是爲共公。三十年，共公卒，子幽公已立。幽公元年，韓武子伐鄭，殺幽公，鄭人立幽公弟駘，是爲繻公。二十七年，子陽之黨共弒繻公』，是三世弒君之事也。」案：黄式三周季編略亦同蘇説，黄氏又據此云：「『三年不全』，以魯陽文君攻鄭在安王八年，即鄭繻公被弒後三年也。」然二説並可疑。攷文君即公孫寬，爲楚司馬子期子。據左傳，子期死白公之難，在魯哀公十六年，次年寬即嗣父爲司馬，則白公作亂時，寬至少亦必已弱冠。鄭繻公之弒，在魯穆公十四年，上距哀公十六年已八十四年，文子若在，約計殆逾百歲，豈尚能謀攻鄭乎？竊疑此「三世」並當作「二世」，蓋即在韓殺幽公之後。幽公之死當魯元公八年，時文子約計當七十餘歲，於情事儻有合耳。天加誅焉，使三年不全，呂氏春秋本生篇高注云：「全猶順也。」三年不全，猶玉藻云「年不順成」。我將助天誅也。」子墨子曰：「鄭人三世殺其父而天加誅焉，使三年不全，天誅足矣。今又舉兵將以攻鄭，曰：『吾攻鄭也，順於天之志。』譬有人於此，其子強梁不材，老子云「強梁者不得其死」，莊子山木釋文云：「彊梁，多力也。」詩大雅蕩毛傳云：「彊梁，禦善也。」孔疏云：「彊梁，任威使氣之貌。」故其父笞之。其鄰家之父舉木而擊之，曰：『吾擊之也，順於其父之志。』則豈不悖哉？」

子墨子謂魯陽文君曰：「攻其鄰國，殺其民人，取其牛馬粟米貨財，則書之於竹帛，鏤之於金石，以爲銘於鍾鼎，傳遺後世子孫，曰：『莫若我多。』周禮司勳云：「戰功曰多。」畢云：「我多舊作『多吾』，一本如此。」案：顧校季本亦作「我多」。今賤人也，亦攻其鄰家，殺其人民，取其狗豕食粮衣裘，畢云：「粮，糧字俗寫。」亦書之竹帛，以爲銘於席豆，以遺後世子孫，曰：『莫若我多。』亓可乎？」亓，道藏本、吴鈔本並誤「亦」。魯陽文君曰：「然，吾以子之言觀之，則天下之所謂可者，未必然也。」

子墨子爲魯陽文君曰：畢云：「爲，謂字。」案：吴鈔本作「謂」。「世俗之君子，皆知小物而不知大物。今有人於此，竊一犬一彘則謂之不仁，竊一國一都則以爲義。譬猶小視白謂之白，大視白則謂之黑。吴鈔本無「則」字。是故世俗之君子知小物而不知大物者，此若言之謂也。」此若，畢改爲「若此」，云：「舊二字倒，一本如此。」案：顧校季本同。王云：「畢改非也。古者謂此爲若，連言之則曰『此若』。『此若言之謂也』已見尚賢篇，又節葬篇曰『以此若三聖王者觀之』，又曰『以此若三國者觀之』，墨子書言『此若』者多矣，它書亦多有之。」案：王説是也。

魯陽文君語子墨子曰：吴鈔本「語」作「謂」。「楚之南有啖人之國者橋，節葬下篇作「炎人」，而以食子爲輆沐國俗，與此不同。竊疑啖人之名即起於食子，此篇是也。橋，未詳。其國之長子生，則鮮而食之，畢云：「鮮，一本作『解』。」詒讓案：節葬下篇亦作「解」。顧云：「作『鮮』者誤。古鮮、解字或相亂，殷敬順釋列子用鮮字訓，非也。」謂之宜弟。美，則以遺其君，君喜則賞其父。後漢書南蠻傳云：「交趾其西有噉人國，生首子，輒解而食之，謂之宜弟。味旨則以遺其君，君喜而賞其父。今烏滸人是也。」李注引萬震南州異物志云：「烏滸，地名也，在廣州之南，交州之北。」則漢時尚相傳有是國也。豈不惡俗哉？」子墨子曰：「雖中國之俗，亦猶是也。殺其父而賞其子，何以異食其子而賞其父者哉？苟不用仁義，何以非夷人食其子也？」

魯君之嬖人死，魯君爲之誄，魯人因説而用之。蘇云：「第二句『君』字當作『人』，第三句『人』字當作『君』，傳寫誤也。」子墨子聞之曰：「誄者，道死人之志也。釋名釋典藝云：「誄，累也，累列其事而稱之也。」今因説而用之，是猶以來首從服也。」「來首」疑即「貍首」，史記封禪書云：「萇弘設射貍首。貍首者，諸侯之不來者。」大射儀鄭注説貍首云：「貍之言不來也。」廣雅釋獸云：「狉，貍也。」不來，即狉貍。方言云：「貔，陳楚江淮之閒謂之䝚，關西謂之貍。」來，䝚字亦同。蓋貍與來古音相近，故「貍首」亦謂之「來首」。服，謂服馬。「以來首從服」，言以貍駕車，明其不勝任也。

魯陽文君謂子墨子曰：「有語我以忠臣者，令之俯則俯，畢云：「『頫』字俗寫。」令之仰則仰，處則靜，呼則應，可謂忠臣乎？」子墨子曰：「令之俯則俯，令之仰則仰，是似景也。畢云：「古『影』字只作『景』，葛洪加彡。而明刻淮南子有注云『古影字』，或以爲高誘文，則非始於葛，案〔二〕道藏本無，蓋

〔二〕以上十二字原脱，文意不完，據畢沅注補。

明人妄增耳。今尚書亦有『影響』字，寫者亂之。」處則靜，呼則應，是似響也。管子心術篇云：「若影之象形，響之應聲也。」漢書天文志亦云：「如景之象形，響之應聲。」君將何得於景與響哉？若以翟之所謂忠臣者，上有過則微之以諫，微者，覹之借字。說文見部云：「覹，司也。」漢書游俠傳「使人微知賊處」，顏注云：「微，伺間之也。」此「微之以諫」，亦言伺君之閒而諫之也。己有善則訪之上，而無敢以告。爾雅釋詁云：「訪，謀也。」謂進其謀於上，而不敢以告人也。外匡其邪而入其善，而，吴鈔本作「以」。入其善，謂納之於善也。畢云：「『匡』字舊闕，注云『太祖廟諱上字』，蓋宋本如此，今增。」尚同而無下比，尚與上通。舊本無「同」字。王云：「此文具見尚同三篇，舊本脱『同』字，今補。」是以美善在上而怨讎在下，舊本脱「是」字，王據尚賢篇補。安樂在上而憂慼在臣。此翟之所謂忠臣者也。」舊本脱「所」字，今據吴鈔本補。

魯君謂子墨子曰：「我有二子，一人者好學，一人者好分人財，孰以爲太子而可？」子墨子曰：「未可知也，或所爲賞與爲是也。畢云：「『與』舊作『興』，以意改。」案：畢校是也，而讀「爲賞與」句，則非。此當讀「或所爲賞與爲是也」八字句，「與」即「譽」之叚字。言好學與分財，或因求賞賜名譽而僞爲是，不必真好也。前大取篇云「爲賞譽利一人，非爲賞譽利人也」，是其證。「賞譽」亦見尚同下篇。魡者之恭，畢云：「『魡』字俗寫从魚，蓺文類聚引作『釣』。案玉篇有『魡』字，云『丁叫切，亦作釣，餌取魚』，出此。墨書如此類字，由後人抄寫，以意改爲，大都出自六朝。凡秦以前書傳，皆篆簡耳，不應有此，以相傳既久，亦不改也。」詒讓案：集韻三十四嘯云：「釣或作鮈。」吳鈔本作「鮈魚之巷」，疑誤。顧校季本「鮈」作「釣」。莊子刻意篇「釣魚閒處」，釋文作「鮈」，云「本亦作『釣』」。淮南子說山訓云「釣者使人恭」。非爲魚賜也；畢本無「魚」字，云：「『賜』字一本作『魚賜』」，蓺文類聚作『魚』」。案：當作「魚賜」，今本脫一字耳。道藏本、吳鈔本竝有「魚」字，今據增。餌鼠以蟲，畢云：「『餌』舊作『蛕』，非，據蓺文類聚改。」詒讓案：蛕蓋餌之俗體，集韻七志云：「蛕，釣魚食也。」蟲非所以餌鼠，疑當爲「蠱」字之誤。山海經南山經郭注云「蠱，蠱毒」，是蠱有毒義。餌鼠以蠱，即謂毒鼠，故云「非愛之也」。春秋成五年經「蟲牢」，春秋繁露竹林篇作「蠱牢」。非愛之也。吾願主君之合其志功而觀焉。」

魯人有因子墨子而學其子者，其子戰而死，其父讓子墨子。說文言部云：「讓，相責讓。」子墨子曰：「子欲學子之子，今學成矣，戰而死，而子慍，是〔二〕猶欲糶，糴讎，則慍也，吳鈔本「糶糴」二字互易。畢云：「『售』字正作『讎』。」王云：「『糴』當爲『糶』，廣雅：『糴，買也；糶，賣也。』故云是『猶欲糶，糶讎，則慍也』。今本『糶』作『糴』，則義不可通。」豈不費哉？」顧云：「『費』與『拂』同。」王云：「『費』讀爲『悖』，即上文之『豈不悖哉』也。緇衣『口費而煩』，鄭注曰：『費或爲悖。』作『悖』者正字，作『費』者借字也。」案：王說是也。

魯之南鄙人有吳慮者，畢云：「太平御覽引作『吳憲』。」冬陶夏耕，自比於舜。子墨子聞而見之。吳慮謂子墨子：下當有「曰」字。「義耳義耳，焉用言之哉？」子墨子曰：「子之所謂義

〔二〕「是」，原誤「而」，據畢沅刻本改。

者，畢云：「『所謂』二字舊倒，以意改。」案：吴鈔本、顧校季本正作「所謂」。亦有力以勞人，有財以分人乎？」「勞」，謂爲人任其勞也。羣書治要引尸子貴言篇云：「益天下以財爲仁，勞天下以力爲義。」吴慮曰：「有。」子墨子曰：「翟嘗計之矣。翟慮耕而食天下之人矣，舊本「而食」二字在「天下」之下，王據下文乙正。盛，句。然後當一農之耕，王云：「盛與成同，下兩『盛』字放此，謂耕事已成也。古字或以盛爲成。」案：此云極盛不過當一農之耕也，下並同，王説未塙。分諸天下，不能人得一升粟。籍而以爲得一升粟，籍，吴鈔本作「藉」。畢云：「籍，藉字假音。」其不能飽天下之飢者，既可睹矣。翟慮織而衣天下之人矣，盛，然後當一婦人之織，分諸天下，不能人得尺布。籍而以爲得尺布，舊本脱「以」字，今依上文增。其不能煖天下之寒者，既可睹矣。翟慮被堅執鋭救諸侯之患，「患」下當依上文增「矣」字。盛，然後當一夫之戰。一夫之戰，其不御三軍，既可睹矣。睹，吴鈔本作「覩」，説文目部云：「睹，見也。古文作『覩』。」翟以爲不若誦先王之道而求其説，通聖人之言而察其辭，上説王公大人，次匹夫徒步之士。畢云：「『次』下當脱『説』字。」王公大人用吾言，國必治；區夫徒步之士用吾言，行必脩。吴鈔本作「修」。故翟以爲雖不耕而食飢，句。不織而衣寒，句。功賢於耕而食之、織而衣之者也。故翟以爲雖不耕織乎，而功賢於耕織也。」

吴慮謂子墨子曰：「義耳義耳，焉用言之哉？」子墨子曰：「籍設而天下不知耕，教人耕，與不教人耕而獨耕者，畢云：「舊脱『不』字，一本有。」其功孰多？」吳慮曰：「教人耕者其功多。」子墨子曰：「籍設而攻不義之國，鼓而使衆進戰，與不鼓而使衆進戰而獨進戰者，其功孰多？」吳慮曰：「鼓而進衆者其功多。」子墨子曰：「天下匹夫徒步之士少知義，而教天下以義者功亦多，何故弗言也？若得鼓而進於義，則吾義豈不益進哉？」

子墨子游公尚過於越。公尚過説越王，越王大説，畢云：「舊作『悦』，下同，此俗寫字，今改正。」蘇云：「越王，當爲句踐之後。」謂公尚過曰：「先生苟能使子墨子於越而教寡人，「於」上依下文當有「至」字。請裂故吳之地，方五百里，吳鈔本無「方」字。畢云：「時吳已亡入越，故曰故吳。」以封子墨子。」公尚過許諾。遂爲公尚過束車五十乘，説文束部云：「束，縛也。」以迎子墨子於魯，曰：「吾以夫子之道説越王，越王大説，謂過曰：苟能使子墨子至於越，而教寡人，吳鈔本無「於」字。請裂故吳之地，方五百里，以封子。」子墨子謂公尚過曰：「子觀越王之志何若？志，吳鈔本作「意」。意越王將聽吾言，用我道，則翟將往，量腹而食，度身而衣，自比於羣臣，奚能以封爲哉？「奚」，舊本作「不」。畢云「一本作『奚』」，是，今據正。抑越不聽吾言，「越」下當有「王」字。不用吾道，而吾往焉，則是我以義糶也。爾雅釋詁云：「糶，賣也。」畢云：「糶，舊作『糴』，下同，以意改。呂氏春秋作『翟』。」鈞之糶，句。亦於中國耳，何必於越哉？」畢云：「呂氏春秋高義云：『子墨子游公上過於越。公上過語墨子之義，越王説之，謂公上過曰：「子之師苟肯至越，請以故吴之地，陰江之浦，書社三百，以封夫子。」公上過往復於子墨子。子墨子曰：「子之觀越王也，能聽吾言、用吾道乎？」公上過曰：「殆未能也。」子墨子曰：「不唯越王不知翟之意，雖子亦不知翟之意。若越王聽吾言，用吾道，翟度身而衣，量腹而食，比於賓萌，未敢求仕。越王不聽吾言，不用吾道，雖全越以與我，吾無所用之。越王不聽吾言，不用吾道，而受其國，是以義翟也。義翟何必越？雖於中國亦可。」即用此文。『義翟』，亦當爲『義糶』。」

子墨子游，魏越墨子弟子。曰：「既得見四方之君，子則將先語？」蘇云：「即子將奚先之意。」子墨子曰：「凡入國，必擇務而從事焉。國家昏亂，則語之尚賢、尚同；國家貧，則語之節用、節葬；國家憙音湛湎，吴鈔本「湛」作「沈」，湛、沈字通。説文水部云：「湎，沈於酒也。」史記宋世家云「紂沈湎于酒」，初學記二十六引韓詩云：「齊顔色，均衆寡，謂之沈；閉門不出者，謂之湎。」畢云：「説文云：『憙，説也。』」則語之非樂、非命；國家淫僻無禮，僻，吴鈔本作「辟」。則語之尊天、事鬼；國家務奪侵凌，即語之兼愛、非攻，即，吴鈔本作「則」，與上文同。故曰擇務而從事焉。」舊本脱「攻」、「故」二字，王據上文及非攻篇補。蘇謂「曰」當作「日」，非。

子墨子出曹公子而於宋，舊本「出」上有「曰」字。王云：「此本作『子墨子出曹公子於宋』，猶上文言『子墨子游公尚過於越』也。今本衍『曰』字、『而』字，則義不可通。」俞云：「王説是也。然『出』字義不可通，『出』當爲『士』字之誤。史記夏本記『稱以出』，徐廣曰『一作士』，是其例也。士與仕通，『子墨子士曹公子於宋』，即『仕曹公子於宋』也。貴義篇曰『子墨子仕人於衞』。」案：王校是也。蘇説同，今據删。曹公子亦墨子弟子。三年而反，睹子墨子曰：吴鈔本「睹」作「覩」。「始吾游於子之門，短褐之衣，畢云：「『短』从豆聲，讀如裋。」案：詳非樂上篇。藜藿之羹，舊本脱「藜」字、「之」字，王以意補。朝得之則夕弗得，祭祀鬼神。祭祀不以藜藿，又不當在夕，此疑當重「弗得」二字，言雖藜藿之羹，尚不能朝夕常給，故不得祭祀鬼神也。今而以夫子之教，句。家厚於始也。舊本無「今」字，又「教」作「政」。王云：「此言吾始而家貧，今而以夫子之教，家厚於始也。今本脱『今』字，『教』字又誤作『政』，則義不可通。」案：王校是也，今據補正。俞云：「『政』乃『故』字之誤，蓋子墨子仕曹公子於宋，則宋必致禄，故曰『以夫子之故，家厚於始也』。耕柱篇曰：『君以夫子之故，致禄甚厚。』」案：俞説亦通。有家厚，此與上文複，疑「厚」當爲「享」，「有」讀爲又，言又於家爲享祀。周禮謂人鬼爲享，周書嘗麥篇云：「邑乃命百姓遂享于家。」謹祭祀鬼神。然而人徒多死，六畜不蕃，身湛於病，内則鄭注云：「湛猶漬也。」吾未知夫子之道之可用也。」子墨子曰：「不然，夫鬼神之所欲於人者多，欲人之處高爵禄則以讓賢也，多財則以分貧也，夫鬼神豈唯擢季拑肺之爲欲哉？王引之云：「『季』蓋『黍』字之譌。祭有黍有肺，故云『擢黍拑肺』。」蘇云：「『季』疑當作『肝』。意言鬼神非徒貪嗜飲食者也。」案：王校是也。説文手部云「擢，引也」，「拑，脅持也」，於此義並無取。竊疑「擢」當爲「攫」之譌。吕氏春秋任數篇云「顏回攫其甑中而食之」，曲禮云「飯黍毋以箸」，又鄭注云「禮飯以手」，即所謂攫也。「拑」義未詳。今子處高爵禄而不以讓賢，一不祥也；多財而不以分貧，二不祥也。今子事鬼神唯祭而已矣，而曰：『病何自至哉？』是猶百門而閉一門焉，曰：『盜何從入？』若是而求福於有怪之鬼，此義難通，據下文，疑亦當作「求百福於鬼神」。豈可哉？」

魯祝以一豚祭，而求百福於鬼神。子墨子聞之曰：「是不可。今施人薄而望人厚，則人唯恐其有賜於己也。今以一豚祭，而求百福於鬼神，當重「鬼神」二字。唯恐其以牛羊祀也。古者聖王事鬼神，吳鈔本無「者」字。祭而已矣。謂無所求也。禮器云「祭祀不祈」，鄭注云：「祭祀不爲求福也。」今以豚祭而求百福，則其富不如其貧也。」

彭輕生子曰：疑亦墨子弟子。「往者可知，來者不可知。」子墨子曰：「籍設而親在百里之外，籍亦藉之叚字。則遇難焉，期以一日也，及之則生，不及則死。今有固車良馬於此，又有奴馬四隅之輪於此，畢云：「駑，古字只作『奴』，一本作『駑』。說文無『駑』字。」使子擇焉，子將何乘？」對曰：「乘良馬固車，可以速至。」子墨子曰：「焉在矣來！」盧云：「似謂『焉在不知來』，文誤。」蘇云：「『知』與『矣』相近而誤，而『知』上更脱『不』字也。」

孟山譽王子閭曰：孟山，疑亦墨子弟子。「昔白公之禍，詳非儒篇。執王子閭，左哀十六年傳「白公欲以子閭爲王，子閭不可，遂劫以兵」，杜注云：「子閭，平王子啟。」斧鉞鉤要，畢云：「此正字，餘文作『腰』者，後改亂之耳。」直兵當心，直兵，劒、矛之屬。晏子春秋内篇襍上説崔杼盟晏子云「戟拘其頸，劒承其心」，晏子曰「曲刃鉤之，直兵推之，嬰不革矣」。吕氏春秋知分篇云「直兵造胷，曲兵鉤頸」，高注云：「直，矛也。」謂之曰：『爲王則生，不爲王則死。』王子閭曰：『何其侮我也！殺我親而喜我以楚國，我得天下而不義，不爲也，又況於楚國乎？』遂而不爲。畢云：「説文云：『遂，亡也。从辵，㒸聲。』王逸注楚詞云：『遂，往也。』義出于此。經典多借爲『㒸』字，而忘其本。㒸，从意也。」案：左傳云「子閭不可，遂殺之」，新序義勇篇同，是子閭實死而非亡，畢引許義，與事不相應。「遂」下疑當有「死」字。王子閭豈不仁哉？」子墨子曰：「難則難矣，然而未仁也。若以王爲無道，則何故不受而治也？若以白公爲不義，何故不受王，句。誅白公然而反王？畢云：「言何不借王之權，以殺白公，然後反位於王。」俞云：「畢讀『誅白公』爲句，則『然而反王』文不成義矣。禮記檀弓篇『穆公召縣子而問然』，鄭注曰：『然之言焉也。』『誅白公然而反王』，猶云誅白公焉而反王，七字爲一句。」故曰難則難矣，然而未仁也。」

子墨子使勝綽事項子牛。勝綽，墨子弟子。項子牛三侵魯地，項子牛，齊人，見前。三侵魯，不知在何年。以史記六國年表及田齊世家攷之：魯元公十九年，齊伐魯葛及安陵，二十年取魯一城。穆公二年齊伐魯取郕。十六年伐魯，取最。或即三侵之事與？而勝綽三從。子墨子聞之，使高孫子請而退之，高孫子，亦墨子弟子。曰：「我使綽也，將以濟驕而正嬖也。畢云：「濟，止也。嬖同僻。」今綽也禄厚而譎夫子，夫子三侵魯，而綽三從，是鼓鞭於馬靳也。畢云：「説文云：『靳，當膺也。从革，斤聲。』一本改作『勒』，非。言馬欲行而鞭其前，所以自困，猶使人仕而反來侵我也。」翟聞之：『言義而弗行，是犯明也。』綽非弗之知也，禄勝義也。」

昔者楚人與越人舟戰於江，渚宮舊事「越人」作「吴越」，下同。楚人順流而進，迎流而退，見利而進，見不利則其退難。越人迎流而進，順流而退，見利而進，舊脱「而」字，王補。見不利則其退速。越人因此若埶，句。亟敗楚人。舊本「埶亟」作「執函」。王云：「『執』字、『函』字皆義不可通。『執』當爲『埶』，埶即今勢字。『此若埶』者，此埶也。若亦此也，古人自有複語耳。墨子書多謂『此』爲『此若』，説見上文。『函』當爲『亟』，讀『亟稱於水』之亟。亟，數也。言越人因此水勢，遂數敗楚人也。俗書『函』字或作『凾』，與『亟』相似。」案：王説是也。渚宮舊事亦作「勢亟」，今據正。公輸子畢云：「舊有『曰』字，一本無。」詒讓案：顧校季本亦無「曰」字。文選西都賦薛綜注云：「魯般，一云公輸子，魯哀公時巧人。」孟子離婁篇云「公輸子之巧」，趙注云：「公輸子名班，魯之巧人也。或以爲魯昭公之子。」檀弓云「季康子之母死，公輸若方小，斂，般請以機封」，鄭注云：「般，若之族，多技巧者。」後公輸篇作「公輸盤」。自魯南游楚，渚宮舊事云「及惠王時」。案：余説近是，詳後公輸篇。畢云：「太平御覽引作『公輸般自魯之楚』。」焉始爲舟戰之器，畢云：「太平御覽引作『具』。」王云：「『焉』字下屬爲句，焉猶於是也。言於是始爲舟戰之器也。月令曰『天子焉始乘舟』，晉語曰『焉始爲令』，大荒西經曰『開焉始得歌九招』，此皆古人以『焉始』二字連文之證。」作爲鉤强之備，退者鉤之，進者强之，畢云：「太平御覽引作『謂之鉤拒，退則鉤之，進則拒之也』。」詒讓案：退者以物鉤之，則不得退；進者以物拒之，則不得進。此作「鉤強」無義，凡「強」字並當從御覽作「拒」，事物紀原引亦同。備穴篇有鐵鉤鉅，備高臨篇說弩亦有鉤距，鉅、距、拒義並同，故下文亦云「子拒而距人，人亦拒而距子」。荀子議兵篇說楚兵云「宛鉅鐵鈍」，疑「宛鉅」亦兵器之名。楊倞注云「大剛曰鉅」，恐非。量其鉤強之長，而制爲之兵。渚宮舊事作「量短長而制爲兵」。楚之兵節，越之兵不節，楚人因此若埶，亟敗越人。舊本「埶」亦誤「執」，「亟」亦誤「函」，今依王校正。史記楚世家惠王時無與越戰事，蓋史失之。公輸子善其巧，以語子墨子曰：「我舟戰有鉤強，不知子之義亦有鉤強乎？」子墨子曰：「我義之鉤強，賢於子舟戰之鉤強。我鉤強，我鉤之以愛，揣之以恭。「揣」亦當作「拒」，鉤拒皆冡上文言之，下同。弗鉤以愛則不親，弗揣以恭則速狎，畢云：「舊脫一『狎』字，以意增。」案：顧校季本亦重「狎」字。狎而不親，則速離。故交相愛，交相恭，猶若相利也。今子鉤而止人，人亦鉤而止子；子強而距人，人亦強而距子。交相鉤，交相強，猶若相害也。故我義之鉤強，賢子舟戰之鉤強。」

公輸子削竹木以爲䧿，說文烏部：「舄，篆文作『䧿』。」畢云：「太平御覽引作『䧿』。」成而飛之，王云：「此當作『削竹木以爲䧿，䧿成而飛之』，今本少一『䧿』字，則文不足義。太平御覽工藝部九所引已與今本同。初學記果木部、白帖九十五並多一『䧿』字。」三日不下，渚宮舊事云「嘗爲木鳶，乘之以窺宋城」，與此異。列子湯問篇云「墨翟之飛鳶」，張注云「墨子作木鳶，飛三日不集」，淮南子齊俗訓云「魯般、墨子以木爲鳶，而飛之三日不集」，此皆以䧿爲鳶，又謂二人同爲之，蓋傳聞之異。論衡儒增篇、亂龍篇說並同。韓非子亦云「木鳶」，詳後。畢云：「文選長笛賦注云『案墨子削竹以爲䧿，䧿三日不行者』，彼誤。」公輸子自以爲至巧。子墨子謂公輸子曰：「子之爲䧿也，不如匠之爲車轄。王云：「舊本『匠』作『翟』，涉上下文『翟』字而誤，今據太平御覽工藝部九引改。」畢云：「太平御覽末有『也』字。」須臾劉三寸之木，說文車部云：「轄，鍵也。」舛部云：「舝，車軸耑鍵也。」案：轄、舝字通，古車轄多以金爲之，據此則亦有用木者。淮南子繆稱訓云「故終年爲車，無三寸之轄，不可以驅馳」，又人閒訓云「車之所以能轉千里者，以其要在三寸之轄」，文選七啟注引尸子云「文軒六駃，題無四寸之鍵，則車不行」。諸書說鍵轄之度畧同。抱朴子應嘲篇云「墨子刻木雞以戾天，不如三寸之車轄」，此又以鵲爲雞，與他書異。畢云：「劉，『鏤』字假音。太平御覽引此作『豎』。」王云：「畢說非也。『劉』當爲『剅』，集韻：『斲或作剅。』廣雅曰：『剅，斫也。』今本廣雅譌作『劉』。俗書『斲〔一〕』字作『斵』，故『剅』字亦作『劉』，形與『劉』相似，因譌爲『劉』。此言爲車轄者，斫三寸之木，而任五十石之重，非刻鏤之謂也。而任五十石之重。說文禾部云「柘，百二十斤也」。經典通借「石」爲之。五十石，六百斤也。故所爲巧〔二〕，利於人謂之巧，不利於人謂之拙。」畢云：「韓非子外儲說云：『墨子爲木鳶，三年而成，蜚一日而敗。弟子曰：「先生之巧，至能使木鳶飛。」墨子曰：「不如爲車輗之巧也，用咫尺之木，不費一朝之事，而引三十石之任，致遠，力多，久於歲數。今我爲鳶三年成，蜚一日而敗。」惠子聞之曰：「墨子太巧，巧爲輗，拙於鳶。」』與此異也。」

公輸子謂子墨子曰：「吾未得見之時，我欲得宋，自我得見之後，予我宋而不義，我不爲。」子墨子曰：「翟之未得見之時也，子欲得宋，自翟得見子之後，予子宋而不義，子弗

〔一〕「斲」，原誤「剅」，依上下文義改。
〔二〕「巧」，原誤「功」，據畢沅刻本改。

爲，是我予子宋也。畢云：「予，一本作『與』。」子務爲義，翟又將予子天下。」舊本「予」作「與」，今據吴鈔本正，與上文同。

公輸第五十

淮南子道應訓云「墨子爲守攻，公輸般服，而不肯以兵知」，即本此篇。

公輸盤畢云：「史記孟子荀卿傳集解、後漢書張衡傳注〔一〕、文選陳孔璋爲曹洪與魏文帝書注皆引作『般』，廣韻引作『班』。」詒讓案：世説文學篇劉注、文選長笛賦、七命、郭景純遊仙詩、司馬紹統贈山濤詩李注並引作「般」，戰國策宋策、吕氏春秋愛類篇、葛洪神仙傳同。吕覽高注云：「公輸，魯般之號，在楚爲楚王設攻宋之具也。」爲楚造雲梯之械成，淮南子兵略訓許慎注云：「雲梯，可依雲而立，所以瞰敵之城中。」又脩務訓高注云：「雲梯，攻城具，高長上與雲齊，故曰雲梯。械，器也。」史記索隱云：「梯者，搆木瞰高也；雲者，言其昇高入雲，故曰雲梯。械者，器也，謂攻城之樓櫓也。」文選長笛賦注引此云「公輸般爲雲梯垂成，大山四起，所謂善攻具也，必取宋，於是墨子見公輸般而止之」，似約此篇文。但「大山四起」未詳其義。史記鄭世家集解引服虔左傳注云：「樓車，所以窺望敵軍，兵法所謂雲梯也。」案：服以雲梯爲兵車，肊説不足據。畢云：「張湛列子注云：『雲梯，可以淩虚。』」將以攻宋。畢云：「文選注引作『必取宋』三字。太平御覽云：『尸子云：「般爲蒙天之階，階成，將以攻宋。」』」蘇云：「吕氏春秋云『聲王圍宋十月』。考墨

〔一〕按：後漢書張衡傳正文及注皆作「班」，不作「般」，畢沅注有誤。

子時世與聲王相值，疑公輸爲楚攻宋，在是時。」案：國策宋策鮑彪注以此事爲在宋景公時，於楚則謂當昭王或惠王，與蘇說不同。今攷鮑、蘇二説皆非也。墨子晚年逮見田和，又得聞楚悼王、吴起之亂，其生蓋當在魯哀公之末、悼公之初，則非徒不及見楚昭王，即宋景公末年亦恐未逾弱冠。是鮑説與墨子之年不合。公輸盤，或謂魯昭公子，固未必塙，然檀弓載季康子母死，時公輸若方小，而般與斂事，則般必年長於若可知。攷康子父桓子卒於哀公三年，其母死或亦在哀公初年，則般當生於昭、定閒，自昭公卒年下距楚聲王元年，亦已逾百歲，則蘇説與公輸之年又不合。竊以墨、輸二子年代參合校之，墨子之止攻宋，約當在宋昭公、楚惠王時。蓋是時楚雖有伐宋之議，而以墨子之言中輟，故史無其事耳。渚宮舊事謂公輸子南游楚在惠王時，其説蓋可信。**子墨子聞之，起於齊，**畢云：「吕氏春秋愛類篇云『自魯往』，是。」**行十日十夜而至於郢，**高誘云：「郢，楚都也。」畢云：「文選廣絶交論注引云：『公輸般欲以楚攻宋，墨子聞之，自魯往，裂裳裹足，十日至郢。』」王云：「世説新語文學篇注引此作『墨子聞之，自魯往，裂裳裹足，日夜不休，十日十夜而至於郢』。文選注所引從略，然亦有『自魯往，裂裳裹足』七字。吕氏春秋愛類篇曰『墨子聞之，自魯往，裂裳裹足，日夜不休，十日十夜而至於郢』，正與世説新語注所引同，則其爲墨子原文無疑。淮南脩務篇曰『墨子聞而悼之，自魯趨而往，十日十夜，足重繭而不休息，裂裳裹足，至於郢』，文亦小異而大同。今本『自魯往』作『起於齊』，又無『裂裳裹足，日夜不休』八字，蓋後人删改之也。」詒讓案：神仙傳云「墨子聞之，往詣楚，腳壞，裂裳裹足，七日七夜到，見公輸般而説之」，與諸書所云又小異。**見公輸盤。公輸盤曰：「夫子何命焉爲？」子墨子曰：「北方有侮臣，願藉子殺之。」**俞云：「『有侮臣』下脱『者』字。」**公輸盤不説。**吴鈔本作「悦」。**子墨子曰：「請獻十金。」**畢云：「一本作『千金』，是。」詒讓案：渚宮舊事亦作「獻千金於般」。**公輸盤曰：「吾義固不殺人。」**宋本國策作「殺王」，吴師道校注引别本作「生」，即武后所制「人」字，則與此同。子墨子起，再拜曰：「請説之。吾從北方聞子爲梯，畢云：「太平御覽引作『階』。」將以攻宋。宋何罪之有？荆國有餘於地，而不足於民，殺所不足，而爭所有餘，不可謂智。宋無罪而攻之，不可謂仁。知而不爭，不可謂忠。爭而不得，不可謂強。義不殺少而殺衆，不可謂知類。」公輸盤服。子墨子曰：「然乎不已乎？」畢云：「太平御覽引作『胡不已也』。」詒讓案：上「乎」字蓋即「胡」之誤，二字音相近。公輸盤曰：「不可。吾既已言之王矣。」子墨子曰：「胡不見我於王？」公輸盤曰：「諾。」

子墨子見王，吕氏春秋貴因篇云「墨子見荆王，錦衣吹笙」，疑即此時事。蓋以救宋之急，權爲之也。曰：「今有人於此，舍其文軒，宋策高誘注云：「文軒，文錯之車也。」鄰有敝轝，宋策、神仙傳並作「弊輿」。而欲竊之；舍其錦繡，畢云：「已上十一字，舊脱，據太平御覽增，一本亦有。『轝』即『輿』異文耳。」顧云：「戰國策有。」鄰有短褐，而欲竊之；短，裋之借字，詳魯問篇。舍其粱肉，鄰有穅糟，而欲竊之。此爲何若人？」高云：「言名此爲何等人也。」王曰：「必爲竊疾矣。」畢云：「太平御覽作『耳』。」王云：「案尸子止楚師篇及宋策竝作『必爲有竊疾矣』，此脱『有』字，則文義不明。耕柱篇亦曰『有竊疾也』。」子墨子曰：「荆之地，方五千里，宋之地，方五百里，畢云：「七字舊脱，據太平御覽增。」顧云：「戰國策有。」此猶文軒之與敝轝也；畢云：「太平御覽引『敝』作『弊』。」荆有雲夢，爾雅釋地十藪「楚有雲夢」，郭注云：「今南郡華容縣東南巴丘湖是也。」案：華容爲今湖北監利、石首二縣境。**犀兕麋鹿滿之，**畢云：「太平御覽『滿』作『盈』。」詒讓案：御覽疑依宋策改。**江漢之魚鼈黿鼉爲天下富，宋所爲無雉兔狐貍者也，**爲，宋策作「謂」，字通。畢云：「太平御覽『狐貍』作『鮒魚』。」王云：「作『鮒魚』是也。『無雉兔』對上文荆有『犀兕麋鹿』言之，『無鮒魚』對上文荆有『魚鼈黿鼉』言之。若『狐貍』，則與『魚鼈黿鼉』不相應，此後人不曉文義而改之也。」尸子、戰國策竝作『鮒魚』。」詒讓案：神仙傳亦作「鮒魚」。**此猶粱肉之與糠糟也；**道藏本及吴鈔本並作「糠」，即「穅」之俗，備城門篇止作「康」。**荆有長松、文梓、楩柟、豫章，**高云：「皆大木也。」畢云：「説文無『楩』字，玉篇云：『鼻縣切，楩木似豫章。』陸德明爾雅音義云：『鼻縣反，又婢衍反。』字指云：『⿰木則木似豫章。』尸子作『梗』，太平御覽引此亦只作『梗』。」案：道藏本、季本並作「梗」，吴鈔本作「楩」。史記司馬相如傳集解引郭璞云：「楩，杞也，似梓柟，葉似桑。豫章，大木也，生七年乃可知也。」説文木部梗爲山枌榆，與楩柟異木。**宋無長木，此猶錦繡之與短褐也。臣以三事之攻宋也，**畢云：「戰國策云『臣以王吏之攻宋』，『王吏』蓋『三叓』之誤，説文云：『叓，古文事。』尸子作『王使』，太平御覽作『王之攻宋』。」顧云：「國策『王吏』與此文『三事』，皆有誤。疑當云『臣以王之事攻宋也』。」詒讓案：「三事」疑當作「三吏」。逸周書大匡篇云「王乃召冢卿三老三吏」，孔晁注云：「三吏，三卿也。」左傳成二年〔二〕「晉侯使鞏朔獻齊捷于周，王使委于三吏」，杜注云：「三吏，三公也。」神仙傳作「臣聞大王更議攻宋」，則似是「王吏」之譌。**爲與此**

〔二〕「二年」，原誤「三年」，據左傳改。

同類，臣見大王之必傷義而不得。」畢云：「已上十一字，舊俱脱，太平御覽有，或當在此。」顧云：「此十一字不當有，戰國策無。」王曰：「善哉！雖然，公輸盤爲我爲雲梯，必取宋。」畢云：「太平御覽引，有云『宋〔二〕王曰：公輸子天下之巧士，作爲雲梯，設以攻宋，曷爲弗取』二十三字，皆與此異，豈此文已爲後人所節與？」詒讓案：御覽所引與淮南子脩務訓文略同，吕氏春秋愛類篇亦云「王曰：公輸般天下之巧工也，已爲攻宋之械矣」。墨子舊本或與彼二書同。

於是見公輸盤，子墨子解帶爲城，以牒爲械，史記索隱云：「謂墨子爲術，解身上革帶以爲城也。牒者，小木札也。械者，樓櫓等也。」畢本「牒」改作「褋」，云：「舊作『牒』，太平御覽兵部引作『褋』，北堂書鈔作『襟』。案作『褋』者是也。『褋』省爲『褋』，説文云：『南楚謂襌衣曰褋。』玉篇云：『褋，徒頰切，襌衣也，褋同。』又案陳孔璋爲曹洪與文帝書云『墨子之守，縈帶爲垣，折箸爲械』，則似以意改用之。」王云：「襌衣不可以爲械，畢改非也。史記孟子荀卿傳集解引此正作『牒』，索隱曰：『牒者，小木札也。』説文：『札，牒也。』廣雅曰：『牒，版也。』故可以爲械。後漢書張衡傳注亦引作『牒』。」洪頤煊説同。俞云：「畢據太平御覽改作『褋』，王氏又以作『牒』爲是。其實『牒』、『褋』皆叚字也，其本字當作『梜』。『梜』與『牒』疊韻字，玉篇夊部：『渫，梜渫也。』虫部：『蛺，蛺蝶也。』『梜』之與『牒』，亦猶『浹』之與『渫』、『蛺』之與『蝶』，聲近而義通矣。禮記曲禮篇『羹之有菜者用梜』，鄭曰：『梜猶箸也。』以梜爲械者，以箸爲械

〔二〕按：畢引見御覽卷七百五十二，實爲淮南子文。且原文上有「臣見大王之必傷義而不得宋」之句，畢引略去此句，而誤將「宋」字屬下「王曰」連讀。參看吴毓江墨子校注。

也。陳孔璋書曰『折箸爲械』。」案：俞説亦通。世説注引亦云「墨子縈帶守之」，與陳琳文同。神仙傳作「以幞爲械」，尤誤。**公輸盤九設攻城之機變，**畢云：「太平御覽『城』一作『宋』。『之』下御覽引有『具』字。」詒讓案：史記集解、文選注引並與今本同。**子墨子九距之，公輸盤之攻械盡，**文選注「攻」下有「城」字，神仙傳同。史記索隱引劉氏云：「械，謂飛梯、橦車、飛石、車弩之具。」**子墨子之守圉有餘。**畢云：「圉，史記集解引作『固』，一本作『固』。太平御覽作『禦』。御覽引有云『令〔一〕公輸設攻〔二〕之械，墨子設守之備，公輸九攻而墨子九拒之，終弗能入，於是乃偃兵，輟不攻宋』，俱多於此文。」詒讓案：御覽所引亦與淮南子文略同，疑皆涉彼而譌。**公輸盤詘，**廣雅釋詁云：「詘，屈也。」古字通。吴鈔本作「屈」。畢云：「太平御覽引作『屈』，文選注作『出』。」詒讓案：史記集解引仍作「詘」，索隱云：「詘，音丘勿反。謂般技已盡，墨守有餘。」**而曰：「吾知所以距子矣，**吕氏春秋慎大篇高注云：「墨子曰：『使公輸般攻宋之城，臣請爲宋守之備。公輸般九攻之，墨子九卻之。又令公輸般守備，墨子九下之。』」未知何據。「而」下史記集解引有「言」字。**吾不言。」子墨子亦曰：「吾知子之所以距我，**畢云：「文選注引有『者』字。」詒讓案：史記集解引亦有。**吾不言。」**畢云：「文選注引有『之』字。」**楚王問其故，子墨子曰：「公輸子之意，不過欲殺臣。殺臣，宋莫能守，**畢云：「文選注有『乃』字，是。」**可攻也。然臣之弟子禽滑釐等三百人，**釐，文選注引作「氂」。陳琳書云「翟、氂」，即墨、禽二子名也。漢書儒林傳亦作「氂」。案：

〔一〕〔二〕據太平御覽改。按畢引御覽見卷七五二。

禽子名，後備梯門、備梯篇又作滑釐。史記索隱云：「禽滑釐者，墨子弟子之姓字也。釐音里。」呂氏春秋當染篇作禽滑鬞，尊師篇作禽滑黎，列子楊朱篇作禽骨釐，殷敬順釋文作禽屈釐，音骨貍，漢書古今人表同。惟列子湯問篇、莊子天下篇、説苑反質篇與此同。滑、骨、屈，釐、氂、黎，並聲近字通。孟子告子篇「魯有慎滑釐」，或謂即禽子，非也。前耕柱篇有駱滑氂，漢書有丞相劉屈氂，疑皆同禽子名。呂覽作「鬞」，字書所無，當即「斄」之譌。説文犛部云：「斄，彊曲毛，可以箸起衣。」段玉裁謂劉屈氂當本作屈斄，謂彊曲毛。若然，禽子名亦當作屈斄與？已持臣守圉之器，畢云：「史記集解引『圉』作『國』。」在宋城上而待楚寇矣。舊本「待」作「侍」，蘇云「『侍』當作『待』」，是也，今據正。雖殺臣，不能絶也。」楚王曰：「善哉！吾請無攻宋矣。」畢云：「請，後漢書注引作『楚』。宋，史記集解云『宋城』。矣，文選注引作『也』。」詒讓案：後漢書張衡傳注引與今本同。

子墨子歸，過宋，墨子魯人，此云「歸過宋」者，上云「起於齊」，則亦歸齊也。依文選注及呂氏春秋、淮南子作「自魯往」，則當爲歸魯。自楚至齊、魯，皆得過宋也。天雨，庇其閭中，説文門部云：「閭，里門也。」畢云：「庇，蔭。」守閭者不内也。管子立政篇云「置閭有司，以時開閉」，周禮鄉大夫云「國有大故，則令民各守其閭，以待政令」。時楚將伐宋，宋已聞之，故墨子歸過宋，守閭者恐其爲閒諜，不聽入也。故曰：「治於神者，衆人不知其功，爭於明者，衆人知之。」羣書治要引尸子貴言篇云：「聖人治於神，愚人争於明也。」畢云：「文與戰國策及尸子略同。高誘注呂氏春秋慎大篇引此，節文。」

墨子閒詁卷十四

備城門第五十二

自此至襍守，凡二十篇，皆禽滑釐所受守城之法也。畢云：「說文云：『備，慎也。』『葡，具也。』經典通用備爲葡具之字，此二義俱通。」詒讓案：「五十二」，吴鈔本作「五十四」，則前當有兩闕篇，未知是否。李筌太白陰經守城具篇云「禽滑釐問墨翟守城之具，墨翟荅以六十六事」，即指以下數篇言之。「六十六事」，別本陰經作「五十六事」。今兵法諸篇，闕者幾半，文字復多脱互，與李筌所舉事數不相應，所記兵械名制，錯雜舛啎，無可質證。今依文詁釋，略識辜較，亦莫能得其詳也。

禽滑釐問於子墨子曰：由聖人之言，鳳鳥之不出，畢云：「見論語。」諸侯畔殷周之國，畢云：「殷，盛也。」孫云：「爾雅云：『殷，中也。』言周之中葉。」蘇云：「殷、周皆天子之國，言世衰而諸侯畔天子也，畢訓『殷』爲『盛』，孫訓『殷』爲中，皆非。」案：蘇説是也。此蓋通稱王國爲殷周之國。吕氏春秋先己篇云：「商周之國，謀失於胸，令困於彼。」兼愛中篇引武王告泰山辭云「以祇商夏」，周初稱中國爲商夏，周季稱中國爲殷周，辭例正相類。甲兵方起於天下，大攻小，强執弱，吾欲守小國，爲之柰何？子墨子曰：何攻之守？禽滑釐

對曰：今之世常所以攻者：臨、畢云：「臨一。詩傳云：『臨，臨車也。』陸德明音義云：『韓詩作隆。』孔穎達正義曰：『臨者，在上臨下之名。』」詒讓案：後有備高臨篇，云「積土爲高，以臨我城，薪土俱上，以爲羊黔，蒙櫓俱前，遂屬之城」，又備水篇「竝船爲臨」，備蛾傅篇有「行臨」，然則「臨」乃水陸攻守諸械，以高臨下之通名，不必臨車也。「臨」聲轉作「隆」，淮南子氾論訓云「隆衝以攻」，又兵略訓云「攻不待衝隆雲梯而城拔」，高注云：「隆，高也。」**鉤、**畢云：「鉤二。詩傳云：『鉤，鉤梯也，所以鉤引上城者。』」詒讓案：備鉤篇今佚。鉤蓋即魯問篇所謂鉤距之鉤。備穴篇又有鐵鉤鉅，謂施長鉤，緣之以攻城。管子兵法篇云「淩山阬不待鉤梯」，韓非子外儲說左上篇「趙主父、秦昭王令工施鉤梯上潘吾及華山」，皆是也。詩皇矣孔疏云：「鉤援一物，正謂梯也。以梯倚城，相鉤引而上，援即引也。墨子稱公輸般作雲梯以攻宋，蓋此之謂也。」馬瑞辰云：「墨子分鉤與梯爲二，則鉤非即雲梯明矣。六韜軍用篇有飛鉤，長八寸，鉤芒長四寸，梯長六尺以上，千二百枚，蓋即詩之鉤，傳云『鉤，鉤梯』者，謂以鉤鉤梯而上，故又申之曰『所以鉤引上城者』，非謂鉤即梯也，正義失之。」案：馬說是也。**衝、**畢云：「衝三。詩傳云：『衝，衝車也。』說文云：『䡴，陷敶車也。』高誘注淮南子云：『衝車，大鐵著其轅端，馬被甲，車被兵，所以衝於敵城也。』又曰：『衝所以臨敵城，衝突壞之。』孔穎達詩正義云：『衝者，從傍衝突之稱。兵書有作臨車、衝車之法。』按『䡴』正字，『衝』假音。」詒讓案：詩皇矣孔疏又云「墨子有備衝之篇」，今佚。定八年左傳云「主人焚衝」，杜注云：「衝，戰車。」六韜軍用篇有武衝大扶胥，疑即此。戰國策齊策云〔一〕「百尺之衝」，荀子彊國篇又有「渠衝」，楊注云：「渠，大也。渠衝，攻城之大車也。」韓非子八說篇云「平城距衝」，

〔一〕「云」字原重，徑刪。

疑即荀子之「渠衝」矣。逸周書小明武篇云「具行衝梯」，莊子秋水篇云「梁麗可以衝城」，亦即此。**梯**、畢云：「梯四。案即雲梯。」詒讓案：説文木部云：「梯，木階也。」後有備梯篇。通典有作雲梯法，詳本篇。**堙**、畢云：「堙五。一本作『湮』。案當爲『垔』，俗加土。説文云：『垔，塞也。』玉篇云：『上城具。堙同垔〔一〕。』通典云『於城外起土爲山，乘城而上，古謂之土山，今謂之壘道。用生牛皮作小屋，并四面蒙之，屋中置運土人，以防攻擊者』，注云：『即孫子所謂距闉也。鑿地爲道，行於城下，用攻其城，往往建柱，積薪於其柱，圜而燒之，柱折櫓部，城摧。』」詒讓案：「土山」亦見太白陰經攻城具篇。左傳襄六年「晏弱圍萊，堙之，環城傅於堞」，杜注云：「堙，土山也。」書費誓孔疏云：「兵法，攻城築土爲山，以闚望城内，謂之距堙。」孫子謀攻篇作「距闉」，曹操注云：「距闉者，踊土稍高而前，以附其城也。」尉繚子兵教下篇云：「地狹而人衆者，則築大堙以臨之。」蓋堙與高臨略同，惟以堙池爲異。此書今本備堙無專篇，而本篇後文寇闉池一節，蓋即備堙之法。又舊備穴篇亦有救闉池之文，今移入本篇。雜守篇又作「煙」。闉、堙、煙聲同字通。**水**、後有備水篇。畢云：「水六。」**穴**、後有備穴篇。畢云：「穴七。」**突**、後有備突篇，不詳攻法，而云「城百步一突門」，乃守者所爲。疑突與穴略同，但穴爲穴地，突爲穴城，二者小異耳。襄二十五年左傳「鄭伐陳，宵突陳城」，杜注云：「突，穿也。」三國志魏明帝紀裴松之注引魏略，載諸葛亮攻陳倉，爲地突，欲踴出於城裏，郝昭於内穿地橫截之。則突亦穴地矣。未聞其審。畢云：「突八。」**空洞**、説文穴部云：「空，竅也。」淮南子原道訓高注云：「洞，通也。」史記大宛傳云「徙其城下水

〔一〕「同垔」二字，畢注引原脱，文意不完，今據玉篇土部補。

空，以空其城」，集解：「徐廣曰：『空』一作『穴』。」此「空洞」當亦穴突之類。其攻法之異同，今篇佚，無可攷。畢云：「空洞九。」**蟻傅**、傅，舊本作「附」。道藏本、吴鈔本竝作「傳」。今案「傳」乃「傅」之誤，後有備蛾傅篇，即此。諸本作「附」，字通，而與後篇目不相應，今校改「傅」。畢云：「蟻附十。『蟻』同『螘』。孫子云『將不勝心忿而蟻附』，注云：『使卒徐上城，如蟻緣城，殺士也〔一〕。』」**轒轀**、畢云：「轒轀十一。太平御覽云：『太公六韜曰：凡三軍有大事，莫不習用器械。攻城圍邑，則有轒轀、臨衝。視城中，則有雲梯、飛樓。』周遷輿服襍事曰：『槓榅，今之橦車也。其下四輪，從中推之，至敵城下。』說文云：『轒，淮陽名車穹隆〔二〕轒。』玉篇云：『轒輐，兵車。』作『輐』。輐、轀音相近。藝文類聚引孫子又作『枌榅〔三〕』。通典云：『攻城戰具，作四輪車，上以繩爲脊，生牛皮蒙之，下可藏十人，填隍推之，直抵城下，可以攻掘，金火木石所不能敗，謂之轒轀車。』」案：畢引六韜據御覽，文多譌脱，今據軍略篇校正。通典本太白陰經。孫子謀攻篇云「攻城之法，脩櫓轒轀」，曹注云：「轒轀者，其下四輪，從中推之至城下也。」文選長楊賦李注引服虔云：「轒轀，百二十步兵車，可寢處。」說文車部云：「轀，卧車也。」案：備轒轀篇今佚，後備水篇以船爲轒轀，與攻城之車異。**軒車**，畢云：「軒車十二。」詒讓案：備軒篇今佚。說文車部云：「軒，曲輈藩車也。」彼謂卿大夫所乘車，此攻城軒車，未詳其制。左宣十五年傳云「登諸樓車」，杜注云「車上望櫓」，此「軒車」疑即「樓車」。楚辭招魂王注云：「軒，樓版

〔一〕按畢注引孫子謀攻及曹注乃節引，「殺士也」原注作「必殺傷士卒也」。

〔二〕「隆」，原誤「窿」，據畢沅刻本改，與說文原文合。

〔三〕「榅」，原誤「轀」，據畢沅刻本改。按引文見藝文類聚卷六十三。

也。」馬瑞辰云：「六韜軍用篇『飛樓』，蓋即墨子之『軒車』，左傳之『巢車』。」**敢問守此十二者柰何？子墨子曰：我城池修，守器具，推粟足，**「推粟」義難通，「推」當爲「樵」之誤。下云「爲薪樵挈」，又云「薪食足以支三月以上」，「樵粟」即「薪食」也。畢云「推粟言輓粟」，失之。**上下相親，又得四鄰諸侯之救，此所以持也。**國語越語韋注云：「持，守也。」蘇云「『持』爲『守』字之訛」，非。**且守者雖善，**盧云：「此下當有『而君不用之』五字。」**則猶若不可以守也。**舊本脱「猶」字，俞據下句補。**若君用之，守者又必能乎守者，**俞校以意改「乎」爲「守」，則讀「守者不能」爲句，亦通。**不能而君用之，則猶若不可以守也。然則守者必善，而君尊用之，**蘇云：「尊用，猶專用也。」俞云：「尊讀爲遵，古字通也。」**然後可以守也。**

凡守圍城之法，厚以高，「厚」上當有「城」字，疑本作「凡守圉之法，城厚以高」。今本「圉」譌爲「圍」，又移「城」字著「之法」上，遂不可通。後守法章云「城小大，以此率之，乃足以守圉」，「圉」亦譌「圍」，即其證也。蘇云「『厚』上當脱『垣墉』二字」，非。**壕池深以廣，**釋名釋道云：「城下道曰⿰阝豪。⿰阝豪，翶也。言都邑之内，人所翶翔祖駕之處也。」壕之義蓋起於⿰阝豪，凡池上必有道也。畢云：「玉篇云：『壕，胡高切，城壕也。』」池，舊本譌「也」。王引之云：「『也』當爲『池』。『壕池深以廣』爲句，『其厚以高』上當有與『壕池』對文者，而今本脱之。」案：王説是也，今據正。畢云：「『也』字疑衍」，失之。**樓撕揗，**吴鈔本作「楯」。畢云：「説文、玉篇無『撕』。集韻云：『斯或作撕字。』説文云：『揗，摩也。』玉篇食尹、詳遵二切。」洪頤煊謂「撕」即高磨羣，云：「『揗』當作『楯』，通俗文：欄檻謂之楯。」詒讓案：「撕」當作「㯕」。後文「高磨⿰衤斯」，「⿰衤斯」亦即「㯕」之誤。但「揗」、「楯」竝當爲「脩」，古「脩」、「循」二字形近，多互譌。「脩」譌爲「循」，又譌爲「揗」。此即上文「城池修」之義。守備繕利，繕，吳鈔本作「善」。薪食足以支三月以上，畢云：「『支』舊作『交』，以意改。」詒讓案：此即上文「守器具，樵粟足」之義。尉繚子守權篇云：「池深以廣，城堅而厚，士民備，薪食給，弩堅矢强，矛戟稱之，此守法也。」人衆以選，吏民和，畢云：「『民』舊作『尺』，以意改。下當有『以』字。」案：此不必增「以」字。大臣有功勞於上者多，主信以義，萬民樂之無窮。不然，父母墳墓在焉。不然，山林草澤之饒足利。不然，地形之難攻而易守也。不然，則有深怨於適而有大功於上。不然，則賞明可信而罰嚴足畏也。畢云：「管子九變云：『凡民之所以守戰至死而不德其上者，有數以至焉。曰：大者親戚墳墓之所在也，田宅富厚足居也。不然，則州縣鄉黨與宗族足懷樂也。不然，則上之教訓、習俗、慈愛之於民也厚，無所往而得之也。不然，則山林澤谷之利足生也。不然，則地形險阻，易守而難攻也。不然，則罰嚴而可畏也。不然，則賞明而足勸也。不然，則有深怨於敵人也。不然，則有厚功於上也。此民之所以守戰至死而不德其上者也。』與此文相似。言有此數者，方可以守圍城。」詒讓案：自「凡守圍城之法」以下一百十二字，舊本錯在後文「長椎，柄長六尺，頭長尺，斧其兩端，三步一」下，今依俞校移此。顧校以此一百十二字，及後文「城下里中，家人各葆其左右前後，如城上」至「召三老左葆宫中者，與計事得」二百八十一字，移著後「此守術之數也」下，非，今不從。此十四者具，則民亦不宜上矣，然後城可守。十四者無一，則雖善者不能守矣。自「此十四者具」以下三十字，舊本錯在後文「備穴者，城内爲高樓，以謹」下，今依蘇、俞校移此。俞云：「『凡守圍城之法』以下，所說凡十四事，其文自明。『大臣有功勞』至『萬民樂之無窮』，共爲一事。蓋大臣素有功勞，則主信而義之，萬民樂之，然後可以有爲也。『此十四者具，則民亦不宜上矣』，總上十四事而言，當作『則民亦宜其上矣』。墨子書『其』字多作『丌』，因誤作『不』，寫者遂移至『宜』字之上耳。」案：此文固有譌，然俞改「不宜上」爲「宜其上」，則義仍未協。且此云「不宜上」，即管子云「此民所以守戰至死，而不德其上者也」，則「不」字必非誤。竊疑當作「則民死不悳上矣」，「死」、「亦」形近而譌，「悳」、「德」字通。「悳」字壞缺，僅存「直」，形與「宜」字尤相似，故譌。蓋此語意全同管子，但文略省耳。

故凡守城之法，備城門，爲縣門，畢云：「舊脱『門』字，據太平御覽增。」詒讓案：左傳莊二十八年「縣門不發」，杜注云：「縣門施於内城門。」又襄十年「圍偪陽，偪陽人啟門，諸侯之士門焉，縣門發」，孔疏云：「縣門者，編版廣長如門，施關機，以縣門上，有寇則發機而下之。」太白陰經云：「縣門，縣木版以爲重門。」**沈機長二丈，**「沈」疑當作「浣」。淮南子齊俗訓「浣準」，泰族訓作「管準」，浣、管、關字並通。浣機，即左傳疏所謂關機也，六韜軍用篇有轉關轆轤。又疑「沈」當爲「沆」之誤，詳經説下篇。沆與阬通，下文云「塹中深丈五」，阬即塹也。**廣八尺，**蓋一扇之廣度。**爲之兩相如。**謂門左右兩扇同度。**門扇數，**畢云：「『門扇』舊作『問扁』，據下文改。數同促。」**令相接三寸，**説文戶部云：「扇，扉也。」「扉，戶扇也。」爲縣門之扇，編版相銜接者三寸，欲使無縫際。月令鄭注云：「用木曰闔，用竹葦曰扇。」此門扇亦編木所爲，散文通也。**施土扇上，**畢云：「舊『土扇』作『士扁』，非。通典守拒法云：『城門扇及樓堠，以泥塗厚，備火。』」顧云：「『士』即『土』字。」**無過二寸。塹中深丈五，**畢云：「説文云：『塹，阬也。』」**廣比扇，**亦八尺而兩之。**塹長以力爲度，**俞云：「『力』字無義，疑『方』字之誤。」**塹之末爲之縣，**即縣門也。可容一人所。以上縣門之法。

客至，客，舊本譌「容」。王引之云：「『容』字義不可通，『容』當爲『客』。客、容字相似，又涉上文『容一人所』而誤。客至，謂敵人至城下也。下文曰『客馮面而蛾傅之』，即其證。」案：王校是也，蘇說同，今據正。襍守篇作「寇至」，義同。月令孔疏云：「起兵伐人者謂之客，敵來禦捍者謂之主。」諸門戶皆令鑿而慕孔畢本「慕」改「幕」，云：「舊作『慕』，據下文改。」案：畢校未塙。以襍守篇校之，此「慕」、「幕」並即彼「類」，此「孔」即彼「竅」，亦即所謂「鑿」。「慕」、「幕」竝當作「冪」。廣雅釋詁云：「冪，覆也。」冪，襍守作「類」，則又「幎」之形誤。蓋鑿門爲孔竅，而以物蒙覆之，使外不得見孔竅也，與備穴篇「鑿連版令容矛」略同。太白陰經守城具篇云：「鑿門爲敵所逼，先自鑿門爲數十孔，出强弩射之。」孔之，畢云：「『孔』舊作『孜』，以意改。『之』下疑脱『開』字。」蘇云：「『孔』字疑誤重。襍守篇云『寇至，諸門戶令皆鑿而類竅之』，與此合。」各爲二幕二，一鑿而繫繩，長四尺。蘇云：「『幕二』之『二』疑衍。雜守篇云：『各爲二類，一鑿而屬繩，繩長四尺，大如指。』」案：蘇校是也。此蓋言每門扇鑿二孔，皆冪之，其一冪而更繫以繩，蓋備牽挽以爲固也。以上鑿冪門戶之法，即太白陰經之鑿門。畢謂亦縣門之法，非也。

城四面四隅，城四面，謂四正也。城隅，見詩邶風及考工記匠人，賈疏引五經異義云：「天子城高七雉，隅高九雉；公之城高五雉，隅高七雉；侯伯之城高三雉，隅高五雉；都城之高皆如子男之城高。」是城隅高於城率二雉。故匠人鄭注釋爲「角浮思」。皆爲高磨𧝐，王引之云：「『磨』當爲『磿』。字書無『𧝐』字，蓋『㯕』字之譌。磿㯕疊韻字。說文：『櫪㯕，柙指也。』此音蓋如說文之櫪㯕，而義則不同。磿㯕蓋樓之異名也。號令篇曰：『他門之上，必夾爲高樓，使善射者居焉。女郭、馮垣一人一人守之。使重字〔二〕子五十步一擊。』二篇之意大略相同，彼之『高樓』即此之『高磿㯕』也。」洪謂即上之樓撕揗，云：「『㯕』當作『撕』，廣雅釋詁：『磢，磨也。』磿撕即欄檻也。」俞云：「王説是也。惟以爲樓名，則無據。疑「高」下脱「樓」字，本云皆爲高樓磿㯕。號令篇曰『它門之上必夾爲高樓』，與此同義。爲高樓磿㯕，猶云夾爲高樓也，磿㯕即夾也。」案：王校是也。**使重室子居亓上，**舊本「室」下有「乎」字，畢云疑衍。王云：「亓，古『其』字。」案：畢校是也，今據删。重室子，謂貴家子也。號令篇云「富人重室之親」，又云「使重室子」。亓，畢本皆作「丌」，今並從王校作「亓」，詳公孟篇。**候適，**畢云：「『敵』字假音，史記亦用此字。」**視亓能狀，**畢云：「『能』即『態』字。説文云：『態，或从人。』」**與亓進左右所移處，**蘇云：「『進』下當有『退』字。」**失候，斬。**以上爲高磿㯕候適之法。

適人爲穴而來，畢云：「『穴』舊作『内』，以意改。」**我亟使穴師選本，迎而穴之，**舊本「亟」作「函」。畢本「本」改「木」。又「迎」作「匝」。王云：「『函』當爲『亟』，俗書函、亟相似，説見魯問篇。亟，急也。『選本』當爲『選士』，隸書『士』字或作『圶』，因譌而爲『本』。畢改『本』爲『木』，非。『匝』當爲『迎』，草書字譌。言敵人爲穴而來，我急使穴師選善穴之士，鑿穴而迎之也。下文云『適人穴土，急壍城内，穴亓土直之』，又曰『審知穴之所在，鑿穴迎之』，皆其證也。」案：王校「函」改「亟」，「匝」改「迎」，是也，今據正。干禄字書「匝」通作「迊」，故傳寫易譌。「本」與「卒」隸書亦相近，後文「城下樓卒，率一步一人」，「卒」今本譌「本」，可證。王定爲「士」之譌，未知是否。**爲之且内弩以應之。**

〔二〕按王引據畢刻，本書改「字」爲「室」，見號令篇。

畢云：「『且』當爲『具』。」詒讓案：内弩，即備穴篇之短弩，穴中以拒敵者。以上備穴之法。蘇云：「此數語當入備穴篇，而錯出於此者。」

民室杵木瓦石，王引之云：「木瓦石皆可以作室，而杵非其類。『杵』當爲『材』，字之誤也。『材』本作『杍』，『杵』本作『枠』，二形相似。號令篇『民室材木』，即其證。」案：王校是也。蘇云「杵」、「樹」通用，非。可以蓋城之備者，王引之云：「『蓋城之備』四字，義不相屬。『蓋』當爲『益』，亦字之誤也。俗書益、蓋相似，説見非命篇。言民室之材木瓦石，可以益守城之備也。」蘇説同。盡上之。畢云：「『盡』舊作『蓋』，以意改。言民室中所有，盡爲城備。」不從令者斬。以上斂材木瓦石之法。

昔築。畢云：「當云『皆築』。」詒讓案：此上有脱文，似言皆有築以備築城也，故下云「五築有鍗」。左傳宣十一年孔疏云：「築是築土之杵。」六韜軍用篇云「銅築固〔一〕爲垂，長五尺以上，三百枚。」文選羊叔子讓開府表李注引郭璞三蒼解詁云：「築，杵頭鐵沓也。」七尺一居屬。畢云：「疑『鋸欘』。」案：畢據管子小匡篇文，尹知章注云：「鋸欘，钁類也。」説文金部云：「鋸，槍唐也。」非此義。斤部云：「斸，斫也。」又木部云：「欘，斫也。」廣雅釋器云：「鋸，鉏也。」集韻引埤倉云：「钃，鉏也。」爾雅釋器云「斫斸謂之定」，郭注云：「鋤也。」考工記車人鄭注引爾雅作「句欘」，又云：「斲斤柄。」是斸有兩義。此「居屬」與「築」、「虆」類列，則當爲鋤。竊疑「居」、「鋸」即倨之叚字，斫與句同。斤柄箸

〔一〕「固」，原誤「銅」，據六韜軍用篇改。

刃，其形句，故謂之句斸；鋤柄箸金，其形倨，故謂之倨斸，名與義各相應也。爾雅斪斸當爲斤，郭注説失之。五步一壘。「壘」疑當爲「蔂」。孟子滕文公篇「蓋歸反虆梩而掩之」，趙注云：「虆梩，籠臿之屬，可以取土者也」。毛詩釋文引劉熙云：「虆，盛土籠也。」釋文又云：「虆字或作『樏』，或作『蔂』。」案：樏即欙之省。蔂，欙之別體。備蛾傳篇云「土五步一，毋下二十畾」，畾亦即蔂之省，但彼文五步而土毋下二十畾，則不止一蔂矣。疑此文當作「五步有畾」，與下「五築有銻」文例同。五築有銻。「銻」疑當作「銕」。銕即夷也，與古文鐵字不同。書堯典「宅嵎夷」，史記、説文並作「銕」。國語齊語云「惡金以鑄鉏夷斤斸」，韋注云：「夷，平也，所以削平草地。」管子小匡篇云「惡金以鑄斤斧鉏夷鋸欘」，尹知章注云：「夷，鋤類也。」此作「銻」者，形聲相近而誤。畢引説文云：「銻，鎕銻也。」案：鎕銻，火齊也。非此義。長斧，柄長八尺。備蛾傳篇云「斧柄長六尺」，此較彼長二尺，故曰「長斧」。六韜軍用篇「大柯斧刃長八寸，重八斤，柄長五尺以上，一名天鉞」，後文又云「斧柄長三尺」，蓋皆斧柯之短者也。此亦五築所有。十步一長鎌，柄長八尺。説文金部云：「鎌，鍥也。」刀部云：「𠛎，鎌也。」方言云：「刈鉤，自關而西，或謂之鉤，或謂之鎌。」六韜軍用篇云：「艾草木大鎌，柄長七尺以上，三百枚。」十步一鬭。畢云「當爲『斲』。」詒讓案：説文斤部云：「斲，斫也。」長椎，柄長六尺，頭長尺，備蛾傳篇作「首長尺五寸」。斧亓兩端。椎既有首，又斧其兩端，義頗難通。備蛾傳篇説長椎，無此四字，疑「斧」當爲「兑」，猶下「大鋋」云「兑其兩末」也。此長椎亦十步一。三步一自「城四面四隅」以下一百三十字，舊本錯在後「五十二者，十步而二」下，顧校移此，今從之。「三步一」似當屬下「大鋋」爲句。大鋋，前長尺，此下至「牆七步而一」凡七百字，舊本並錯入備穴篇，今移此。畢云：「考工記云『鋋十之』，注云：『鋋，讀如麥秀鋌之鋌。鄭司農云：鋌，箭足入槀中者也。』說文云：『鋌，銅鐵樸也。』陸德明周禮音義『徒頂反』。」詒讓案：古兵器無名鋌者，「鋌」疑並「鋋」之誤。說文金部云：「鋋，小矛也。」六韜軍用篇云：「曠野草中，方胸鋋矛千二百具。張鋋矛法，高一尺五寸。」今本六韜亦誤「鋌」，惟施氏講義本不誤。後文別有「連梃」，與此異。**蚤長五寸。**說文叉部云：「叉，手足甲。」「蚤」即「叉」之借字，今字通作「爪」。蓋鋋末銳細，如車輻及蓋弓之蚤也。**兩鋌交之置如平，不如平不利，**上如與而同，「不如平」當作「如不平」。言置之必兩鋌平等乃善，若不平則用之不利也。**兑亓兩末。**畢云：「兑同銳。」詒讓案：以上具守器之法。

穴隊若衝隊，隊、隧字通。左傳襄二十二年「齊伐晉爲二隊」，又哀十三年「越子伐吳爲二隧」，杜注云：「隧，道也。」**必審如攻隊之廣狹，**「如」當爲「知」。**而令邪穿亓穴，**畢云：「『邪』舊作『雅』，據下文改。」**令亓廣必夷客隊。**毛詩出車傳云：「夷，平也。」以上備隊之法。

疏束樹木，令足以爲柴摶，說文木部云：「柴，小木散材。」禮記月令鄭注云：「大者可析謂之薪，小者合束謂之柴」。周禮羽人「百羽爲摶」，鄭注云：「摶，羽數束名也。」又考工記鮑人「卷而摶之」，鄭衆注云：「『摶』讀爲縳一如瑱之縳，謂卷縳韋革也。」廣雅釋詁云：「縳，束也。」此「柴摶」，亦束聚樹木之名。吳鈔本「摶」作「搏」。後文「積搏」字，道藏本亦作「摶」。**毌前面樹，**毌，舊本作「毋」，今從畢校改。說文毌部云：「毌，穿物持之也。」**長丈七尺一，以爲外面。**蓋以大樹相連貫植之於外，而積柴摶於其內也。**以柴摶從橫施之，**從，吳鈔本作「縱」。**外面以强塗，**强塗，謂以土之性强韌者塗之，使不落。周禮草人「土化之法」有「强檗」，鄭注云：「强，堅者。」管子地員篇説五态、五纑之土，潤澤而彊力。皆所謂强土也。毋令土漏，「土」，疑當爲「上」。令亓廣厚能任三丈五尺之城以上，蓋積柴摶如城之高，此亦當於城外爲之，以爲城之屏蔽也。以柴木土稍杜之，畢云：「此杜，甘棠也。説文有𢾁字，云：『閉也，讀若杜。』此及『杜門』字皆當爲𢾁之假音。」以急爲故。廣雅釋詁云：「故，事也。」前面之長短，豫蚤接之，令能任塗，足以爲堞，柴摶之上，亦爲之堞，如城法。善塗亓外，令毋可燒拔也。以上爲柴摶之法。

大城丈五爲閨門，依上文，則大城高三丈五尺，門之高當不下二三丈，此閨門乃別出小門，故止高丈五尺，與上塹深度同。淮南子氾論訓云：「夫醉者俯入城門，以爲七尺之閨也。」彼宮中小門，故高止七尺。此城閒小門，度倍逾之。畢云：「説文云：『閨，特立之户，上圓下方，有似圭。』」詒讓案：爾雅釋宮云：「宮中之門，其小者謂之閨。」此「城閒小門」與「宮中小門」名同。廣四尺。亦一扇之廣度也。上縣門廣八尺，此閨門廣度半之。

爲郭門，此亦城之外門。號令篇有女郭，與郛郭之門異。郭門在外，爲衡，蓋横木以𢾁門。以兩木當門。鑿亓木，維敷上堞。敷與傅通，謂以繩穿鑿而繫之，傅著城上堞也。

爲斬縣梁，斬，塹之省，吕氏春秋權勳篇云「斬岸堙溪」。「縣梁」即於塹上爲之，後云「塞外塹，去格七尺爲縣梁」。酟穿，疑即下文「令耳」。斷城以板橋，連板爲橋，架之城塹，以便往來，下云「木橋長三丈」。六韜軍用篇有渡溝塹飛橋，即此。邪穿外，以板次之，倚殺如城報。倚殺，猶言邪殺，經下篇云：「倚者不可正。」「報」當爲「埶」。言板橋邪殺爲之，如城之形埶也。城内有傅壤，因以内壤爲外。蓋爲再重堞。蘇云：「兩『壤』字皆

『堞』字之誤。」案：蘇説近是。**鑿亓閒，深丈五尺，**鑿內外堞閒爲塹，上云「塹中深丈五」。**室以樵，**蘇云：「室，實也，言以薪實之。」案：「室」讀爲窒，聲同字通。論語陽貨「惡果敢而窒者」，釋文引鄭注云：「魯讀窒爲室。」備蛾傅篇云「室中以榆若蒸」，並以「室」爲「窒」，蘇説非是。爾雅釋言云：「窒，塞也。」**可燒之以待適。**畢云：「同敵。」詒讓案：以上爲闉門、郭門、塹縣梁、板橋、內外堞之法。

令耳屬城，爲再重樓。「令耳」未詳，或與褋守篇「羊坽」義同。爾雅釋宮云：「四方而高曰臺，陝而脩曲曰樓。」説文木部云：「樓，重屋也。」**下鑿城外堞，內深丈五，**與上內外堞之閒同。**廣丈二。樓若令耳，皆令有力者主敵，善射者主發，佐皆廣矢。**疑當作「佐以厲矢」。褋守篇云「藺石、厲矢，諸材器用皆謹部，皆有積分數」。

治裾諸，「治裾」即作薄也。備蛾傅篇有置薄、伐薄之法，備梯篇「薄」並作「裾」。黄紹箕云：「『裾』當爲『椐』之譌。釋名釋宮室：『籬以柴竹作之，青徐之閒曰椐。椐，居也，居於中也。』廣雅釋宮：『㯫，杝也。』玉篇木部：『㯫，藩落籬。』廣韻九魚『㯫，枯藩籬名。』説文無『㯫』，即『椐』之後出字。」案：黄説是也。廣雅以椐與藩、欏落同訓杝，欏落即羅落，則椐亦即藩杝、羅落之名。六韜軍用篇説守城有天羅、虎落，漢書晁錯傳「爲中周虎落」，顔注：「鄭氏云：虎落者，外蕃也。」師古云：「以竹篾相連，遮落之也。」此篇下文亦云「馮垣外內，以柴爲藩」，制並同，蓋皆以柴木交互爲藩杝也。「諸」當爲「者」之叚字。**延堞，**謂裾與堞相連屬。**高六尺，部廣四尺，**依迎敵祠篇，城上每步守者一人，蓋即每步爲一堞。堞廣四尺，步各留二人，爲旁之空闕。此云部者，謂城堞閒守者所居立之分域。號令篇「城上吏、卒、養皆爲舍道内，各當其隔部」，蓋亦一堞爲一部也。**皆爲兵弩簡格。**「兵」字舊脱，今據道藏本、吴鈔本補。説文竹部云：「籣，所以盛弩也。」史記索隱引周成襍字云：「格，歧閣也。」畢云：「簡同闌。」

轉射機，機長六尺，貍一尺。貍，道藏本作「狸」，下同。案：貍，薶之借字。説文艸部云：「薶，瘞也。」謂機之薶於土者一尺也。薶，備梯篇作「埋」，俗字。備穴篇作「俚」，叚借字。**兩材合而爲之輼，**材，舊本作「杖」。俞云：「『杖』當作『材』。」案：俞校是也，今據正，互詳備穴篇。輼，亦即備穴篇之「車輪輼」也。説文車部云「輼，卧車也」，非此義。而别有輓字，云：「大車後壓也。」以此及備穴篇所説輼形制推之，似皆以重材爲鎮厭杜塞之用，故以車輪等爲之。其字蓋當作「輓」，前「轒輼」玉篇亦作「轒輓」，是其證也。兩材謂木材，亦合兩輪爲輼之類。**輼長二尺，中鑿夫之爲道臂，臂長至桓，**俞云：「此當作『中鑿之爲道，夫長若干尺，臂長至桓』。『夫』字誤移在上，遂脱其尺數，『臂』字又誤疊，皆不可通。下文曰『夫長丈，臂長六尺』，備城門篇、襍守篇竝云『夫長丈二尺，臂長六尺』，故知此文亦竝言『夫長』、『臂長』，而傳寫脱去也。『桓』疑『垣』字之誤。」案：此疑當作「中鑿夫二爲通臂，臂長至桓」。諦繹此文，輼蓋有趺、有臂、有桓。趺，足也；臂，横材也；桓，直材也，與渠荅制略同。後文説渠云「夫兩鑿，中鑿夫二」，即兩鑿也。夫與趺通，即指輼言之。謂鑿夫之中爲二空，以關射機之臂。通臂，蓋以一長木爲之，猶後云「通舄」。夫旁爲兩直桓，臂長接之。故又云「臂長至桓」也。俞校增乙太多，不可從。**二十步一，令善射之者佐，**舊本「一令」二字到，今依道藏本、吴鈔本乙正。下句當云「令善射者佐之」，今本「之」字誤錯著「善射」下，遂不可通。**一人皆勿離。**「一人」下有脱字，下文説藉幕云「令一人下上之勿離」。

城上百步一樓，樓四植，檀弓云「三家視桓楹」，鄭注云：「四植謂之桓。」四植，猶言四楹也，與户植異。植皆爲通舄，蘇云：「『四植』即四柱，舄同碣，柱下石也。」詒讓案：通舄，謂兩植同一舄也。「舄」詳備穴篇。下高丈，上九尺，上云「再重樓」，故上下高度不同。廣、喪各丈六尺，王云：「『喪』當爲『袤』，廣雅：『袤，長也。』」案：王校是也，蘇云「『喪』爲『長』字之誤」，非。皆爲寧。畢云：「『亭』字。」詒讓案：後文云「城上百步一亭」。三十步一突，九尺，下文別有廣、高之度，此當是長度也。廣十尺，高八尺，鑿廣三尺，表二尺，王云：「『表』亦當爲『袤』。」案：王校是也，蘇云「『表』亦『長』字之誤」，非。爲寧。亦即「亭」字。

城上爲攢火，文選西都賦李注引蒼頡篇云：「攢，聚也。」太白陰經烽燧臺篇及通典兵守拒法並有火鑽。又疑即備蛾傅篇之火捽也。夫長以城高下爲度，「夫」疑「矢」之誤，或當爲「趺」省。置火亓末。

城上九尺一弩、一戟、一椎、一斧、一艾，艾，刈之借字。國語齊語云「挾其槍刈耨鎛」，韋注云：「刈，鎌也。」皆積參石、蒺藜。吴鈔本作「蔾」。洪云：「『參石』當是『絫石』之譌，絫石即礧石。後漢書杜篤傳『一卒舉礧，千夫沈滯』，李賢注：『礧，石也。前書「匈奴乘隅下礧石。」』一切經音義卷十七引韻集：『今守城者下石擊賊曰礧。』」案：洪說是也。蒺藜，後文作「疾犂」，備穴篇又作「蒺蔾」。六韜軍用篇云：「木蒺蔾，去地二尺五寸，百二十具。鐵蒺蔾，芒高四寸，廣八寸，長六尺以上，千二百具。兩鏃蒺蔾，參連織女，芒閒相去二寸〔一〕，萬二千具。」又軍略篇云「設

〔一〕「寸」，原誤「尺」，據六韜改。

營壘，則有行馬蒺蔾」。本草陶弘景注云：「蒺蔾多生道上，而葉布地，子有刺，狀如菱而小。今軍家乃著鐵作之，以布敵路上，亦呼疾蔾，言其凶傷也。」

渠長丈六尺，渠，守城械名。尉繚子武議篇云：「無蒙衝而攻，無渠荅而守。」王引之云：「『渠長丈六尺』當作『渠長丈五尺，廣丈六尺』。備城門篇曰『渠長丈五尺』，襍守篇曰『渠長丈五尺，廣丈六尺』，皆其證。今本『長丈』下脱『五尺，廣丈』四字，則失其制矣。」案：王引備城門篇即此下文。**夫長丈二尺，**舊作「夫長丈」，無「二尺」二字。王校據下文改「夫」爲「矢」。王引之云：「『矢長丈』當作『矢長丈二尺』，備城門篇、襍守篇竝作『矢長丈二尺』，是其證。今脱『二尺』二字，則失其制矣。」案：「夫」當爲「趺」之省，王校改「矢」，失之，説詳後。「丈」下王增「二尺」二字，是也，今據增。**臂長六尺，亓貍者三尺，樹渠毋傅堞五寸。**傅，舊本譌「傑」。「五寸」舊作「三丈」。畢云：「『毋傑』同『貫堞』。」王引之云：「『樹渠毋傑堞三丈』，當作『樹渠毋傅堞五寸』，謂渠與堞相去五寸也。備城門篇曰『渠去堞五寸』，襍守篇曰『樹渠毋傅葉五寸』，葉與堞同，皆其證。今本『傅』作『傑』，涉下『堞』字而譌，『五寸』又譌作『三丈』，則失其制矣。畢改『毋』爲『毌』，讀與『貫』同，大誤。」案：王校是也，蘇説同，今據正。

藉莫畢云：「幕同。」詒讓案：通典兵守拒法云：「布幔複布爲之，以弱竿縣挂於女牆八尺，折抛瓦之勢，則矢石不復及牆。」太白陰經守城具篇説同。説文巾部云：「幔，幕也。帷在上曰幕。」則布幔當即此藉幕之遺制。藉幕及下藉車，義疑與備高臨篇「技機藉之」之藉同。**長八尺，廣七尺，亓木也**蘇云：「『木』疑當作『末』。」案：凡幕皆以木材張之，則作「木」亦通。**廣五尺，中藉苴爲之橋，**「苴」亦當爲「莫」。曲禮鄭注云：「橋，井上㮚槔。」故下云「下上之」，詳後及經説下篇。**索亓端。適攻，**畢云：「適同敵。」**令一人下上之，勿離。**吳鈔本作「一令人上下之勿離」，道藏本「令一」亦到。蘇云：「『離』當爲『難』之誤。」案：「勿離」上下文屢見，不誤。

城上二十步一藉車，當隊者不用此數。當隊，謂當攻隧也。左襄二十五年傳云「當陳隧者，井堙木刊」，隊、隧通。號令篇又作「當遂」。不用此數者，當隧則所用多，不定二十步一。備蛾傅篇云「施縣陴，大數二十步一，攻隊所在，六步一」，即此意也。

城上三十步一⿱龍言竈。⿱龍言，道藏本作「⿱龍曰」，畢本作「⿱龍日」，今從吴鈔本。畢云：「唐宋字書無『⿱龍日』字，備城門作『聾』，疑皆『壟』字。」案：裸守篇亦作「聾」。「⿱龍曰」、「⿱龍日」皆字書所無，畢疑「壟」字，近是。史記滑稽傳云「以壠竈爲椁」，索隱引皇覽「壠竈」作「礱突」。此「⿱龍言」當即「礱」之誤。説文火部云：「烓，行竈也。」此壟竈在城上爲之，以具火，蓋即行竈也。

持水者必以布麻斗、革盆，持水，舊本譌「傳火」，「斗」譌「什」。王云：「『傳火』當爲『持水』，草書『持』、『傳』二字右畔相似，故『持』譌爲『傳』。『水』、『火』亦字之譌。『什』當爲『斗』，即後所云『持水麻斗、革盆救之也』。隸書『斗』字作『⿰斤十』，與什伍之『什』相似，説文序所云『人持十爲斗』也。」案：王説是也，今據正。斗與革盆，皆所以持水。布麻斗，蓋以布爲器，加以油漆，可以挹水者。「斗」即「枓」之借字，説文木部云：「枓，勺也。」勺部云：「勺，所以挹取也。」喪大記云「沃水用枓革盆」，蓋以革爲盆，可以盛水。説文革部云：「鞼，量物之鞼，一曰抒井，鞼古以革。」徐鍇繫傳云：「抒井，今言淘井。鞼，取泥之器。」案：鞼蓋即挹水之器，殆所謂「革盆」歟？**十步一。柄長八尺，**謂麻斗之柄，説文木部云：「杓，枓柄也。」**斗大容二斗以上到三斗。**斗，舊本並譌「什」，末「斗」字又譌「十」。俞云：「『什』、『十』並『斗』字之誤。『斗大容二斗以上到三斗』，猶下文云『大容一斗以上至二斗也』。」案：俞説是也，蘇校同。

上「斗」字即「料」之叚字。此革盆有柄以挈持，又有料之容水，其料之容數，則二斗以上至三斗不等也。**敝裕、**畢云：「説文云：『裕，衣物饒也。』言敝衣物。」詒讓案：「裕」疑「綌」字之誤。**新布長六尺，**此蓋溼布，亦以備火。**中拙，**拙，詘之借字。**柄長丈，十步一，必以大繩爲箭。**未詳。

城上十步一鈂。畢云：「舊从穴，傳寫誤也。説文云：『鈂，臿屬。』玉篇云：『直深切。』」

水甀，説文缶部云：「缶，瓦器。」左襄七年傳「具綆缶」，杜注云：「缶，汲器。」據下文，則疑「甀」之誤。畢云：「玉篇云：『甀同缶。』」**容三石以上，小大相雜。**小大，舊本作「大小」，今據道藏本、吳鈔本乙。下文「救門火」云「一垂水容三石以上，小大相雜」，與此文同。**盆、蠡各二財。**蘇云：「『財』當爲『具』。」案：「蠡」當即後文「奚蠡」，「財」下疑脱「自足」二字，詳備穴篇。蘇校非。

爲卒乾飯，人二斗，以備陰雨，面使積燥處。面，謂城四面。蘇云：「言陰雨不能舉火，爲乾餱以備也。『面』當作『而』。」**令使守爲城内堞外行餐。**吳鈔本作「湌」。説文倉部云：「餐，吞也，或作『湌』。」廣雅釋詁云：「湌，食也。」「守」下脱「者」字。又疑「使守」或爲「吏卒」之誤。城内堞外，謂内堞之外也。上文有「内堞」、「外堞」。**置器備，**號令篇云「爲内堞内行棧，置器備其上」。**殺沙礫鐵，**畢云：「殺，䊛省文。説文云『䊛，糅䊛〔一〕，散

〔一〕「䊛」，原誤「殺」，據説文米部改。

之也。』」皆爲壞斗。說文土部云：「壞，一曰瓦〔一〕未燒。」令陶者爲薄瓴，大容一斗以上至二斗，即用取，三祕合束。「三祕」無義，疑當作「絫施」。「絫」譌作「參」，又譌作「三」，「祕」、「施」亦形之誤。堅爲斗城上隔，吴鈔本作「鬲」。案：「斗」疑「弋」之誤，後文說狗屍云「其端堅約弋」。城上守者，各有署隔。襍守篇云「人自大書版，著之其署隔」。棧「棧」交木爲之，不當剡末，此疑當爲「杙」。杙亦即弋也，後文云「弋長七寸，剡其末」，是其證。高丈二，剡亓一末。蘇云：「『一』字疑衍。」

爲閨門，見前。閨門兩扇，令可以各自閉也。謂可閉一開一。

救闉池者，畢云：「闉同垔。」以火與爭，鼓槖。畢云：「舊作『槀』，以意改。」案：「槖」詳備穴篇。下有脫文。馮埴外內，「埴」當爲「垣」，形近而誤。馮垣在女垣之外，蓋垣墻之卑者。漢書周緤傳顏注云：「馮、陪聲相近。」此馮垣亦言與女垣爲陪貳也。旗幟篇云「到馮垣」、「到女垣」，號令篇云「女郭馮垣一人」，是其證。以柴爲燔。疑當爲「藩」。旗幟篇先到藩，後到馮垣，可證。柴，謂傅小木爲之。管子山國軌篇云「握以下爲柴楂」。公羊哀四年傳「亡國之社，揜其上而柴其下」，周禮媒氏鄭注「柴」作「棧」，是二字義同。說文訓棧爲棚。廣雅釋室云「藩，籬也。」蓋於馮垣外樹柴棧，以爲藩籬也。下文云「人居柴則不燔之」，可知。

靈丁，未詳，疑椓弋之屬。三丈一，火耳施之。「火耳」疑當作「犬牙」，「牙」篆文作「□」，「耳」篆文作

〔一〕「瓦」，原誤「土」，據說文改。

「耳」，形近而誤。後文説「狗走」云「犬耳施之」，「耳」亦「牙」之誤。犬牙施之，言錯互施之，令相銜接也。**十步一人，居柴内弩。**畢云：「内同納。」案：上説備穴云「爲之具内弩以應之」，此疑與彼同。畢説未允，「内弩」上下亦有脱文。**弩半，**「弩」疑當作「柴」，涉上而誤。**爲狗犀者環之。**狗犀，疑即後文之「狗屍」、「狗走」，説詳後。**牆七步而一。**畢云：「下有脱字。」詒讓案：以上救闉池之法，疑備堙篇之佚文。自「大鋌」以下七百字舊本錯入備穴篇「城壞或中人」之下，今依顧校移著於此。

救車火，備蛾傅篇云「車火燒門」，備梯作「煇火」。此「車火」疑當作「熏火」，「熏」與「車」篆文上半相近而誤。**爲烟矢射火城門上，**此謂敵射火攻城也。「烟矢」當作「熛矢」，説文火部云：「熛，火飛也，讀若標。」「熛」誤作「煙」，又從俗作「烟」，遂不可通。孫子火攻篇云「烟火必素具」，亦「熛火」之誤。**鑿扇上爲棧，**畢云：「説文云：『棧，棚也。』」詒讓案：疑當作「杙」，與弋同，即下文之「涿弋」也。然杜君卿所見已作「棧」，未敢輒改。**塗之，**畢云：「『涂』字俗寫从土。本書迎敵祠亦只作『涂』。」通典守拒法云：「『門棧以泥厚塗之，備火。柴草之類貯積，泥厚塗之，防火箭飛火。』」**持水麻斗、革盆救之。**斗革，舊本譌「升草」。畢云：「麻一升，草一盆也。」王云：「草一盆，非救火所用，畢説非也。『升』當爲『斗』，隸書『斗』字作『⿰斤十』，因譌而爲『升』。『草盆』當爲『革盆』。備穴篇曰『傳火者，必以布麻什、革盆』，案『傳火』當爲『持水』，『什』當爲『斗』，即所云『持水麻斗、革盆救之』也。『革盆』又見備蛾傅篇。」案：王校是也，今據正。王所引備穴篇文，今移於前。**門扇薄植，**畢云：「説文云：『欂，壁柱。』『植，户植也。』薄，假音字。」**皆鑿半尺，**蓋即鑿孔以涿弋，然不當云「半尺」，疑有誤。**一寸一涿弋，**涿，舊本譌「潒」，王引之云：「『潒』當爲『涿』，字本作『椓』，說文：『椓，擊也。』周南兔罝傳曰『丁丁，椓杙聲』是也。通作『涿』，周官壺涿氏注曰『涿，擊之』是也。『涿弋』又見下文。史記趙世家『伐魏敗涿澤』，今本『涿』字亦誤作『潒』。凡經傳中從豖、從彖之字，多相亂。」案：王校是也，今據正。六韜軍用篇云：「委環鐵杙，長三尺以上，三百枚。椓杙大鎚，重五斤，柄長二尺以上，百二十具。」俗本六韜「椓」譌「椽」，與此相類。惟宋施子美講義本不誤。**弋長二寸，**舊本作「尺」，今據道藏本、吳鈔本正。說文弋部云：「弋，橜也。」此涿弋門上以持塗，度不宜太長，後文亦云「涿弋長七寸」。畢云：「說文云：『樴，弋也。』」**見一寸，**畢云：「『見』疑『閒』字。」詒讓案：即上文云「一寸一涿弋」也。下文亦云「弋閒六寸」。**相去七寸，**上云「閒一寸」者，謂一行之中每一寸一弋，此則前後行相去之數也。**厚塗之，以備火。城門上所鑿以救門火者，**下云「垂水」，則不當云「鑿」，此疑有誤。**各一垂水，**方言云：「𦉥，周洛韓鄭之閒謂之甀。」甀即䍋之俗。畢云：「垂，䍋字省文。說文云：『䍋，小口罌也。』」**火三石以上，**王云：「下『火』字義不可通，『火』當作『容』。下文言『容斗以上』、『容石以上』者多矣。則『火』爲『容』之壞字無疑。」顧云：「『火』當作『大』。」蘇云：「垂所以盛水者，『火』字衍，或即『水』字之譌。」案：顧說亦通。**小大相雜。**以上救車火之法。

門植關必環錮，植，持門直木；關，持門橫木，詳非儒篇。說文金部云：「錮，鑄塞也。」畢云：「言扃固之，環與扃音相近。」**以錮金若鐵鍱之。**畢云：「『錮』字疑衍。說文云：『鍱，鏶也。』此與鍣音同，說文云：『以金有所冒也。』」詒讓案：「錮」疑「銅」之誤。下「金」字乃「銅」字偏旁之誤衍者。備高臨篇云「連弩機郭用銅」。**門關再重，鍱之以鐵，必堅。梳關關二尺，**畢云：「『梳』字未詳，疑作『琑』。」案：「梳」、「琑」義並難通，形聲亦不相近。畢校未塙。竊疑「梳」並當爲「桄」，說文木部云：「桄，充也。」「楗，距門也〔一〕。」此桄關即謂楗，今之木鎖是也。蓋門植關兩木橫直交午之處，別以木鎖控之，以其橫互門閒，故謂之桄關。下「關」字當是衍文。「二尺」者，桄關之長度。若門植與關，則其長皆竟門，必不止一二尺矣。淮南子繆稱訓云：「匠人斲户，無一尺之楗不可以閉藏。」彼爲尋常房室之門，楗止一尺，此城門之楗，故倍之。說文門部云：「閉，闔門也，从門才，所以距門也。」蓋才以十〔二〕，象植與關橫直交午之形，下一短畫，則正象楗橫互之形。參互審繹，可見古楗門之制矣。**梳關一莧**，畢云：「『管』字假音。春秋左氏云『北門之管』。」詒讓案：「管」或作「筦」，與「莧」聲形俱近。說苑君道篇「楚筦蘇〔三〕」，吕氏春秋長見篇「筦」作「莧」。管即鎖也，月令「脩鍵閉，慎管籥」，鄭注云：「鍵，牡；閉，牝也。管籥，搏鍵器也。」孔疏以管籥爲鑰匙，鍵爲鑰須，二者不同。通言之鎖亦謂之管，檀弓鄭注云：「管，鍵也。」是又合管鍵爲一。此「一莧」，與檀弓注義同。蓋於木鎖之外，更加金鎖以爲固，故詳著之。木鎖金鎖同著於關植之上，故爾雅釋宮郭注云：「植，户持鎖植也。」**封以守印，時令人行貌封**，畢云：「『貌』疑『視』字。」**及視關入桓淺深**。入，舊本譌「人」。蘇云：「『人』當作『入』，桓所以關也，視其淺深，謹防之。」案：蘇校是也，今據正。桓，蓋門兩扉旁之直木。凡持門之木，橫直相交，而關又橫貫兩桓以爲固，故視其入桓淺深，恐其入淺則不固也。畢云「桓，表也」，非。**門者皆無得挾斧、斤、鑿、鋸、椎**。

〔一〕「距」，按通行大徐本說文作「限」，此作「距」乃據文選南都賦李善注引。
〔二〕按：「以十」疑是「似十」之誤。「才」字篆作「扌」，似「十」。
〔三〕「筦蘇」，按說苑實作「筦繞」，新序雜事一作「筦蘇」，此處引文有錯。

蘇云：「禁此五者，防有變也。」已上言城關關鎖之法，畢以爲救車火之法，非也。

城上二步一渠，畢云：「高誘注淮南子云：『渠，漸也。』案漸同塹。」案：此「渠」乃守械，以金木爲之。畢謂即塹，謬。**渠立程丈三尺，**「程」當爲「桯」。考工記輪人，蓋杠謂之桯〔二〕。立桯，即渠之杠，直立者也。「丈三尺」當作「丈二尺」。上文及襍守篇說渠，並云「矢長丈二尺」。**冠長十丈，辟長六尺。**畢云：「前漢書注云『墨子曰：城上二步一渠，立程長三尺，冠長十尺，臂長六尺』，則『丈』當爲『長』，『辟』同『臂』。」案：渠，此篇及襍守篇凡四見，並不云長三尺。漢書晁錯傳注引「丈」作「長」，自是譌文，畢據以校此，慎矣。辟，備穴篇正作「臂」，今移前。冠，蓋渠之首。臂，其横出之木也。**二步一荅，**畢云：「漢書注云：『蘇林曰：渠荅，鐵蒺藜也。』」**廣九尺，**王云：「此當作『二步一荅，荅廣九尺』。上文『二步一渠，渠立程丈三尺』，與此文同一例。今本少一『荅』字，則文不足意，如淳注漢書鼂錯傳引此，重『荅』字。」**袤十二尺。**畢云：「『袤』舊作『表』，據前漢書注改。」詒讓案：以上渠荅之法。

二步置連梃、畢云：「舊作『挺』，以意改。說文云：『梃，一枚也。』孟子音義云：『丁：徒頂切。』通典守拒法云：『連梃，如打禾連枷狀，打女牆外上城敵人。』」顧云：「挺當从手。」案：此當從畢校，後總舉守城之備，亦作「梃」，从木。太白陰經守城具篇說「連梃」與通典同。**長斧、長椎各一物；**說文木部云：「椎，擊也，齊謂之終葵。」**槍二**

〔二〕按：周禮考工記輪人「桯圍倍之，六寸」，鄭玄注：「鄭司農（衆）云：桯，蓋杠也。」孫氏所引乃據鄭司農注，非輪人文。

十枚，國語齊語云「挾其槍刈耨鎛」，韋注云：「槍，椿也。」一切經音義引三蒼云：「木兩端鋭曰槍。」**周置二步中。**

以上裸守器之法。

二步一木弩，畢云：「通典守拒法云：『木弩，以黄連、桑柘爲之，弓長一丈二尺，徑七寸，兩弰三寸，絞車張之，大矢自副，一發聲如雷吼，敗隊之卒。』」**必射五十步以上。及多爲矢**，吴鈔本作「矦」，同。**節毋以竹箭，楛、趙、摉、榆，可。**當作「即毋竹箭，以楛、趙、摉、榆，可」。毋與無字通。矢材以竹箭爲佳，説文竹部云：「箭，矢也。」爾雅釋地「東南之美者，有會稽之竹箭焉」，郭注云：「竹箭，篠也。」書禹貢云「惟箘簵楛」，釋文引馬融云：「楛，木名，可以爲箭。」方言云「杠，南楚之閒謂之趙」，郭注云：「『趙』當作『桃』，聲之轉也。」此「趙」或亦「桃」之譌。摉，字書所無，疑當爲「樜」，形近而誤。樜，柘之借字，説文木部云：「樜木出發鳩山。」山海經北山經作「柘木」。廣韻四十禡云：「柘、樜同。」此謂即倉猝無竹箭，則以它木材爲矢亦可。毋，畢本作「毌」，道藏本作「毋」，是也，今據正。**蓋求齊鐵夫**，「蓋」當爲「益」，字形之譌。「齊」疑當爲「齎」，同聲叚借字。鐵夫，「夫」亦當爲「矢」，或云夫即鈇。備穴篇有「鐵鈇」，然與上下文不相應。**播以射衙**，説文手部云：「播，布也。」謂分布，使衆射之。畢云：「『衙』疑『衝』字，文未詳。」王云：「衝，説文本作『衝』，今作『衙』者，即『衝』之譌。」**及櫳樅。**「櫳樅」見後，蓋亦攻守通用之器。道藏本、吴鈔本二字並从手，下同。畢云：「以上木弩之法。」

二步積石，石重千鈞以上者，五百枚。説苑辯物篇云：「三十斤爲鈞。」畢云：「後漢書注引作『積石百枚，重千鈞以上者』，舊『千』作『中』，據改。」案：此見堅鐔傳注，「千」並作「十」，未知畢據何本。**毋百**，盧云：「疑云『毋下百』，脱『下』字，或尚有脱字。」**以亢疾犁、**周禮馬質鄭注云：「亢，禦也。」畢云：「此『疾犁』正字。漢書注作『蒺藜』，非。通典守拒法云：『敵若木驢攻城，用鐵蒺藜下而敦之。』」**壁，皆可善方。**未詳。畢云「疑『繕方』」。詒讓案：以上積石之法。

二步積苙，畢本作「笠」，云：「一本作『至』，舊作『苙』。」案：道藏本、吴鈔本並作「苙」。説文竹部云「笠，簦無柄也」，非守圍之械，畢本非也。「苙」當爲「苣」之譌，後文「人擅苣，長五節」是也。彼「五節」當爲「五尺」，此長度倍之，蓋苣束葦爲之，有大小長短之異。常時所擅用其小者，其大者，則積之以備急猝夜戰之用，故長度特倍於恒也。「苣」與「苙」形近，故譌。後文「竇穴大容苣」，「苣」今本譌「苴」，與此亦相類。舊本作「苙」，艸形尚存。畢校作「笠」，失之彌遠矣。**大二圍，**儀禮喪服鄭注云：「中人之扼圍九寸。」**長丈，二十枚。**

五步一罌，説文缶部云：「罌，缶也。」蘇云：「下言木罌容十升以上者，五十步而十，是五步一罌也。」**盛水。有奚，**王云：「『有奚』下當有『蠡』字。下句『奚蠡』，即承此而言。杜子春注周官鬯人曰：『瓢，謂瓠蠡也。』瓠蠡、奚蠡，一聲之轉。」蘇云：「『奚』下脱『蠡』字。説文：『奚，大腹也。』蠡音黎，瓠瓢也，漢書東方朔傳『以蠡測海』是也。」**奚蠡大容一斗。**

五步積狗屍五百枚，狗屍，疑即上文之「狗犀」，屍、犀音近通用。後又有「狗走」，即此。蓋亦行馬、柞鄂之類。**狗屍長三尺，喪以弟，**畢云：「喪，藏也。」案：畢讀「喪以弟瓮」爲句，蓋以狗屍爲死狗，故藏以瓮缶。然無當守圉之用，殆非也。今案當讀「喪以弟」句，「弟」當爲「茅」，「茅」、「弟」篆文形近，因而致誤。狗屍蓋以木爲之，而掩覆以茅，所以誤敵，使陷擠不得出也。**瓮亓端，**瓮，吴鈔本作「甕」，同。案當爲「兑」，形近而誤，猶上文云「長椎斧其兩端」，「斧」亦「兑」之誤。堅約弋。

十步積摶，大二圍以上，摶，舊本作「槫」，道藏本、吴鈔本竝作「摶」。前「柴摶」亦作「摶」，今據正。摶即束木之名。長八尺者二十枚。

二十五步一竈，竈有鐵鐕，畢云：「舊脱一『竈』字，據太平御覽增。鐕，鬵字假音。説文云：『鬵，大釜也。一曰鼎，大上小下，若甑曰鬵，讀若岑。』方言云：『甑，自關而東，或謂之鬵。』太平御覽引作『鑊』。」容石以上者一，畢云：「太平御覽引作『容二石以上爲湯』。」戒以爲湯。畢云：「已上積石竝、狗屍、槫、竈之法。」及持沙，毋下千石。畢云「毋下，猶言毋過。」案：毋下，猶云毋減，此言至少之數。畢失其義。

三十步置坐侯樓，畢云：「通典守拒法有云：『却敵上建堠樓，以版跳出爲櫓，與四外烽戍晝夜瞻視。』」樓出於堞四尺，畢云：「説文云：『堞，城上女垣也。』堞省文。」廣三尺，廣四尺，畢云「當云『下廣四尺』。」俞云：「兩言『廣』，義不可通，下『廣』字疑當作『長』，蓋言爲坐侯樓之法，廣三尺長四尺也。下文言陛之制，曰『廣長各三尺』。彼廣長同制，故合言之。此廣長異制，故別言之也。」板周三面，密傅之，蘇云：「傅即塗也，所以防火。」夏蓋亓上。蘇云：「所以避日。」案：顧校移後「樓五十步一」至「五十二者十步而二」，凡百二十三字，著於此，似未塙，今不從。

五十步一藉車，畢云：「疑即巢車，巢、藉音相近。」案：畢説未塙，詳前。藉車必爲鐵纂。畢云：「説文云：『篫，治車軸也。』纂，假音字。」

五十步一井屏，王云：「畢斷『五十步一井』爲句，又云『屏』當爲『井』。案下文言『百步一井』，則此不得又言

『五十步一井』，此當以『五十步一井屏』爲句。下文『周垣之高八尺』，謂井屏之垣，非謂井垣也。旗幟篇云其井匽爲屏，『三十步而爲之圜，高丈』，是其證。初學記地部下引此正作『五十步一井屏』。」詒讓案：「井屏」即屏廁，非汲井也。周禮宮人「爲其井匽」，鄭衆注云：「匽，路廁也。」旗幟篇「圜」字乃「圂」之誤。廁圂不潔，故以屏垣障蔽之。汲井有韓無屏，亦不必爲垣也，詳旗幟篇。**周垣之，高八尺。**

五十步一方，俞云：「方者，房之叚字，五十步置一房，爲守者入息之所，故必爲關籥守之也。尚書序『乃遇汝鳩汝方』，史記殷本紀作『女房』，是方、房古字通。」案：俞說未塙。「方」疑「户」字之誤。下同。後備穴篇云『爲之户及關籥』，與此下文略同，可以互證。**方尚必爲關籥守之。**蘇云：「尚與上同，『關籥』即管鑰。」

五十步積薪，毋下三百石，善蒙塗，毋令外火能傷也。

百步一櫳樅，畢云：「舊从手，非。」**起地高五丈，三層，下廣前面八尺，後十三尺，**後廣於前五尺。**亓上稱議衰殺之。**畢云：「言稱此而議減其上。」

百步一木樓，樓廣前面九尺，此無後廣之度，疑有脱文。**高七尺，樓𨋩居坫，**畢云：「『𨋩』疑『吻』，『坫』疑『坫』字。說文云：『坫，屏墻也。』又或同阽，漢書注：『如淳曰：阽，近邊欲墮之意。』」案：「𨋩」、「坫」二字並字書所無，畢以「坫」爲「坫」，近是；以「𨋩」爲「吻」，則無義。疑「𨋩」當从匆，左定九年傳「載蔥靈寢於其中」，孔疏引賈逵云：「蔥靈，衣車也，有蔥有靈。」左傳「蔥靈」即「囪櫺」，疑「蔥」有作「𨋩」者，亦與囪通。「樓𨋩」即樓囪也。或謂「𨋩」當爲「輣」之譌，說文車部云：「輣，兵車也。」後漢書光武紀李注引作「樓車」，亦通。**出城十二尺。**吳鈔本作「步」。

百步一井，井十甕，畢云：「舊作『百步再，再十甕』，據太平御覽改。」蘇云：「上既言『五十步一井』，則此『二』字或訛，然太平御覽引亦如此。」**以木爲繫連。**蘇云：「繫連，所以引甕而汲也。」詒讓案：「繫連」疑當爲「擊邊」，形近而誤，即後文之「頡皋」，音並相近。**水器容四斗到六斗者百。**「六斗」舊作「六什」。蘇云：「『六什』當作『六斗』。到猶至也。」案：蘇校是也，今據正。左傳襄九年「宋災備水器」，杜注云：「盆罋之屬。」

百步一積雜秆，說文禾部云：「稈，禾莖也。或作秆。」左昭二十七年傳云「或取一秉秆焉」。畢云：「一本作『杆』。」蘇云：「『秆』字誤，作『杆』是也。或作『杵』亦可。」案：蘇說非是。**大二圍以上者五十枚。**

百步爲櫓，畢云：「說文云：『櫓，大盾也。』」**櫓廣四尺，高八尺。爲衝術。**「衝術」即上文之「衝隊」，隊、術一聲之轉。禮記月令「審端徑術」，鄭注云：「術，周禮作『遂』。」是其例也。此下所爲，皆以當衝遂。

百步爲幽贖，俞云：「『贖』即『竇』字之誤，其上本從穴，篆文穴字與隸書肉字相似，管子侈靡篇有『鵑』字，即『鴦』字之誤，正與此同，可以爲證。」詒讓案：「贖」當爲「隫」之誤。說文𨸏部云：「隫，通溝以防水者也。」與「竇」聲義並相近。凡从𠂤从肉字，隸變形近易譌，備蛾傅篇以「脾」爲「陴」，可與此互證。考工記匠人「竇，其崇三尺」，鄭注云：「宮中水道。」幽隫，猶言闇溝也。**廣三尺、高四尺者千。**此爲數太多，疑非也，或當爲「一」之誤。

二百步一立樓，立，畢校改「大」，云：「『大』舊作『立』，據太平御覽改。」王云：「畢改非也。初學記居處部、鈔本御覽居處部四、玉海宮室部所引竝作『立樓』，刻本御覽譌作『大樓』，不足爲據。」**城中廣二丈五尺二，**下「二」字疑衍。此立樓在堞內者之度，其出堞外者，則五尺，下文云「出樞五尺」是也。內外合計之，則廣三丈也。上文說坐候樓，亦云「樓出於堞四尺」。畢云：「太平御覽引云『二百步一大樓，去城中二丈五尺』。」**長二丈，出樞五尺。**「樞」疑當作「拒」，謂立樓之横距，出堞外者五尺也。備高臨篇云「臺城左右，出巨各二十尺」，「拒」、「巨」並「距」之借字，詳備高臨篇。**城上廣三步到四步，乃可以爲使鬬。**三步者，一丈八尺。四步者，二丈四尺也。此言堞內地之廣度，必如此乃足容守卒行止及儲庤器用也。**俾倪，廣三尺，高二尺五寸。**畢云：「説文云：『陴，城上女牆，俾倪也。』杜預注左傳作『僻倪』。衆經音義云：『三倉云：俾倪，城上(二)小垣也。』一云：『三倉作頓堄，又作埤、敼。』」蘇云：「即睥睨。釋名云：『城上垣曰睥睨。言於孔中睥睨一切也。』」**陛高二尺五，**下文有「寸」字，此亦當有。説文𨸏部云：「陛，升高陛也。」**廣長各三尺，遠廣各六尺。**「遠廣」義不可通，疑「遠」當爲「道」，謂城上下當陛之道也。下文云「道陛高二尺五寸，長十步」。下「廣」字道藏本、吴鈔本竝作「唐」。文選甘泉賦李注引鄧展云：「唐，道也。」則「唐」義亦通。**城上四隅童異，高五尺，**「童異」疑當爲「重廙」。説文广部云：「廙，行屋也。」又疑當爲「重婁」，婁與樓通。備蛾傅篇云「隅爲樓」。**四尉舍焉。**尉，蓋即下文所謂「帛尉」。商子鏡内篇云「其縣有四尉」。北堂書鈔職官部引韋昭辨釋名云：「廷尉、郡尉、縣尉，皆古官也，以尉尉人心也。凡掌賊及司察之官，皆曰尉。尉，罰也，言以罪罰姦非也。」畢云：「已上候樓、井、櫳樅、木樓、井、襍秆、櫓、幽贖、立樓之法。」

城上七尺一渠，長丈五尺，舊本脱此字，王據襍守篇補。**貍三尺，**畢云：「貍，薶省文。」**去堞五寸，**

(二)「上」，原誤「土」，據上下文義改。

夫長丈二尺，畢云：「『夫』字俱未詳，疑即『扶』字，所以著手。」王云：「畢説非也。『夫』當爲『矢』，隸書『矢』字或作『夫』，見漢泰山都尉孔宙碑，又作『夭』，見成陽令唐扶頌，竝與『夫』相似，故譌作『夫』。襍守篇『渠長丈五尺，其埋者三尺，矢長丈二尺』，其字正作『矢』，故知此篇諸『夫』字，皆『矢』字之譌。」俞云：「畢、王二説皆非也。下文云『爲頡皋，必以堅杖爲夫』，畢云『夫同趺，如足兩分也』，此説得之。下云『臂長六尺』，是趺也、臂也皆取象於人身。畢得之後而失之前，偶不照耳。襍守篇作『矢』，乃字之誤，不當反據以改不誤者。後文『夫』字應讀『趺』者，視此。」案：俞説是也。**臂長六尺。半植一鑿，内後長五寸。**疑當作「内徑五寸」，此「徑」誤爲「後」，又衍「長」字，遂不可通。備高臨篇説連弩車「衡植左右皆圜内，内徑四寸」，足相比例。又上云「門關薄植，皆鑿半尺」，「半尺」即五寸之徑也。「内」、「枘」古今字，楚辭九辨云「圜鑿而方枘兮」。**夫兩鑿，**畢云：「『兩』舊作『雨』，以意改。」**渠夫前端下堞四寸而適。**謂適相當也。**貍〔一〕渠、鑿坎，覆以瓦，冬日以**畢云：「中脱一字，或是『息』字。」**馬夫寒，**「夫」當作「矢」，下説「城上之物有馬矢」，亦誤作「夫」。「寒」疑「塞」之譌。**皆待命，**言待命令而施之。下文作「水甬」，亦云「覆以瓦而待令」。**若以瓦爲坎。**此謂或即以瓦爲坎，亦可。

城上千步一表，「千」疑當作「十」。**長丈，棄水者操表搖之。**以告人，慮有體汗也。**五十步一廁，**畢云：「『五』下舊衍一『五』字。」**與下同圂。**畢云：「説文云：『圂，廁也。』」詒讓案：上廁爲城上之廁，圂則城

〔一〕「貍」，原誤「鑿」，據畢沅刻本改。

下積不潔之處，旗幟篇所謂民圂也。蓋城上下，厠異而圂同。之廁者，畢云：「之，往也，見爾雅。」不得操。畢云：「言不得有挾持。」詒讓案：下有脱文。

城上三十步一藉車，蘇云：「上作『五十步』。備穴篇作『二十步』，未詳孰是。」當隊者不用。以上文校之，此下當脱「此數」二字。

城上五十步一道陛，謂當道之階也。「陛」詳前。高二尺五寸，長十步。城上五十步一樓扻，「扻」疑當爲「撕」，草書相近而譌。上文云「樓撕揗」，即此。扻勇勇必重。蘇屬下「土」字讀，云：「『扻』義未詳，或誤衍，『勇』疑『樓』字之誤，『重土』即『重』字之誤也。當言『五十步一樓，樓必重』，重平聲，備穴篇言『再重樓』是也。」案：此當作「樓撕必再重」，即上文所云「屬城爲再重樓」也。今本「樓再」二字並誤爲「勇」，又到亂失次耳。「土」當屬下「樓」字讀，蘇説失之。備蛾傅篇云「隅爲樓，樓必曲裏」，亦再重之譌。

土樓百步一，畢云：「『土』舊作『士』，以意改。」外門發樓，疑亦爲縣門也。左傳孔疏云：「縣門，有寇則發機而下之。」後文縣梁又曰發梁，亦其比例。左右渠之。蘇云：「渠，塹也，所以防踰越者。」爲樓加藉幕，畢云：「舊作『慕』，以意改。」詒讓案：前作「藉莫」，即「幕」之省，制詳前。棧上出之以救外。

城上皆毋得有室，若也可依匿者，畢本「也」改「他」，云：「舊作『也』，以意改。」王云：「『他』古通作『也』，不煩改字。」盡除去之。

城下州道内，畢云：「疑周道。」詒讓案：周道見後備水篇，周禮量人云「營軍之壘舍，量其州涂」，鄭衆注云：

「州涂，還市朝而爲道也。」又考工記匠人云「環涂七軌」，杜子春注云：「環涂，環城之道。」此「州道」與「州涂」、「環涂」義並略同。**百步一積薪，毋下三千石以上，善塗之。**薪，舊本作「藉」。王引之云：「『積藉』不知何物，『藉』當爲『薪』，『薪』、『藉』字形相似，又涉上文兩『藉』字而誤也。積薪必善塗之者，所以防火也。上文云『五十步積薪，毋下三百石，善蒙塗，毋令外火能傷也』，與此文同一例，特彼以城上言之，此以城下言之耳。襍守篇亦曰『塗積薪者，厚五寸已上』。」案：王校是也，蘇説同，今據正。

城上十人一什長，迎敵祠篇云：「城上五步有伍長，十步有什長。」蓋城上步一人，十步則十人，有什長，二篇文異義同。畢云：「通典守拒法云：『城上五步有伍長，十步有什長，五十步、百步皆有將長。』」**屬一吏士，**疑「一」當爲「十」。**一帛尉。**有譌脱，疑當云「百人一百尉」。迎敵祠篇云：「城上百步有百長。」又疑「帛」或當作「亭」，篆文二字形近。畢云：「帛同伯。」

百步一亭，高垣丈四尺，蘇云：「『高垣』當作『垣高』。」詒讓案：疑當作「亭垣」。「高」即「亭」字之誤。**厚四尺，爲閨門兩扇，**此即亭垣之門，「閨門」見前。**令各可以自閉。**上文同。道藏本、吴鈔本「閉」作「閈」。案：後「行棧内閈」亦作此字，詳後。**亭一尉，**舊本脱「一」字，王據太平御覽職官部六十七補，今從之。此即上「帛尉」，城上百步一亭，故亭一帛尉矣。蘇云：「言亭有尉主之。」**尉必取有重厚忠信可任事者。**有重厚，舊本作「有序」二字。畢云：「言以資格。」王云：「『序』亦當爲『厚』，『厚』上當有『重』字。人必重厚忠信，然後可以任事，故曰『尉必取有重厚忠信可任事者』。號令篇曰『葆衛必取戍卒有重厚者，請擇吏之忠信者、無害可任事者令將衛』，是其證。」

今本「厚」作「序」，「序」上又脱「重」字，則義不可通。」案：王説是也，今據補正，説詳非攻下篇。以上置什長亭尉之法。

二舍共一井爨，此即什長、百尉所居舍也。儀禮士虞禮鄭注云：「爨，竈也。」**灰、康、粃、**吴鈔本「康」作「糠」，俗字。畢云：「説文云：『穅，穀皮也。』『康』或省字。秕，不成粟也。此从米，非。」**杯、**畢云：「『麩』字假音。通典守拒法有灰、麩、糠、粃、馬矢。」案：畢説未塙。「杯」當爲「秠」之借字。「秠」即「稃」也，爾雅釋草云：「秬，黑黍。秠，一稃二米。」周禮春官敘官鄭注云：「秬如黑黍，一稃二米。」詩大雅生民孔疏引周禮注「稃」作「秠」，又引鄭志云：「秠即皮，其稃亦皮也。」是「秠」與「稃」字亦通。説文禾部云：「稃，穭也。」「穭，穅也。」故墨子亦以「秠」與「康粃」同舉也。通典不知「杯」即爲「稃」，故以「麩」易之，與此書字不合也。**馬矢，**畢云：「舊作『夫』，據太平御覽引云『備城皆收藏灰、糠、馬矢』，通典云『擲之以眯敵目也』。」**皆謹收藏也。**

城上之備：渠譫、畢云：「疑『渠荅』假音字。『譫』與『幨』同。淮南子氾論云『渠幨以守』，高誘注云：『渠，壍也。一曰甲名，國語曰「奉文渠之甲」是也。幨幰，所以禦矢也。』」王云：「『譫』非『荅』之假音字，『渠譫』與『渠荅』亦不同物，畢説非也。據高注前説，以渠爲壍，壍非幨類，不得與幨竝言之。後説以渠爲甲，引吴語『奉文渠之甲』，猶爲近之。今吴語作『奉文犀之渠』，韋注以渠爲盾，是也。盾與幨皆所以禦矢，故竝言之。『譫』蓋〔二〕『襜』字之誤。齊策曰

〔二〕「蓋」，原誤「與」，據活字本改。

『百姓理襜蔽，舉衝櫓』，『襜蔽』即高注所云『幨幰，所以禦矢也』。故廣雅曰：『幨謂之幰。』幨與襜字異而義同。」案：王説「譫」是也。此書載渠制甚詳，必非甲盾之名。高、韋説並非是。「襜」疑即所謂「藉幕」。**藉車**、見前。**行棧**、見後。**行樓**、疑即上文之「木樓」。**到**、「到」非守械，疑當爲「斲」，俗書或从刀，故耕柱篇誤作「劉」，後備穴篇又作「剱」，與「到」形並相似，詳耕柱篇。**頡皋**、蘇云：「即桔槔。」詒讓案：曲禮「奉席如橋衡」，鄭注云：「橋，井上㮶槔。」釋文作「挈皋」，云：「依字作『桔槔』。」莊子天地篇云「鑿木爲機，後重前輕，挈水若抽，數如泆湯，其名爲槔」，釋文云：「『槔』或作『皋』。司馬、李云：『桔槔也。』」吴越春秋句踐陰謀外傳作「頡橋」。**連梃、長斧、長椎**、並見前。**長茲**、畢云：「『茲』疑『鎌』字。通典守拒法有長斧、長椎、長鎌。」案：畢説非是。「長鎌」已見前。「茲」即鎡錤也。漢書樊噲傳贊「雖有茲基」，顔注引張晏云：「茲基，鉏也。」國語魯語韋注云：「耨，茲其也。」一切經音義引蒼頡篇云：「鉏，茲其也。」説文木部云：「欘，斫也，齊謂之鎡錤。」茲其即鎡錤之省。**距**、疑即備穴篇之「鐵鉤鉅」。**飛衝**、即衝車，韓非子八説篇有「距衝」，蓋二者攻守通用之。**縣□、批屈**。「縣」下疑闕「梁」字，「縣梁」見前。批，吴鈔本作「批」，並未詳。顧校謂此下當接「此十四者具，則民亦不宜上矣」一段，今案彼乃上文錯簡，顧説未塙，今不從。

樓五十步一，句。**堞下爲爵穴**，畢云：「舊作『内』，以意改。」王引之云：「下文云『五步一爵穴』，則此亦當云『五步一堞』，不當云『五十步』，『十』字蓋涉下文『五十步一積竈』而衍。」蘇説同。案：王説非也。此當讀「樓五十步一」爲句，「堞下爲爵穴」又爲句。爵穴謂於城堞閒爲孔穴也。後文云「城上爲爵穴，下堞三尺」，與此「堞下爲爵穴」文足相證。**三尺而一**。**爲薪皋**，疑即前「頡皋」之「皋」。**二圍，長四尺半，必有潔**。畢云：「當爲『挈』。」

案：疑即前「頡皋」之「頡」，如畢說，則與後文「爲薪樵挈」義同。

瓦石，重二升以上，王云：「『升』當爲『斤』，隸書『斤』字或作『斤』，因譌而爲『升』。」上。畢云：「疑衍。」城上，沙畢云：「舊作『涉』，下同，俱以意改。」五十步一積。句。竈置鐵鐕焉，畢云：「舊作『錯』，據上文改，鐕同鬵。」與沙同處。上文說鐵鐕以爲湯及持沙，故與沙同處。

木大二圍，長丈二尺以上，善耿亓本，「耿」疑「聯」之誤。畢云：「言連其本。『亓』舊作『下』，以意改。」名曰長從，疑與上文「櫳樅」義同。五十步三十。木橋長三丈，毋下五十。此有脫誤，疑當作「毋下二十」。復使卒急爲壘壁，以蓋瓦復之。舊本「復」並譌「後」，「卒」譌「辛」。畢云：「『辛』疑『薪』字。」王引之云：「此當作『復使卒急爲壘壁，以蓋瓦復之』，『復之』即覆之，謂以蓋瓦覆壘壁也。今本兩『復』字皆譌作『後』，『卒』字又譌作『辛』，則義不可通。畢以『辛』爲『薪』字，失之。隸書『復』字作『復』，與『後』相似；隸書『卒』字或作『卆』，與『辛』相似。」案：王校是也，今據正。

用瓦木罌容十升以上者，五十步而十，盛水，且用之。方言云：「自關而西，晉之舊都，河汾之閒，其大者謂之甀；自關而東，趙魏之郊，謂之瓮，或謂之甖。甖，其通語也。」甖、罌同。史記韓信傳「以木罌缻渡軍」，是罌或瓦或木，皆可以盛水也。諸篇說罌缶所容，並以斗計，此「升」疑亦「斗」之誤。「且用之」三字無義，疑當作「瓦罌大」三字，其讀當屬下，以「盛水瓦罌大五斗以上者」十字爲一句。「瓦」與「且」，「大」與「之」，形並相近。「罌」上从䀠，與「用」亦略相類。備穴篇「瓦罌」譌作「月明」，與此亦可互證。但舊本並同，未敢輒改，姑仍之。五十二者十步而二。蘇云：「『十二』字訛，當爲『五斗者』。」俞云：「上『二』字衍文，下『二』字當爲『四』，古人書『四』字作『亖』，傳寫誤分爲兩『二』字，遂移其一於上耳。上『十』字當爲『升』。上文云『容十升以上者，五十步而十』，此云『五升者，十步而四』，蓋言盛水之罌，大者容十升，小者半之，容五升，其大者則五步而一，故五十步而十；其小者則五步而二，故十步而四也。下文『五十步丈夫十人，丁女二十人』，又曰『廣五百步之隊，丈夫千人，丁女子二千人』，是丈夫五十步而十，丁女十步而四，與此數一律。」案：「五十二者十步而二」，當作「五斗以上者，十步而二」。大五斗以上者，與上文容十斗以上者，文例正同。「上」字古文作「二」，與「二」形近而譌，又脱「以」字，遂不可通。俞校以「二」爲衍文，非也。但十步而二，即五十步而十也，此容量止得上之半，則數不宜同，或當從俞校作「十步而四」爲是耳。又顧校以「樓十步一」至此一百二十六字，爲上文「夏蓋其上」之下脱文，云當與言「五十步」次。今案顧説可通，然無由定其當次何句，未敢輒移，姑仍舊本。又舊本此下有「城四面四隅，皆爲高磨𢋴」云云，凡二百三十二字，顧、俞兩校定爲上文脱簡，並是也，今依分爲二段，移著於前。

城下里中家人，各葆亓左右前後，如城上。葆，吴鈔本作「保」，字通，此謂相保任也。**城小人衆，葆離鄉老弱國中及也大城。**也，畢校改「他」，云：「舊作『也』，以意改。」案：「也」即古「他」字，不必改，説詳前。『離鄉』謂別鄉，不與國邑相附者。説文䢽部云：「鄉，國離邑，民所封鄉〔一〕也。」春秋緐露止雨篇云「書十七縣，八十離鄉及都官吏」。「葆」亦與「保」通，謂保守也。淮南子時則訓「四鄙入保」，高注云：「四竟之民入城郭自保守。」蘇

〔一〕「鄉」字原脱，據説文補。

云：「城小人衆，則不可守，宜遣其老弱葆於國中及他大城。」

寇至，度必攻，主人先削城編，此蓋言先除附城室廬，然有誤脱。**唯勿燒。**勿，吴鈔本作「毋」。**寇在城下，時換吏卒署，**畢云：「説文云：『署，部署，有所网屬。』」詒讓案：言吏卒時移易往來，不定在一署也。**而毋换亓養，**畢云：「糧也。」俞云：「畢説非是。『養』即厮養之養，宣十二年公羊傳『厮役扈養，死者數百人』，何休注曰：『炊亨者曰養。』」案：俞説是也。吴子治兵篇云「弱者給厮養」。此言吏卒署雖時换，而其厮養給使令者，則各有定署，不得移易也。亦見號令篇。**養毋得上城。寇在城下，收諸盆甕，**畢云：「『收』舊作『牧』，以意改。」詒讓案：説文皿部云：「盆，盎也。」又缶部云：「罋，汲缾也。」「甕」即「罋」之隸變。**耕積之城下，**畢云：「『耕』疑『莆』字。」**百步一積，積五百。**言五百箇爲一積也。

城門内不得有室，爲周室桓吏，畢云：「疑云『周宫桓吏』。」詒讓案：疑當作「爲周宫植吏」，言城門之内不得有室，惟築周宫，置吏守之。「植」即「置」之借字。「宫」、「官」，「植」、「桓」，並形近而誤。備穴篇云「爲置吏舍人各一人」。周宫者，回環築都宫中，蓋但有房，而無室也。**四尺爲倪。**畢云：「陴倪也，古只作此，作埤者俗。」蘇云：「『倪』上當脱『俾』字。」案：畢蘇以此爲「俾倪」，非也。此『倪』當謂小兒，孟子梁惠王篇云「反其旄倪」，趙注云：「倪，弱小繄倪者也。」後襍守篇云「睨者，小五尺，不可卒者，爲署吏，令給事官府若舍」。此「倪」即彼「睨」，聲同字通。彼『五尺』，爲年十四以下，已任署吏，此『四尺』，又少於彼，或亦令給事周宫中與？此下尚有脱文，疑以上十六字或當在後「堂下周散道中應客」句上，四尺之童，足任應賓客也。**行棧内閈，**「閈」即「閉」字，疑當作「閈」，王羲之書黄庭經「閉」字如此作，與「閈閭」字異。二關一堞。未詳。

除城場外，爾雅釋詁云：「埸，道也。」謂城下周道。旗幟篇云「道廣三十步，於城下夾階者各二」是也。去池百步，墻垣、樹木小大俱壞伐，俱，吴鈔本作「盡」。畢云：「『伐』舊作『代』，以意改。」除去之。寇所從來若昵道、傒近，當作「近傒」，「傒」與「蹊」字通。釋名釋道云：「步所用道曰蹊。蹊，傒也，言射疾則用之，故還傒於正道也。」蓋正道爲道，閈道爲傒。昵、近義同。畢云：「説文云：『尼，從後近之。』『傒』即『谿』假音字。」失之。若城場，皆爲扈樓。皆舊本譌「家」，今據道藏本、吴鈔本正。畢云：「禮記檀弓云『毋扈扈』，陸德明音義云：『音户，廣也，大也。』」立竹箭天中。畢云：「『天』疑『矢』字。」案：此「竹箭」當即後襍守篇墻外水中所設之竹箭，疑「天中」即「水中」之誤。

守堂下爲大樓，謂守宫堂下中門之上，爲大樓以候望也。此即臺門之制，但加高大耳。高臨城，堂下周散道，中應客，客待見。時召三老在葆宫中者，與計事得。漢書百官公卿表：秦制，鄉有三老，掌教化。後號令篇云「三老守閭」，則邑中里閭亦置三老。管子水地篇云「與三老里有司伍長行里」。史記滑稽傳，西門豹治鄴，亦有三老。漢書高祖紀漢二年「舉民年五十以上，有脩行，能率衆爲善，置以爲三老，鄉一人。擇鄉三老一人爲縣三老，與縣令丞尉以事相教，復勿繇戍」，蓋亦放秦制爲之。舊本「在」譌「左」，「宫」譌「官」。王引之云：「『左』當爲『在』。襍守篇曰『父母昆弟妻子有在葆宫中者，乃得爲侍吏』，是其證。『得』下有脱文，不可考。各本『得』下有自『爲之柰何』至『以謹』，凡二十四字，乃備穴篇之錯簡。」蘇云「『官』當作『宫』」，王校同。案：王、蘇校是也，今據正。舊本此下有

「爲之柰何」云云五十四字，王、俞兩校定爲上文及備穴篇之錯簡，是也，今據分別移正。先。當爲「失」，屬上「與計事得失」爲句，言與客計事，審其得失也。行德計謀合，乃入葆。「德」當爲「得」，古通用。此冢上「計事得失」而言，謂所行既得，計謀又相合，乃聽其入葆城也。葆入守，無行城，無離舍。謂自外入葆者，不得行城離舍也。

諸守者，審知卑城淺池而錯守焉。論語包咸注云：「錯，置也。」錯守，猶言置守。或云楚辭國殤王逸注云：「錯，交也。」謂交錯相更代而守，亦通。晨暮卒歌以爲度，用人少易守。以上四十三字，舊本誤錯入襍守篇，今審定與此上下文正相承接，移著於此。卒歌，「歌」疑「鼓」之誤，兵法禁歌哭，不當使卒歌也。末句有誤。

守法：五十步丈夫十人、丁女二十人、釋名釋天云：「丁，壯也。」老小十人，計之五十步四十人。此城下不當隊者守備之卒，每十步則八人，與下文城上城下當隊者人數並異。四十，吳鈔本作「四百」，誤。畢云：「丈夫、丁女、老小共四十人。」城下樓卒，率一步一人，卒舊本譌「本」，王云：「『本』當爲『卒』，謂守樓之卒也。隸書『卒』字或作『卆』，因譌而爲『本』。淮南詮言篇『其作始簡者，其終卒必調』，漢書游俠傳『卒發於睚眦』，今本『卒』字竝譌作『本』。」案：王校是也，今據正。「城下」當爲「城上」，此言城上守樓及傳堞者，每步一人，與上下文城下卒數不同。上云「城上百步一樓」，則樓不得在城下明矣。城上地陝，故一步止一人。迎敵祠篇云「城上步一甲一戟，其贊三人，五步有五長，十步有十長，百步有百長」，亦城上每步一人之證。二十步二十人。城小大以此率之，乃足以守圉。舊本作「圍」，王云：「『守圍』二字義不可通，『圍』當爲『圉』，字之誤也。『守圉』即守禦，公輸篇『子墨子守圉有餘』，淮南主術篇『瘖者可使守圉』，漢書賈誼傳『守圉扞敵之臣』，竝與守禦同。」案：王校是也，今據正。

客馮面而蛾傅之，畢云：「『客』舊作『宕』，以意改。」蘇云：「『面』字衍。」案：宕，吴鈔本又作「蕩」，非。小爾雅廣言云：「馮，依也。」「面」，謂城四面，見上文，非衍也。**主人則先之知，**畢云：「二字疑倒。」**主人利，**畢云：「言主人先知，則主人利。」詒讓案：此上下文疑皆備蛾傅篇之文錯著於此。**客適。**以下文校之，疑當作「客病」。**客攻以遂，**畢云：「同隊。」**十萬物之衆，**「物」字疑衍。畢云：「衆，一本作『數』。」**攻無過四隊者。上術廣五百步，**術、隊一聲之轉，皆謂攻城之道。百，舊本譌「十」，今據吴鈔本正。蘇云：「下言中術三百步，下術五十步，則此『五十』當作『五百』。」案：蘇校是也，下云「廣五百步之隊」，可證。**中術三百步，下術五十步。**疑當作「下術百五十步」。**諸不盡百五步者，**此即承上「下術」言之，疑亦當作「百五十步」。**主人利而客病。廣五百步之隊，**即上文之「上術」也。**丈夫千人，**丈舊本譌「大」，今從王校改。**丁女子二千人，老小千人，**畢云：「『千』皆當作『十』。」案：畢校非。**凡四千人，**舊作「凡千人」。畢云：「當云『四十人』。」王引之云：「畢說非也。『丈夫千人，丁女子二千人，老小千人』，則下句當云『凡四千人』，不當改上三『千』字爲『十』，而云『凡四十人』也。上文『五十步丈夫十人、丁女子二十人、老小十人』，共四十人，此廣五百步，則人數不得與上文同矣。」案：王校是也，今據補。此城下當隊者備守之卒，十倍於前不當隊之數也。商子兵守篇説守城分三軍，壯男爲一軍，壯女爲一軍，男女之老弱者爲一軍，與此法略同。**而足以應之，此守術之數也。**顧校移上文「凡守圍城之法」至「不然則賞明可信，而罰嚴足畏也」一段，又「城下里中家人，各葆其左右前後，如城上」至「時召三老在葆宮中者，與計事得」一段，著此下，恐不塙，今不從。**使老小不事者，守於城上不當術者。**不當攻隊者守事不急，故使老小守之。

城持出必爲明填，「持」當作「將」，即千人之將也。見號令篇。「填」疑當爲「旗」，形近而誤。史記封禪書「填星出如瓜」，索隱云「填，本亦作『旗』」，是其證。下並同。令吏民皆智知之。王云：「此本作『令吏民皆智之』，『智』即『知』字也。今本作『智知之』者，後人旁記『知』字，而寫者因誤合之耳。墨子書『知』字多作『智』，説見天志中篇。」蘇云：「『智』當爲『習』之誤。」案：蘇説亦通。從一人百人以上，持出不操填章，「持」亦當爲「將」，「一人」不當有將，蓋「十人」之誤。從人非亓故人，言非其故所屬吏卒。乃亓積章也，畢云：「『乃』疑『及』字。積，上作『填』，是。『填章』疑印章之屬，言出城從人非故相識人及有印信者，止之。」案：畢以「乃」爲「及」，是也，餘皆失之。魏孝文帝弔比干文「旗」字作「棋」，故此譌作「積」，前又譌「填」，畢以「填」爲是，非也。此當云「及非亓旗章也」，言雖操旗章，而非其所當建之形式也。今本「及」譌「乃」，「旗」譌「積」，又脱「非」字，遂不可通。千人之將以上止之，勿令得行。行及吏卒從之，卒，舊本譌「率」，今據道藏本、吴鈔本正。皆斬，具以聞於上。此守城之重禁之，畢云：「當爲『也』。」夫姦之所生也，不可不審也。自「城下里中家人，各葆其左右前後，如城上」至此，並通論守法，與前後文論守備器物數度者不同，疑皆他篇文之錯誤。以「先行德計謀合」一段在雜守篇證之，或故書本皆在彼篇與？王云：「各本此下有『候望適人』至『穴土之攻敗矣』，凡三百四十五字，乃備穴篇之錯簡。」詒讓案：舊本此篇「穴土之攻敗矣」下，又有「斬艾與柴長尺」至「男女相半」，凡三百九十四字，亦備穴篇文，今並移正。

城上爲爵穴，謂於城堞閒爲空穴，小僅容爵也。顧云：「此以下是備高臨篇文，釋『技機藉之』也。」案：顧説是也，然未知截至何句止，姑仍其舊。下堞三尺，廣亓外，蘇云：「此言爵穴之法，廣外則狹内，令下毋見上，上見下也。」五步一。爵穴大容苣，王引之云：「『苴』字義不可通，『苴』當爲『苣』，字之誤也。說文：『苣，束葦燒之。』此云『爵穴大容苣』，下云『内苣爵穴中』，二文上下相應，故知『苴』爲『苣』之譌。」案：王校是也，蘇說同。高者六尺，下者三尺，疏數自適爲之。畢云：「言視敵而爲疏促。『自』，『視』字之誤。」王引之云：「『自』蓋『因』字之誤，言因敵之多少而爲疏數也。隸書『因』字或作『囙』，與『自』相似而誤。」案：「適」當讀如字，言自稱地形爲疏數，必調適也。備梯篇云「守爲行城雜樓，相見以環其中，以適廣陝爲度」，與此「適」字義同，畢、王說非。塞外塹，去格七尺，爲縣梁。「塞」當爲「穿」。此言穿城外爲塹，而縣木爲橋梁，乃發以圉敵也。若如今本作「塞外塹」，則下不當云「勿塹」矣。後文亦云「去城門五步大塹之，上爲發梁」，與此可互證。格，即備蛾傅篇之「杜格」，旗幟篇之「牲格」也。蓋於城外樹木爲之，以遏敵人之傅城者。或云格與落通，六韜軍用篇、漢書晁錯傳並有「虎落」，即此。城⿱竹迮陜不可塹者，勿塹。舊本「⿱竹迮」作「筵」，王引之云：「『筵』字義不可通，『筵』當爲『⿱竹迮』。玉篇：『笮，狹也。』亦作『⿱竹迮』，與『筵』相似而誤。」蘇云：「『筵』當與『埏』同，地際也。」案：王說是也，今據正。城上三十步一聾竈，詳前。畢云：「『聾』疑『壟』字。」人擅苣，長五節，舊本「人擅」作「入壇」。王引之云：「『入壇』二字義不可通，『入壇』當爲『人擅』。『擅』讀曰撣，說文：『撣，提持也。』古通作『擅』。『人擅苣』者，人持一苣也。備水篇曰『臨三十人，人擅弩』，又曰『三十人共船，亓二十人，人擅有方，劍甲鞮瞀；十人，人擅苗』，是凡言『人擅』者，皆謂人人手持之也。『人』、『入』，『擅』、『壇』，字之誤。」案：王校是也，今據正。六韜敵强篇云「人操炬火」，「炬」即「苣」之俗，擅、操義同。長五節，「節」非度名，疑當作「長五尺」。「節」當爲「即」，屬下讀，今本作「節」，或「尺即」二字合寫之誤。寇在城下，聞鼓音，燔苣，復鼓，内苣竇穴中，照外。蘇云：「内讀如納。」諸藉車皆鐵什，畢云：「什與鍇音近。説文云：『鍇，以金有所冒也。』」詒讓案：上文云「藉車必爲鐵纂」，即此。藉車之柱長丈七尺，亓貍者四尺，柱長丈七尺而貍者四尺，則在上者丈三尺，較下「夫四分之三在上」爲微贏。或「長丈七尺」，「七」當爲「六」，則於率正同。下又云「桓長丈二尺半」。夫長三丈以上至三丈五尺，夫、趺字同。馬頰長二尺八寸，説文頁部云：「頰，面旁也。」馬頰，蓋象馬兩頰骨衺出之象。試藉車之力而爲之困，困，梱之借字。説文木部云：「梱，門橜也。」「橜，弋也，一曰門梱也。」口部：「困，古文作『⿱止木』。」廣雅釋宮云：「橜、機、闑，⿱止木也。」即以古文困爲梱。荀子大略篇云「和之璧〔一〕，井里之厥也」，晏子春秋襍上篇作「井里之困」，「困」亦即梱也。據荀、晏二書，則梱以木石爲之。此藉車以大車輪爲梱者，蓋亦於趺下爲之。失四分之三在上。「失」當爲「夫」，亦趺之借字。藉車夫長三尺，依上文，當作「丈」。四二三在上，當作「四之三在上」。此二句即釋上「夫四分之三在上」之義，疑舊注之錯入正文者。馬頰在三分中。馬頰橫材旁出，邪夾趺外。在三分中，即在上三分内也。馬頰長二尺八寸、夫長二十四尺以下不用。言不及度，則不中用。治困以大車輪。藉車桓長丈二尺半。桓，即桓楹之桓，與柱義同。藉車蓋有四直木，其二薶者爲柱，二不薶者爲桓。上文「柱長丈七

〔一〕「璧」，原誤「壁」，據荀子改。

尺，薶者四尺」，則不薶者丈三尺也。此度肭五寸，未詳。如柱長當爲丈六尺，則不薶者亦丈二尺，桓贏五寸，或爲枘以入夫與？**諸藉車皆鐵什，復車者在之。**「復」疑「後」之誤，「在」疑「左」之誤。左、佐古今字。備水篇云：「城上爲射檥，疾佐之。」

寇闉池來，畢云：「『闉』疑當爲『衝』或『闉』字。池，城池。」案：「闉」是也。備穴篇有救闉池之文，今移於前。

爲作水甬，水甬，蓋漏水器。月令「角斗甬」，鄭注云：「甬，今斛也。中空，可通水者。」**深四尺，堅慕貍之。**畢本「慕」改「幕」，云：「舊作『慕』，以意改，下同。」案：「慕」當作「冪」，畢校未允，詳前。**十尺一，覆以瓦而待令。**瓦，舊本作「月」，畢以意改「穴」。王云：「『月』亦當爲『瓦』。上文云『鑿坎覆以瓦』，是其證。畢改『月』爲『穴』，非也。」案：王校是也，蘇說同。**以木大圍長二尺四分而早鑿之，**「早」疑「中」之誤，言鑿木中空之也。上文云「輼長二尺，中鑿夫之」，可證。**置炭火亓中而合慕之，**慕，畢本亦改「幕」。案：當爲「冪」，謂既置炭火，乃以物合而覆之。**而以藉車投之。爲疾犂投，長二尺五寸，大二圍以上。**備梯篇作「蒺藜投」，蓋亦爲機以投之。**涿弋，**涿，椓之借字，詳前。畢云：「弋，舊俱作『代』，以意改。」詒讓案：「代」疑「杙」之誤。**弋長七寸，弋閒六寸，**畢云：「『弋』舊作『我』，以意改。」案：亦當作「杙」。**剡亓末。**說文刀部云：「剡，銳利也。」**狗走，**畢云：「疑穴之可以出狗者，曰『狗走』。」案：畢說甚誤。據下文有蚤，則非穴明矣。此當即上文之「狗屍」，惟尺度異耳。前「救闉池」章又作「狗犀」。竊疑此本名狗棲，猶詩王風云「雞棲」，棲、犀聲近字通。爾雅釋艸「瓠棲瓣」，詩衛風碩人作「瓠犀」，可證。「棲」或省作「妻」，與「走」形近，故譌。古蓋爲闌棧以棲狗，守城樹杙爲藩，似之，故亦謂之狗棲，猶鑿穴謂之鼠穴矣。廣七寸，長尺八寸，蚤長四寸，蚤、爪同，蓋剡鋭其末，詳前。犬耳施之。」犬，舊本誤「大」，今據道藏本、吴鈔本正。「耳」當爲「牙」。犬牙施之，謂錯互設之。上文云「靈丁，三丈一，犬牙施之」，「犬牙」亦譌作「火耳」，與此義同。以上並備闉池之法，與上文錯入備穴篇救闉池之文略同。

子墨子曰：守城之法，必數城中之木，十人之所舉爲十挈，五人之所舉爲五挈，凡輕重以挈爲人數。畢云：「言即以十挈、五挈名其物者，以人數也。」詒讓案：挈與契字同，「十挈」、「五挈」，謂刻契之齒，以記數也。列子説符篇云：「宋人有遊於道，得人遺契者，歸而藏之，密數其齒，曰：吾富可待矣。」爲薪蕉挈，蕉，樵之俗。集韻四宵云：「『樵』或作『蕉』。」壯者有挈，弱者有挈，皆稱亓任。凡挈輕重所爲，吏人各得亓任。蘇云：「『吏』當作『使』。」案：蘇校是也。吏、使古字亦通。此釋「皆稱其任」句義，疑亦舊注錯入正文。又雜守篇云「使人各得其所長，天下事當」，與此文例相似。疑此與彼數語當相屬，或有錯簡也。城中無食，則爲大殺。畢云：「殺，言減。」詒讓案：自「子墨子曰」至此一段，與上下文義不相屬，疑當在襍守篇「斗食終歲三十六石」之上，而誤錯著於此。

去城門五步大塹之，高地三丈，下地至，王引之云：「此本作『高地丈五尺，下地至泉三尺而止』，備穴篇曰『高地丈五尺，下地得泉三尺而止』，是其證。今本『丈五尺』譌作『三丈』，『至』下又脱『泉三尺』三字，則義不可通。」案：王説是也，上文亦云「塹中深丈五」。施賊亓中，王引之云：「『賊』字義不可通，『賊』當爲『棧』。上文城上之備有『行棧』、『行樓』，説文：『棧，棚也。』謂設棚於塹中，上爲發梁，而機巧之，以陷敵也。」詒讓案：「賊」疑亦「杙」之誤。上爲發梁，畢云：「梁，橋也。」詒讓案：此即上文所謂「縣梁」也，縣梁有機發，可設可去，故曰「發梁」。而機巧之，以下文校之，「巧」蓋「引」之誤。比傳薪土，顧云：「『傳』當作『傅』。」蘇校同，云：「傅義與敷同。」使可道行，謂塹上爲機梁，上布薪土如道，以誘敵也。旁有溝壘，毋可踰越，毋，吴鈔本作「無」。而出佻且比，且，畢改「旦」，云：「疑佻達字，旦、達，音之緩急。」王引之云：「當作『而出佻戰且北』。北，敗也。佻與挑同。言出而挑戰，且佯敗以誘敵也，故下文曰『適人遂入，引機發梁，適人可禽』。備穴篇曰『穴中與適人遇，則皆圉而毋逐，且戰北，以須鑪火之然』。彼言『且戰北』，猶此言『佻戰且北』也。今本脱『戰』字，『北』字又譌作『比』，則義不可通。畢改『且』爲『旦』，而以佻旦爲佻達，大誤。」案：王校是也。適人遂入，畢云：「舊作『人』，以意改。」引機發梁，適人可禽。適人恐懼而有疑心，因而離。畢云：「下脱簡。」

備高臨第五十三 吴鈔本作五十五。

禽子再拜再拜曰：敢問適人積土爲高，畢云：「適同敵。」以臨吾城，周書大明武篇云「高堙臨内，日夜不解」，又云「城高難上，湮之以土」。疑皆高臨攻城之法，與堙略同也。薪土俱上，以爲羊黔，畢云：「襍守作『羊玲』，未詳其器。」王云：「襍守作『羊坽』，非作『羊玲』也。『坽』與上下兩『城』字爲韻，則作『坽』者是。集韻：『坽，郎丁切，峻岸也。』」蒙櫓俱前，櫓，大盾，詳備城門篇。謂敵蒙大盾，以蔽矢石，而俱前攻城也。遂屬之城，國語晉語韋注云：「屬，會也。」猶襍守篇云「城會」。兵弩俱上，爲之柰何？

子墨子曰：子問羊黔之守邪？羊黔者，將之拙者也，舊本脱「之守邪羊黔」五字，畢注議補「羊黔」二字。王云：「當作『子問羊黔之守邪？羊黔者，將之拙者也』。備梯篇曰『問雲梯之守邪？雲梯者，重器也，亓動移甚難』，備蛾傅篇曰『子問蛾傅之守邪？蛾傅者，將之忿者也』，襍守篇曰『子問羊坽之守邪？羊坽者，攻之拙者也』，皆與此文同一例。今本脱『之守邪羊黔』五字，則文義不明。」案：王説是也，今據補。**足以勞卒，**「卒」舊譌「本」，王云「『本』當爲『卒』」，是也，今從之。説詳備城門篇。**不足以害城。守爲臺城，以臨羊黔，左右出巨各二十尺，**「臺城」即行城也，下備梯篇説行城亦云「左右出巨各二十尺」，與此制同。巨當爲距之叚字。説文足部云：「距，雞距也。」儀禮少牢饋食禮「俎拒」，鄭注云：「拒讀爲介距之距。俎距，脛中當横節也。」此行城編連大木，横出兩旁，故亦謂之距，蓋與「俎距」義略同。**行城三十尺，强弩之，技機藉之，**此有脱誤，當作「强弩射之，校機藉之」。備蛾傅篇云「守爲行臨射之，校機藉之」，是其證。校，此作「技」，備梯篇又作「披」，並形之誤。校機，疑即備穴篇之「鐵校」，然其形制未詳。藉當讀爲笮，聲近叚借。説文矛部「矠讀若笮」，即其例也。説文竹部云：「笮，迫也。」謂發機厭笮殺敵也。**奇器□□之，**畢以「奇」屬上讀，云「疑即藉車」，非也。**然則羊黔之攻敗矣。**

備臨以連弩之車，「備」下舊本有「矣」字。畢讀「備矣」句，云：「『備』同『憊』。」王引之云：「畢説非也。『備矣』之『矣』，即因上『敗矣』而衍，『備臨以連弩之車』當作一句讀。『備臨』，即備高臨也。備蛾傅篇『然則蛾傅之攻敗矣』，下云『備蛾傅爲縣脾』，猶此云『備臨以連弩之車也』。若以『備矣』爲句，則下句『臨以連弩之車』文不成義矣。」案：王説是也，今據删。吴越春秋句踐陰謀外傳陳音説弩射云：「夫射之道，從分望敵，合以參連。」六韜軍用篇有絞

車、連弩，又有大黄參連弩大扶胥三十六乘。淮南子氾論訓云「連弩以射，銷車以鬬」，高注云：「連車弩通一弦，以牛挽之，以刃〔二〕著左右，爲機關發之，曰銷車。」文選閒居賦李注引漢書音義：「張晏云：連弩三十絭共一臂。」**材大方一方一尺，**舊本「材」作「杖」。俞云：「『杖』當作『材』。」案：俞校是也，今據正。下文云「以材大圍五寸」。蘇云：「『方一』誤重。」**長稱城之薄厚。兩軸三輪，**俞云：「既爲兩軸，不得三輪，『三』當爲『四』，古三、四字皆積畫，因而致誤。」**輪居筐中，**筐，疑謂車闌，亦即車箱。詩小雅鹿鳴毛傳云：「筐，篚屬。」車闌謂之筐，猶車笭謂之篚與？**重下上筐。左右旁二植，**旁二植，則左右通爲四植。猶備城門篇云「樓四植」。**左右有衡植，**衡，吴鈔本作「横」，下同。**衡植左右皆圜内，**内、枘同。**内徑四寸。左右縳弩皆於植，**「縳」當爲「縛」。**以弦鉤弦，**此義難通，上「弦」字疑當作「距」，即下文之「鉤距」。公輸篇「距」誤作「强」，與此相類。距即弩牙，釋名釋兵云：「弩，鉤弦者曰牙，似齒牙也。」**至於大弦。弩臂前後與筐齊，**即下文之「横臂」也。説文弓部云：「弩，弓有臂者也。」釋名釋兵云：「弩，其柄曰臂，似人臂也。」吴越春秋云「琴氏乃横弓著臂，施機設樞」，又云「臂爲道路，通所使也」。**筐高八尺，**爲上下筐之高度，上下分之，各四尺也。後褋守篇説軺車板箱，亦高四尺。**弩軸去下筐三尺五寸。連弩機郭同銅，**「同」當爲「用」。釋名釋兵云：「牙外曰郭，爲牙之規郭也。含括之口曰機，言如機之巧也，亦言爲門

〔二〕「刃」，原誤「刀」，據淮南子高誘注改。

户之樞機，開闔有節也。」吳越春秋云：「郭爲方城，守臣子也。」一石三十斤〔一〕，説苑辨物篇云：「三十斤爲鈞，四鈞爲石。」然則弩機用銅凡五鈞，爲斤百五十也。引弦鹿長奴。吳鈔本無「長」字。畢云：「『奴』同『弩』。」案：畢説未塙，此疑當作「鹿盧收」，下云「以磿鹿卷收」。筐大三圍半，謂筐材圓圍之度。左右有鉤距，方三寸，輪厚尺二寸，鉤距臂博尺四寸，厚七寸，長六尺。鉤，舊本作「銅」。王云：「『銅距』當爲『鉤距』，字之誤也。『鉤距』見上文及備穴篇。」案：王校是也，蘇説同，今據正。横臂齊筐外，蚤尺五寸，蚤、爪同，謂臂端剡細者，詳備城門篇。有距，亦謂横出旁枝，如鷄距也，見上。博六寸，厚三寸，長如筐。有儀，管子禁藏篇尹注云：「儀猶表也。」謂爲表以發弩。有詘勝，畢云：「即通典屈勝梯。」詒讓案：亦見太白陰經守城具篇。漢書王莽傳服虔注云：「蓋杠皆有屈勝，可上下屈伸也。」屈、詘字通，勝、伸亦一聲之轉。通志氏族略「申屠氏」音轉作「勝屠氏」，是其例也。今俗本陰經、通典、漢書注「勝」或作「滕」，並非。可上下。爲武，重一石，武，疑「趺」之聲誤。以材大圍五寸。圍五寸，以圓周求徑率算之，止徑一寸五分有奇，材太小，似非也。上文云「筐大三圍半」，備城門篇云「積摶大二圍以上」，此疑亦當云「以材大五圍」，「寸」字衍。矢長十尺，以繩□□矢端，如如戈射，「如」不當重，疑衍。「戈」當爲「弋」，形近而誤。説文隹部云：「𨿽者，繁射飛鳥也。」詩鄭風「女曰鷄鳴」，孔疏云：「以繩繫矢而射鳥，謂之繳射。」周禮司弓矢云「矰矢茀矢，用諸弋射」，鄭注謂茀矢弩所用。此「矢」蓋即茀矢之屬。漢書司馬相如傳顔注

〔一〕「斤」，原誤「鈞」，據畢沅刻本改。

云：「以繳係矰，仰射高鳥，謂之弋射。」以磨鹿卷收。磨鹿，吴鈔本作「唐鹿」，不成字。道藏本「唐」字同。畢云：「『磨』疑『麻』；鹿，『麤』字之譌；『收』舊作『牧』，以意改。」王引之云：「畢説非也。『磨鹿』當爲『磿鹿』。上文云『備臨以連弩之車』，則此謂車上之磿鹿，轉之以收繩者也，故曰『以磿鹿卷收』。磿鹿猶鹿盧，語之轉耳。方言曰：『維車，趙魏之閒謂之轣轆。』廣雅曰：『維車謂之麻鹿。』並字異而義同。」案：王説是也。六韜軍用篇有轉關轆轤。此「卷收」，即冢上矢端著繩而言，古弋射蓋亦用此。國策楚策云「弋者修其茾盧，治其矰繳」，盧亦即鹿盧也。矢高弩臂三尺，用弩無數，出人六十枚，「出」，疑當作「矢」。此謂大矢也。用小矢無留。疑「數」之誤。十人主此車，遂具寇，「具」當作「見」，襍守篇云：「望見寇，舉一烽。」爲高樓以射道，疑當作「適」。城上以荅畢云：「荅，即幨也，音之緩急，説文無幨字，疑古用荅爲之。」案：荅與幨不同，詳備城門篇，畢説失之。羅疑當作「絫」，絫、羅一聲之轉。絫即礧，詳備城門篇。矢。下有脱簡。畢云：「通典〔一〕守拒法云：『弩臺高下與城等，去城百步，每臺相去亦如之，下闊四丈，高五丈，上闊二丈，下建女牆。臺内通闇道，安屈勝梯，人上便卷收。中設氊幕，置弩手五人，備乾糧水火。』」詒讓案：通典本太白陰經守城具篇。

備梯第五十六

禽滑釐子事子墨子三年，手足胼胝，畢云：「『骿』省文，从月。」面目黧黑，畢云：「『黎』字俗寫从

〔一〕「典」字原重，徑删。

黑。」**役身給使，不敢問欲。子墨子其哀之，**畢云：「其，『甚』字。」**乃管酒塊脯，**塊，道藏本、吴鈔本並作「槐」。畢云：「『乃』舊作『及』，以意改。『塊』當爲『餽』，饋字假音。」詒讓案：此疑當作「澄酒搏脯」。「澄」省作「登」，與「管」形近而誤。「搏」與「槐」、「塊」形亦相似。春秋繁露求雨篇云「清酒膊脯」，澄即清，搏即膊也。釋名釋飲食云：「膊，迫也。薄椓肉迫著物使燥也。」説文肉部云：「膊，薄脯，膊之屋上也。」**寄于大山，**非攻中篇大山即泰山，此疑亦同。時墨子或在齊魯也。**昧菜坐之，**畢云：「當爲『茅蒸』，昧音同茅。」案：畢説非也。「昧菜」當讀爲滅茅。晏子春秋諫下篇：「景公〔一〕獵休，坐地而食，晏子後至，滅葭而席。公不説，曰：寡人不席而坐地，二三子莫席，而子獨搴草而坐之，何也？」昧茅猶言滅葭，亦即搴茅而坐之也。「昧」當作「眛」，與「滅」古音相近。左氏隱元年經「公及邾儀父盟于蔑」，蔑，公羊作「眛」，即其比例。説文手部云：「搣，批也。」「批，捽也。」滅亦即搣之借字。若然，昧茅即是薙搣茅草。古書「矛」字或掍作「柔」。宋本淮南子氾論訓云「槽柔無擊」，説苑説叢篇云「言人之惡，痛於柔戟」，並以「柔」爲「矛」，故此「茅」字亦作「菜」矣。**以樵禽子。**畢云：「當云『以譙禽子』。」王引之云：「方言：『自關而西，秦晉之閒，凡言相責讓曰譙讓。』上文『子墨子甚哀之，乃管酒槐脯』云云，殊無譙讓之意。「樵」蓋「醮」之借字也。士冠禮注曰：『酌而無酬酢曰醮。』故上文言酒脯。」**禽子再拜而嘆。**吴鈔本作「歎」。**子墨子曰：亦何欲乎？**畢云：「『亦』當爲『亣』，字之誤。」案：「亦」字自通，不必改「亣」。**禽子再拜再拜曰：敢問守道？子墨子曰：姑亡，姑**

〔一〕「景公」，原誤「晏公」，據晏子春秋改。

亡。姑亡，言姑無問守道也，亦見公孟〔一〕篇。古有亓術者，內不親民，外不約治，呂氏春秋本味篇高注云：「約，飾也。」以少閒衆，以弱輕强，身死國亡，爲天下笑。子亓慎之，恐爲身薑。畢云：「同僵。『亡』、『强』、『薑』爲韻。」禽子再拜頓首，願遂問守道，曰：敢問客衆而勇，煙資吾池，王云：「『煙』當爲『堙』，堙，塞也。備穴篇『救闉池者』，闉與堙同。」蘇説同。王引之云：「『資』疑當爲『填』。堙、填皆塞也。『堙』、『煙』，『填』、『資』，亦皆字之誤。」俞云：「王氏讀『煙』爲『堙』，是也。惟『資』字尚未得其義。資當讀爲茨。淮南子泰族篇『茨其所決而高之』，高注曰：『茨，積土填滿之也。』是茨與堙同義。古『茨』字或作『薋』。爾雅釋草篇『茨，蒺藜』，釋文：『茨，本作薋。』是也。墨子書作『資』者，即『薋』字而省艸耳。説文土部：『垐，以土增大道上。』茨與垐通。」案：俞説是也。梯，臨之攻，蓋皆兼用堙法。軍卒並進，雲梯既施，通典兵門云：「以大木爲床，下置六輪，上立雙牙，牙有檢梯，節長丈二尺，有四桄，桄相去有三尺，勢微曲，遞互相檢，飛於雲閒，以窺城中；有上城梯，首冠雙轆轤，枕城而上，謂之飛雲梯。」蓋其遺法。太白陰經攻城具篇同。攻備已具，武士又多，爭上吾城，畢云：「『上』舊作『土』，據太平御覽改。」爲之柰何？畢云：「『池』、『施』、『多』、『何』爲韻。」子墨子曰：問雲梯之守邪？「守」舊本闕。王云：「此當作『問雲梯之守邪』？上文曰『敢問守道』，又曰『願遂問守道』。備城門篇曰『問穴土之守邪』，備蛾傳篇曰『子問蛾傳之守邪』，襍守篇曰『子問羊坽之守邪』，皆其證。今脱『守』字，則文不成義。」案：王校是也，

〔一〕「孟」，原誤「輸」，據本書改。

蘇說同，今據補。雲梯者重器也，亓動移甚難。守爲行城，雜樓相見，以環亓中，俞云：「『相見』即相閒也。備城門篇『見一寸』，畢云「『見』疑『閒』字」，是其例也。」以適廣陜爲度，環中藉幕，畢云：「舊作『慕』，以意改。」毋廣亓處。畢云：「『度』、『幕』、『處』爲韻。」行城之法，高城二十尺，謂高出於城上。備高臨篇云「行城三十尺」，此云「高城二十尺」，疑必有一誤。上加堞，廣十尺，左右出巨各二十尺，「巨」讀爲距，見備高臨篇。高、廣如行城之法。俞云：「上文皆言『行城』，而此即云『高、廣如行城之法』，義不可通。疑『高廣』上脫『襍樓』兩字。上文云『守爲行城，襍樓相見，以環其中，以適廣陜爲度』，然則行城也、襍樓也，本有二事，故云『相見』，相見即相閒也。上文既言『行城之法』，此繼言『襍樓』，故省其文曰『襍樓高廣如行城之法』。」爲竇穴、煇⿰亻鼠，竇，吴鈔本作「雀」，同。「竇穴」制見備城門篇。「煇」當讀爲熏。史記呂后紀「戚夫人去眼煇耳」，亦以煇爲熏。竇穴、煇⿰亻鼠，蓋亦城閒空穴之名，明其小僅容竇、鼠也。⿰亻鼠，畢本改「鼠」，云：「舊作『⿰亻鼠』，以意改。」案：「⿰亻鼠」即鼠之變體，不必改。詩豳風七月「穹窒熏鼠」，此與彼義同。蓋以火煙熏穴以去鼠，因之小空穴亦謂之熏鼠矣。備穴篇有「⿰亻鼠穴」，亦即此。施荅亓外，畢云：「言施幨蓋之。」案：荅與幨異，畢說非，詳後。機、衝、錢、城，王引之云：「『錢』字義不可通，當是『棧』字之誤。『衝』見襍守篇。備城門篇說城上之備，有行棧，即此所謂棧也。『城』即『行城』，見上文。」詒讓案：六韜發啟篇云「無衝機而攻」，蓋攻守通用此。廣與隊等，雜亓閒以鐫、劒，說文金部云：「鐫，破木鐫也。」釋名釋用器云：「鐫，鐏也，有所鐏入也。」廣雅釋言云：「鐫，鑿也。」劒與鐫異用，並舉殊不倫，疑當爲「斵」。斵，備穴篇亦譌「劒」，可證。斵、鐫，皆所以斫破敵之梯者。持衝十人，此城內之衝，以距攻城之梯者，使十人持之。

執劍五人，「劍」亦疑當爲「斲」。皆以有力者。令案目者視適，案、按同。爾雅釋詁云：「按，止也。」謂止目注視，欲其審也。淮南子泰族訓云「欲知遠近而不能，教之以金目，則射快」，許注云：「金目，深目，所以望遠近射準也。」此「案目」疑與「金目」義同。畢云：「適同敵。」以鼓發之，夾而射之，重而射，疑脱「之」字。披機藉之，披機，當從備蛾傅篇作「校機」。城上繁下矢石沙炭以雨之，畢云：「太平御覽引『繁』作『多』。」王引之云：「『炭』當爲『灰』，俗書『灰』字作『灰』，與『炭』相似而誤。『灰』見備城門篇。沙、灰皆細碎之物，炭則非其類矣。襍守篇亦誤作『炭』。太平御覽兵部五十五引此正作『灰』。」薪火、水湯以濟之。審賞行罰，以靜爲故，從之以急，毋使生慮。畢云：「『故』、『慮』爲韻。」蘇云：「言兵貴神速，久則變矣。」若此，則雲梯之攻敗矣。

守爲行堞，堞高六尺而一等，畢云：「等，級。」施劍亓面，「劍」亦疑當爲「斲」。以機發之，衝至則去之，不至則施之。行堞施斲，蓋可以破梯，而不能當衝。爵穴，三尺而一。備城門篇説同。蒺藜投畢云：「據備城門，當爲『疾犂』。」必遂而立，疑當作「必當隊而立」。以車推引之。

裾城外，「裾」上當有「置」字。畢云：「『裾城』未詳，文與備蛾傅同。彼『裾城外』作『置薄城外』四字，下『裾』字俱作『薄』。」詒讓案：「裾」當爲「椐」之譌，詳備城門篇，下並同。蓋於城外別植木爲薄，以爲藩栫也。去城十尺，裾厚十尺。伐裾，畢云：「備蛾傳此下有『之法』二字。」小大盡本斷之，畢云：「本，備蛾傳作『木』。」以十尺爲傳，畢云：「備蛾傅作『斷』，此『傳』字當爲「㓡」之譌也。説文云：『㓡，古文斷。㠯，古文專字。』」雜而深埋之，堅築，畢云：「備蛾傅作『堅築之』，『褋』作『離』。」毋使可拔。二十步一殺，殺，蓋擁裾左右横出爲之。置裾如城之廣袤，二十步則爲之殺，如備穴篇置穴，十步則擁穴左右爲殺也。殺有一鬲，鬲，備蛾傅篇作「壚」。案：當與隔通。號令篇有「隔部」，署隔蓋擁裾爲殺，於殺中爲隔，以藏守圉之人及器具，又爲門以備出擊敵也。鬲厚十尺。與裾厚同。殺有兩門，蓋内外兩重門。門廣五尺。裾門一，施淺埋弗築，令易拔。「施」下疑有脱字。城希裾門而直桀。畢云：「備蛾傅作『置搗』。」王引之云：「『城』下當有『上』字。希與睎同，直與置同，桀與楬同。言城上之人望裾門而置楬也。備蛾傅篇作『城上希薄門而置楬』，是其證。今本脱『上』字，則文不成義。」案：王説是也。望裾門而置楬者，所以爲識别，以便出擊敵也。

縣火，四尺一鉤樴，説文木部云：「樴，弋也。」鉤樴，蓋以弋著鉤而縣火。五步一竈，竈門有鑪炭。畢云：「舊脱一『竈』字，據備蛾傅增。」案：畢本脱「門」字，今據吴鈔本、道藏本補。備蛾傅篇亦有「門」字。令適人盡入，煇火燒門，畢云：「煇，備蛾傅作『車』。」詒讓案：「煇」亦讀爲熏。説文屮部云：「熏，火煙上出也。」「車」疑亦「熏」之譌。縣火次之。出載而立，説文車部云：「載，乘也。」似謂戰車。亓廣終隊。兩載之閒一火，畢云：「『閒』下舊有『載之門』三字，據備蛾傅去之，當是上三字重文之譌。」皆立而待鼓而然火，舊本「待」譌「持」，「然」作「撚」。畢云：「備蛾傅云『待鼓音而燃』。『待』、『持』，『燃』、『撚』，字相似，然此義較長，不必改從彼。説文云：『撚，執也。』」王云：「此當依備蛾傅篇作『皆立而待鼓而然火』，謂燒門之人皆待鼓音而然火也。畢謂『持』、『撚』二字不必改，又訓『撚』爲『執』，皆非也。既執火，則不能又持鼓矣。」案：王説是也，今據正。即具發之。「具」

與俱通，備蛾傳篇作「俱」。**適人除火而復攻**，王引之云：「『除』字義不可通，『除』當爲『辟』，辟與避同。言我然火以燒敵人，敵人避火而復攻城也。隸書『辟』字或作『辟』，見漢益州太守高眹脩周公禮殿記及益州太守高頤碑，與『除』相似而誤。備蛾傳篇正作『敵人辟火而復攻』。」案：除火，謂敵屏除城上所下之火。左昭十八年傳云「振除火災」。備蛾傳篇作「辟」，義同。王說未塙。**縣火復下，適人甚病，故引兵而去。則令我死士**畢云：「舊脫『士』字，據備蛾傳增。」**左右出穴門擊遺師**，畢云：「猶言餘師。」蘇云：「『遺』蓋『潰』之誤，備蛾傳篇同。」詒讓案：「遺」疑當爲「遁」之誤。**令賁士、主將皆聽城鼓之音而出**，王引之云：「『賁』字義不可通，『賁』當爲『者』，字之誤也。隸書『者』、『賁』二字相似，說見天志篇。者與諸同，秦詛楚文『者侯』即諸侯。泰山刻石『者產得宜』即『諸產得宜』。大戴記衛將軍文子篇『道者孝悌』，鹽鐵論散不足篇『者生無易由言』，漢書武五子傳『其者寡人之不及與』，竝以『者』爲『諸』。上文已令死士出擊矣，故諸士及主將皆聽城鼓之音而出，即可勝敵也。號令篇有『諸人士』，又云『諸吏卒民』。」案：「賁」字不誤，「賁」與「虎賁」義同。宋書百官志云「虎賁舊作虎奔，言如虎之奔走也」，風俗通義正失篇云「言猛怒如虎之奔赴也」，是其義也。**又聽城鼓之音而入。因素出兵施伏**，畢校改「素」爲「數」，云：「舊『數』作『素』，『伏』作『休』，據備蛾傳改。」王云：「鄭注喪服曰：『素猶故也。』因素出兵，猶言照舊出兵耳。畢改『素』爲『數』，則義不可通。備蛾傳篇正作『素』，不作『數』也。」**夜半城上四面鼓噪**，畢云：「說文云：『譟，擾也。』此省文。」**適人必或**，畢云：「同惑。」**有此必破軍殺將。以白衣爲服，以號相得**，謂口爲號也。號令篇云「夕有號」，六韜金鼓篇云「以號相命，勿令乏音」。**若此**，畢云：「舊作『也』，以意改。」**則雲**

梯之攻敗矣。

備水第五十八

城内塹外周道，詳備城門篇**廣八步。備水謹度四旁高下。城地中偏下，**此當作「城中地偏下」。**令耳亓内，**畢云：「『耳』疑『瓦』字。」蘇云：「令與瓴通，六書故曰：『瓴，牝瓦仰蓋者。仰瓦受覆瓦之流，所謂瓦溝。』」詒讓案：「耳」疑當爲「巨」，篆文相近，即「渠」之省，此與備城門篇「令耳」異。**及下地，地深穿之，令漏泉。**畢云：「通典守拒法云『如有洩水之處，即十步爲一井，井之内潛通，引洩漏』，即其遺法。」**置則瓦井中，**畢云：「則同側。」**視外水深丈以上，鑿城内水耳。**「耳」亦當爲「巨」，即水渠字。畢云疑「瓦」字，失之。

並船以爲十臨，畢云：「言方舟以爲臨高之具。」**臨三十人，**戰國策楚策云「舫船載卒，一舫載五十人」，此一船止三十人，與彼異。**人擅弩，計四有方。**方，畢本作「弓」，云：「舊作『方』，以意改。」王云：「擅與撣同，謂提持也，説見備城門篇。」詒讓案：備蛾傅篇云「令一人操二丈四矛」，「矛」誤作「方」，則此「方」亦「矛」之誤。「有」疑當爲「酋」，音近而誤。韓非子八説篇云「搢笏干戚，不適〔一〕有方鐵銛」，「有方」亦「酋矛」之誤，與此正同。此文疑當云「人

〔一〕「適」，原作「逮」，據韓非子改。顧廣圻云：「『適』，讀爲敵。」

擅弩，什四酋矛」，或作「什六人擅弩，四酋矛」。「什」、「計」艸書相近而誤。號令篇云：「諸男女有守於城上者，什六弩四兵。」蓋守法，通率十人之中，六人執弩主發，四人執兵主擊刺。此云「什四酋矛」，即四兵也。然則臨三十人，蓋擅弩者十八人，擅矛者十二人與？**必善**畢云：「善同繕，言勁也。」**以船爲轒轀**，疑當讀「必善以船爲轒轀」七字句，畢讀恐非。此與陸戰以車爲轒轀同，詳備城門篇。**二十船爲一隊，選材士有力者三十人共船。亓二十人，人擅有方，**方，畢本亦改「弓」。王云：「『有』字疑衍。」案：疑亦當作「亓十二人，人擅酋矛」，與上文「什四酋矛」文數正合。今本「十二」兩字誤到，「酋矛」亦誤作「有方」，遂不可通。畢、王兩校並未塙。**劒甲鞮瞀。**畢云：「說文云：『鞮，革履也。』瞀，鍪字假音，說文云：『鍑屬。』」王引之云：「畢分鞮、鍪爲二物，非也。『鞮鍪』即兜鍪也。兜鍪，胄也。故與『甲』連文。韓策曰『甲盾鞮鍪』，漢書揚雄傳『鞮鍪生蟣蝨，介胄被霑汗』，師古曰：『鞮鍪即兜鍪也。』字亦作『鞮鞪』，漢書韓延壽傳『被甲鞮鞪』，皆其證。」**十人，人擅苗。**下「人」字舊本脫，今據王校補。案：疑當作「十八人，人擅弩」。畢云：「苗同矛，猶苗山即茅山。」未塙。**先養材士，爲異舍食亓父母妻子，以爲質。視水可決，以臨轒轀決外隄。城上爲射撨，**畢本改「檥」，云「說文云：『檥，榦也。』言矢榦。舊从手，非，今改。」案：「檥」即表儀之正字，爾雅釋詁云：「儀，榦也。」與說文義同。然此下云「疾佐之」，則不得立表檥以射。竊疑當爲「射機」。備城門篇有作射機之法，彼下文又云「二十步一，令善射者佐之」，與此文亦可互證，畢校未塙。**疾佐之。**畢云：「通典守拒法云：『城中速造船一二十隻，簡募解舟檝者，載以弓、弩、鍬、钁，每船載三十人，自暗門銜枚而出，潛往斫營，決隄堰。覺即急走，城上鼓噪，急出兵助之。』即其遺法。」

備突第六十一 此篇前後疑有脱文。

城百步畢云：「後漢書注引有『爲』字，一引無。」一突門，此城内所爲以備敵者。六韜突戰篇云：「百步一突門，門有行馬。」突門各爲窯竈，「窯竈」，詳後備穴篇。竇入門四五尺，爲亓門上瓦屋，「亓」字吳鈔本無。毋令水潦能入門中。吏主塞突門，用車兩輪，以木束之，塗亓〔一〕上，亓，舊本作「其」，吳鈔本作「亦」，今據校改「亓」。維置突門内，此即備城門篇之「輼」也。凡輼皆以車輪爲之，而維以繩，故備蛾傳篇云「斬維而下之」。蘇云：「維，繫也。」使度門廣狹，「狹」俗字，它篇並作「陜」，此疑亦當同。令之入門中四五尺。畢云：「之，後漢書注引作『人』。」置窯竈，畢云：「窯，後漢書注引作『窐』，非。」門旁爲橐，畢云：「舊作『槀』，下同，據後漢書注改。又韓非子云『干城拒衝，不若堙穴伏櫜』，『櫜』當爲『橐』。」充竈伏柴艾，畢云：「舊『伏』作『狀』，以意改。後漢書注作『又置艾』。」詒讓案：袁譚傳李注引「伏」亦作「狀」，則唐本已誤。寇即入，下輪而塞之，舊本「輪」誤「輔」。畢云：「後漢書注引作『輪』。」王云：「『輪』字是也。上文曰『吏主塞突門，用車兩輪』，是其證。」案：王校是也，蘇説同，今據正。鼓橐而熏之。

〔一〕「亓」，原作「其」，據活字本改，與注文一致。

備穴第六十二

備城門篇說攻具十二，穴在突前，此次與彼不同，疑亦傳寫移易，非其舊也。

禽子再拜再拜曰：敢問古人有善攻者，古，王校改「適」，云：「舊本『適』作『古』，『古』乃『適』之壞字，今改正。」案：備梯篇說守道云「古有其術者」，則「古」字似非誤。穴土而入，縛柱施火，縛，舊本作「縳」，依王校改。以壞吾城，商子境內篇云「穴通則積薪，積薪則燔柱」，通典兵門說距闉，謂「鑿地爲道，行於城下，攻城建柱，積薪於其柱，圜而燒之，柱折城摧」，即古穴攻法也。城壞，或中人此下舊本有「大鋌前長尺」云云七百餘字，今依顧校移前備城門篇。爲之柰何？子墨子曰：問穴土之守邪？備穴者，城內爲高樓，以謹王引之云：「自『爲之柰何』至『以謹』，凡二十四字，舊本誤入備城門篇，今移置於此。」案：王校是也，蘇說同，今據正。「以謹」屬下「候望適人」爲句。候望適人。適人爲變，築垣聚土非常者，畢云：「言以所穴之土築垣。」若彭有水濁非常者，畢云：「水濁者，穴土之驗。」王云：「若猶與也，彭與旁通。」此穴土也，急壍城內，畢云：「玉篇云：『壍同塹。』」穴亓土直之。畢云：「『亓』舊作『內』，亦以意改。直，當也。說文云：『直，正見也。』」穿井城內，五步一井，傅城足，畢云：「『傅』舊作『傳』，以意改。」高地，丈五尺，畢云：「言視城足之高於地丈五尺者，穿之。」案：此言高地則以深丈五尺爲度，畢說失之。下地，得泉三尺而止。舊本無「下」字，王引之云：「當作『下地，得泉三尺而止』。『下地』與『高地』對文，今本脫『下』字。」案：王校是也，今據補。令陶者爲罌，容四十斗以上，固順之以薄輅革，「固順」義難通，「順」當作「幎」。「冥」、「頁」、「巾」、「川」，隸書相近而誤。說文巾部云：「幎，幔也。」亦作冪，廣雅釋詁云：「冪，覆也。」固幎之以薄鞈革，謂以革堅覆罌口也。文選馬汧督誄李注引作「幕罌」，「幕」即「冪」之誤。李所舉雖非元文，然可推校得其沿誤之由也。畢云：「即通典所云『以新罌用薄皮裹口如鼓』也。」蘇云：「唐韻：『鞈，盧各切，音洛。』説文云：『生革可以爲縷束也。』」詒讓案：薄鞈革幎罌，蓋與冒鼓相似。呂氏春秋古樂篇云「帝堯命質爲樂，乃以麋鞈置缶而鼓之」，彼「置」當作「冥」，即冪之叚字，可證通典如鼓之説。**置井中，使聰耳者伏罌而聽之，審知穴之所在，鑿穴迎之。**舊本「鑿穴」之「穴」譌作「内」，王校改「穴」，云：「篆文『穴』字作『冂』，因譌而爲『内』。」案：王校是也，今據正。畢云：「文選注引云『若城外穿地來攻者，宜於城内掘井以薄城，幕罌内井，使聰耳者伏罌而聽，審知穴處，鑿内迎之』，太平御覽引云『若城外穿地來攻者，宜城中掘井，以薄甕内井中，使聽聰者伏甕聽之，審知穴處，鑿内而迎之』，與此微異。通典守拒法云〔一〕『地聽，於城内八方穿井，各深二丈，以新罌用薄皮裹口如鼓，使聰耳者於井中託罌而聽，則去城五百步内悉知之，審知穴處，助鑿迎之』云云，即其法也。」

令陶者爲月明，王引之云：「『月明』當爲『瓦罌』。備城門篇『瓦木罌容十升以上』，是其證。隸書『瓦』字作『凡』，與『月』相似而誤。『明』者，『罌』之壞字耳。」案：王校是也，蘇校「月」字同。**長二尺五寸，六圍，**王引之云：「『六圍』上當有『大』字，備城門篇『木大二圍』，即其證。」**中判之，合而施之穴中，**穴，舊本譌「内」，今據王校正。**偃一，**畢云：「偃，仰。」**覆一。**下疑當接後「下迫地」句。**柱之外，善周塗亓傅柱者，勿燒。**畢云：「『亓傅』舊作『亦傅』，以意改。」**柱者勿燒。**畢云：「四字衍。」**柱善塗亓竇際，**畢云：「縫也。」**勿令泄。**即下

〔一〕「云」字原誤置下文「穿井」下，據畢沅刻本乙正。

文云「無令氣出也」。**兩旁皆如此，與穴俱前。**畢云：「『穴』舊作『内』，以意改。」詒讓案：言爲穴柱與鑿穴俱前，猶下云「令穴者與版俱前」也。自「柱之外」至此三十四字，並説穴柱，與上下文不相冡，疑當在後文「無柱與柱交者」下，然首尾文義亦不甚相接，未敢輒移，附識於此。**下迫地，**此文不屬，疑當接上「偃一，覆一」句。蓋謂施罌穴中，其下迫地也。**置康若灰亓中，**畢本「灰」作「矢」，云：「『康』即穅字，見説文。『矢』舊作『疾』，以意改，下同。」王引之云：「畢改非也。『疾』乃『灰』之誤，非『矢』之誤。備城門篇『爨灰康粃』，即其證。康灰皆細碎之物，故同置於穴中，矢則非其類矣。灰俗作灰，疾本作疾，二形相似，又涉下文『疾鼓槖』而誤耳。」案：王校是也，今據正。**勿滿。**句。**灰康長五竇，**「五」，疑「互」之誤。説文木部云「𣐺〔一〕，竟也。」古文作「亙」。此言竟滿其竇，猶下云「户内有兩蒺藜，皆長極其户」。**左右俱雜相如也。**襍猶帀也，詳經上篇。**穴内口爲竈，令如窯，**畢云：「説文云：『窯，燒瓦竈也。』即今『窰』字正文。」**令容七八員艾，**「員」即丸也，論衡順鼓篇云「一丸之艾」。**左右竇皆如此，竈用四槖。**淮南子本經訓云「鼓槖吹埵」，高注云：「槖，冶鑪排槖也。」**穴且遇，**畢云：「舊作『愚』，據下改。」**以頡皋衝之，疾鼓槖熏之，必令明習槖事者**畢云：「『習』舊作『翟』，以意改。」**勿令離竈口。**畢云：「通典守拒法云『審知穴處，助鑿迎之，與外相遇，即就以乾艾一石，燒令煙出。以板於外密覆穴口，勿令煙洩，仍用鞴袋鼓之』，即其遺法。所云『以板於外密覆穴口，勿令煙洩』，即下連版法也。」**連版以穴高下廣陜爲度，**陜，吴鈔本作「狹」。蘇

〔一〕「𣐺」，原誤「互」，據説文改。

云：「陝與狹同。」案：陝正狹俗，詳備城門篇。令穴者與版俱前，鑿亓版，令容矛，畢云：「舊作『予』，以意改。」參分亓疏數，此言版上鑿空之數。蘇云：「參與三同，數讀爲促。」令可以救竇。穴則遇，蘇云：「則猶即也。」以版當之，畢云：「『版』舊作『攸』，以意改。」以矛救竇，勿令塞竇。竇則塞，引版而郄，畢云：「『引』舊作『弓』，以意改。郄，卻字俗寫。」案：王改「卻」。廣雅釋言云：「卻，退也。」過一竇而塞之，過，王校作「遇」。鑿亓竇，通亓煙，煙通，疾鼓橐以熏之。從穴内聽穴之左右，從，舊本作「徒」，畢以意改「從」。王引之云：「畢改非也。敵人穴土而來，我於城内鑿穴而迎之，此本無他穴可徙，不得言徙穴也。『徙』當爲『從』，謂從穴内聽之也。隸書『從』字作『従』，與『徙』相似而誤。漢書王莽傳『司恭司從司明司聰』，今本『從』譌作『徙』。」案：王校是也，今據正。「穴」下舊本脱「之」字，今據道藏本、吴鈔本補。急絶亓前，勿令得行。若集客穴，塞之以柴塗，令無可燒版也。然則穴土之攻敗矣。畢云：「『穴土』舊作『内土』，以意改」。王引之云：「自『侯望適人』至『穴土之攻敗矣』，凡三百四十五字，舊本亦誤入備城門篇，今移置於此。『以謹侯望適人』六字，文義緊相承接，不可分屬他篇。且上文曰『備穴者城内爲高樓』，下文曰『然則穴土之攻敗矣』，則爲備穴篇之文甚明。」案：王校是也，蘇説同，今據移正。

寇至吾城，急非常也，謹備穴。穴疑有應寇，句。急穴，句。穴未得，慎毋追。似言未得敵穴所在，則勿出城追敵。畢云：「言己不〔一〕謹其備，且勿追寇。」

〔一〕按：「不」疑當作「必」。

凡殺以穴攻者，二十步一置穴，穴高十尺，鑿十尺，言穴廣與高等。鑿如前，如讀爲而，言穴向前鑿也。步下三尺，謂每步則下三尺，然所下太多，疑「步」上有脱字。十步擁穴左右横行，高廣各十尺，殺。舊本重「高」字。畢謂兩「高」字疑當爲「鬲」。蘇云：「『高』字疑誤重。」案：道藏本、吴鈔本並無下「高」字，是也，今據删。「殺」上疑當有「爲」字。此言凡穴直前十步，則左右横行，別爲方十尺之穴，謂之殺，以備㫄出也。備梯篇説「置裾城外」，亦云「二十步一殺」。

俚兩罌，深平城，畢云：「俚同埋。」詒讓案：備城門篇作「貍」，此作「俚」，並「薶」之叚字。置板亓上，⿰貝冊板以井聽。畢云：「『⿰貝冊』未詳。」案：「⿰貝冊」疑「聯」之誤。聯版，即上文之「連版」也。五步一密。即上文所謂「穿井城内，五步一井」也。蘇云：「『井聽』疑誤倒，當作『井五步一』。」用揣若松爲穴户，「揣」未詳，疑當爲「枱」。鐘鼎古文從台者，或兼從司省，今所見彝器欵識公姒敨「始」字作「㚸」，是其例也。此「揣」字亦當從木，説文木部：「枱，耒耑也。」此疑叚爲「梓」字，説文：「梓，楸也。從木，宰省〔一〕聲。」與「枱」古音同部，得相通借。墨書多古文，此亦其一也。蘇云「『揣』或『桐』字之譌」，非是。户穴有兩蒺蔾，「户穴」當作「户内」。蒺藜，「藜」作「蔾」，與六韜軍用篇同，詳備城門篇。吴鈔本作「藜」。皆長極亓户，户爲環，蓋著環以便開閉。壘石外㙾，吴鈔本作「厚」。畢云：「『㙾』即『厚』字。説文云：『垕，古文厚，从后、土。』此又俗加。」案：「外厚」義難通。「㙾」疑「埻」字之

〔一〕「省」字原脱，據説文補。

誤，玉篇土部及集韻十九鐸字並作「墎」，蓋即「郭」之異文，與「埻」字別。漢書尹賞傳云「致令辟爲郭」，顏注云：「『郭』謂四周之内也。」此云「壘石外埻」，亦謂壘石爲穴外周郭，即下文云「先壘窯壁」也。**高七尺，加堞亓上。勿爲陛與石，以縣陛上下出入。**此皆備敵人之集吾穴也。蘇云：「言穴中勿爲陛階，出入者縋而上下也。」**具鑪橐，**畢云：「舊俱作『橐』。」**橐以牛皮，鑪有兩缻，以橋鼓之百十，**畢云：「橋，桔皋也。」詒讓案：「百十〔二〕」似言橋之重，「百」上疑脱「重」字，「十」當爲「斤」，「斤」譌作「什」，又脱其偏旁耳，下文可證。**每亦熏四十什，**亦，畢本作「丌」，道藏本、吴鈔本作「亦」。以文義審之，此當作「毋下重四十斤」，「毋」、「每」，「下」、「亦」，「重」、「熏」，「斤」、「什」，並形近而誤。**然炭杜之，**畢云：「『然』即燃正文。」**滿鑪而蓋之，毋令氣出。適人疾近五百穴，**蘇云：「『五百』二字乃『吾』字之訛，下言『吾穴』是也。」**穴高若下不至吾穴，**言客穴與内穴不正相直也。**即以伯鑿而求通之。**伯，吴鈔本作「百」，疑當作「倚」。倚，邪也，詳備城門篇。言穴不正相直，則必邪鑿之乃可通也。後文云「内去竇尺，邪鑿之」。**穴中與適人遇，則皆圉而毋逐，**蘇云：「圉與禦同，言與敵相持，勿逐去之。」**且戰北，**疑當作「戰且北」，言戰而詳北以誘敵，使深入穴中也。**以須鑪火之然也，即去而入壅穴殺。**「壅」即擁之俗。壅穴殺，即上文所謂「十步擁穴左右横行，高廣各十尺」者也。**有鼠竄，**畢云：「俱『鼠』字之誤。」案：疑即後「鼠穴」，然「鼠」字不當重，畢説未塙。下一字疑即「竄」之異文，變穴形爲阜耳。説文穴部云「竄，匿也，从鼠

〔二〕「百十」，原誤「百千」，據正文改。

在穴中。」鼠竄猶云鼠穴矣。**爲之户及關籥獨順，**此亦謂殺也。「關籥」當讀爲管鑰。管即鎖，鑰即匙也，與備城門篇「門植關」異，説詳彼。「獨順」義不可通鑿〔一〕，疑當爲「繩幎」二字，屬「關籥」爲句。「繩」从黽，「獨」从蜀，偏旁相似。史記倉公傳「肝氣濁而静」，集解：「徐廣云：濁，一作『黽』。」此「繩」譌作「獨」，與彼相類。「幎」、「順」二字，此書亦多互譌。前「幎罽」，「幎」字今本亦作「順」，是其證也。關籥繩幎，以爲門户啟閉繫蔽之用。備城門篇云「諸門户皆令鑿而冪孔孔之，各爲二冪，一鑿而繫繩，長四尺」，亦見襍守篇，是繫繩冪鑿乃守門户之恒制也。或讀「獨順」屬下句，失之。**得往來行亓中。穴壘之中各一狗，狗吠即有人也。**

斬艾與柴，長尺，畢云：「『柴』舊作『此』，以意改。」詒讓案：「此」疑即「柴」之省。此書多用省借字，如以「也」爲「他」，以「之」爲「志」，皆其例也。備突篇亦云「充竈伏柴艾」。自「斬艾與柴長尺」至「男女相半」，凡三百九十四字，舊本錯入備城門篇，畢本同。王云：「以下多言鑿穴之事，當移置於備穴篇，然未知截至何句爲止。」案：王校甚是，而未及移正。蘇謂此錯文當截至「諸作穴者五十人，男女相半」爲止，是也。本篇下文「五十人」三字，前後文義不相屬，即錯簡之蹤迹未盡泯者也，今據移著於此。**乃置窯竈中，先壘窯壁，迎穴爲連。**王引之云：「『連』下當有『版』字，而今本脱之。上文曰『連版以穴高下廣陜爲度』，是其證。」

鑿井傅城足，三丈一，上云「五步一井」。六尺爲步，五步即三丈也。**視外之廣陜而爲鑿井，慎勿**

〔一〕「鑿」字疑衍。

失。句。城卑穴高從穴難。畢云：「二『穴』字舊俱作『内』，以意改。」蘇云：「言高下不相值也。」鑿井城上，俞云：「城上無鑿井之理，『城上』當作『城内』，即上文『穿井城内』之事。」詒讓案：疑當作「城下」。爲三四井，内新斬井中，「斬」當爲「甀」之誤。畢云：「當爲『新甀』。」伏而聽之，審之知穴之所在，以上文校之，「審」下「之」字疑衍。穴而迎之。穴且遇，爲頡皐，必以堅材爲夫，畢云：「同趺，如足兩分也。」舊本「材」作「杖」，俞云：「『扙』乃『材』字之誤，言必以材之堅者爲頡皋之趺也。」案：俞校是也，今據正。以利斧施之，命有力者三人用頡皋衝之，灌以不潔十餘石。畢云：「若穅矢之類。」趣伏此井中，畢云：「『伏』舊作『狀』，以意改。趣同促。」詒讓案：「此」當爲「柴」，上文「斬艾與柴」，「柴」亦作「此」。備突篇亦以柴艾並舉，故此下文云「置艾其上」，皆可證。置艾亓上，七分，「七分」義不可解，疑當作「七八員」三字。上文云「穴内口爲竈，令如窯，令容七八員艾」，是其證。盆蓋井口，毋令煙上泄，旁亓橐口，疾鼓之。

以車輪轀。轀、輼同，上當有「爲」字。以車輪爲輼，猶備城門篇云「兩材合而爲之輼」，下文云「以車兩走爲蒀」也。轀即輼之別體文，省作「蒀」，正字當作「輓」，詳備城門篇。畢云：「下文作『蒀』，即『藴』省文，説文云：『藴，積也。』」失之。一束樵，染麻索塗中以束之。染，舊本作「梁」，畢云：「疑『梁』字。」蘇云：「『梁』爲『染』之誤，染麻索以塗者，所以避燒。」案：蘇説是也，備蛾傅篇云「染其索塗中」，今據正。鐵鎖六韜軍用篇「鐵械鎖參連，百二十具」，又有「環利鐵鎖，長二丈以上，千二百枚」。此鐵鎖端亦有環，與彼制合。漢書王莽傳云「以鐵鎖琅當其頸」。畢云：「當爲『瑣』，説文無『鎖』字，據備蛾傳作『瑣』。」**縣正當寇穴口。**畢云：「『穴』舊作『内』，以意改。」**鐵鎖長三丈，**畢云：「通典守拒法云：『先爲桔槔，縣鐵鏁長三丈以上，束柴葦焦草而燃之，墜於城外所穴之孔，以煙燻之，敵立死。』已上罌聽、連版、伏艾、縣鎖，備穴土之法。」**端環，一端鉤。**言鐵鎖有兩端，一端爲環，一端爲鉤。據通典説鐵鎖，蓋以環繫於桔槔，而鉤則以束柴葦焦草而燃之者也。後文又有「鐵鉤」。

⿰亻鼠穴高七尺，⿰亻鼠，畢本改「鼠」，云：「舊作『⿰亻鼠』，以意改。」案：前及備梯篇並作『⿰亻鼠』，宜從舊本。「⿰亻鼠穴」猶窬穴，亦即備梯篇之「熏鼠」也。**五寸廣，柱閒也尺，**「也」疑亦「七」之誤，謂穴墻兩旁各爲柱，其閒七尺。**二尺一柱，**此謂穴墻一邊二尺則一柱也。**柱下傅舄，**一切經音義引許叔重云：「楚人謂柱磶曰礎。」畢云：「張衡西京賦云『雕楹玉磶』，李善注云：『廣雅云：磶，礩也。磶古字作舄。』」**二柱共一員十一。**「員十一」義不可通。下文兩言「員土」，疑「十一」即「土」字，傳寫誤分之。然「員土」亦無義，蓋當爲「負土」。周禮冢人賈疏云「隧道上有負土」，此爲穴亦爲隧道，故有負土。蓋以板横載而兩柱直楷之，故云「二柱共一負土」，下並同。**兩柱同質，**畢云：「『礩』古字如此。」詒讓案：此與備城門篇「樓四植，植皆爲通舄」制蓋略同。**横員土。**謂負土之版横者。**柱大二圍半，必固亓員土，無柱與柱交者。**似謂柱横直相交。然「無」字必誤。上文錯入備城門篇者，有「柱之外，善周塗其附柱者」云云三十四字，疑此下之錯簡，詳前。

穴二窯，皆爲穴月屋，王引之云：「『皆爲穴月屋』當作『皆爲穴門上瓦屋』，謂於穴門上爲瓦屋也。備突篇曰『突門各爲窯竇，竇入門四五尺，爲亓門上瓦屋』，是其證。隸書『瓦』字作『凡』，與『月』相似而誤，又脱『門上』二字，則義不可通。」案：王校是也，蘇説同。爲置吏、舍人各一人，漢書高帝紀顔注云：「舍人，親近左右之通稱也。」文穎云：「舍人，主廏内小吏〔一〕，官名也。」必置水。蓋以備飲。塞穴門，以車兩走，畢云：「即車輪。」詒讓案：備突篇作「車兩輪」，備蛾傅篇亦云「車兩走」，然車輪不當云「走」，義未詳。爲藴，「藴」亦即韞字，畢云：「藴省文」，失之。塗亓上，以穴高下廣陝爲度，令入穴中四五尺，維置之。入，舊本作「人」。蘇云：「『人』當作『入』。維，繫也。此亦見備突篇。」案：蘇校是也，今據正。當穴者客爭伏門，畢云：「舊『穴』作『内』，『客』作『容』，以意改。」案：道藏本「客」字不誤，「門」疑「鬥」之誤。轉而塞之。爲窯容三員艾者，畢云：「『容』舊作『客』，以意改。」令亓突入伏尺，畢云：「『亓突入』舊作『亦突人』，以意改。一本無『伏尺』二字。」詒讓案：「伏」疑即上文之「密」，二字音近，如宓羲「宓」或作「伏」，顔之推家訓書證篇謂俗作「密」，是其例。伏傅突一旁，畢云：「『傅』舊作『付』，以意改。」以二橐守之，勿離。穴矛畢云：「舊作『内予』，以意改。」以鐵，長四尺半，此疑即後文所謂「短矛」。大如鐵服説，即刃之二矛。未詳。畢云：「舊凡『矛』字作『予』，俱以意改。」内去竇尺，「内」亦當爲「穴」。邪鑿之上，穴當心，亓矛長七尺。謂穴高則用長矛。穴中爲環利率，穴二。

〔一〕「吏」，原誤「史」，據漢書改。

六韜軍用篇亦有環利鐵鎖，然其義未詳。

鑿井城上，疑亦當爲「下」，詳前。**俟亓身井且通，**王云：「『身』者，『穿』之壞字也。隸書『身』字或作『牙』，見漢處士嚴發殘碑，與『穿』字下半相似而誤。」**居版上，**畢云：「居同倨。」案：疑當如字，畢説未塙。**而鑿亓一偏，**「偏」之借字，畢以意改「偏」，非，下同。**已而移版，鑿一偏。頡皋爲兩夫，**亦同趺。**而旁貍亓植，而數鉤亓兩端。**「數鉤」義難通，吴鈔本「數」作「敷」，疑當讀爲傅，謂傅著鉤於頡皋之兩端也。亓，舊本作「其」，吴本作「亦」，蓋當爲「亓」，今校正。**諸作穴者五十人，男女相半。**自「斬艾與柴長尺」至此三百九十四字，並從備城門篇移此。**五十人。**此三字上下文義不屬，蓋即上文「作穴者五十人」之賸字。今本上文錯入備城門篇，惟此三字尚未刪去耳。**攻内爲傳士之口，受六參，**蘇云：「『士』當作『土』，『口』字誤，蓋言器之盛土者。」詒讓案：「内」亦當爲「穴」之誤。「傳」疑當爲「傅」，備城門篇云「比傅薪土」。又或當作「持」，此書凡言容儲物，多云持。備城門篇云「持水」、「持沙」，此下文云「持瞿」、「持醯」，皆是也。備城門文舊本錯入此篇者，「持水」字又譌作「傳火」，竊疑此「傳士」亦當爲「持土」之譌。「參」疑當爲「絫」，形近而誤。備城門篇「參石」即「礧石」，可證。彼篇又云「五步一壘」，備蛾傳篇云「土五步一，毋下二十畾」。絫、畾、壘、藟並即虆之叚字。虆，盛土籠，亦詳備城門篇。**約枲繩以牛亓下，可提而與投。**蘇云：「枲繩，麻繩也。『牛』義未詳，疑『絆』字之誤。『與』當作『舉』。」**已則穴七人守退壘之中，爲大廡一，藏穴具亓中。**蘇云：「廡，古文『甒』。見儀禮注。方言云：『瞿，周魏之間謂之甒。』」**難穴，**「難」當爲「新」，二字形近，古書多互譌，詳耕柱及經下篇，下竝同。**取城外池脣木月散之什，**疑當作「取城外池屑木瓦散之外」。「瓦」、「月」，「外」、「什」，形近而誤。**斬亓穴**，當作「塹亓内」，上文云「急塹城内」是也。「斬」即「塹」之省。「内」、「穴」亦形之誤。**深到泉。**泉，舊本誤作「界」，王引之云：「『界』字文義不明，『界』當爲『泉』。備城門篇『下地得泉三尺而止』，是其證。隸書『泉』字或作『臬』，見漢郃陽令曹全碑，『界』字作『畀』，見衛尉卿衡方碑，二形相似而誤。」案：王說是也，今據正。**難近穴，爲鐵鈇，**說文金部云：「鈇，莝斫刀也。」**金與扶林長四尺，**「扶林」疑當作「鈇枋」。枋、柄通。周禮太宰「八柄」，外史作「枋」。**財自足。**財，舊本誤「則」，據道藏本、吳鈔本正。史記孝文紀「見馬遺財足」，索隱云：「財字與纔同。」漢書揚雄傳「財足以奉郊廟」，顏注云：「財讀爲纔，同。」管子度地篇云「率部校長、官佐財足」。財自足，數適足不過多也。**客即穴，**漢書西南夷傳顏注云：「即，若也。」畢云「即，就也」，非。**亦穴而應之。**

爲鐵鉤鉅長四尺者，財自足，鉅與距通。荀子議兵篇所謂「宛鉅」。**穴徹，**蘇云：「徹，通也。」案：蘇說是也。畢讀「穴」上屬，云「纔與穴等也」，非。**以鉤客穴者。**蘇云：「此言鐵鉤之用。」**爲短矛、**短，道藏本作「距」，誤。**短戟、短弩、䖟矢，**䖟矢，蓋亦短矢也。方言云：「箭，其三鐮長尺六者，謂之飛䖟。」郭注云：「此謂今射箭也。」文選閒居賦「激矢䖟飛」，李注引東觀漢記「光武作飛䖟箭以攻赤眉」。廣雅釋器云：「飛䗈，箭也。」此「䖟矢」，疑亦即「飛䖟」也。**財自足，穴徹以鬭。**蘇云：「矛、戟、弩、矢，所以鬭。」**以金劍爲難，**此義難通，疑當作「斲以金爲斳」。「斲」俗書或作「𠟭」，前魯問篇又譌作「劉」。說文刃部「劒」籀文作「劍」，二形相近。「斳」譌「難」，與前同。說文斤部云：「斲，斫也。」「斫，擊也。」爾雅釋器云：「斫，謂之鐯。」斳即鐯之俗，詳經下篇。鐯、斫音義同，此云「斲以金爲斲」，即謂以銅爲斫也。斲，其器之名，斲即斫，指其刃之首，故以金爲之。後云「斧金爲斫」，與此文例同，惟脱「以」字耳。凡斧斤之刃，以擊伐爲用，故通謂之斫矣。**長五尺，**蓋并刃及杘之度。後斧長三尺，亦并杘計之，是其例。**爲銎、**畢云：「説文云：『銎，斤斧穿也。』案經典文凡以穿爲孔者，此字假音。」**木杘，**廣雅釋詁云：「杘，柄也。」畢云：「説文云：『杘，篗木柄也。』玉篇：『丑利切。』」**杘有慮枚，**「慮」疑鑢〔一〕之省。説文金部云「鑢〔二〕，錯銅鐵也。」謂於木柄爲齒，若鑢錯。「枚」未詳。又疑「慮枚」當作「鹿盧收」，見備高臨篇。**以左客穴。**左、佐古今字。「左」下疑脱一字。

戒持罌，容三十斗以上，畢云：「『容』舊作『客』，以意改。」詒讓案：上文錯入備城門篇者，云「令陶者爲罌，容四十斗以上」，「斗」舊本譌「斤」，王云：「『斤』當爲『斗』，隸書『斗』字或作『斤』，因譌而爲『斤』。」案：王校是也，今據正。**貍穴中，**畢云：「『貍』舊作『狸』，以意改。」**丈一，**上文説爲罌置井中，井五步一，又云「三丈一」。三丈即五步也。此云「丈一」，與彼不合，疑「丈」上當有「三」字，而傳寫脱之。**以聽穴者聲。**

爲穴，高八尺，廣，「廣」下疑脱尺數。**善爲傅置。**疑當作「善爲傅埴」，即上文云「善周塗其傅柱者」之義。**具全牛交槀，**畢云：「疑『茭藁』。」案：畢校非也。「具全牛交槀」，疑當作「具鑪牛皮橐」。上云「具鑪橐，橐以牛皮」，「橐」亦並誤作「槀」。此「全」即鑪字偏旁金形之誤。「皮」與「交」形亦相近。**皮及坛，**疑當作「及瓦缶」，

〔一〕「鑢」，原誤「鑪」，據文義改。

〔二〕「鑢」，原誤「鑪」，據説文及文義改。下同。

「缶」、「去」形近，俗書或增益偏旁作「⿰土缶」，又譌作「⿰土去」，遂不可通。上文云「鑪有兩甀」。**衛穴二，蓋陳霍及艾，**畢云：「鄭君注公食大夫禮云：『藿，豆葉也。』説文云：『藿，尗之少也。』少言始生之葉。『霍』省文。」詒讓案：「蓋」當爲「益」，此書「益」字多譌爲「蓋」，詳非命篇。「益陳霍及艾」，言多具此二物也。蘇云「蓋，當如上文『戒持罌』之『戒』，令也」，失之。**穴徹熏之以。**吳鈔本無「以」字。案：此當作「以熏之」，今本誤移「以」字著「熏」之下，校者遂疑爲衍文而刪之耳。上文説「鐵鉤鉅」云「穴徹，以鉤客穴者」，又説「短矛」等云「穴徹，以鬭」，並與此文例同，可以互證。

斧金爲斫，「斧」下疑當有「以」字。「斫」亦即斧刃。**杘長三尺，**考工記：「車人爲車，柯長三尺，博三寸，厚一寸有半，五分其長，以其一爲之首。」鄭注云：「謂今剛關頭斧，柯其柄也。」案：此「杘」即柯，斫即首也。杘長三尺，與彼制同。六韜軍用篇亦云：「伐木大斧，重八斤，柄長三尺以上。」**衛穴四。爲壘，**疑當爲「蘲」，見備城門篇。**衛穴四十，屬四。**屬，「斸」之省，即備城門篇之「居屬」。**爲斤、斧、鋸、鑿、鑺，**吳鈔本作「钁」。畢云：「説文云：『钁，大鉏也。』玉篇云：『居縛切。鋤钁。』」案：六韜軍用篇云：「棨钁刃廣六寸，柄長五尺以上，三百枚。」但鑺似與钁不同，畢説未塙。玉篇金部云：「鑺〔二〕，局虞切，軍器也。」説文新附亦有此字。鈕樹玉謂書顧命「一人冕執瞿」，孔傳「瞿，戟屬」，「瞿」即「鑺」。但此「鑺」與「鑿」類舉，似非顧命之「瞿」，疑即韓詩之「銶」。鑺、銶一聲之轉。詩豳風破斧毛詩傳云：「鑿屬曰錡，木屬曰銶。」釋文引韓詩云：「銶，鑿屬也。」**財自足。爲鐵校，衛穴四。**説文木部云：

〔二〕「鑺」，原誤「钁」，據玉篇及説文新附改。

「校，木囚也。」周易集解引虞翻云：「校者，以木絞校者也。」鐵校，蓋鑄鐵爲闌校以禦敵，備蛾傅篇有「校機」，疑即此。**爲中櫓，高十丈半，廣四尺。**十丈半於度太高，疑「丈」當作「尺」。備城門篇云「百步爲櫓，櫓廣四尺，高八尺」，廣與此同，而高差二尺半，彼蓋小櫓與？**爲横穴八櫓，**疑當作「大櫓」，六韜軍用篇有大櫓、小櫓。下疑有脱文。**蓋具稾枲，財自足，以燭穴中。**「蓋」當亦「益」之誤。道藏本作「盖」，則疑「蒀」之譌，屬上「櫓蒀」爲句，亦通。蘇云：「稾枲可然以爲燭。」

蓋持醖，蘇云：「據文義當作『戒持醖』，『醖』或『醯』字之訛。」俞云：「『醖』疑『醯』之壞字。」詒讓案：此亦當作「益持醯」，蘇改「蓋」爲「戒」，非。廣韻十二齊云：「醯，俗作『醓』。」此「醖」即「醓」之誤，下並同。醓蓋可以禦煙，春秋緐露郊語篇云「人之言醯去煙」，今本緐露「醯」作「醞」，亦字之誤。**客即熏，以救目。救目分方鑿穴，**畢云：「『鼜』即鼓。」蘇云：「疑『鑿』字之訛。」**以益盛醖，置穴中，**蘇云：「『益』疑『盆』字之訛。」**文盆毋少四斗。**文，道藏本、吴鈔本作「丈」，今案當作「大」。**即熏，以自臨醖上，**「自」當爲「目」。**及以洏目。**畢云：「玉篇云：『洏，大水也。』未詳。」俞云：「『洏』疑『油』之壞字。」詒讓案：「洏」當爲「洒」。說文水部云：「洒，滌也。」西部籀文「西」作「卤」，故譌作「田」形。「洒目」即以救目也。

備蛾傅第六十三

前備城門篇「蛾」作「蟻」，俗「螘」字。孫子謀攻篇作「蟻附」，曹注云：「使士卒緣城而上，如蟻之緣牆。」周書大明武篇云「俄傅器櫓」，「俄」亦「蛾」之誤。畢云：「蛾同螘。說文云：『螘，蚍蜉也。』『蛾，羅也。』又云：『䖸，蠶化飛蟲也。』經典多借爲『螘』者，音相近耳。傅亦附字假音。」

禽子再拜再拜曰：敢問適人强弱，遂以傅城，後上先斷，王云：「斷，斬也。號令篇曰：『不從令者斷，擅出令者斷，失令者斷。』」以爲⿰氵缶程，畢云：「『城』、『程』爲韻。」王云：「『⿰氵缶』者，『法』之誤。言敵人蛾附登城，後上者則斷之，以此爲法程也。呂氏春秋愼行篇曰『後世以爲法程』，說苑至公篇曰『犯國法程』，漢書賈誼傳曰『後可以爲萬世法程』。篆書『去』字作『□』，『缶』字作『□』，二形相似；隸書『去』字作『□』，『缶』字作『□』，亦相似，故從去從缶之字，傳寫多誤。」案：王說是也。「⿰氵缶」即俗「法」字。隋鄧州舍利塔銘「法」作「活」，與「⿰氵缶」略同。呂覽高注云：「程，度也。」斬城爲基，斬，「塹」之省，或云「鏨」之省。說文金部云：「鏨，小鑿也。」掘下爲室，前上不止，畢云：「『上』舊作『止』，以意改。」後射既疾，畢云：「『室』、『疾』爲韻。」爲之柰何？子墨子曰：子問蛾傅之守邪？蛾傅者，將之忿者也。「忿」舊本作「忽」。洪云：「孫子謀攻篇『將不勝其忿，而蟻附之』，『蛾傅』即『蟻附』。禮記『蛾子時術之』，釋文『本或作蟻』，古字通用。『忽』即『忿』字之譌。」案：洪校是也，今據正。守爲行臨射之，即「高臨」，詳前。校機藉之，備穴篇有「鐵校」，亦詳備高臨篇。擢之，舊本「擢」作「攫」，今據道藏本、吴鈔本正。說文手部云：「擢，引也。」「攫，爪持也。」審校文義，當以作「擢」爲正。太氾迫之，「太氾」當爲「火湯」，備梯篇云「薪火水湯以濟之」。燒荅覆之，沙石雨之，然則蛾傅之攻敗矣。

備蛾傅爲縣脾，畢云：「疑『陴』字。」以木板厚二寸，前後三尺，旁廣五尺，高五尺，而折爲下磨車，「磨」當爲「磿」。周禮遂師鄭衆注云：「抱磿，磿下車也。」當即此「下磿車」，亦即備高臨篇之「磿鹿」。蓋縣重物爲機，以利其上下，皆用此車。故周禮王葬以下棺，此下縣陴亦用之。下云「爲之機」，亦即此也。轉徑尺六寸。蘇云：「『轉』當作『輪』。」詒讓案：圜徑尺六寸，則其周四尺八寸强。令一人操二丈四方，畢云：「疑『矛』字。」案：畢校是也。考工記廬人云「夷矛三尋」，鄭注云：「八尺曰尋。」此即夷矛也。刃其兩端，居縣脾中，以鐵璅吴鈔本作「瑣」。「鐵璅」見前。畢云：「說文無『鎖』字，此『璅』與『瑣』皆無鎖鑰之義，古字少，故借音用之。」敷縣，二脾上衡，敷、傅通。謂鐵璅傅著縣，繫縣脾之上衡也。「二」，疑當爲「縣」之重文。蘇云「『二』字誤衍」，未塙。爲之機，令有力四人下上之，勿〔二〕離。離，舊本作「難」。俞云：「『難』乃『離』字之誤。」備城門篇「突一旁以二

〔二〕「勿」，原作「弗」，據畢沅刻本改。按墨子舊本均作「勿」，無作「弗」者，此孫刻之誤。

槖守之，勿〔二〕離』，備穴篇『令一善射之者佐一人，皆勿〔三〕離』，並其證。」案：俞校是也，今據正。**施縣脾，大數二十步一，攻隊所在六步一。**蘇云：「此言設縣脾多寡之數，蓋疏數視敵爲之。」**爲纍，**畢云：「當爲『壘』。」**荅廣從丈各二尺，**王引之云：「從，音縱横之縱。『廣從丈各二尺』義不可通，『丈各』當爲『各丈』，言荅之廣從各丈二尺也。」蘇説同。案：王校是也，下文云「荅廣丈二尺」。**以木爲上衡，以麻索大徧之，**疑當作「以大麻索編之」。**染其索塗中，爲鐵鏁，**畢云：「據上文當爲『璅』，玉篇云：『鏁俗。』」**鉤其兩端之縣。**六韜軍用篇云：「環利鐵鎖，長二丈以上，千二百枚。環利大通索，大四寸，長四寸以上，六百枚。」**客則蛾傅城，燒荅以覆之，連筳、**畢云：「義未詳。」**抄大皆救之。**「抄大」當作「沙火」。**以車兩走，**即備城門篇之「轀」也。「車兩走」即兩輪，此及前備穴篇並以車兩輪爲兩走。備突篇云：「吏主塞突門，用車兩輪，以木束之，塗其上。」**軸間廣大以圉，**疑當作「圍」。**犯之。**有誤脱。**融其兩端，**畢云：「『融』未詳。廣雅有『⿰矛鹵』字，云『大也』。疑此即『矜』異文。」案：畢説非也。「融」疑當爲「⿰矛虫」之變體，廣雅釋詁云：「⿰矛虫，刺也。」玉篇矛部云：「⿰矛虫，刺矛也。」經典从矛字或變从鹵。爾雅釋詁：「矜，苦也。」釋文「矜」作「鹶」，是其例也。「融其兩端」，猶上云「二丈四矛，刃其兩端」矣。**以束輪，**以下疑脱「木」字。**徧徧塗其上。**蘇云：「『徧』字誤重。」詒讓案：下「徧」字疑當作

〔二〕「勿」，原作「弗」，據諸子平議卷十一改，與本書合。

〔三〕「勿」，原作「弗」，據諸子平議卷十一改，與本書合。

「編」，上云「以大〔二〕麻索編之，染其索塗中」。**室中以榆若蒸，**「室」讀爲窒。備城門篇云「窒以樵，可燒之以待敵」，「窒」亦作「室」。説文艸部云：「蒸，析麻中榦也。」周禮甸師鄭注云：「木大曰薪，小曰蒸。」**以棘爲旁，命曰火捽，一曰傳湯，以當隊。客則乘隊，燒傳湯，斬維而下之，**王引之云：「『燒傳湯』三字，義不相屬。『燒』下當有『荅』字，而今本脱之。上文兩言『燒荅』，是其證。」案：「傳湯」即以車兩走所作械名，自可燒，不必增「荅」也，王校未塙。備突篇説輪轀並云「維置之」，故必斬維乃可下也。**令勇士隨而擊之，以爲勇士前行。**當作「以勇士爲前行」，號令篇云「以勇敢爲前行」，可證。**城上輒塞壞城。城下足爲下説鑱杙，長五尺，**「説」當作「鋭」，同聲叚借字。説文金部云：「鑱，鋭也。」「杙」舊本作「找」，王引之云：「『找』當爲『杙』。備城門篇曰『杙閒六寸，剡其末』，此亦云『剡其末爲五行，行閒廣三尺』，故知『找』爲『杙』之譌。」案：王校是也，蘇説同，今據正。**大圉半以上，**六韜軍用篇云：「委環鐵杙，長三尺以上，三百枚。」畢云：「『圉』疑『圍』。」**皆剡其末，爲五行，行閒廣三尺，貍三尺，大耳樹之。**「大耳」疑「犬牙」之誤，見備城門篇。

爲連殳，長五尺，説文殳部云：「殳，以杖殊人也。禮，殳以積竹，八觚，長丈二尺，建於兵車，旅賁以先驅。」**大十尺。**殳不得大至丈，必有誤，疑「大十」當作「大寸」，「十」即「寸」之譌。「尺」當爲「大」，屬下讀。備城門篇有

〔二〕「大」字原脱，按上文云「以麻索大偏之」，孫校作「以大麻索編之」，今據補「大」字。

「大梃」，即此。梃長二尺，畢云：「梃，舊俱从手，以意改。」大六寸，索長二尺。即備城門篇之「連梃」。凡連殳、連梃，蓋皆以索係連之。椎，柄長六尺，首長尺五寸。備城門篇「長椎長六尺，頭長尺」。斧，柄長六尺，御覽兵部引備衝法，用斧長六尺，亦與此同。備城門篇「長斧柄長八尺」，此短二尺，與彼異。刃必利，皆莽字書無「莽」字，疑當作「皆築」，見備城門篇。其一後。未詳。荅廣丈二尺，□□丈六尺，垂前衡四寸，兩端接尺相覆，勿令魚鱗三，蘇云：「雜守云『入柴勿積魚鱗簪』，畢注：『疑槮字叚音。』竊謂此處『三』字亦『槮』字叚音也。」案：蘇說是也。言爲荅之法，以木〔二〕兩端相銜接，以尺爲度，不可鱗次不相覆也。著其後行，前有「前衡」，此疑當作「後衡」。上下文有「前行」，與此義似不同。中央木繩一，「木」疑當作「大」。長二丈六尺。荅樓不會者以牒塞，蘇云：「會猶合也。『牒』當爲『堞』。」案：說文片部云：「牒，札也。」廣雅釋器云：「牒，版也。」謂以版塞壁隙，蘇說非。數暴乾，畢云：「說文云：『暴，晞也。』」荅爲格，令風上下。此亦未詳其義。堞惡疑壞者，疑壞，謂未壞而疑其將壞也。先貍木十尺一枚一，此字疑衍。節壞，當作「即壞」。斲植以押慮盧薄於木，畢云：「唐大周長安三年石刻云『爰雕爰斲』，即『斲』字。『慮』字衍文。」案：「押」未詳，「慮」即「盧」字之誤衍，畢校得之。盧薄漢書王莽傳「爲銅薄櫨」，顏注云：「柱上枅也。」畢云：「說文云：『櫨，柱上柎也。』『欂，壁柱。』」

〔二〕「木」，原誤「本」，據活字本改。

表八尺，「表」疑「衺」之誤。蘇云「『表』當作『長』」，非。廣七寸，經尺一，蘇云：「經、徑同。」詒讓案：疑當作「徑一尺」。數施一擊而下之，擊，疑即桔槔之「桔」，詳備城門篇。「下之」疑當作「上下之」，桔皋可上下也。爲上下釫而斲之。畢云：「説文云：『芣，兩刃臿也，或从金，从于〔一〕。』玉篇云：『釫同鏵。鏵，鍫也。胡瓜切。』」

經一。疑當作「徑一尺」。鈞、疑當作「鉤」。上疑有脱字。禾樓、「禾」疑當作「木」，備城門篇有「木樓」。羅石。「羅」疑當作「絫」，聲之轉。絫石即礧石，見備城門篇。縣荅植内，毋植外。謂縣於荅樓之内也。備城門篇云「樓四植」，植即柱也。

杜格，貍四尺，「杜格」義難通，疑當作「柞格」。國語魯語云「設穽鄂」，韋注云「穽，柞格也。」「柞」、「杜」形近而誤。周禮雍氏鄭注云：「擭，柞鄂也。」莊子胠篋篇〔二〕云「削格羅落罝罘之知多，則獸亂於澤矣」，釋文引李頤云「削格所以施羅網也。」柞格、柞鄂、削格，蓋皆穽擭之名。旗幟篇有「牲格」，疑即此。高者十尺〔三〕，木長短相雜，兑其上，蘇云：「兑同鋭。」而外内厚塗之。蘇云：「『外内』疑當作『内外』，或作『外向』。」案：「外内」無誤。爲前行行棧、見備城門篇。縣荅。隅爲樓，樓必曲裏。吴鈔本作「禮」，蘇屬下「土」讀，云：「『曲裏

〔一〕「从于」，原誤「或從手」，據説文木部删改。
〔二〕「胠篋篇」，原誤「駢拇篇」，據莊子改。
〔三〕「尺」，原誤「丈」，據畢沅刻本改。

土』疑『再重』二字之誤。備穴云『爲再重樓』是也。」案：「曲裹」即「再重」之譌，説詳備城門篇。「土」當屬下讀。**土，五步一，毋其二十畾。**畢云：「『絫』字。」詒讓案：「土五步一」，蓋謂積土也。「毋其二十畾」，疑當作「毋下二十畾」。此書「其」字多作「亓」，與「下」形近，故互譌。「畾」讀爲孟子「虆梩」之「虆」，古字通用，盛土籠也。見備城門篇。**奝穴，十尺一，**奝穴，制詳備城門篇。**下堞三尺，廣其外。**堞，舊本譌「壤」，吴鈔本又譌「壞」。蘇云：「『壤』當作『堞』，見備城門篇。」案：蘇校是也，今據正。**轉⿰月甬城上，**畢云：「『⿰月甬』即傅字。」詒讓案：字書無「⿰月甬」字，與「傅」形聲並遠，未詳其說。**樓及散與池**「散」疑當作「殺」。**革盆。**見備城門篇。**若轉，**疑當作「若傅」，謂敵傅城也。**攻卒擊其後，煖失，治。**「煖」當爲「緩」，言不急擊敵，則以法治之。**車革火。**未詳。此數語與上下文義不相屬，疑有譌脱。

凡殺蛾傅而攻者之法，置薄城外，蓋於城外植木爲藩蔽。薄，備梯篇作「裾」，「裾」當爲「椐」之誤。畢云：「『薄』疑即『蒪』字，所謂壁柱。」黄紹箕云：「説文艸部：『薄，林薄也，一曰蠶薄。』荀子禮論篇楊倞注云：『薄器，竹葦之器。』此書所云椐，蓋即編木爲藩柂。『椐』爲古聲孳生字，『薄』爲甫聲孳生字，二字同部，聲近義同。」案：黄說是也，亦詳前備城門篇，畢說失之。**去城十尺，薄厚十尺。伐操之法，**畢云：「『操』當爲『薄』。」**大小盡木斷之，以十尺爲斷，離而深貍堅築之，毋使可拔。**

二十步一殺，有塻，當作「鬲」。畢云：「方言云：『⿱丷夾，虞望也。』郭璞注云：『今云烽火是也。』此从土，俗寫耳。説文、玉篇無此字。」案：畢説非是。厚十尺。畢云：「備梯云『殺有一鬲，鬲厚十尺』。」殺有兩門，門廣五步，畢云：「舊脱一『門』字，據備梯增。步，備梯作『尺』。」詒讓案：門不當有三丈之廣，當从「尺」爲是。薄門板梯貍之，勿築，畢云：「舊脱『勿』字，據備梯增。」令易拔。城上希薄門而置搗。王引之云：「『搗』字義不可通，『搗』當爲『楬』，字之誤也。楬，杙也。希與睎同，望也。言望薄門而立杙也。備梯篇『置楬』作『直桀』，置、直，楬、桀，並通。廣雅：『楬，杙也。』爾雅：『雞棲於弋爲桀。』」

縣火，四尺一椅，當作「檥」，畢云：「備梯作『鉤檥』。」五步一竈，竈門有爐炭。傳令敵人盡入，畢云：「舊作『人』，以意改。」車火燒門，車，備梯篇作「煇」，此疑「熏」之誤，詳備城門篇。縣火次之，出載而立，畢云：「舊脱『出』字，據備梯增。」其廣終隊，兩載之間一火，皆立而待鼓音而然，畢云：「『待』舊作『侍』，以意改。」詒讓案：舊本作「燃」，俗字，今據吴鈔本正。蘇讀「待」字句，云「『鼓音』上當有『聽』字」，非。即俱發之。敵人辟火而復攻，小爾雅廣言云：「辟，除也。」此謂敵人屏除所發之火，復從舊隧而來攻，故下云「縣火復下」也。備梯篇作「除火」，與此義正同。王引之讀「辟」爲「避」，蘇讀同，並非。縣火復下，敵人甚病。

敵引哭而榆，榆，畢本作「去」，云：「舊作『榆』，音之譌，據備梯改，備梯多有微異。」俞云：「『哭』當作『師』。説文帀部『師』古文作『𠦄』，形與『哭』相似，故『師』誤爲『哭』也。」案：俞説近是。「榆」、「去」音不甚近，疑當爲「逃」之借字，古兆聲、俞聲字多互通，如詩小雅鹿鳴「示民不恌」，毛傳云「恌，偷也」，可證。則令吾死士左右出穴門擊遺師，「遺」當作「遁」，蘇謂「潰」之誤，亦通。令賁士、主將皆聽城鼓之音而出，「賁士」即奔士也，王引之謂「賁」當作「者」，即「諸」之省，未塙，詳備梯篇。又聽城鼓之音而入。因素出兵將施伏，蘇云：「『素』當作『數』。」案：「素」不誤，詳備梯篇。夜半而城上四面鼓噪，敵人必或，畢云：「『人』舊作『之』，據備梯改。或與惑同。」破軍殺將。以白衣爲服，畢云：「舊脱『白』字，據備梯增。」以號相得。

墨子閒詁卷十五

迎敵祠第六十八

敵以東方來，迎之東壇，壇高八尺，月令鄭注云：「木生數三，成數八。」堂密八，蓋堂爲多角形。爾雅釋山云：「山如堂者，密。」郭注引尸子云「不知堂密之有美樅」。俞云：「『密』字無義，疑當作『穾』。説文穴部：『穾，深也。』謂堂深八尺也。不言尺者，蒙上而省。『穾』、『密』相似，因誤爲『密』矣，下竝同。」年八十者八人，主祭青旗，青神長八尺者八，弩八，八發而止，將服必青，其牲以雞。月令注云：「雞，木畜。」敵以南方來，迎之南壇，壇高七尺，月令注云：「火生數二，成數七。」堂密七，年七十者七人，主祭赤旗，赤神長七尺者七，弩七，七發而止，將服必赤，其牲以狗。賈子新書胎教篇：「青史氏記云：南方其牲以狗，狗者南方之牲也。」此與彼合。月令「犬屬秋」，注云：「犬，金畜。」與此異。敵以西方來，迎之西壇，壇高九尺，月令注云：「金生數四，成數九。」堂密九，年九十者九人，主祭白旗，素神長九尺者九，弩九，九發而止，將服必白，其牲以羊。賈子云：「西方其牲以羊，羊者西方之牲也。」此與彼合。月令「羊屬夏」，注云：「羊，火畜。」與此異。敵以北方來，迎之北壇，壇高六尺，月令注云：「水生數一，成數六。」堂密六，年六十者六人，主祭黑旗，黑神長六尺者六，弩六，六發而止，將服必黑，其牲以彘。月令注云：「彘，水畜。」畢云：「已上與黃帝兵法説同，見北堂書鈔。」詒讓案：孔叢子儒服篇孔子高對信陵君問祈勝之禮，云「先使之迎於適所從來之方爲壇，祈克於五帝，衣服隨其方色，執事人數從其方之數，牲則用其方之牲」，即本此。從外宅諸名大祠，「從」當作「徙」，形近而誤。謂城外居宅及大祠，寇至，則徙其人及神主入内也。靈巫或禱焉，給禱牲。

凡望氣，有大將氣，茅坤本有「有中將氣」四字。有小將氣，有往氣，有來氣，有敗氣，畢云：「今其法存通典兵風雲氣候襍占〔一〕也。」能得明此者可知成敗吉凶。舉巫、醫、卜有所，謂巫、醫、卜居各有所。或讀「有所長」句，亦通。長具藥，醫之長，掌具藥備用。宮之，疑當作「宮養之」，今本脱「養」字。號令篇云「守入城，先以候爲始，得輒宮養之」，可證。善爲舍。巫必近公社，必敬神之。巫、卜以請守，茅本「請」作「諸」。「守」上當依王校增「報」字。案：「巫卜」下亦當有「望氣」二字。守獨智巫、卜望氣之請而已。三略中略云：「禁巫祝不得爲吏士卜問軍之吉凶。」舊本「氣」誤在「之」字下。畢云：「智、知同。言望氣之請唯告守獨知之。」王云：「『請』皆讀爲情。墨子書通以請爲情，此文當作『巫卜以請報守，守獨智巫卜望氣之請而已』。智與知同，言巫卜以情報守，巫卜望氣之情唯守獨知之而已，勿令他人知也。號令篇曰『巫祝吏與望氣者必以善言告民，以請上報守，

〔一〕「占」，原誤「古」，據畢沅刻本改。

守獨知其請而已』，是其證。舊本脱『報』字，『氣之』二字又誤倒，則義不可通。」案：王校是也，蘇校同，今據乙。**其出人爲流言，驚駭恐吏民，謹微察之，**王云：「説文：『職，司也。』『司』今作『伺』，『職』字亦作『微』。史記廉頗藺相如傳曰『趙使人微捕，得李牧』，漢書游俠傳『使人微知賊處』，師古曰：『微，伺間之也。』」案：亦詳號令篇。**斷，罪不赦。**説文斤部云：「斷，截也。」車部云：「斬，截也。」又首部云：「𩠐，截也。」三字同訓。此「斷」蓋即「𩠐」字，亦即「斬」也。商子賞刑篇云「晉文公斷顛頡之脊以徇」。**望氣舍近守官。**官，謂守所治官府，茅本作「宮」。**牧賢大夫及有方技者若工，弟之。**「牧」當爲「收」之誤。「工」謂百工。**舉屠、酤者，**蘇云：「酤與沽通，賣酒也。」**置廚給事，弟之。**畢云：「言次第居之，古次第字只作弟。」案：「弟」疑當爲「豑」之省，豑與秩同，言廩食之，畢説未允。

凡守城之法，縣師受事，周禮地官有縣師，上士二人，若有軍旅之戒，則受灋于司馬，以作其衆庶及馬牛車輦，會其車人之卒伍，使皆備旗、鼓、兵器，以帥而至，侯國蓋亦有此官，戰國時猶沿其制也。**出葆循溝防，築薦通塗，**薦與荐通。左〔二〕哀八年傳「栫之以棘」，杜注云：「壅也。」釋文云：「栫，一作『荐』。」築荐通塗，謂壅塞通達之塗也。**脩城。百官共財，**蘇云：「『共』讀如供。」**百工即事，司馬視城脩卒伍。**吳鈔本「視」作「施」，「脩」

〔二〕「左」下原衍「傳」字，據活字本删。

作「修」。**設守門，**蘇云：「『門』下疑脱一『闔』字。」案：蘇説非。**二人掌右閹，**舊本「二」誤「三」。俞云：「左右人數不應有異，疑『三人』是『二人』之誤。蓋門之啓閉，皆四人守之。啓則有左右之分，故曰『二人掌右閹，二人掌左閹』。及閉，則無左右之分，故止曰『四人掌閉』也。」案：俞説是也，茅本正作「二人」，今據正。**二人掌左閹，**閹，闔之借字，猶耕柱篇「商奄」作「商蓋」。説文門部云：「闔，門扇也。」左右闔，即謂門左右扉。蘇讀「掌右」、「掌左」句，誤。**四人掌閉，百甲坐之。**左文十二年傳云「裹糧坐甲」，荀子正論篇云「庶士介而坐道」。俞云：「『百』乃『皆』字之誤，言守門者皆甲而坐也。」案：『百』字不誤，城下門百甲，城上步一甲，文正相對。**城上步一甲、一戟，**備城門篇云「城上樓卒，率一步一人」。**其贊三人。**小爾雅廣詁云：「贊，佐也。」三人爲甲戟士之佐，合之五人而分守五步，非一步有五人也。**五步有五長，十步有什長，百步有百長，**即備城門篇之「帛尉」也。**㫄有大率，**即旗幟篇四面四門及左右軍之將，分守四㫄。**中有大將，**即旗幟篇中軍之將。**皆有司吏卒長。城上當階，有司守之。移中中處，**「移中」不可解，疑當爲「多卒」之誤。蓋城上每步一甲，城下每門百甲，此外多餘者爲多卒，猶言羡卒也。旗幟篇云「多卒爲雙兔之旗」，商子境内篇云「國尉分地，以中卒隨之」。**澤急而奏之。**畢云：「言居中者澤急事奏之，『澤』當爲『擇』。」俞云：「畢校是也，惟未解『奏』字之義。史記蕭相國世家索隱曰：『奏者，趨向之也。』擇急而奏之，謂有急則趨向也。」**士皆有職。城之外，矢之所遝，**遝，舊本作「還」，蘇云：「還猶至也。」王云：「『還』當爲『遝』，謂矢之所及也，下同。」案：王校是也，今據正，説詳非攻下篇。**壞其墻，無以爲客菌。**菌猶言翳也。周書王會篇有菌鶴，孔注云「菌鶴可用爲旌翳」，是菌有翳蔽之義。蘇云：「菌疑與梱義通，意言城外有墻，是令敵人得障蔽以避矢，宜急壞之。」三十里之内，薪、蒸、水皆入内。水無入内之理，當爲「木」，上又脱「材」字。薪蒸，細木；材木，大木也。襍守篇云「材木不能盡入者，燔之」，是其證。狗彘豚鷄食其宍，畢云：「宍，肉字異文。廣韻云：『肉，俗作宍。』」斂其骸以爲醢，説文酉部云：「醢，肉醬也。」爾雅釋器云：「肉謂之醢，有骨者謂之臡。」臡醢亦通偁。腹病者以起。吕氏春秋直諫篇高注云：「起，興也。」謂病瘉而興起。但審校文意，似謂肉醢等當以養病者，則「病者」當爲守圉受傷之人，不宜專舉腹病，此似有譌字。竊疑「腹」或當爲「腝」，即「臡」之正字，屬上「醢腝」爲句，於義較通也。城之内薪蒸廬室，矢之所還，舊本亦作「還」，今據王校改。皆爲之涂菌。蘇云：「涂菌所以避矢。涂、塗同。」令命昏緯狗纂馬掔緯。後漢書張衡傳李注云：「纂，繫也。」説文手部云：「掔，固也。」大戴禮記夏小正「農緯厥耒」，傳云：「緯，束也。」言緯纂必堅固。蘇云：「緯，束也。掔，苦閑切，音慳，固也，又牽去也，與牽通。言作必防閑狗馬，勿令驚逸。」詒讓案：掔、牽古通，然此「掔」當讀如字，似無牽義。靜夜聞鼓聲而譟，畢云：「『譟』字異文。」詒讓案：周禮大司馬云「鼓皆駴，車徒皆譟」，鄭注云：「譟，讙也。」所以閹客之氣也，畢云：「閹，遏也。」所以固民之意也，故時譟則民不疾矣。「凡守城之法」以下至此，疑他篇之文錯箸於此。

祝、史乃告於四望、山川、社稷，祝史，謂大祝、大史也。周禮大宗伯鄭注云：「四望，五嶽、四鎮、四瀆。」案：山川，蓋謂中小山川在竟内者。先於戎，「先於戎」未詳。疑當作「先以戒」，下文云「先以揮」，文例同。乃退。

公素服誓于太廟，曰：「其人爲不道，蘇云：「『其人』疑當作『某人』。」案：蘇校是也，孔叢子正作「某人不道」。不脩義詳，脩，吳鈔本作「修」。畢云：「詳、祥同。」唯乃是王，疑當作「唯力是正」。「力」、「乃」、「正」、「王」，形並相近。明鬼下篇云「諸侯力正」。曰：『予必懷亡爾社稷，蘇云：「『懷』疑當作『壞』。」案：懷猶言思也，似不誤。滅爾百姓。』二參子尚夜自厦，畢云：「當爲『厲』。」蘇云：「『參』即『三』，下『參發』義同。『尚』下當脱『夙』字，或『尚』即『夙』字之訛。」詒讓案：孔叢子云「二三子尚皆同心，比力死守」，與此略同。以勤寡人，和心比力兼左右，各死而守。」「兼」下疑脱一字。畢云：「左右，助也。」既誓，公乃退食。舍於中太廟之右，茅本「太」作「大」。中太廟，侯國太祖之廟也。儀禮聘禮賈疏説諸侯廟制云：「太祖之廟居中，二昭居東，二穆居西，廟皆别門。」祝、史舍于社。百官具御，乃斗，畢云：「疑『刀斗』字。」案：「斗」疑「升」之誤。下云「乃下，出俟，升望我郊，乃命鼓，俄升」，此「乃升」與「乃下」文正相對。公舍在太廟右，則升殆即格於廟與？鼓于門，畢云：「『門』舊作『問』，以意改。」詒讓案：孔叢子云「乃大鼓於廟門，詔將帥命卒，習射三發，擊刺三行，告廟用兵於敵也」，依彼文則上「斗」字當作「大」，未詳。右置旂、左置旌于隅，練名，謂門左右隅，一置旂，一置旌也。畢讀「右」屬上「鼓於門」爲句，誤。説文糸部云：「練，湅繒也。」名、銘古今字。謂以練爲旂旌之旒，而書名於上也。爾雅釋天説旌旂云：「纁帛縿，練旒九。」儀禮士喪禮云：「爲銘各以其物，亡則以緇，長半幅，赬末長終幅，廣三寸，書名于末。」鄭注云：「銘，明旌也。今文銘皆爲名。」周禮司勳云「銘書於王之大常」。是凡旌旗之屬通謂之銘。此作「名」，與禮今文正同。説文亦無「銘」字。射參發，告勝，五兵咸備。「五兵」，詳節用上篇。乃下，出挨，畢云：「當爲『俟』。」升望我郊。侯國宫廟有門臺，故可升望國郊。乃命鼓，俄升，公羊桓二年何注云：「俄者，謂須臾之間。」**役司馬射自門右，**「役司馬」，蓋官名，掌徒役者。**蓬矢射之，茅參發，**「茅」當爲「矛」。蘇屬上讀，云「似言束茅而射之」，誤。**弓弩繼之，校自門左，**校，蓋軍部曲吏。管子度地篇有部校長官。商子境内篇云：「軍爵，自一級以下至小夫，命曰校徒操士。」戰國策中山策云「五校大夫」，高注云：「五校，軍營也。」又秦策云「亡五校」。「校」下疑脱「射」字。**先以揮，**不箸其兵，疑有佚脱。**木石繼之。祝、史、宗人告社，**左傳哀二十四年杜注云：「宗人，禮官也。」案：即周禮大小宗伯，侯國及都家並有之。**覆之以甑。**説文瓦部云：「甑，甗也。」此蓋厭勝之術，未詳其義。

旗幟第六十九

畢云：「説文云：『旗，熊旗五游，以象罰星，士卒以爲期。』釋名云：『熊虎爲旗，軍將所建，象其猛如虎，與衆期其下也。』『幟』當爲『織』，詩『織文鳥章』，箋〔一〕云：『徽織也。』陸德明音義音『志』，云『又尺志反』，又作『識』。案漢書亦作『志』，而無从巾字。」王改「幟」並爲「職」，云「墨子書『旗識』字如此，舊本從俗作『幟』，篇内放此。」案：「幟」正字當作「識」，號令、襍守二篇「微職」字並作「職」者，叚借字也。王校甚是。但司馬貞、玄應所引並作「幟」，則唐本如是，以相承已久，未敢輒改。

守城之法，木爲蒼旗，火爲赤旗，薪樵爲黄旗，石爲白旗，畢云：「北堂書鈔引作『金爲白旗，土爲

〔一〕「箋」，畢注原作「傳」，按所引見詩小雅六月鄭玄箋，今據改正。

黄旗』。」案：畢據明陳禹謨改竄本書鈔，不足馮，景宋鈔本無。**水爲黑旗，食爲菌旗，**自倉英旗以上七旗，並以色别，「菌」非色名，疑當爲「茜」。説文艸部云：「茜，茅蒐也。」茅蒐可以染絳。字或作「蒨」，左定四年傳「綪茷」，襍記鄭注引作「蒨旆」。**死士爲倉英之旗，**蘇云：「『倉英』當即蒼鷹。」俞云：「倉英之旗乃青色旗，『倉英』即滄浪也。在水爲滄浪，在竹爲蒼筤，並是一義。此又作「倉英」者，英古音如央，故與浪同聲。」案：俞説是也。**竟士**竟，競之借字。逸周書度訓篇云「揚舉力竟」，亦以「竟」爲「競」。畢云：「猶云彊士。」蘇云：「猶言勁卒。」**爲雩旗，**畢云：「虎字假音。」王云：「『雩』即『虎』之譌，非其假音也。鈔本北堂書鈔武功部八引此爲『虎旗』，上脱二字，而『虎』字則不誤。通典兵五亦曰『須戰士鋭卒，舉熊虎旗』。隸書『虎』字或作『𠪅』，見漢殽阬君神祠碑陰，與『雩』字相似而誤。」**多卒爲雙兔之旗，五尺男〔一〕子爲童旗，**五尺，謂年十四以下，詳襍守篇。**女子爲梯末之旗，**蘇云：「『梯』未詳，疑當作枯楊生稊之『稊』。」**弩爲狗旗，戟爲𦲷旗，**「𦲷」，疑即「旌」字。月令「季秋載旌旐」，淮南子時則訓「旌」作「𦰡」。「𦰡」、「𦲷」皆「旌」之譌。隸書「旌」或作「𢫏」，形相近。周禮司常九旗，「析羽爲旌」。畢云：「北堂書鈔引作『林旗』。」**劒盾爲羽旗，**蓋即司常九旗之「全羽爲旞」。**車爲龍旗，**畢云：「舊作『蘢』，据北堂書鈔改。車，彼作『輿』。」詒讓案：舊鈔本書鈔仍作「車」，與今本同。**騎爲鳥旗。**「騎」謂單騎，亦見號令篇。左傳昭二十五年「左師展將以公乘馬而歸」，孔疏云：「古者服牛乘馬，馬以駕車，不單騎也。至六國之時始有單騎，蘇秦所云『車千乘、騎萬

〔一〕「男」，原誤「童」，據畢沅刻本改。

匹』是也。曲禮云『前有車騎』者，禮記漢世書耳，經典無『騎』字也。劉炫謂此左師展欲共公單騎而歸，此騎馬之漸也。」案：單騎蓋起於春秋之季，而盛於六國之初，故此書及吴子並有之。**凡所求索，旗名不在書者，皆以其形名爲旗。城上舉旗，備具之官致財物，**句。**之足而下旗。**俞云：「下『之』字衍，文本作『足而下旗』，蓋城上舉旗，則備具之官各致其財物，既足而後下旗也。『之』字即『足』字之誤而複者，當删。」詒讓案：「之」當作「二」，即「物」之重文。「物足而下旗」，言致財物既足其城上之用，則偃下其旗也。

凡守城之法，石有積，樵薪有積，菅茅有積，茅，吴鈔本作「茆」。說文艸部云：「菅，茅也。」陸璣毛詩艸木疏云：「菅似茅而滑澤無毛，柔韌宜爲索。」茆、茅古字亦通。**雚葦有積，**說文艸部云「䕚，薍也」，「葦，大葭也」，雈部云「雚，小爵也」，音義並別。此「雚」當爲「䕚」，經典省作「萑」，或捝作「雚」，非是。周禮司几筵「萑席」，唐石經初刻亦誤作「雚」。**木有積，炭有積，沙有積，松柏有積，蓬艾有積，麻脂有積，金鐵有積，粟米有積，**王云：「『金鐵』當爲『金錢』，字之誤也。金錢、粟米，皆守城之要物，故並言之。若鐵則非其類矣。號令篇曰『粟米、錢金、布帛』，又曰『粟米、布帛、錢金』，襍守篇曰『粟米、布帛、金錢』，皆其證。太平御覽居處部二十引此正作『金錢』。」**井竈有處，**畢云：「通典守拒法云『城上四隊之間，各置八旗。若須木檁拯板，舉蒼旗；須灰炭稕鐵，舉赤旗；須檑木樵葦，舉黄旗；須沙石甎瓦，舉白旗；須水湯不潔，舉黑旗；須戰士鋭卒，舉熊虎旗；須戈戟弓矢刀劍，舉鷙旗；須皮氈麻鍱鍬钁斧鑿，舉雙兔。城上舉旗，主當之官隨色而供』，亦其遺法。」**重質有居，**畢云：「言居其妻子。」**五兵各有旗，節各有辨，**說文刀部云：「辨，判也。」凡符節判析其半，合之以爲信驗。荀子性惡篇云「辨合符驗」。周禮小宰「傳別〔一〕」，朝士「判書」，鄭注引故書「別」、「判」並作「辨」，聲義並相近。**法令各有貞，**廣雅釋詁云：「貞，正也。」又疑或爲「員」之譌。蘇云「『貞』爲『其』字之訛」，非。**輕重分數各有請，**請與誠通。**主慎道路者有經。**慎，循之叚字，謂循行道路也。周禮「體國經野」，鄭注云：「經，謂爲之里數。」

亭尉各爲幟，竿長二丈五，亭尉，即備城門篇之「帛尉」及迎敵祠篇之「百長」也。**帛長丈五，廣半幅者大。**畢云：「太平御覽引云『凡幟帛長五丈，廣半幅』。」案：史記高祖紀索隱引墨翟曰「幟帛長丈五，廣半幅」，一切經音義五云「墨子以爲長丈五尺、廣半幅曰幟也」，並即據此文，是唐本已如此，御覽不足據。後文城將幟五十尺，以次遞減至十五尺止，亭尉卑，自當丈五尺，不宜與城將等也。又「者大」，畢本據惠士奇禮説改爲「有大」，屬下「寇傅攻前池外廉」爲句。案：「者」字不誤，「大」當爲「六」，二字形近。下文「大城」，「大」又譌「六」，可互證。六即亭尉幟之數，蓋每亭爲六幟，以備寇警緩急舉踣之用。下文舉一幟至六幟，解如數踣之，並以六爲最多，故此先著其總數也。惠、畢並誤改其文，又失其句讀。**寇傅攻前池外廉，**廉，邊也，詳褋守篇。**城上當隊鼓三，舉一幟；到水中周，**周、州聲近通用，俗又作「洲」。説文川部云：「水中可居曰州，周遶其旁。」**鼓四，舉二幟；到藩，**吴鈔本作「蕃」。藩蓋池内厓岸，編樹竹木爲牆落。備城門篇云「馮垣外内，以柴爲藩」，即此。褋守篇云「牆外水中爲竹箭」，明水在外，牆在内矣。**鼓五，舉三幟；到馮垣，**蓋卑垣在外堞外者，詳備城門篇。**鼓六，舉四幟；到女垣，**「女垣」即

〔一〕「傳別」，原誤「傳別」，據周禮改。

堞，説文土部云：「堞，城上女垣也。」𨸏部云：「陴，城上女牆，俾倪也。」此女垣在馮垣内，大城外，蓋即號令篇之「女郭」，備城門篇之「外堞」也。備城門篇别有「内堞」。**鼓七，舉五幟；到大城，**畢云：「『大』舊作『六』，以意改，下同。」**鼓八，舉六幟；乘大城半以上，鼓無休。夜以火，如此數。寇卻解，輒部幟如進數，**畢云：「言數如此行之，寇去始解，輒部署幟如前也。」王引之云：「『部』讀爲踣，謂仆其識也。周官大司馬『弊旗』，鄭注曰：『弊，仆也。』仆、踣、部古字通。吕氏春秋行論篇引詩曰『將欲踣之，必高舉之』，踣與舉正相反。故寇來則舉識，寇去則踣識也。如進數者，如寇進之識數而遞減之。識之數以六爲最多，故寇進則自一而遞加之，寇退則自六而遞減之也。畢以『部』爲『部署』，失之，又誤解『如進數』三字。」案：王説是也。**而無鼓。**蘇云：「言夜以火代幟，鼓數同，寇退則無鼓也。」

城爲隆，長五十尺，「城爲隆」疑當作「城將爲絳幟」。「絳」、「降」、「隆」聲類並同。左成十八年傳「魏絳」，樂記孔疏引世本「絳」作「降」，是其證。此以「隆」爲「絳」，猶尚賢中篇以「隆」爲「降」也。「隆」下又脱「幟」字。周禮司常鄭注云：「凡九旗之帛皆用絳。」城將即大將，見號令篇，尊於四面四門之將，故幟高於彼十尺。**四面四門將長四十尺，**號令篇云「四面四門之將，必選擇之有功勞之臣及死事之後重者」。戴云「『將』疑『牆』字聲誤」，非。**其次三十尺，其次二十五尺，其次二十尺，其次十五尺，高無下四十五尺。**此「四」字衍。「高無下十五尺」，即冢上「長五十尺」以次遞減至此，爲極短也。

城上吏卒置之背，王引之云：「『卒』字涉下文『吏卒』而衍。下文卒置於頭上，則不得又置之背也。」又案頭上也、肩也、背也、胷也，皆識之所置也。説文：『徽，識也。以絳帛，箸於背。』張衡東京賦『戎士介而揚揮』，揮同徽，薛綜曰：『揮謂肩上絳幟。』皆其證。今不言識者，『城上吏』之上又有脱文耳。」案：王説是也。此置背等並謂吏卒所著小徽識，與上將旗不相冢。下文「城中吏卒民男女皆辨異衣章微，令男女可知」十八字，疑即此節首之脱文，傳寫誤錯著於彼，而此小徽識遂與上旗識淆掍不分矣。尉繚子經卒令説卒五章：前一行蒼章，置於首；次二行赤章，置於項；次三行黄章，置於胷；次四行白章，置於腹；次五行墨章，置於要。又兵教篇云：「將異其旗，卒異其章。左軍章左肩，右軍章右肩，中軍章胷前，書其章曰某甲某士。」此上文「五十尺」至「十五尺」，即謂將異旗，以下乃言卒異章之事。二書可互證。**卒於頭上，城下吏卒置之肩，**畢云：「舊作『眉』，據禮説改，下同。」**左軍於左肩，**畢云：「『左軍』舊作『在他』，據禮説改。」王云：「下當有『右軍於右肩』五字，而今本脱之。」案：吴鈔本亦作「在他」，道藏本作「在也」。以字形審之，疑當作「左施於左肩，右施於右肩」。**中軍置之胷。**畢云：「此俗字，當爲『匈』或『胷』。」**各一鼓，中軍一三。**未詳，疑當作「中軍三」，言鼓多於左右軍。「一」衍文。**每鼓三、十擊之，**三、十擊之，謂或三擊，或十擊，多少之數不過此也。號令篇云「中軍疾擊鼓者三」，又云「昏鼓鼓十，諸門亭皆閉之」。**諸有鼓之吏謹以次應之，當應鼓而不應，不當應而應鼓，**舊本作「不當應而不應鼓」，王云：「此當作『當應鼓而不應鼓，不當應鼓而應鼓』，今本上下二句皆脱一『鼓』字。」蘇云：「下句當云『不當應而應』，『不』字衍。」案：蘇校是也。道藏本、吴鈔本「應鼓」上正無「不」字，今據删。王校增字太多，未塙。末「鼓」字或當屬下讀。**主者斬。**畢云：「言罪其鼓主。」

道廣三十步，於城下夾階者各二，其井置鐵彏。於道之外畢云：「説文云：『彏，弓曲也。』」王引之云：「『弓曲』之義與『鐵』字不相屬，且井旁亦非置弓之處，竊謂『彏』乃『雍』字之譌。雍讀若甕，備城門篇云『百步一井，井十甕』，故曰『其井置鐵甕』。」爲屏，屏所以障圂。開元占經甘氏外官占：「甘氏云：天溷七星，在外屏南」，注云：「天溷，廁也。外屏所以障天溷也。」史游急就篇云：「屏廁清溷糞土壤。」三十步而爲之圜，亦當作「圂」。高丈。爲民圂，垣高十二尺以上。巷術周道者，説文行部云：「術，邑中道也。」「周道」詳備城門篇。言巷術通周道者。必爲之門，畢云：「『必』舊作『心』，以意改。」門二人守之，非有信符，勿行，不從令者斬。自「巷術周道者」至此，並與旗幟無涉，疑它篇之錯簡。

城中吏卒民男女，皆莳異衣章微，王引之云：「『莳』字義不可通，『莳』當爲『辨』，『辨異』二字連文。周官小行人曰『每國辨異之』。隸書『辨』字或作『嫋』，見漢李翕析里橋郙閣頌，因譌而爲『莳』。」王念孫云：「『衣章微』當作『衣章微職』。説文：『徽，識也。』墨子書『徽識』皆作『微職』，見號令、襍守二篇。章亦徽識之類也，故齊策云『變其徽章』，微亦與徽同。此言男女之衣章徽識皆有別也，故曰『皆辨異衣章微職，令男女可知』。且此篇以旗職爲名，則當有職字明矣。今本『辨』譌作『莳』，『微』下又脱『職』字，故義不可通。」案：王校是也。蘇引類篇曰「蔓，莳也」，非。令男女可知。此十八字疑當在上文「城上吏卒置之背」之首，錯簡在此。

諸守牲格者，牲格，蓋植木爲養牲闌格，守城藩落象之，因以爲名。備蛾傅篇云：「杜格貍四尺，高者十尺，木長短相雜，兑其上，而外內厚塗之。」疑亦即此。彼「杜格」當爲「柞格」，或此「牲」亦當作「柞」。「牲」、「杜」、「柞」形並相近。三出卻適，畢云：「却，玉篇云『卻字之俗』。」守以令召賜食前，「守」即號令篇之太守。「以令」亦屢見彼篇，言傳令來前賜食。予大旗，予，畢本以意改「矛」，屬上讀。蘇云：「予、與通用，畢誤。」署百户邑若他人財物，建旗其署，令皆明白知之，曰某子旗。尉繚子兵教上篇云：「乃爲之賞法，自尉、吏而下盡有旗，戰勝得旗者，各視其所得之爵，以明賞勸之心。」左哀十三年傳云：「彌庸見姑蔑之旗，曰：「吾父之旗也。」」牲格内廣二十五步，外廣十步，表以地形爲度。俞云：「『表』乃『衺』字之誤。備穴篇『鑿廣三尺，表二尺』，王氏訂『表』爲『衺』之誤，正與此同。」

靳卒，中教解前後左右，「靳」疑當作「勒」。尉繚子有勒卒令，漢書晁錯傳云：「士不選練，卒不服習，起居不精，動静不集，趨利弗及，避難不畢，前擊後解，與金鼓之音相失，此不習勒卒之過也。」蓋謂部勒兵卒，將居中而教其前後左右。「解」字疑誤。卒勞者更休之。休，舊本作「修」，今據吴鈔本、茅本正。

號令第七十

蘇云：「墨子當春秋後，其時海内諸國自楚、越外，無稱王者，故迎敵祠篇言『公誓太廟』，可證其爲當時之言。若號令篇所言令丞尉、三老、五大夫、太守、關内侯、公乘，皆秦時官，其號令亦秦時法，而篇首稱王，更非戰國以前人語，此蓋出於商鞅輩所爲，而世之爲墨學者取以益其書也。倘以爲墨子之言，則誤矣。」案：蘇説未塙，令丞尉、三老、五大夫等制並在商鞅前，詳篇中。

安國之道，道任地始，禮記禮器鄭注云：「道猶從也。」地得其任則功成，地不得其任則勞而無功。人亦如此，備不先具者無以安主，吏卒民多心不一者皆在其將長。言責在將與長也。諸

行賞罰及有治者，必出於公王〔二〕。畢云：「『公』舊作『功』，一本如此。」案：茅本亦作「公」，道藏本、吴鈔本並作「功」。此對上「將長」爲文，疑當作「王公」。下文云「出粟米有期日，過期不出者，王公有之」，是其證，傳寫誤倒耳。畢讀以「王」字屬下句，亦通。**數使人行勞，賜守邊城關塞、備蠻夷之勞苦者，舉其守率之財用有餘、不足，**「率」疑「卒」之誤。**地形之當守邊者，其器備常多者。邊縣邑，視其樹木惡，則少用；**言材木不足其用。**田不辟，**畢云：「闢假音字。」**少食；**田荒農惰，則食不足。**無大屋、草蓋，少用桑；**畢云：「言無大屋之處當留桑以爲蔭。一本作『乘』，非。」案：桑，道藏本、茅本竝作「桒」，俗「桑」字。説文艸部云：「蓋，苫也。」釋名釋宫室云：「屋以草蓋曰茨。茨，次也，次比草爲之也。」草蓋，謂以草蓋屋。「少用桑」當作「少車乘」。「乘」、「桒」形相近，「車」、「用」涉上而譌。言室惡民貧，則不能畜車乘馬牛也。畢沿誤爲説，殊謬。**多財，民好食。**下有脱誤。**爲内牒，**「牒」疑「堞」之誤。「内堞」見備城門篇。畢引説文云「牒，札也」，非此義。**内行棧，**亦見備城門篇。**置器備其上。城上吏、卒、養，**「養」即廝養之養。公羊宣七年何注云：「炊亨曰養。」蘇云「『養』謂糧食」，誤。**皆爲舍道内，各當其隔部。**吴鈔本作「步」。太白陰經司馬穰苴云：「五人爲伍，二伍爲部。」部，隊也。隔部，即城上吏卒什人所守分地，皆有隔以别其疆界。下云「人自大書版，著之其署隔」，則凡署皆有隔。**養什二人。**十人爲什，言每卒十人則有養二人。吉天保孫子集注引曹操云：「一車駕四馬，養二人，主炊，步兵十人。」亦十步

〔二〕「公王」，原作「王公」，據活字本改。按宣統本誤倒。

卒二養，與此略同。**爲符者曰養吏一人，**養吏，吏掌養爲符信者。**辨護諸門。**辨護，猶言監治也，亦見周禮大祝、山虞鄭注。山虞賈疏引尚書中候握河紀云「堯受河圖，稷辨護」，注云：「辨護者，供時用，相禮儀。」案：「辨」即今辨治字。漢書李廣傳顏注云：「護謂監視之。」此「養吏」「辨護諸門」，亦謂辨治監視諸守門之事，與中候注義小異。畢云：「『辨』即今辨字正文。」**門者及有守禁者皆無令無事者得稽留止其旁，**舊本重「稽」字，又「止」作「心」，道藏本、吴鈔本、茅本「稽」字並不重。畢云：「『心』當爲『必』，或衍一『稽』字。」王引之亦删「稽」，又云：「改『心』爲『必』，義仍不可通。『心』當爲『止』，言勿令無事者得稽留而止其旁也。隸書『止』、『心』相似，故『止』譌爲『心』。」案：王校是也，蘇説同，今據删正。倭刻茅本校云「心，一作『止』」，正與王校同。**不從令者戮。敵人但至，**但，茅〔二〕本作「伹」，从且，疑「且」字之誤。**千丈之城，**千，茅本作「十」，下文仍作「千」。襍守篇云「率萬家而城方三里」，此云「千丈」，爲方五里有奇，蓋邑城之大者。尉繚子守權篇云「千丈之城，則萬人守之」，戰國策趙策云「今千丈之城、萬家之邑相望也」，齊策亦云「千丈之城，拔之尊俎之間」。畢云「『千』當爲『十』」，失之。**必郭迎之，**舊本「迎」作「近」，畢云：「當爲『迎之』。」案：畢校是也，今據正。**主人利。不盡千丈者勿迎也，視敵之居曲**畢云：「言所居曲隘。」詒讓案：曲，部曲。又疑「與」之誤。**衆少而應之，此守城之大體也。其不在此中**

〔二〕「茅」，原誤「舊」，據活字本改。按孫注凡言「舊本」，均指所據之底本即畢沅刻本；凡言「茅本」，指日本寶曆七年翻刻茅本。字作「伹」者實爲寶曆本，即孫所謂「茅本」。

者，皆心術與人事參之。「心」疑當作「以」。凡守城者，以亟傷敵爲上，亟，舊本譌「函」，今據王校正，說詳魯問及備城門篇。畢云：「言扞禦傷敵。」其延日持久以待救之至，明於守者也，倭本校云：「『至』下脫『不』。」不能此，蘇云：「『不』疑當作『必』。」乃能守城。

守城之法，敵去邑百里以上，城將如今畢云：「當爲『令』。」王引之云：「如猶乃也。言敵人將至，城將乃今召五官百長而命之也。下文曰『輔將如今賜上卿』，與此文同一例，則『今』非『令』之譌。」案：畢說是也。此書軍吏，有城將，即大將；有輔將，即四面四門之將。地治之吏，有守，有令，有丞，有尉，有五官。凡守城之事，皆城將及守令主之，並詳後。如令猶言若令，下文「如今」亦「如令」之譌，王說失之。盡召五官及百長，五官，蓋都邑之小吏。周制，侯國有五大夫，因之都邑亦有五官。韓非子十過篇云趙襄子至晉陽，「行其城郭及五官之藏」，此即都邑之五官，殆如後世吏有五曹之類。後文吏有比丞、比五官，則五官卑於丞也。又左傳成二年晉軍帥之下，有司馬、司空、輿師、候正、亞旅。成十八年及晉語，悼公命官，別立軍尉，而無亞旅。成二十五年傳又謂之「五吏」。淮南子兵略訓說在軍五官，有司馬、尉、候、司空、輿，與晉制同。竊疑此「五官」亦與彼相類。後文有尉都司空候，或即五官之名與？亦詳節葬〔二〕篇。以富人重室之親，舍之官府，府，舊本譌作「符」，王引之云：「『符』當爲『府』，言舍富人重室之親於官府也。下文云『其有符傳者，善舍官府』，是其證。篇內言『官府』者多矣，若云『舍之官符』，則義不可通。此涉上下文諸『符』字而

〔二〕「葬」，原誤「喪」，據本書改。

誤。」案：王校是也，蘇説同，今據正。**謹令信人守衛之，謹密爲故。**俞云：「故猶事也。言務以謹密爲事也。備梯篇『以静爲故』，備穴篇『以急爲故』，義與此同。畢屬下讀，失之。」

及傅城，及傅，舊本譌作「乃傳」。畢云：「言守符謹密，必有故乃傳用也。」俞云：「『乃傳』當作『及傅』，字之誤也。上云『敵去邑百里以上』，此云『及傅城』，其事正相次。『傅』即『蛾傅』之『傅』，備蛾傅篇曰『遂以傅城』是也。畢不能訂正，而屬上『謹密爲故』讀之，殊不可通。」案：俞校是也，今據正。**守將營無下三百人，**「守」下道藏本、吴鈔本、茅本有「城」字。**四面四門之將，必選擇之有功勞之臣及死事之後重者，**蘇云：「重者，即重室子也。」**從卒各百人。門將并守他門，**謂他小門。**他門之上**畢云：「舊脱『門』字，以意增。」**必夾爲高樓，使善射者居焉。女郭、馮垣一人一人守之，**「女郭」即「女垣」，以其在大城之外，故謂之郭。釋名釋宫室云：「城上垣亦曰女牆，言其卑小，比之於城若女子之與丈夫也。」旗幟篇云：「到馮垣，鼓六，舉四幟；到女垣，鼓七，舉五幟。」蘇云：「『一人』疑誤重。」**使重室子。**室，舊本誤「字」。畢云：「言重家之字子，謂富家。」王云：「『重字子』即『重室子』之譌。」案：王校是也，蘇校同，今據正。「重室子」見備城門篇。**五十步一擊。**文選長楊賦李注引韋昭云：「古文隔爲擊。」此「擊」疑亦署隔之名。蘇云：「『擊』當作『樓』。」**因城中里爲八部，部一吏，**城内爲八部吏。**吏各從四人，以行衝術及里中。**畢云：「『衝』當爲『衝』，説文云：『通道也。春秋傳曰：及衝以戈〔二〕

〔二〕「戈」字原脱，據説文補。

擊之。』」詒讓案：此術〔二〕與旗幟篇「巷術」及後「術衢」義同，與備城門篇「衝術」異。**里中父老小不舉守之事及會計者，**「老小」上下疑有脱字。王引之云：「『父老』下不當有『小』字，蓋涉下文『老小』而衍。「舉」讀爲「吾不與祭」之「與」，與、舉古字通，謂里中父老不與守城及會計之事者。」案：王説亦通。蘇云「『小』當作『少』」，謂人少不敷用也」，非。**分里以爲四部，**此又於一里之中分之爲四部。**部一長，**每里四長。**以苛往來不以時行、**周禮射人鄭注云：「『苛』謂詰問之。」蘇云：「苛，譏訶也。」**行而有他異者，以得其姦。吏從卒四人以上有分者，**此即八部每部之吏也。王引之云：「『分』下當有『守』字，而今本脱之，則文義不明。分守，謂卒之分守者也。下文曰『男女老小先分守者，人賜錢千』，是其證。」**大將必與爲信符，大將使人行守，操信符，信不合及號不相應者，**蘇云：「號即夜間口號。」**伯長以上輒止之，**伯、百通，即上文「百長」。**以聞大將。**畢云：「告大將。」**當止不止及從吏卒縱之，皆斬。諸有罪自死罪以上，**舊本脱「以」字，今從王校補。**皆遝父母、妻子、同産。**舊本「遝」作「還」。王云：「『還』當爲『遝』」，謂罪及父母、妻子、同産也。下文云『歸敵者，父母、妻子、同産皆車裂』。」案：王校是也，今據正，説詳非攻下篇。

諸男女有守於城上者，疑當云「諸男子」，備城門篇云「守法：五十步，丈夫十人，丁女二十人，老小十人」，此「男子」即「丈夫」也。下文别云「丁女子」，則此不當兼有女，明矣。**什六弩、四兵。**蘇云：「十人爲什。兵，戎器

〔二〕按：「術」，據文義當作「衝術」。

也。言十人之中弩六而兵四之。」案：蘇說是也。六韜軍用篇云「甲士萬人，强弩六千，戟櫓二千，矛楯二千」，與此率正同。丁女子、老少，人一矛。蘇云：「丁女子，猶言丁女，見備城門篇。」

卒有驚事，驚讀爲警。文選歎逝賦李注云：「警猶驚也。」蘇云：「言猝有警急之報。」中軍疾擊鼓者三，城上道路、里中巷街，說文行部云：「街，四通道也。」皆無得行，行者斬。女子到大軍，令行者男子行左，女子行右，無並行，皆就其守，不從令者斬，離守者三日而一徇，畢云：「當爲『徇』。」衆經音義云：「『三倉云：徇，偏也。』」蘇云：「『而』字衍。」詒讓案：「而一」二字疑皆衍文，此二句皆冡上文而箸其刑，「不從令者斬」，即不從男行左女行右之令也。「離守者」，即不就其守者也，與下文「離守絶巷救火者斬」義同。但無故離守罪重於不從令者，故不惟斬之，且肆其尸三日，所謂「三日徇」也。義亦詳後。而所以備姦也。蘇云：「『而』字衍。」案：「而」乃「此」字之誤，非衍文。下文云「此所以勸吏民堅守勝圍也」，是其證。里缶與皆守宿里門，「里正」即上文「里長」，每里四人。「與皆守」疑當作「與有守者」，下文常見。畢云「當爲『與守皆』」，未塙。吏行其部，至里門，缶與開門內吏，蘇云：「『內』讀如納。」與行父老之守及窮巷幽閒無人之處。舊本無「幽」字。俞云：「『閒』上脫『幽』字，『幽閒』二字連文。明鬼篇作『幽澗毋人』，澗即閒之叚字。天志篇作『幽門無人』，『門』即『閒』之壞字。」案：俞說是也，今據增。姦民之所謀爲外心，罪車裂。畢云：「說文云『斬，截也。从車，从斤，斬法車裂也。』」案：周禮條狼氏「誓馭曰車轘」，鄭注云：「謂車裂也。」此刑與斬別，畢引說文未當。缶與父老及吏主部者不得，皆斬；得之，除，畢云：「舊脫『得』字，據下文增。」案：茅本『得』字不脫。又賞之黃金，人二鎰。鎰，二十四兩也，詳貴義篇。蘇云：「此連坐之法，唯得罪人，則除其罪，且有賞也。」大將使使人行守，「使人」當作「信人」，上云「謹令信人守衛之」，下云「大將使信人將左右救之」，皆其證。長夜五循行，蘇云：「循、徇通用。」短夜三循行。四面之吏亦皆自行其守，如大將之行，不從令者斬。

諸竈必爲屏，畢云：「舊『必』作『火』，『屏』作『井』，據藝文類聚改。」火突高畢云：「火，藝文類聚引作『心』。『突』或『窔』字，説文云：『窔，竈窔〔一〕。从穴，从火，从求省。』玉篇有『堗』字，徒忽切，云：『竈堗。魯仲連子：竈而五堗也。』未詳堗、突誰是。案：突、囱音相近，今人猶呼火窗爲煙囱，疑突義爲强。」案：説文本云：「突，竈突。」廣雅釋室云：「竈窻謂之堗。」堗、突字同，與窔別。畢説非。出屋四尺，慎無敢失火，畢云：「今江浙人家有高墻出屋如屏，云以障火，是其遺制。」失火者斬其端，失火以爲事者畢云：「言因事端以害人，若今律故犯。」詒讓案：端，似言失火所始。「以爲事者」，據下文當作「以爲亂事者」，此脱「亂」字。車裂。伍人不得，斬；伍，吴鈔本、茅本作「五」，下並同。畢云：「言同伍不舉，罪之。」得之，除。救火者無敢讙譁，畢云：「説文云『讙』、『譁』轉注。」及離守絶巷救火者斬。畢云：「絶，言亂。」蘇云：「言守絶巷者毋得擅離，蓋防他變也。」案：蘇説非。其缶及父老有守此巷中部吏，皆得救之。「此」當作「者」，二字草書相似，因而致誤。部吏，即城中八部部一吏，官尊於里正。或有適居是巷者，亦得救之。部吏亟令人謁之大將，畢云：「『部吏』二

〔一〕「窔」字原誤重，據説文删。

字舊倒，據下移。」案：吴鈔本不倒。亟，舊本譌「函」，今據茅本正，王校同。蘇云：「『人』乃『入』之誤。」案：「人」字不誤。**大將使信人將左右救之，部吏失不言者斬。諸女子有死罪及坐失火皆無有所失，逮其以火爲亂事者如法。**漢書淮南厲王長傳顔注云：「逮，追捕之也。」**圍城之重禁。**以上備火之禁。

敵人卒而至，蘇云：「卒、猝同。」**嚴令吏民無敢讙囂、三最並行、**王引之云：「『最』當爲『冣』，冣與聚通，謂三人相聚，二人並行也。說文：『冣，積也。』徐鍇曰：『古以聚物之聚爲冣。』冣與最字相似，故諸書中『冣』字多譌作『最』。」案：王說是也。蘇云「『三最』乃『無敢』二字之訛」，失之。**相視坐泣流涕、若視舉手相探、**說文手部云：「探，遠取之也。」**相指相呼、相麾**道藏本、吴鈔本、茅本作「曆」。畢云：「舊作『歷』，以意改。」詒讓案：詩大雅無羊云「麾之以肱」，說文手部云：「麾，旌旗所以指麾也。」麾，俗摩字。然作「歷」義似亦可通，廣雅釋詁云：「歷，過也。」又莊子天地篇云「交臂歷指」，亦足備一義。**相踵、**說文止部云：「歱，跟也。」「踵」即「歱」借字。謂以足跟相躡也。**相投**說文手部云：「投，擿也。」**相擊、相靡以身及衣、**謂以身及衣相切靡。莊子馬蹄篇「喜則交頸相靡」，釋文：「李云：『靡，摩也。』」易繫辭「剛柔相摩」，韓注云：「相切摩也。」靡、摩字同。**訟駮言語，**畢云：「說文云：『駮，獸如馬。』『駁，馬色不純。』據此義當爲『駁』。」**及非令也而視敵動移者，斬。伍人不得，斬；得之，除。**尉繚子伍制令云：「伍有干令犯禁者，揭之，免於罪。知而弗揭，全伍有誅。」又云：「吏自什長以上至左右將，上下皆相保也，有干令犯禁者，揭之，免於罪。知而弗揭者，皆與同罪。」**伍人踰城歸敵，伍人不得，斬；與伯歸敵，隊吏斬；**伯，百人也。隊吏，即上文之「伯長」、「百長」。**與吏歸敵，隊將斬。**隊將，即四面四門之將。**歸敵者，父母、妻子、同産皆車裂；先覺之，除。**蘇云：「言先覺察者，除其罪也。」**當術**畢云：「説文云：『術，邑中道也。』」案：術、隧通作。「當〔二〕術」即備城門篇之「當隊」，謂當敵攻城之道也。下云「却敵於術」同，畢説非。**需敵，**需，吴鈔本作「舒」。「需」讀爲懦，考工記輈人「馬不契需」，鄭衆注云：「需讀爲畏需之需。」需敵，謂却〔三〕敵也。蘇云「需，待也」，非。**離地，斬。**畢云：「言離其所。」**伍人不得，斬；得之，除。**

其疾鬬却敵於術，敵下終不能復上，疾鬬者隊二人賜上奉。畢云：「玉篇云：『俸，房用切，俸禄也。』此作『奉』，古字。」**而勝圍，**戴云：「『而』讀爲如，『如勝圍』句。」**城周里以上，封城將三十里地爲關内矦，**畢云：「韓非子顯學云『關内之矦雖非吾行，吾必使執禽而朝』，史記春申君列傳黄歇上書云『韓必爲關内之矦』，又云『魏亦關内矦』，則戰國時有關内矦也。」詒讓案：戰國策魏策「王與竇屢關内矦」。漢書百官公卿表：秦制賞功勞爵二十級，十九關内矦，顔注云：「言有矦號而居京畿，無國邑。」**輔將如令賜上卿，**令，舊本誤「今」。蘇云：「輔將，城將之次者，猶裨將也。『今』當爲『令』。」案：蘇説是也，今據正。輔將，即上文四面四門之將也。漢書百官表：縣令長皆秦官，皆有丞尉。史記商君傳云「集小都鄉邑聚爲縣，置令丞」，秦本紀在孝公十二年。國策趙策載趙受

〔二〕「當」字原脱，據活字本補。

〔三〕按：正文「需敵」，孫注讀需爲懦，是「需敵」爲畏敵之意，注云「謂却敵」，「却」疑是「怯」之誤。却敵是退敵、抵敵之意，非畏敵之謂。

上黨千户，封縣令。則縣有令蓋七國之通制矣。**丞及吏比於丞者賜爵五大夫，**漢書百官表「秦爵：九，五大夫」，顔注云：「大夫之尊也。」呂氏春秋直諫篇，荆文王時有五大夫〔一〕。戰國策趙、魏、楚策亦並有之，則非秦制也。**官吏、豪傑與計堅守者，**畢云：「二字舊倒，以意改。」**十人及城上吏比五官者，**蘇云：「『十人』疑『士人』之訛。」案：蘇説是也。下文云「諸人士外使者來，必令有以執將」，「士人」即「人士」也。城上吏，蓋即百尉之屬，上云「盡召五官及百長」。**皆賜公乘。**漢書百官表「秦爵：八，公乘」，顔注云：「言其得乘公家之車也。」**男子有守者爵，人二級，**九章算術衰分篇劉注云「墨子號令篇以爵級爲賜」，蓋即指此文。**女子賜錢五千，**此亦謂有守者。**男女老小先分守者人賜錢千，**「先」當作「無」。説文「無」古文奇字作「无」，與「先」相似，因而致誤。「無分守者」，與上文「有守者」正相對。以其本無分守，故止人賜錢千，與上有守者男子賜爵、女子賜錢五千，輕重異也。**復之三歲，無有所與，不租税。**漢書高帝紀「蜀漢民給軍事勞苦，復勿租税二歲」，顔注云：「復者，除其賦役也。」紀又云「過沛，復其民，世世無有所與」，注云：「與讀曰豫。」**此所以勸吏民堅守勝圍也。**

吏卒侍大門中者，此謂城將所居大門。**曹無過二人。**襍守篇云「守大門者二人，夾門而立」。畢云：「説文云：『曹，獄之兩曹也。在廷東，从棘。治事者，从曰。』案即兩造，『造』、『曹』音近。而蜀志杜瓊曰『古者名官職不言曹，始自漢以來名官盡言曹，吏言屬曹，卒言侍曹』，非也。」**勇敢爲前行，伍坐，**蘇云：「謂五人並坐。」**令各**

〔一〕按：孫注舉荆文王事，見呂氏春秋長見篇，非直諫篇。

知其左右前後。擅離署，戮。門尉晝三閱之，說苑尊賢篇「宗衛相齊罷歸，召門尉田饒等二十有七人而問焉」，漢書高祖功臣侯表有「門尉郁跖」，蓋亦沿戰國之制。尉，吴鈔本作「衛」，誤。莫，畢云：「說文云：『莫，日且冥也。』」鼓擊門閉一閲。守時令人參之，上逋者名。蘇云：「參猶驗也。逋，謂離署者。」鋪食皆於署，畢云：「此『鋪食』字義當作『餔』，說文云：『餔，日加申時食也。』」不得外食。蘇云：「言不得離署而他食也。」守必謹微察視謁者、國策齊策「王斗見齊宣王，宣王使謁者延入」，漢書百官公卿表「謁者，掌賓贊受事」，應劭云：「謁，請也，白也。」孫子用間篇云「必先知其守將、左右、謁者、門者、舍人之姓名」。執盾、漢書惠帝紀注：「應劭云：執楯，親近陛衛也。」高祖功臣侯表有執盾閻澤赤、繒賀、孔藂、某襄、張説。中涓史記高祖功臣侯表集解引漢儀注云：「天子有中涓，如黄門，皆中官者。」國語吴語「涓人疇」，韋注云：「涓人，今中涓也。」史記楚世家作「鋗人」，韋昭云：「今之中涓是。」說苑奉使篇云「緤北犬敬上涓人」，史記萬石君傳正義：「如淳云：中涓，主通書謁出入命也。」漢書陳勝傳「故涓人將軍吕臣爲蒼頭軍」，注：「應劭云：『涓人，如謁者。』」曹參傳顏注云：「中涓，親近之臣，若謁者、舍人之類。涓，潔也，主居中掃潔也。」及婦人侍前者侍，舊本譌「待」。蘇云：「『待』當作『侍』。」是也，今據正。志意、顔色、使令、言語之請。蘇云：「請讀如情。」及上飲食，必令人嘗，皆非請也，擊而請故。蘇云：「上句『請』讀如情，下句如字，謂詰問也。」詒讓案：「皆」疑「若」之誤。末句當作「繫而詰故」，謂囚繫而詰問其事故也。守有所不説吴鈔本、茅本作「悦」。謁者、執盾、中涓及婦人侍前者，守曰斷之、斷即斬也，詳迎敵祠篇。

衡之，衡與撞通，說文手部云：「撞，丮〔一〕擣也。」若縛之，不如令及後縛者，皆斷。必時素誡之。必，吴鈔本作「不」。諸門下朝夕立若坐，各令以年少長相次，旦夕就位，先佑有功有能，畢云：「『佑』舊作『佔』，非。此『右』字，俗加人。」其餘皆以次立。五日，官各上喜戲、居處不莊、好侵侮人者一。此謂察諸門下侍從吏人之事，然五日既太疏闊，「喜戲、居處不莊、好侵侮人者」又不宜限以人數，於文義終難通。疑當作「日五閱之，各上喜戲、居處不莊、好侵侮人者名」。「閱」與「官」艸書相近，「日五」誤倒，下脫「之」字，「名」又譌作「一」。襍守篇說「守大門者二人」，「吏日五閱之，上逋者名」，是其證也。

諸人士外使者來，必令有以執將。謂旗章符節之屬。畢云：「『令』舊作『合』，以意改。」將，依義當爲『〔爿+手〕』。」出而還。若行縣，必使信人先戒舍室，乃出迎，門守乃入舍。「門」當爲「聞」，言先告守將乃入舍也。下文云「候以聞守」，是其證。爲人下者常司上之，畢云：「『司』即伺字。」王引之云：「司，古伺字也。之讀爲志。墨子書或以「之」爲「志」字，見天志中、下二篇。言爲人下者，常伺察上人之志，隨之而行也。」蘇云：「司上之，當言『伺上所之』。」隨而行，松上不隨下。王引之云：「『松』讀爲從。學記『待其從容』，鄭注『從或爲松』，是其例也。言從上不隨下也。」必須□□隨。

客卒守主人，及以爲守衛，主人亦守客卒。客卒，謂外卒來助守者。主人，謂内人爲守卒者。二者使

〔一〕「丮」原誤「凡」，據說文改。丮擣，猛擊，此處指笞撻之刑。

互相守察，防其爲姦謀也。」**城中戍卒，其邑或以下寇，謹備之，數録其署，**漢書董仲舒傳顏注云：「録，謂存視之也。」蘇云：「此即『守客卒』之事。蓋戍卒之入衛者，或其鄉邑已爲敵人所取，則必謹防其卒，恐生内變也。以、已通用。」**同邑者，弗令共所守。與階門吏爲符，**階吏，即迎敵祠篇所云「城上當階有司守之」是也。**符合入，勞；**入，舊本作「人」，今據道藏本正。**符不合，牧，守言。**蘇云：「『牧』當作『收』，謂收治之。」案：蘇校是也，此當作「收，言守」，謂收而告之守也。後云「亟以疏傳言守」。**若城上者，**城上，吴鈔本、茅本作「上城」。**衣服他不如令者。**下有脱文。

宿鼓在守大門中，周禮脩閭氏鄭衆注云：「宿，謂宿衞也。」謂夜戒守之鼓。**莫，令騎若使者、操節閉城者皆以執毚。**此字誤，前耕柱篇「白若之龜」，「龜」舊本作「毚」。疑此亦當爲「龜」之譌。但「執龜」義亦難通，疑當作「執圭」。説文土部云：「楚爵有執圭。」「圭」、「龜」音相近而譌。此謂使操節閉城者，必以有爵者，亦慎重其事也。**昏鼓鼓十，諸門亭皆閉之，**蘇云：「上云『莫，鼓擊門閉』，即此。」**行者斷，必擊問行故，**「擊」亦「繫」之誤。**乃行其罪。晨見，掌文鼓縱行者。諸城門吏各入請籥，開門已，輒復上籥。**蘇云：「籥同鑰。」詒讓案：説文門部作「闟」。月令鄭注云：「管籥，搏鍵器也。」孔疏云：「管籥以鐵爲之，似樂器之管籥，搢於鏁内以搏取其鍵也。」周禮司門「掌授管鍵，以啓閉國門」，鄭司農注云：「管，謂籥也；鍵，謂牡。」**有符節，不用此令。寇至，樓鼓五，有周鼓，**有讀爲又，言樓鼓五下，又周偏鼓以警衆也。**雜小鼓乃應之。**尉繚子勒卒令云：「商，將鼓也。角，帥鼓也。小鼓，伯鼓也。」**小鼓五，後從軍，斷。命必足畏，賞必足利，令必行，令出**

輒人隨，省其可行、不行。人，舊本譌「入」，今據道藏本、吴鈔本、茅本正。「可」字疑衍，言凡出令必以人隨，而省察其行不行也。號，句。夕有號，備梯篇云「以號相得」。倭本校云：「夕，一作『名』。」失號，斷。句。爲守備程而署之曰某程，蘇云：「程，式也。」置署街街衢階若門，當作「術街衢」，後文云「屯陳垣外術衢街皆樓」。蘇云「『街』字誤重」，非。令往來者皆視而放。蘇云：「放，依倣也。」詒讓案：「放」疑當爲「知」。諸吏卒民有謀殺傷其將長者，與謀反同罪，有能捕告，賜黄金二十斤，謹罪。非其分職而擅取之，「取之」舊本倒。王引之云：「『擅之取』當爲『擅取之』，與『擅治爲之』對文，今『取之』二字倒轉，則文不成義。」案：王校是也，蘇校同，今據乙正。若非其所當治而擅治爲之，斷。諸吏卒民非其部界而擅入他部界，輒收，畢云：「舊作『牧』，以意改。」以屬都司空若候，漢書百官公卿表「宗正屬官有都司空令丞」，如淳云：「都司空，主水及罪人。」説文㹜部云「獄，司空也」，復説獄司空。」此候爲小吏，與後「候敵」之「候」異。都司空、候，疑即五官之二，説詳前。候以聞守，不收而擅縱之，斷。能捕得謀反、賣城、踰城敵者一人，畢云：「當作『歸敵』，脱『歸』字。」以令爲除死罪二人，城旦四人。漢書惠帝紀注：「應劭云：『城旦者，旦起行治城，四歲刑也。』」反城事父母去者，「事」疑當爲「弃」。去者之父母妻子。王云：「此下有脱文，不可考。」

悉舉民室材木、瓦若藺石數，瓦，舊本誤「凡」。王引之云：「『凡』字義不可通，『凡』當爲『瓦』，字之誤也。隸書『瓦』字作『𠘨』，與『凡』相似。若猶及也，與也。謂民室之材木、瓦及藺石也。『材木』、『瓦』、『藺石』，即備城門篇之『材木』、『瓦石』、『藺石』，又見襍守篇。漢書鼂錯傳曰『具藺石，布渠荅』。」案：王說是也，今據正。漢書鼂錯傳注：「服虔云：『藺石，可投人石。』如淳云：『藺石，城上雷石也。』」李廣傳作「壘石」。說文㫃部云：「旝，建大木，置石其上，發以機，以槌敵。」**署長短小大，當舉不舉，吏有罪。諸卒民居城上者，**卒，茅本作「率」。案：上當有「吏」字。**各葆其左右，**葆，吳鈔本作「保」。**左右有罪而不智也，**畢云：「智同知。」**其次伍有罪。若能身捕罪人若告之吏，皆構之。**顧云：「『構』讀爲購，說文：『購，以財有所求也。』」蘇云：「構與購同，謂賞也。」**若非伍而先知他伍之罪，皆倍其構賞。**

城外令任，城內守任。言城外內，守與令分任之。「令」即縣令，「守」即太守也。**令、丞、尉，亡，得入當，**凡守人亡，其所司令、丞、尉當受譴罰者，使得別入當以自贖，即下云「必取寇虜」是也。尉繚子束伍令云：「亡伍而得伍，當之；得伍而不亡，有賞；亡伍不得伍，身死家殘。」又說「亡長得長，當之」，「亡將得將，當之」。彼法，本伍亡而得別伍之人，則相抵當免其罪。亡長、亡將亦然。與此入當之法小異而大同。**滿十人以上，令、丞、尉奪爵各二級；百人以上，令、丞、尉免，以卒戍。**蘇云：「言免官而遣戍。」**諸取當者，**蘇云：「當，謂其值足以相抵也。」**必取寇虜，乃聽之。**

募民欲財物粟米以貿易凡器者，「以」字疑當在「欲」字下。**卒以賈予。**蘇云：「賈、價同。言平其值也。」詒讓案：此當作「以平賈予」。襍守篇云「皆爲置平賈」，可證。「平」，與隸書「卒」或作「卆」相近而誤，今本又到其文，遂不可通。**邑人知識、昆弟有罪，雖不在縣中而欲爲贖，若以粟米、錢金、布帛、他財物免出者，令許之。**

傳言者十步一人，稽留言及乏傳者，斷。蘇云：「稽留，謂不以時上聞。乏傳，不爲通也。」諸可以便事者，亟以疏傳言守。亟，舊本誤「函」，下同，今並據茅本正，王校同。漢書蘇武傳顔注云：「疏，謂條録之。」蘇云「函，謂封進，防漏洩也」，非。吏卒民欲言事者，亟爲傳言，請之吏，稽留不言諸者，斷。畢云：「『諸』當爲『請』。」

縣各上其縣中豪傑若謀士、居大夫畢云：「其大夫之家居者。」俞云：「『居』乃『若』字之誤。若謀士、若大夫，猶言或謀士、或大夫也。秦爵有大夫，有官大夫，有公大夫，有五大夫，是民間賜爵至大夫者多矣，上不能悉知，故使縣各上其名也。上文『關内侯』、『五大夫』、『公乘』之名，悉如秦制，則此所謂『大夫』者，非必如周官之大夫也。」案：畢說近是。重厚口數多少。畢云：「重厚，言富厚。」

官府城下吏卒民家，家，吴鈔本、茅本作「皆」。前後左右相傳保火。火發自燔，說文火部云：「燔，爇也。」燔曼延燔人，謂延燒他人室。蘇云：「曼同蔓。」案：說文又部云：「曼，引也。」廴部云：「延，行也。」糸部云：「綂，絲曼延也。」是「曼延」字古止作「曼」，蘇說非。此「燔人」對「自燔」爲文，止謂延燒他人室廬。畢讀「燔曼延」爲句，「燔人」爲句，則似以「燔人」爲傷人，亦非是。斷。句。諸以眾彊凌弱少及彊奸人婦女畢云：「玉篇云：『奸同姦，俗。』」案：吴鈔本作「强奸」。以讙譁者，皆斷。

諸城門若亭，謹候視往來行者符，符傳疑，周禮司關有「節、傳」，鄭注云：「傳，如今移過所文書。」釋名釋書契云：「過所或曰傳。傳，轉也，轉移所在〔二〕，執以爲信也。」崔豹古今注云：「凡傳皆以木爲之，長五寸，書符信於上，又以一板封之，皆封以御史印章，所以爲信也。」未知周制同否。疑，謂疑其矯僞也。若無符，皆詣縣廷言，廷，舊本誤「延」，今據茅本正。説文廴部云：「廷，朝中也。」縣廷，令所治。後漢書郭太傳李注引風俗通云：「廷，正也，言縣廷、郡廷、朝廷皆取平均正直也。」請問其所使；「請」亦當爲「詰」。其有符傳者，善舍官府。其有知識、兄弟欲見之，爲召，勿令里巷中。蘇云：「『令』下脫『入』字。」三老、守閭「三老」詳備城門篇。令厲繕夫爲荅。當作「令繕厲矢爲荅」。襍守篇云「藺石、厲矢諸材」，可證。説文厂部云：「厲，旱石也。」書禹貢孔疏引鄭注云：「礪，磨刀刃石也。」若他以事者微者，不得入里中。蘇云：「此句有錯誤，當作『若以他事徵者，不得入里中』。」三老不得入家人。「家人」疑到，或作「入家」。入家，謂入平民家也。傳令里中有以羽，蘇云：「『有』當作『者』。」羽在三所差，家人各令其官中，倭本校云：「官，一作『家』。」蘇云：「『三』下當脫『老』字，而『差』字即『老』字之訛，誤倒也。『官』當作『宮』。」失令若稽留令者，斷。家有守者治食。吏卒民無符節而擅入里巷官府，吏、三老、守閭者失苛止，畢云：「言不訶止之。舊作『心』，以意改。」皆斷。

諸盜守器械、財物及相盜者，直一錢以上，皆斷。吏卒民各自大書於傑，傑，吳鈔本作「桀」。案：備蛾傳篇亦作「桀」。洪云：「傑，古通作楬字。周禮職幣『皆辨其物，而奠其錄，以書楬之』，鄭注：『楬之，若今時爲書

〔二〕「在」，原誤「求」，據釋名釋書契改。按釋名原文次序與此引文稍異。

以著其幣。』傑、楬義同。」蘇云：「『傑』疑『隔』字之訛，下言『著之其署隔』是也。」案：洪說是也，「傑」即桀叚字。爾雅釋宮云「雞棲於弋爲傑」，傑即桀之俗。桀與楬通。詳備蛾傅篇。蘇說非。著之其署同，同，當從下文作「隔」。蘇云「『同』疑『伺』字之訛」，非。守案其署，擅入者，斷。城上日壹發席蓐，「日」上疑脫「三」字，後云「葆宮三日一發席蓐」。爾雅釋器云「蓐謂之茲」，郭注云：「蓐，席也。」令相錯發。蘇云：「言互相稽察。」有匿不言人所挾藏在禁中者，斷。

吏卒民死者，輒召其人與次司空葬之，「次司空」詳襍守篇。勿令得坐泣。傷甚者令歸治病，家善養，予醫給藥，賜酒日二升、肉二斤，令吏數行閭，視病有瘳，畢云：「說文云：『瘳，疾瘉也。』」輒造事上。謂病瘳即造守所共役也。詐爲自賊傷以辟事者，畢云：「辟同避，言詐爲廢疾以避事。」族之。謂夷三族。詳後。事已，守使吏身行死傷家，舊脫，今據道藏本、吳鈔本、茅本增。臨戶而悲哀之。

寇去事已，塞禱。史記封禪書「冬塞禱祠」，索隱云：「塞與賽同。賽，今報神福也。」漢書郊祀志顏注云：「塞，謂報其所祈也。」管子禁藏篇云「塞久禱」。韓非子外儲說右上篇云：「秦襄王病，百姓爲之禱。病愈，殺牛塞禱。」畢云：「『塞』即賽正文。」守以令益邑中豪傑力鬬諸有功者，畢云：「『益』字疑衍。」蘇云：「『益』字誤，或當爲『賞』。」案：畢、蘇說非。益，猶言加賞也。商子境內篇云：「能得爵首一者〔一〕，賞爵一級，益田一頃，益宅九畝。」必

〔一〕按：「能得爵首一者」，清嚴萬里校本商君書（即通行二十二子本）如此。明范欽本（即四部叢刊本）等「爵首」均作「甲首」，是。又「者」字本書原引誤「首」，據商君書各本改。

身行死傷者家以弔哀之，身見死事之後。城圍罷，主亟發使者往勞，亟，舊本亦譌「函」，今據茅本正，王校同。蘇云：「『勞』讀去聲，謂慰問也。」舉有功及死傷者數，使爵禄，「使」下疑脱一字。守身尊寵，明白貴之，令其怨結於敵。

城上卒若吏各保其左右，保，上下文皆作「葆」，此當同。若欲以城爲外謀者，父母、妻子、同産皆斷。左右知，不捕告，皆與同罪。蘇移此二十六字著「城下里中家人皆相葆，若城上之數」二句下，今案不必移，蘇校非是。城下里中畢云：「『里』舊作『理』，以意改。」家人皆相葆，若城上之數。有能捕告之者，封之以千家之邑；若非其左右及他伍捕告者，及，道藏本、吴鈔本、茅本並作「乃」，亦通。封之二千家之邑。

城禁：使、卒、民不欲寇微職和旌者，斷。「使」當爲「吏」，「吏卒」上文常見。「不」當爲「下」。言吏卒民在城上者，不得擅下也。「欲」疑「效」之誤。「微職」即「徽識」之借字，詳後。和旌，謂軍門之旌。周禮大司馬職云「以旌爲左右和之門」，鄭注云：「軍門曰和，今謂之壘門，立兩旌以爲之。」孫子軍争篇云「交和而舍」，曹注云「軍門曰和門」。不從令者，斷。非擅出令者，斷。蘇云：「『非擅』當作『擅非』。」失令者，斷。倚戟縣下城，下，舊本譌作「不」。蘇云：「『不』疑當作『下』。」案：蘇校是也，今據正。「倚戟縣下城」，言下城不由階陛，倚戟縣身以下也。上下不與衆等者，斷。無應而妄讙呼者，斷。而，茅本作「爲」。總失者，斷。「總」疑當爲「縱」。縱失，謂私縱罪人也。譽客内毀者，斷。畢云：「言稱敵而自毀，以其惑衆。」離署而聚語者，斷。聞城鼓聲而伍，後上署者，斷。人自大書版，著之其署隔，畢云：「舊作『鄗』，以意改。」詒讓案：說文自部云：「隔，障也。」署隔，蓋以分別署之界限者。守必自謀其先後，「謀」字誤，襍守篇又云「令掘外宅林，謀多少」，「謀」疑皆爲「課」之誤。非其署而妄入之者，斷。離署左右，共入他署，左右不捕，挾私書，行請謁及爲行書者，釋守事而治私家事，卒民相盜家室、嬰兒，皆斷無赦。人舉而藉之。藉與籍通。無符節而橫行軍中者，斷。客在城下，因數易其署而無易其養。謂厮養，詳備城門篇。譽敵少以爲衆，亂以爲治，敵攻拙以爲巧者，斷。客、主人無得相與言及相藉，蘇云：「藉猶借也。」客射以書，無得譽，無，吳鈔本作「毋」。俞云：「『譽』當作『舉』，字之誤也。下文曰『禁無得舉矢書』。」案：俞校是也。蘇云「『譽』即譽敵也」，非。外示內以善，無得應，不從令者，皆斷。禁無得舉矢書若以書射寇，犯令者父母、妻子皆斷，身梟城上。畢云：「說文云：『県，到首也。賈侍中說，此斷首到縣県字。』今多用梟者，說文云『梟，从鳥頭在木上』，義亦通。」有能捕告之者，賞之黃金二十斤。非時而行者，唯守及摻太守之節而使者。漢書百官公卿表：「郡守，秦官，景帝中二年更名太守。」國策趙策說韓靳黈、趙馮亭，並云太守。吳師道謂當時已有此稱，以此書證之，信然。畢云：「史記趙世家云『孝成王令趙勝告馮亭曰：敝國君使勝〔一〕

〔一〕「勝」字畢引原脱，據史記趙世家補。

致命，以萬户都三封太守，千户都三封縣令』，正義云：『爾時未合言太守，至漢景帝始加太守。此言「太」，衍字。』沅案：此書亦云太守，則先秦時已有此官，張守節言衍字，非也。『摻』即『操』異文，廣雅云『摻，操也』，以爲二字，非。言行不以時，唯守者及操節人可，餘皆禁之。」

守入臨城，入，舊本作「人」，今據茅本正。下文云「守入城，先以候爲始」。必謹問父老、吏大夫，請有怨仇讎不相解者，「請」當爲「諸」。召其人，明白爲之解之。周禮地官調人鄭衆注云：「今二千石，以令解仇怨，後復相報，移徙之。」是漢以前有吏以令爲民解怨之法。守必自異其人而藉之，藉亦與籍通，即襍守篇所云「札書藏之」也。蘇云：「藉，謂記其姓名也。」孤之。畢云：「『孤』舊作『狐』，以意改。」詒讓案：謂不得與其曹伍相聚而處，皆防其爲亂。有以私怨害城若吏事者，父母、妻子皆斷。其以城爲外謀者，三族。畢云：「史記云『秦文公二十年，法初有三族之罪』，然家語云『宰予與田常之亂，夷三族』，楚世家云『銷人曰：新王下〔一〕法，有敢饟王、從王者，罪及三族』，酷吏列傳云『光禄徐自爲曰：古有三族』，則知三族是古軍法，非始於秦。」有能得若捕告者，以其所守邑小大封之，守還授其印，尊寵官之，令吏大夫及卒民皆明知之。豪傑之外多交諸侯者，常請之，說文言部云：「請，謁也。」令上通知之，善屬之，所居之吏上數選具之，「選」讀爲饌。廣雅釋詁云：「饌，具也，食也。」蘇云：「具，謂供具。」令無得擅出入，連質之。謂質其親屬

〔一〕「下」字畢引原脱，據史記楚世家補。

也。術鄉長者、父老、豪傑之親戚父母、妻子，王引之云：「『父母』二字，皆後人所加也。古者謂父母爲親戚，故言親戚則不言父母，後人不達，故又加『父母』二字耳。篇内言父母妻子者多矣，皆不言親戚。下文有『親戚妻子』，則但言親戚而不言父母，是親戚即父母也。」案：王說是也。必尊寵之。若貧人食此字衍，或當爲「貧乏食」，亦通。不能自給食者，上食之。及勇士父母親戚、妻子，王亦以「父母」二字爲後人所加，是也。皆時酒肉，王云：「『酒肉』上當有『賜』字，而今本脱之，則文義不明。下文曰『父母、妻子皆同其宮，賜衣食酒肉』，是其證。」必敬之，舍之必近太守。守樓臨質宮而善周，「質宮」即下「葆宮」。畢云：「質宮，言質人妻子之處。守樓臨之，所以見遠，必周防之也。古者貴賤皆謂之宮。」必密塗樓，令下無見上，上見下，下無知上有人無人。

守之所親，舉吏貞廉忠信、無害可任事者，「舉」當讀爲與。史記蕭相國世家「以文無害，爲沛主史掾」，集解：「漢書音義云：文無害，有文無所枉害也。律有無害都吏，如今言公平吏。一曰無害者，如言無比，陳留閒語也。」索隱：「應劭云：雖爲文吏，而不刻害也。韋昭云：爲有文理無傷害也。」漢書蕭何傳作「文毋害」，顔注：「服虔云：爲人解通無嫉害也。蘇林云：無害，若言無比也。一曰：害，勝也，無能勝害之者。師古云：害，傷也，無人能傷害之者。」案：「無害」又見史記、漢書酷吏趙禹、張湯、減宣、杜周諸傳及續漢書郡國志，衆說舛異，通校諸文，當以漢書音義「公平吏」之義爲是，續漢書劉注說亦同。其飲食酒肉勿禁。錢金、布帛、財物各自守之，慎勿相盜。葆宮之牆必三重，牆之垣，守者皆累瓦釜牆上。茅本「釜」作「塗」。蘇云：「此防其踰越，使有聲聞於人。」門有吏，主者門里筦閉，者、諸通。蘇云：「『門里』當作『里門』。筦、關古通用。書中管叔亦作關叔。」必須太守之節。葆衛必取戍卒有重厚者，葆衛，謂葆宮之衛卒也。請擇吏之忠信者、「請」疑「謹」之誤。以上文校之，「者」字當衍。無害可任事者。

令將衛自築十尺之垣，周還牆。疑有脱誤。門、閨者，非令衛司馬門。吴鈔本無「門」字。門、閨者，謂守大門及閨門之人。備城門篇云「大城丈五爲閨門，廣四尺」，公羊宣六年傳云「入其大門，則無人門焉者。入其閨，則無人閨焉者」，孫子用閒篇亦有「門者」，詳前。「非」疑當爲「并」，言吏卒衛葆宮之門閨者，并令衛司馬門。猶上文云「門將并守他門」也。漢書元帝紀顔注云：「司馬門者，宮之外門也。」漢官儀云：「公車司馬，掌殿司馬門。」三輔黄圖云：「宮之外門爲司馬門。」史記索隱云：「天子門有兵欄，曰司馬門也。」列女傳辯通篇「鍾離春詣齊宣王，頓首司馬門外」，國策趙策云「武安君過司馬門，趨甚疾」，則戰國時國君之門已有司馬門之稱。此「司馬門」則似是守令官府之門，又非公門。賈子等齊篇云「天子宮門曰司馬門，諸侯宮門曰司馬門」，是漢初諸侯王宮門亦有是稱，蓋沿戰國制。

望氣者舍必近太守，巫舍必近公社，必敬神之。巫祝史與望氣者史，舊本作「吏」，今據吴鈔本、茅本改。迎敵祠篇有「祝史」。必以善言告民，以請上報守，舊本作「報守上」，今據王、蘇校乙。「請」讀爲情，並詳迎敵祠篇。守獨知其請而已。畢云：「言望氣縱有不善，而必以善告民，但私以實告守耳。」蘇云：「言以情上報守，故獨守知之也。」無與望氣妄爲不善言王引之云：「『無』即上文『巫』字，因聲同而誤。」蘇云：「『望氣』下當有『者』字。」**驚恐民，斷勿**〔二〕**赦。度食不足，**句。**食民各自占家五種石升數，**倭本校云：「下『食』恐『令』譌。」案：所校是也。升，王校作「斗」。王云：「史記平準書『各以其物自占』，索隱引郭璞云：『占，自隱度也。』謂各自隱度其財物多少，爲文簿送之於官也。」蘇云：「五種，謂五穀。」詒讓案：周禮職方氏鄭注云：「五種：黍、稷、菽、麥、稻。」**爲期，其在蓴害，吏與雜訾，**茅本「期」、「其」二字互易。「蓴害」疑當作「薄者」。薄，古簿字。淮南子原道訓高注云：「貲，量也。」蘇云「訾，謂罰也」，誤。**期盡匿不占，占不悉，令吏卒敳得，**舊本「占不悉」作「占悉」，「敳」作「款」。王引之云：「『占悉』當作『占不悉』，『令吏卒款得』當作『令吏卒敳得』。敳與覹同，説文：『覹，司也。』覹字亦作微。上文云『守必謹微察』，迎敵祠篇曰『謹微察之』。言使民各自占其家穀，而爲之期，若期盡而匿不占，或占之不盡，令吏卒伺察而得者，皆斬也。史記平準書曰『各以其物自占，匿不自占，占不悉，戍邊一歲，没入緡錢』，即用墨子法也。今本脱『不』字，『敳』字又譌作『款』，則義不可通。」案：王説是也，今據補正。**皆斷。有能捕告，賜什三。**賜，吴鈔本作「賞」。案：下文亦作「賞」。**收粟米、布帛、錢金，**舊本「收」誤「牧」，又脱「帛」字。王云：「『牧』字義不可通，『牧』當爲『收』，字之誤也。『收粟米』即承上文令民自占五種數而言，布帛錢金則連類而及之耳。備城門篇『收諸盆罋』，備高臨篇『以磿鹿卷收』，今本『收』字並譌作『牧』。月令『農有不收藏積聚者』，正義：收，俗本作『牧』。」案：王校是也。

〔二〕「勿」，原作「弗」，據畢沅刻本改。按墨子舊本均作「勿」，此孫刻之誤。

「布」下王又增「帛」字，蘇校並同，與襍守篇合，今並據補正。出内畜産，蘇云：「『出内』，即出納。」皆爲平直其賈，與主券人書之，舊本「券人」二字倒。王引之云：「『主人券』當作『主券人』，謂與主券之人，使書其價也。襍守篇曰『民獻粟米、布帛、金錢、牛馬、畜産，皆爲置平賈，與主券書之』，是其證。今本『券人』二字誤倒，則義不可通。」案：王説是也，今據乙。事已，皆各以其賈倍償之。畢云：「古『償』只作『賞』，此俗寫。」又用其賈貴賤、多少賜爵，欲爲吏者許之，其不欲爲吏而欲以受賜賞爵禄，若贖出親戚、所知罪人者，出，舊本誤「士」。王引之云：「『贖士』二字義不可通，『士』當爲『出』，謂以財物贖出其親戚、所知罪人也。上文云『知識昆弟有罪而欲爲贖，若以粟米、錢金、布帛、他財物免出者，許之』，是其證。隸書『出』、『士』二字相似，故諸書中『出』字多譌作『士』。」案：王説是也，今據正。以令許之。其受構賞者，令葆宫見，宫，舊本作「官」。蘇云「當作『宫』」，是也，今據正。以與其親。與，吴鈔本作「予」。欲以復佐上者，皆倍其爵賞。某縣某里某子家食口二人，積粟六百石，某里某子家食口十人，積粟百石。蘇云：「此即自占其石升之數也。」出粟米有期日，過期不出者王公有之。有能得，若告之，賞之什三。慎無令民知吾粟米多少。無，吴鈔本作「毋」。以上占收民食之法。

守入城，先以候爲始，蘇云：「候，謂訪知敵情者。」得輒宫養之，勿令知吾守衛之備。候者爲異宫，吴鈔本作「官」。父母妻子皆同其宫，賜衣食酒肉，信吏善待之。候來若復，就閒。小爾雅廣詁云：「閒，隙也。」守宫三難，「難」當爲「雜」。襍守篇云「塹再雜」，此「三雜」，猶言三帀也。上亦云「葆宫之牆必三重」。襍訓帀，詳經上篇。外環隅爲之樓，内環爲樓，樓入葆宮丈五尺爲復道。蘇云：「復與複通。上下有道，故曰復。」葆不得有室，備城門篇云「城門内不得有室，爲周宮」。若然，葆宮亦無室，唯爲周宮也。三日一發席蓐，略視之。布茅宮中，厚三尺以上。未詳其用。發候，必使鄉邑忠信善重士，有親戚、妻子，厚奉資之。必重發候，爲養其親若妻子，爲異舍，無與員同所，廣雅釋詁云：「員，衆也。」給食之酒肉。遣他候，奉資之如前候，反，相參審信，蘇云：「參猶驗也。信，謂其言不妄。」厚賜之。候三發三信，重賜之。不欲受賜而欲爲吏者，許之二百石之吏，商子境内篇有千石、八百石、七百石、六百石之令，此云「二百石之吏」，下又有「三百石之吏」，蓋秩視小吏。韓非子外儲説右篇云「燕王收吏璽，自三百石以上，皆效之子之」。守珮授之印。畢云：「佩字俗寫从玉。」其不欲爲吏而欲受構賞禄，皆如前。「禄」上疑當有「爵」字，上文云「其不欲爲吏而欲以受賜賞爵禄，以令許之」，下又云「其構賞爵禄罪人倍之」，皆可證。有能入深至主國者，主國，國都。問之審信，賞之倍他候。其不欲受賞而欲爲吏者，許之三百石之吏。「爲吏」，舊本作「爲利」。「三百石之吏」，舊本作「三百之侯」，道藏本、茅本侯又作「候」。王云：「『利』當爲『吏』，上文云『不欲受賜而欲爲吏者』，即其證。『吏』、『利』俗讀相亂，故『吏』譌作『利』。」王引之云：「『三石之侯』當作『三百石之吏』。上文『候三發三信，許之二百石之吏』，此文『能深入至主國者，賞之倍他候』，故許之三百石之吏。上文云『有能捕告之者，封之以千家之邑，若非其左右及他伍捕告者，封之二千家之邑』，是其例也。今本『石』上脱『百』字，『吏』字又譌作『侯』，則義不可通。」案：王校是也，蘇説同，茅本「利」正作「吏」，今並據補正。扞士受賞賜者，左傳桓二年杜注云「扞，衛也」，國策西周策高注云「扞，禦〔二〕也」。蘇云：「扞士，能却敵者。」守必身自致之其親之其親之所，見其見守之任。蘇云：「『其親之』三字誤重，上『見』字疑當作『令』。即上所謂『守身尊寵，明白貴之』者也。」詒讓案：上文云「城外令任，城内守任」，故云「守之任」，但義仍難通。其欲復以佐上者，其構賞、爵祿、罪人倍之。王引之云：「『罪人』二字與上下文不相屬，蓋衍文。」案：「罪人」上當有「贖出」二字，王以爲衍文，非。

出候無過十里。出，舊本譌「士」。王引之云：「『士』亦當爲『出』，謂出候敵人無過十里也。下文曰『候者日暮出之』，是其證。」蘇云：「此『候』謂斥候。」詒讓案：説文人部云「候，伺望也。」斥與候不同，詳後及襍守篇。居高便所樹表，表三人守之，比至城者三表，舊本「比」譌「北」。王云：「『北』字義不可通，『北』當爲『比』。比，及也。」顧、蘇説同。案：茅本正作「比」，不誤，今據正。王引之云：「『三表』當爲『五表』，説見後。」與城上烽燧相望，畢云：「説文云：『熢，燧候表〔三〕也。邊有警則舉火。』『𨺶，塞上亭守逢火者。隧，篆文省。』漢書注云：『孟康曰：逢如覆米䉛，縣著契皋頭，有寇則舉之。燧，積薪，有寇即燔然之也。』此二字省文。」晝則舉烽，夜則舉火。聞寇所從來，審知寇形必攻，論小城不自守通者，言城小不能自守，又不能自通於大城也。盡葆其老弱、

〔二〕「禦」，原誤「衛」，據活字本改，與西周策高注合。
〔三〕「候表」，原誤「表候」，據説文改。

粟米、畜産。遣卒候者無過五十人，客至堞，去之，至堞，謂傅城也。傅城則諜無所用，故去之。慎無厭建。「建」讀爲券，聲近字通。考工記輈人「左不楗」，杜子春云：「書『楗』或作『券』。」鄭康成云：「券，今倦字也。」又襍守篇作「唯弇逮」，則疑「建」即「逮」之形誤。「逮」與「怠」音近古通，非儒篇「立命而怠事」，晏子春秋外篇「怠」作「建」。二義並通，未知孰是。候者曹無過三百人，此人數與上不同，未詳其說。日暮出之，畢云：「據上文，『暮』當爲『莫』。」爲微職。畢云：「即徽織，『微』當爲『徽』。說文云：『徽，幟也，以絳帛箸於背。从巾，微省聲。春秋傳曰：揚徽者公徒。』東京賦云『戎士介而揚揮』，薛綜注云：『揮爲肩上絳幟，如燕尾。』亦即徽也。說文又無『幟』字，當借『織』爲之。」詒讓案：正字當作「徽識」，周禮司常鄭注作「徽識」。以「微」、「徽」爲「徽」，「職」爲「識」，皆同聲叚借字，詳前旗幟篇。空隊、要塞之人所往來者，蘇云：「『隊』當作『隧』。要塞，謂險隘之處也。『之』、『人』二字誤倒。」詒讓案：隊、隧字通。令可□，迹者無下里三人，平而迹。王引之云：「此當作『人所往來者，令可以迹，迹者無下里三人，平明而迹』。言人所往來之道，必令可以迹，其迹者之數，無下里三人，至平明時而迹之也。襍守篇云『距阜山林，皆令可以迹，平明而迹』，是其證。今本『可』下脱『以迹』二字，『平』下又脱『明』字，則義不可通。周官迹人注：『迹之言跡知禽獸處。』襍守篇曰『可以迹知往來者少多』。」各立其表，城上應之。候出越陳表，陳表，襍守篇作「田表」。「田」、「陳」古音相近，字通。田表，謂郭外之表也。遮坐郭門之外内，國語晉語「候遮扞衛不行」，韋注云：「遮，遮罔也。晝則候遮，夜則扞衛。」說文辵部云：「遮，遏也。」案：遮，襍守篇謂之「斥」。此「候」與「遮」二者不同，候出郭十里，迹知敵往來多少；遮則守郭門不遠出。候、遮各有表與城上相應。蓋郭外候者置表，郭内遮者置表與？**立其表，令卒之半居門内，令其少多無可知也。**舊本「半」作「少」，「無可知也」作「無知可也」。王引之云：「此當作『令卒之半居門内，令其少多無可知也』，言令其卒半在門外，半在門内，不令人知我卒之多少也。襍守篇云『卒半在内，令多少無可知』，是其證。上文云『慎無令民知吾粟米多少』，意與此同。今本『半』作『少』者，涉下句『少多』而誤，『可知』又誤作『知可』，則義不可通。」案：王校是也，蘇説同，茅本正作「無可知也」，不誤，今據正。**即有驚，**畢云：「『即』舊作『節』，以意改。」蘇云：「驚同警。」**見寇越陳表**〔二〕**，**畢云：「説文云：『越，度也。』言踰越而來。」詒讓案：陳表，即候所置表。**城上以麾指之，**畢云：「『麾』即摩字異文，『摩』即摩字省文。説文云：「摩，旌旗，所以指摩也。从手，靡聲。』玉篇云：『摩，呼爲切。』」**迹坐擊缶期，以戰備從麾所指。**畢云：「襍守篇云『斥步鼓整旗旗以備戰』，此作『坐擊正期』，即擊鼓正期也。」蘇云：「迹坐，當從上文作『遮坐』，『擊』下脱『鼓』字，謂坐而擊鼓也。『缶期以戰備』，當從襍守篇作『整旗以備戰』。」案：蘇校上句近是，「迹」當作「遮」，與上迹者爲候不同。擊缶，茅本作「繫垂」，疑誤。下文「五垂」，乃城上所置表，非遮者所用也。「以戰備從麾所指」，謂遮者既見寇，則具戰備，從城上旌麾所指，進退而迎敵。此遮者從戰，而候則敵至去之，不從戰，亦其異也。舊讀「以戰備」屬上句，非。蘇校從襍守篇改「戰備」爲「備戰」，尤誤。説互詳襍守篇。**望見寇，**舊本脱「見寇」二字。王云：「襍守篇『望見寇，舉一烽；入竟，舉二烽』，今據補。」**舉一垂；入竟，**蘇云：「竟同境。」**舉二垂；狎郭，**畢云：

〔二〕「表」，原誤「去」，據畢沅刻本改。

「狎，近。」俞云：「狎郭、狎城，兩『狎』字並當作『甲』，後人不達而加犬旁也。甲者，會也。詩大明篇『會朝清明』，毛傳曰：『會，甲也。』是甲與會聲近而義通。甲郭者，會于郭外也。甲城者，會于城外也。此言『甲郭』、『甲城』，襍守篇言『郭會』、『城會』，文異而義同。」案：俞説是也。但甲、狎字通，詩衛風芄蘭「能不我甲」，毛傳云：「甲，狎也。」釋文引韓詩「甲」作「狎」。則舊本作「狎」於義得通，不必定改作「甲」也。**舉三垂；入郭，**舊本脱「郭」字，王據上文補。**舉四垂；狎城，舉五垂。**王引之云：「『垂』字義不可通，『垂』當爲『表』。上文言候者各立其表，則此所舉者皆表也。又此文曰『望見寇，舉一垂；入竟，舉二垂；狎郭，舉三垂；入郭，舉四垂；狎城，舉五垂』，即上文所謂『比至城者五表』也，則『垂』字明是『表』字之譌。隸書『表』字作『𧘝』，『𠂹』字或作『媱』，見漢魯相韓勑造孔廟禮器碑，二形略相似，故『表』譌作『垂』。通典兵五曰：『城上立四表，以爲候視，若敵去城五六十步，即舉一表；橦梯逼城，舉二表；敵若登梯，舉三表；欲攀女墻，舉四表。夜即舉火如表。』此『舉表』二字之明證也。又案襍守篇『守表者三人，更立捶表而望』，當作『更立表而望』，蓋一本誤作『垂』，一本正作『表』，而校書者誤合之，淺人不知『垂』爲『表』之誤，又妄加手旁耳。」俞云：「王非也。『垂』者郵之壞字，郵即表也。禮記郊特牲篇有『郵表畷』，鄭君説此未明。『郵表畷』蓋一物也。古者於疆界之地立木爲表，綴物於上，若旌旗之旒，謂之『郵表畷』。郵與旒通，畷與綴通。鄭君引詩『爲下國畷郵』，今長發篇作『綴旒』，是知『郵畷』即『綴旒』也。以其用而言，所以表識也；以其制而言，若綴旒然，此『郵表畷』所以名也。墨子書多古言，襍守篇『捶表』即『郵表』也。『郵』誤爲『垂』，後人妄加手旁耳。重言之曰郵表，單言之則或曰表，或曰郵，皆古人之常語也。王氏竟改爲『表』，雖於義未失，而古語亡矣。」案：俞説是也。**夜以火，皆如此。**王云：「亦如五表之數。」**去郭百步，牆垣、樹木小大盡伐除之。外空井盡窒之，**王引之云：「『外空井』當作『外宅井』，謂城外人家之井也。恐寇取水，故塞之。故下文云『無令可得汲也』。襍守篇云『外宅溝井可寘塞』，是其證。若空井，則無庸塞矣。『外宅』二字，襍守篇屢見。」**無令可得汲也。**舊本脱「令」字。王云：「案下文曰『無令客得而用之』，襍守篇曰『無令寇得用之』，今據補。」**外空窒盡發之，**空窒，茅本作「室屋」。王引之云：「『外空窒』當作『外宅室』，謂城外人家之室也。發室伐木，皆恐寇得其材而用之也，故下文云『無令客得而用之』。襍守篇云『寇薄，發屋伐木』，是其證。今本『外宅』作『外空』，誤與上文同。『室』之作『窒』，則又涉上文『盡窒之』而誤。」案：王校是也，蘇校同。但「室」、「窒」聲類同，古多通用。備城門篇云「窒以樵」，彼以「窒」爲「室」，與此可互證，非誤字也。漢韓勑修孔廟碑「室」字亦作「窒」。**木盡伐之。諸可以攻城者盡内城中，**蘇云：「内讀如納。」**令其人各有以記之。事以，**蘇云：「當作『事已』。」案：蘇説是也，以與已同，言守事畢也。**各以其記取之。事爲之券，**舊本「各」下脱「以」字。畢云：「『各』當爲『名』。」蘇云：「『各』下脱『以』字。『事爲之券』當作『吏爲之券』。叓，古『事』字，與『吏』近也。」案：蘇校是也，今據補。**書其枚數。當遂材木不能盡内，即燒之，**畢云：「遂同術。」王云：「遂與隧同，道也。内與納同。舊本『材』誤『枚』，『即』誤『既』。」王引之云：「『枚木』文不成義，『枚』當爲『材』。『既燒之』當爲『即燒之』。言當道之材木不能盡納城中者，即燒之，無令寇得而用之也。襍守篇云『材木不能盡入者，燔〔一〕之，無令寇得用之』，是其證。今本『材』作『枚』，涉上文『枚數』而誤。『即』字又誤作『既』，則義不可通。」案：王校是

〔一〕「燔」，原誤「燒」，據襍守篇改。

也，蘇說亦同，今據正。「當遂」即備城門篇之「當隊」，畢說非。無令客得而用之。人自大書版，著之其署忠。有司出其所治，忠，疑當爲「中」之誤。則從淫之法，其罪射。畢云：「謂貫耳。」俞云：「古不名貫耳爲射，『射』疑『刖』字之誤。」案：說文耳部云：「聅，軍法以矢貫耳也。」「射」正字作「䠶」，與「聅」形近。畢隱據許書，義亦通。韓非子難言篇云「田明辜射」，舊注云：「射而殺之。」案：「射殺」不當云「辜」，彼注未塙。務色謾𤴓，蘇云：「此句有誤，疑當作『矜色謾言』。」案：「𤴓」即「正」字，茅本作「正」，謂欺謾正人，不必改爲「言」。淫囂不靜，當路尼衆，畢云：「尼，止。」舍事畢云：「言舍其事。」後就，舊本有「路」字，道藏本、茅本無，今據刪。言事急而後至。畢云：「言緩。」踰時不寧，謂不謁告也。漢書高帝紀注：「李斐云：休謁之名，吉日告凶曰寧。」其罪射。讙囂駴衆，畢云：「駴，『駭』字異文。周禮云『鼓皆駴』，陸德明音義云：『本亦作駭，胡楷反。李一音亥。』又大僕『戒鼓』，鄭君注云：『故書戒爲駭。』則『駴』本『戒』之俗加也。」其罪殺。非上不諫，次主凶言，蘇云：「『次』字有誤。」詒讓案：疑當爲「刺」。其罪殺。無敢有樂器、獘騏軍中，「獘騏」疑「弈棋」之誤。說文收部云：「弈，圍棋也。」有則其罪射。非有司之令，無敢有車馳、人趨，有則其罪射。無敢散牛馬軍中，有則其罪射。飲食不時，其罪射。無敢歌哭於軍中，有則其罪射。令各執罰盡殺，有司見有罪而不誅，同罰，若或逃之，亦殺。凡將率鬬其衆失法，殺。凡有司不使去卒、吏民聞誓令，俞云：「『去』乃『士』字之誤。」代之服罪。代，舊本誤「伐」。王引之云：「『伐』

字義不可通，『伐』當爲『代』。卒吏民不聽誓令者，其罪斬。若有司不使之聞誓令，則當代之服罪矣。」案：王說是也，蘇說同，今據正。**凡戮人於市，死上目行。**此句有誤，疑當作「死三日徇」，徇、徇古今字。死與尸聲近義通。謂陳尸於市三日，以徇衆也。周禮鄉士云「肆之三日」，左襄二十二年傳「楚殺觀起〔二〕，三日，棄疾請尸」，是戮於市者，皆陳尸三日也。上云「離守者三日而一徇」，亦足互證。「三」與古文「上」作「二」相似，「日」、「目」，「徇」、「行」，形並相近，傳寫譌舛，遂不可通。

謁者侍令門外，爲二曹，夾門坐，鋪食更，無空。「鋪」當爲「餔」，下並同，詳前。蘇云：「更，代也。言餔食則遣其曹更代，勿令空也。」**門下謁者一長，**王引之云：「『長』下當有『者』字，而今本脱之。下文曰『中涓一長者』，是其證。」**守數令入中視其亡者，以督門尉**文選藉田賦李注引字書云：「督，察也。」**與其官長，及亡者入中報。四人夾令門內坐，二人夾散門外坐，**「四人」、「二人」亦謂謁者。**客見，持兵立前，鋪食更，上侍者名。**舊本譌「民」，今依道藏本、茅本正。上文云「上逋者名」。**守室下高樓，**室下不得爲樓，「室」當爲「堂」之誤。「高」上疑當有「爲」字。備城門篇云「守堂下爲大樓，高臨城」，即此。**候者望見乘車若騎卒道外來者，**道亦從也，詳前。**及城中非常者，輒言之守。守以須城上候城門及邑吏來告其事者以**

〔二〕按：此引乃節文。又據傳文，楚殺子南、觀起二人，棄疾爲子南之子，所請乃其父子南之尸，孫引偶誤。

驗之，舊本「須」誤「順」，蘇云：「『順』爲『須』之訛。須，待也。襍守篇云『以〔二〕須告之至以參驗之』。」案：蘇校是也，今據正。樓下人受候者言，以報守。畢云：「言，傳其言。」中涓二人，夾散門内坐，門常閉，鋪食更。中涓一長者。環守宮之術衢，説文行部云：「四達謂之衢。」置屯道，各垣其兩旁，高丈，爲埤院。畢云：「『院』當爲『倪』。」立初雞足置。此上下文有脱誤。「初」疑「勿」之誤。公孟篇「揞忽」，「忽」作「忽」，與此相類。雞足置，謂立物如雞足之形。後襍守篇云「入柴勿積魚鱗簪」，又前備蛾傳篇云「相覆勿令魚鱗三」，此文例與彼正同。夾挾視葆食。此有脱誤，疑當作「卒夾視葆舍」。葆舍猶葆宮也。而札書得，必謹案視參食者，王云：「『參食』當爲『參驗』。襍守篇曰『吏所解，皆札書藏之，以須告之至以參驗之』，是其證。此『驗』譌爲『僉』，又譌爲『食』耳。」節不法，「節」當爲「即」。正請之。「正請」亦當爲「止詰」。屯陳、垣外術衢街皆樓，茅本無「街」字。屯陳，即上文之「屯道」。「樓」上疑脱「爲」字。高臨里中，樓一鼓、聾竈。聾，壟之叚字，詳備城門篇。樓有一竈者，夜以舉火。即有物故，句。鼓，物故猶言事故，言有事故則擊鼓也。吏至而止，止，舊本譌「正」，今據茅本正。言擊鼓以報吏，吏至鼓乃止也。夜以火指鼓所。城下五十步一廁，廁與上同圂。備城門篇云「城上五十步一廁，與下同圂」，與此略同。請有罪過而可無斷者，「請」亦當爲「諸」之誤。令

〔二〕「以」字原脱，據襍守篇補。

杼廁利之。畢云：「似言罰之守廁。」蘇云：「利，似謂除去不潔，使之通利。」詒讓案：「杼」當爲「抒」，左傳文六年杜注云：「抒，除也。」開元占經甘氏外官占引甘氏讚云：「天溷伏作，抒廁糞土。」利，疑譌。

襍守第七十一

禽子問曰：客衆而勇，輕意見威，「輕意」義難通，「意」疑當爲「竟」之譌，竟、競古字通，與旗幟篇「竟士」義同。輕竟，言輕鬭，猶下云「重下」、「輕去」矣。以駭主人。薪土俱上，以爲羊坽，茅本作「坽」，从今。積土爲高，以臨民，畢云：「句脱一字。」蒙櫓俱前，遂屬之城，畢云：「『民』、『城』爲韻。」詒讓案：「坽」亦合韻。兵弩俱上，爲之柰何？子墨子曰：子問羊坽之守邪？舊本脱「之」字，今據王校補。羊坽者攻之拙者也，足以勞卒，不足以害城。羊坽之政，蘇云：「『政』當作『攻』。」遠攻則遠害，近城則近害，「城」當作「攻」。「害」並當爲「圄」，圄與圉、禦字同，此涉上文而誤。言遠攻則遠禦之，近攻則近禦之也。公孟篇云「厚攻則厚吾，薄攻則薄吾」。彼「吾」亦「圄」之省，語意與此異而義同。不至城。畢云：「句脱一字。」詒讓案：此當作「害不至城」，即上云「不足以害城」也，因上文兩「圄」字並譌「害」，此句首「害」字轉涉彼而脱耳。矢石無休，左右趣射，蘭爲柱後，蘭，疑即備城門篇之「兵弩簡格」。柱，謂橧柱。畢云：「『休』、『後』爲韻。」望以固，畢云：「句脱一字。」厲吾鋭卒，慎無使顧，守者重下，攻者輕去。畢云：「舊作『云』，以意改。『固』、『顧』、

『去』爲韻。」養勇高奮，民心百倍，多執數少，王云：「『多執數少』義不可通，『少』當爲『賞』，『賞』字脱去大半，僅存『小』字，因譌而爲『少』。言我之卒能多執敵人者，數賞之，則卒乃不怠也。下文正作『多執數賞，卒乃不怠』。」蘇説同。卒乃不殆〔一〕。畢云：「舊脱『卒』字，据下文增。『倍』、『殆』爲韻。」王云：「怠、殆古字通。」

作士不休，「士」當作「土」，即上文之「積土」也。商子兵守篇云「客至而作土以爲險阻」。不能禁禦，遂屬之城，以禦雲梯之法應之。凡待煙、衝、雲梯、臨之法，畢云：「煙同垔。」詒讓案：當依備城門篇作「堙」。必應城以禦之，曰不足，則以木椁之。王引之云：「『椁』字義不可通。『椁』當爲『揨』，字之誤也。説文：『朾，撞也。』廣雅曰：『揨，撞刺也。』揨與朾同，謂以木撞其堙、衝、梯、臨也。」左百步，右百步，茅本「右」作「又」。繁下矢石、沙炭以雨之，薪火、水湯以濟之。選厲鋭卒，慎無使顧，審賞行罰，「審賞」舊本誤倒。王云：「當爲『審賞行罰』，今本『審賞』二字倒轉，則文義不順。備梯篇正作『審賞行罰』。」案：王校是也，茅本正作「審賞」，不倒，今據乙。以静爲故，從之以急，無使生慮，畢云：「『生』舊作『主』，以意改。」案：茅本正作「生」，不誤，備梯篇亦作「生」。恚癒高憤，茅本作「慎」，誤。畢云：「説文：『恚，恨也。』『恿，古文勇，从心。』則字當爲『恿』。」王引之云：「畢以『癒』爲『恿』之誤，是也。『恚』當爲『恙』，字之誤也。恙與養古字通。憤與奮同。上文云

〔一〕「殆」，原作「怠」，據畢沅刻本改。按：各本此處均作「殆」，下文則作「怠」字。此「殆」乃「怠」之通假字，故王注云：「怠、殆古字通。」本書徑作「怠」，係梓誤。

『養勇高奮，民心百倍』，是其明證也。」民心百倍，多執數賞，卒乃不怠。畢云：「舊『乃不』二字倒，以意改。『顧』、『故』、『慮』、『倍』、『怠』爲韻。」衝、臨、梯皆以衝衝之。

渠長丈五尺，其埋者三尺，畢云：「『埋』舊作『理』，以意改。」矢長丈二尺。蘇云：「備城門篇『矢』作『夫』。」詒讓案：當爲「夫」，即「趺」之省，詳備城門篇。渠廣丈六尺，其弟丈二尺，蘇云：「『弟』與『梯』同，下文作『梯』是也。」渠之垂者四尺，樹渠無傅葉五寸。畢云：「『葉』即『堞』字。」蘇云：「備城門篇言『去堞五寸』，與此言合。」梯渠十丈一梯。渠之有梯者謂之「梯渠」，但渠廣丈六尺，則不得有十丈。若據設渠處言之，則城上二步一渠，其廣丈二尺，二十步而十渠，則十二丈也，與此數皆不相應，未詳。渠荅大數，里二百五十八，渠荅百二十九。蘇云：「備城門篇言『城上二步一渠』，又言『二步一荅』，此『里』字疑當作『步』。」詒讓案：此當作「里二百五十八步」，「里」字不誤，今本脫一「步」字耳。里法本三百步，而云「二百五十八步」者，蓋就設渠荅之處計之，所餘四十二步，或當門隅及樓圂，不能盡設渠荅，故不數。

諸外道可要塞以難寇，其甚害者爲築三亭，蘇云：「此言險隘宜守。害謂要害。築亭，備瞭望也。」亭三隅，「亭三」二字舊本倒，今據茅本乙。織女之，畢云：「當云『織如之』。織，古幟字。」陳奐云：「織女三星成三角，故築防禦之亭以象織女處隅之形。」案：陳說是也。上文不言「織」，則不當云「如之」，畢校未塙。此言亭爲三隅形，如織女三星之隅列，猶下文云「爲擊三隅之」也。六韜軍用篇云「兩鏃蒺䔧，參連織女」，是古書多以織女儗三角形之證。令能相救。諸距阜、畢云：「『距』舊作『詎』，以意改。」蘇云：「距、鉅通用，大也。」山林、溝瀆、丘陵、阡陌、畢云：「古只爲『仟伯』。」郭門若閻術，可要塞說文門部云：「閻，里中門也。」及爲微職，畢云：「同織。」案：詳號令篇。可以迹知往來者少多及所伏藏之處。

葆民，先舉城中官府、民宅、室署，大小調處。葆民，即外民入葆者。計度城內宮室之大小，分處之，必均調也。葆者或欲從兄弟、知識者，許之。「識」字舊本脫。王引之云：「『知』下當有『識』字，而今本脫之，則文義不完。號令篇曰『其有知識兄弟欲見之』，是其證。」外宅粟米、畜產、財物諸可以佐城者，送入城中，事即急，則使積門內。事急不及致所積之處，則令暫積門內，取易致也。此下舊本有「候無過五十」云云十四字，乃下文錯簡，今移於彼。民獻粟米、布帛、金錢、牛馬畜產，皆爲置平賈，號令篇作「皆爲平直其價」，疑「置平」亦「平直」之誤。與主券書之。

使人各得其所長，天下事當；畢云：「『長』、『當』爲韻。」鈞其分職，天下事得；畢云：「『職』、『得』爲韻。」皆其所喜，天下事備；畢云：「『喜』、『備』爲韻。」强弱有數，天下事具矣。畢云：「『數』、『具』爲韻。」蘇云：「此八句與前後文語意不倫，疑有錯簡。」

築郵亭者圜之，高三丈以上，令侍殺「侍」當爲「倚」，言邪殺爲梯也，備城門篇云「倚殺如城埶」，可證。蘇云「『侍』當作『特』；殺，減也」，非。爲辟梯。畢云：「『辟』即臂字。」梯兩臂，長三尺，亭高三丈以上，則梯長不得止三尺，疑「尺」當爲「丈」。連門三尺，報以繩連之。「連門」疑當作「連版」。塹再雜，爲縣梁。

「塹」當爲「壍」。塹縣梁見備城門篇。再襍，猶言再帀，詳經上篇。**聾竈**，當作「壟竈」，詳備城門篇。亦言每亭爲一壟竈。號令篇云「樓一鼓、壟竈」。**亭一鼓。寇烽、驚烽、亂烽，**言舉烽有此三等，以爲緩急之辨。**傳火以次應之，至主國止，**畢云：「舊作『正』，以意改。」**其事急者引而上下之。**謂引烽而上下之。烽著桔槔頭，故可引而上下，詳號令篇。**烽火以舉，**王云：「以、已同。」**輒五鼓傳，又以火屬之，**畢云：「『火』舊作『又』，以意改。」**言寇所從來者少多，**廣雅釋詁云：「言，問也。」**旦弃還。**旦，茅本作「且」。疑當爲「毋弃建」，即號令篇之「無厭建」。後文又作「唯弃逮」，則疑「還」或爲「遝」之誤，此書「遝」多誤「還」。遝、逮同，詳非攻下篇。**去來屬次烽勿罷。望見寇，舉一烽；入境，**畢云：「號令篇作『竟』，是。」**舉二烽；射妻，**「妻」疑「要」之譌。上文屢云「要塞」，下文又云「有要有害」，可證。射要，謂急趨要害。周禮野廬氏鄭注云：「徑踰射邪趨疾越渠隄也。」畢云：「當是『女垣』譌字。」案：此方入境，尚未郭會，安得至女垣？畢説非。**舉三烽一藍；**舊本脱「一」字，今據道藏本、茅本補。王校改「一」爲「三」。畢讀「藍郭」句，云：「藍、鬫聲相近，言鬫郭也，謂近之。」案：畢失其句讀，不可從。**郭會，**謂寇至郭。**舉四烽二藍；**二，王校改「四」。**城會，舉五烽五藍。**王引之云：「『藍』字義不可通，蓋『鼓』字之誤。『鼓』字篆文作『𡔷』，上艸誤爲卄，中叹誤爲卧，下䒑誤爲血，遂合而爲『藍』字。此文當云『望見寇，舉一烽一鼓；入境，舉二烽二鼓；射妻，舉三烽三鼓；郭會，舉四烽四鼓；城會，舉五烽五鼓』。上文曰『烽火以舉，輒五鼓傳』，正與此『舉五烽五鼓』相應。史記周本紀『幽王爲熢燧大鼓，有寇至則舉熢火』，是有熢即有鼓也。今本『舉一烽』、『舉二烽』下，脱『一鼓』、『二鼓』四字；『舉三烽三鼓』、『舉四烽四鼓』，『鼓』字既皆誤作『藍』；而上句『三』字又誤作『一』，下句『四』字誤作『二』；唯下文『舉五烽五藍』，『藍』字雖誤，而兩『五』字不誤，猶足見烽鼓相應之數。而自『一烽一鼓』以至『五烽五鼓』，皆可次第而正之矣。下文曰『夜以火，如此數』，正謂如五烽五鼓之數，則『藍』爲『鼓』字之誤甚明。畢以『藍郭』二字連讀，又謂『藍、闌聲相近』，而以爲蹂躙字，大誤。」案：王説以「藍」爲「鼓」，甚塙。惟依舊本，則前二烽皆無鼓，『三烽一鼓』，『四烽二鼓』，鼓數與烽亦不必盡相應。依王説，鼓數各如烽，則增改字太多，不知塙否？今未敢輒改。蘇謂「二」字及「五藍」二字並衍，失之。**夜以火，如此數。**王引之云：「號令篇『夜以火，皆如此』，亦謂如五表之數。」**守烽者事急。**此下疑有脱文。

候無過五十，寇至葉，隨去之，唯弇逮。「寇至葉隨去之」，舊本作「寇至隨葉去」五字，畢以意改「葉」爲「棄」。王云：「畢改非也。此當作『寇至葉隨去之』，言候無過五十人，及寇至堞時，即去之也。號令篇曰『遣卒候者無過五十人，客至堞，去之』，是其證。今本『去』下脱『之』字，又升『隨』字於『葉』字上，則義不可通。」又云：「葉與堞同，上文『樹渠無傅葉五寸』，亦以『葉』爲『堞』。」案：王校是也，今據乙增。又此十四字，舊本誤錯入上文「事即急，則使積門内」下，今移於此。號令篇云「遣卒候無過五十人，客至堞，去之，慎無厭建。候者曹無過三百人，日暮出之，爲微職」，與此上下文正同，則其爲錯簡無疑矣。「唯弇逮」亦當作「無厭逮」，逮、怠通，號令篇作「無厭建」。**日暮出之，令皆爲微職。距阜、山林皆令可以迹，平明而迹，**句。**無迹，各立其表，下城之應。**王引之云：「此本作『平明而迹，迹者無下里三人，各立其表，城上應之』。言迹者之數，每里無下三人，各立其表，而城上應之也。號令篇云『迹者無下里三人，平明而迹，各立其表，城上應之』，是其證。今本『迹者無下里三人』七字，衹存『無迹』二字，『城上應之』又譌作『下城之應』，則義不可通。」**候出置田表，**田表，候出郭外所置之表。郭外皆民田，下云「田者男子以戰備從斥」，即郭外耕田之民也。**斥坐郭內外，立旗幟，**蘇云：「號令篇云『候出越陳表，遮坐郭門之外內，立其表』，文校此爲優。田與陳通。」詒讓案：斥、遮義同，淮南子兵略訓「斥闉要遮」，高注云：「斥，候〔一〕也。」此斥爲遮，與候異。幟，俗字。上文「微職」並作「職」。**卒半在內，令多少無可知。即有驚，**驚，警同，詳號令篇。**舉孔表，**「孔」疑當作「外」，艸書相似而誤。**見寇，舉牧表。**「牧」疑當爲「次」，亦艸書之誤，若上文云「次烽」。**城上以麾指之，斥步鼓整旗旗，**蘇云：「『步』當作『坐』，下『旗』字衍。」**以備戰從麾所指。**備戰，當從旗幟篇作「戰備」，即兵械之屬。言斥各持戰備，從城上旌麾所指而迎敵也。下云「田者男子以戰備從斥」，義同。舊讀「以備戰」三字屬上句，誤。指，舊本譌「止」，今據道藏本、茅本正。蘇云：「號令篇作『指』。」**田者男子以戰備從斥，**謂從斥卒禦敵。**女子亟走入。**亟，舊本譌「函」，王校改「亟」，茅本正作「亟」，今據正。**即見放，**「放」當爲「寇」，下文可證。**到傳到城止。**止，舊本誤「正」。王引之云：「『上』『到』字當爲『鼓』，『正』當爲『止』。『鼓傳到城止』，見下文。上文又曰『烽火以舉，輒五鼓傳』。」蘇云：「『上』『到』字誤衍，『正』爲『止』字之譌。」案：王說近是，茅本「止」字不誤，今據正。**守表者三人，更立捶表而望。**蘇云：「號令篇言『表三人守之』，與此合。捶，號令篇作『垂』。」案：捶表，俞謂即「郵表」，是也。王校刪「捶」字，非。詳號令篇。**守數令騎若吏行旁視，有以知爲所爲。**蘇云：「『旁』當作『訪』，上『爲』字當作『其』。」詒讓案：旁視，猶言偏視。又疑當作「行視旁」。「旁」謂城之四面也。**其**

〔一〕「候」，原誤「堠」，據高注改。

曹一鼓，言守表者，每曹有一鼓。**望見寇，鼓傳到城止。**

斗食，斗，舊本譌「升」。畢云：「疑『斗食』。」俞云：「以下文推之，則『升』爲『斗』字之誤無疑。」案：畢、俞說是也，蘇校同，今據正。**終歲三十六石；**蘇云：「據下言『斗食食五升』，又言『日再食』，是一食五升，再食則一斗，以終歲計之，當三十六石也。」**參食，終歲二十四石；四食，終歲十八石；**舊本「食」上脫「四」字，今據道藏本、茅本補。蘇云：「當作『參食，終歲二十石；四食，終歲十八石』。然『二十』下尚當有脫字。據下言『參食食參升』，日再食則六升，以終歲計之，當得二十一石六斗。『四食食二升半』，日再食則五升，以終歲計之，當得十八石也。」俞云：「此數不同者，上所說是常數，下所說是圍城之中，民食不足，減去其半之數也。『參食』者，參分斗而日食其二也。故終歲二十四石也。句下脫『四』字，當據下文補。『四食』者，四分斗而日食其二也，故終歲十八石也。」**五食，終歲十四石四斗；**舊本作「五食，終歲十四石升」。盧云：「疑『十四石五升』，否或『升』字衍。」俞云：「『五食』者，五分斗而食其二，則每日食四升，終歲當食十四石四斗。今作『終歲十四石升』，蓋誤『斗』爲『升』，又脫『四』字耳。盧說於數不合，非也。」案：俞校是也，蘇說同，今據補正。**六食，終歲十二石。**俞云：「六食者，六分斗而食其二也，故終歲十二石也。」蘇云：「下言『六食一升大半』，是每日食三升有奇，以終歲計之，當得十二石也。」**斗食食五升，**上「斗」字舊本亦譌「升」，今依畢、蘇校正。**參食食參升小半，四食食二升半，五食食二升，六食食一升大半，日再食。**此申析上文「斗食」以下「日再食」每食之升數也，故末又云「日再食」以總釋之。俞云：「此依前數而各減其半。斗食者每日一斗，今則爲五升矣。參食者每日六升大半，今爲參升小半矣，不言『小半』者，傳寫脫去也。下文言『六食食一升大半』，則此必言『食參升小半』可知。蓋參食本食六升大半，而減之爲三升小半，猶六食本食三升小半，而減之爲一升大半也。無『小半』二字，即於數不足矣。四食本食五升，故減爲二升半。五食本食四升，故減爲二升。其數甚明。」案：俞以此爲民食不足，依前數而各減其半，非墨子之恉。而謂「參食食參升」下當有「小半」二字，則甚塙，今據增。**救死之時，日二升者二十日，日三升者三十日，日四升者四十日，**「日二升」者，再食每食一升也；「日三升」者，每食一升有半也；「日四升」者，每食二升也。**如是而民免於九十日之約矣。**「約」謂危約。

寇近，亟收諸雜鄉金器若銅鐵亟，舊本譌「函」，今據茅本正，王校同。「雜鄉」當作「離鄉」，言城外別鄉器物皆收入城內也。備城門篇云「城小人衆，葆離鄉老弱國中及他大城」。**及他可以左守事者。**顧云：「左，助也。」蘇云：「左、佐通用，下同。」**先舉縣官室居、官府不急者，材之大小長短及凡數，**蘇云：「『凡』字誤，當作『亓』，與其通，書中『其』多作『亓』。」案：凡數，猶言大總計數也。周禮外史云「凡數從政者」。蘇說非。**即急先發。**句。**寇薄，**蘇云：「薄，謂迫近。」**發屋伐木，雖有請謁，勿聽。**句。**入柴，**「入」讀爲內。**勿積魚鱗簪，**畢云：「疑槮字假音，讀若高誘注淮南子積柴之罧。」案：畢說是也。淮南子說林訓本作「罛」，高注云：「罛者，以柴積水中以取魚。罛讀沙槮，幽州名之爲涔也。」說文作「罧」，云：「積柴水中，以聚魚也。」備蛾傅篇說荅云「兩端接尺相覆，勿令魚鱗三」，三即參，亦即槮之省也。爾雅釋器云「槮謂之涔」，郭注以爲聚積柴木捕取魚之名。小爾雅廣獸云：「潛，槮也。」潛、涔字通。蓋通言之，凡積聚柴木並謂之槮。槮、潛、參、簪聲並相近。通典兵門說束栰云「皆去鑽刊以束爲魚鱗次，横檢而縛之」，杜即依此書也。太玄經禮次六「魚鱗差之，乃矢施之」。魚鱗簪，猶言魚鱗次、魚鱗差也。細繹此與備蛾傅篇文，似並謂勿如魚鱗簪。而杜佑之意則謂束杙當爲魚鱗次。依其説，則此文「勿積」當略讀，與備蛾傅篇語意不同，未知是否？當隊，令易取也。「當隊」即當隧，詳備城門篇。材木不能盡入者，燔之，無令寇得用之。商子兵守篇云「客至，發梁徹屋，給徙徙之，不給而熯之，使客無得以助攻備」，與此同。積木，各以長短大小惡美形相從，大小，茅本作「小大」。城四面外各積其内，諸木大者皆以爲關鼻，畢云：「言爲之紐，令事急可曳。」乃積聚之。

城守司馬以上，父母、昆弟、妻子有質在主所，乃可以堅守。署都司空，都司空，蓋五官之一，詳號令篇。大城四人，候二人。候，亦五官之一，詳號令篇。「二」，茅本作「一」。縣候，面一。四面面各一候。亭尉、次司空，亭尉，即備城門篇之「帛尉」，號令篇之「百長」，其秩蓋次於縣尉。次司空，亦次於都司空也。亭一人。吏侍守所者財足，廉信，畢云：「言厚禄足以養其廉信。」案：「財足」疑當屬上讀。財，纔通。言吏侍守所者，纔足應用，無定數也。「財足」見備城門篇，它篇亦多云「財自足」。畢讀恐非是。父母昆弟妻子有在葆宫中者，乃得爲侍吏。諸吏必有質，乃得任事。守大門者二人，「守」疑當作「侍」。號令篇云「吏卒侍大門中者，曹無過二人」。夾門而立，令行者趣其外。蘇云：「趣，疾行也，所以防窺伺者。」各四戟，夾門立，此言夾門别有持戟者四人也。而其人坐其下。吏日五閲之，上逋者名。

池外廉外，舊本譌「水」。王云：「『水廉』當爲『外廉』。鄭注鄉飲酒禮曰：『側邊曰廉。』池外簾，謂池之外邊近敵者也。下文曰『前外廉三行』，旗幟篇曰『大寇傅攻前池外廉』，皆其證。隸書『外』字或作『外』，見漢司隸校尉魯峻碑，與『水』相似而譌。史記秦本紀『與韓襄王會臨晉外』，正義：『外字一作水。』」案：王校是也，今據正。蘇云：「廉猶察也」，非。**有要有害，必爲疑人，令往來行夜者射之，謀其疏者。**蘇云：「言要害之處必嚴密防守，至於人疏之處，亦不可不預爲謀也。」俞云：「疑人，蓋束草爲人形，望之如人，故曰『疑人』。『謀其疏者』，『謀』乃『誅』字之誤。」案：俞説是也。**牆外水中**即城外池也。「牆」疑即旗幟篇之「藩」。**爲竹箭，**畢云：「舊作『⿱竹剪』，今改，下同。」詒讓案：茅本並作「箭〔二〕」。蘇云：「『箭』當從舊作『⿱竹剪』，漢書有此字。竹⿱竹剪蓋竹籤也，削竹而布之水中，所以防盜涉者。」今案：「⿱竹剪」字古字書所無，俗字書引漢書王尊傳「⿱竹剪張禁」，字如此作。攷漢書各本皆作「箭」，不作「⿱竹剪」，蘇誤據之，非也。**箭尺廣二步，**言插竹箭之處廣二步也。**箭下於水五寸，**「下於」二字舊倒，今依蘇校乙。**雜長短，前外廉三行，外外鄉，内亦内鄉。**蘇云：「『於下』二字誤倒，當作『⿱竹剪下於水五寸』，言藏之水中令人勿見也。雜長短，使之不齊也。『前』亦當作『⿱竹剪』。外廉者，廉其外令有鋒鋩也。行讀如杭，鄉讀如向。」案：旗幟篇云「前池外廉，前外廉三行」，謂前池之外廉，列竹箭三行也，蘇説非。**三十步一弩廬，廬廣十尺，袤丈二尺。**弩廬，即置連弩車之廬也。通典兵守拒法有弩臺，制與此略同，而步尺數異。詳備高臨篇。

〔二〕按：「並」，疑當作「亦」。又按：明茅坤刻本實作「⿱竹剪」，日本寶曆七年翻刻茅本乃作「箭」，凡孫校所謂「茅本」，實指寶曆本。

隊有急，「隊」亦謂當攻隊。**極發其近者往佐，**王引之云：「古字極與亟通，『極發』即亟發也。莊子盜跖篇『亟去走歸』，釋文：『極，急也，本或作極。』荀子賦篇『出入甚極』，又曰『反覆甚極』，楊注並云：『極讀爲亟，急也。』淮南子精神篇『隨其天賫，而安之不極』，高注云：『極〔一〕，急也。』」案：王說是也。「極」下道藏本有「急」字，疑衍。**其次襲其處。**漢書揚雄傳顏注云：「襲，繼也。」蘇云：「言軍有危急，則發其近者往助之，近者既發，則移其次者居之，以爲接應也。」

守節，出入使，主節必疏書，主節，小吏掌符節者，與號令篇「主券」相類。周官有掌節，屬地官，蓋都邑亦有之。**署其情，令若其事，**「若」疑「著」之誤。**而須其還報以劒驗之。**王云：「『劒驗』亦當爲『參驗』，謂參驗其事情也。此『參』譌爲『僉』，又譌爲『劒』耳。隸書『參』或作『叅』，『僉』或作『㑒』，二形相似而誤。」案：王校是也，蘇說同。「參驗」見後。**節出，使所出門者，輒言節出時摻者名。**畢云：「言操節人即出門者，當記其名。」

百步一隊。上疑有脫文。

閤通守舍，說文門部云：「閤，門旁户也。」爾雅釋宮云：「小閨謂之閤。」茅本作「閣」，非。**相錯穿室。治復道，爲築墉，墉善其上。**蘇云：「善與繕通。」案：蘇說未塙，此「善」下有脫字，後文說軺車云「善蓋」，上備穴篇云「善塗亓竇際」，此疑亦當云「善蓋其上」，或云「善塗其上」。又此下舊本有「先行德」至「用人少易守」凡四十三字，當爲前備城門篇之錯簡，今審定移正。

〔一〕「極」，原誤「亟」，據活字本改，與高注合。

取疏，畢云：「此正字，下作『蔬』，俗。」**令民家有三年畜蔬食，**畜、蓄字通，下同。**以備湛旱**王云：「論衡明雩篇曰『久雨爲湛。』」畢云「言湛溺大水與旱」，非。**歲不爲。**王云：「畢以『歲』字絶句，『不爲』屬下讀。案：『不爲』二字與下文義不相屬，當以『歲不爲』連讀。湛旱，水旱也。言令民多畜蔬食，以備水旱歲不爲也。晉語注曰：『爲，成也。』歲不爲，猶玉藻言『年不順成』也。賈子孽産子篇曰『歲適不爲』，是其證。」**常令邊縣豫種畜芫、芸、烏喙、袾葉，**蘇云：「芫，魚毒也。漁者煮之以投水中，魚則死而浮出，故以爲名。芸，香草也，可以辟蠹。烏喙，烏頭別名。『袾葉』未詳。」詒讓案：説文艸部云：「芫，魚毒也。」太平御覽藥部引吴氏本艸云：「芫華根有毒，可用殺魚。」本艸經云：「烏頭，一名烏喙。」廣雅釋艸云：「蕉，奚毒，附子也。一歲爲萴子，二歲爲烏喙，三歲爲附子，四歲爲烏頭，五歲爲天雄。」「芸」非毒艸，當爲「芒」字之誤。爾雅釋艸云「葞春草」，郭注云：「一名芒草。」山海經中山經云：「葌山有木曰芒草，可以毒魚。」朝歌山作「莽草」，周禮翦氏及本艸經同。本艸字又作「菵」，並聲近字通。芒與芫皆毒魚之艸，蓋亦可以毒人。袾，茅本作「株」，疑當爲「枺」，與椒同。急就篇云「烏喙、附子、椒、芫華」，皇象本作「烏啄、付子、枺、元華」。「芒」、「芸」、「枺」、「株」，字形並相近。烏喙，茅本作「烏啄」，亦與皇同。枺與烏喙、芫華等皆藥之有毒者，故此書及史游並兼舉之。葉，不審何字之誤。通典兵守拒法云：「凡敵欲攻，即去城外五百步内井樹牆屋並填除之，井有填不盡者，投藥毒之。」**外宅溝井可寘**句〔二〕**塞，**寘，舊本作「寘」。畢云：「同填。」王校作「寘」，今據改。説文穴部云：「寘，塞也。」**不可，**句。**置此其中。**

〔二〕按：此當讀「外宅溝井可，寘塞」，下文孫注云「井可寘塞則寘塞」，是其讀以「寘塞」連文可證。此「句」字之注本應在上「可」字下，誤著於「寘」字下。下文「不可」，孫亦注「句」，可證。

畢云：「言此數物有毒，可置外宅，不可置中。」顧云：「左氏傳『秦人毒涇上流』。」案：顧說是也。「不可，置此其中」，言井溝可窴塞則窴塞之，不可窴塞者，以上所蓄毒艸置其中，毋使敵汲用也。畢說誤。

安則示以危，危示以安。

寇至，諸門户令皆鑿而類竅之，類，備城門篇作「幕」，畢校改「幕」。案：彼「幕」當作「幂」，此「類」當作「幎」，蓋「幎」隸書形近「頪」，因又誤作「類」也。幎正字，幂變體，義並詳彼篇，下同。**各爲二類，一鑿而屬繩，繩長四尺，大如指。寇至，先殺牛、羊、雞、狗、烏、鴈，**畢云：「說文云：『鴈，鵝也。』此與鴻雁異。呂氏春秋云『莊子舍故人之家，故人令豎子爲殺鴈饗之』，亦見莊子。新序刺奢〔一〕云『鄒穆公有令，食鳧鴈必以秕，無得以粟』，皆即鵝也。今江東人呼鵝猶曰雁鵝。」王云：「畢說是也。『烏』非家畜，不得與『牛』、『羊』、『雞』、『狗』、『鵝』並言之。『烏』當爲『鳧』，此鳧謂鴨也，亦非『弋鳧與鴈』之『鳧』。廣雅：『鳧、鶩，䳋也。』䳋與鴨同。晏子春秋外篇『君之鳧鴈食以菽粟』是也。故曰『殺牛、羊、雞、狗、鳧、鴈』。」蘇說同。**收其皮革、筋、角、脂、⿱艹剴、羽。**畢云：「舊『收』作『牧』，『皮』作『支』，俱以意改。『⿱艹剴』即考工記『剴』字，本『堖』字之譌也。」**彘皆剥之。**王引之云：「『彘』與『皮』、『革』、『筋』、『角』、『脂』、『羽』並言之，亦爲不倫。『彘』字當在上文『牛』、『羊』、『雞』、『狗』之閒，迎敵祠篇亦云『狗彘豚雞』。」**吏橝桐卣，**「吏」疑「使」之誤，下有脱字。「橝」，疑「檟」之誤。說文木部云「檟，楸也。」故與「桐」並舉。

〔一〕「刺奢」，原誤「束奢」，據新序改。

然文尚有脱誤。卣，茅本作「自」，畢云：「未詳。」爲鐵錍，方言云：「凡箭，其廣長而薄鐮謂之錍。」郭璞注云：「江東呼鎞箭。」蘇云：「錍，賓彌切，音卑。說文曰：『鎞錍，斧也。』」厚簡爲衡枉。「厚」疑當爲「后」，與「後」聲近字通。「簡」疑當爲「蘭」之誤。前備城門篇亦有「兵弩簡格」，即蘭格也。「枉」當爲「柱」。此疑即上文所謂「蘭爲柱後」也。事急，卒不可遠，令掘外宅林。疑當作「材」，下同。言事急，守城之卒不可令遠出。則令掘外宅材木，納城内以備用。又疑或當作「事急，卒不可遝」，卒、猝同，言倉猝不及致材木也。謀多少，「謀」疑當爲「課」，詳號令篇。若治城□爲擊，即號令篇所云「五十步一擊」也，「城」下疑缺「上」字。三隅之。言擊之形爲三隅，不方也。重五斤已上諸林木，渥水中，無過一茷。重五斤以上，謂材木之小者。畢云：「說文云：『橃，海中大船。』臣鉉等曰：『今俗別作筏。』案：此作『茷』，皆『橃』假音字。」蘇云：「『林』疑當作『材』。渥，漬也。」案：蘇校是也。論語公冶長集解引馬融云：「編竹木大者曰栰，小者曰桴。」方言云：「簰謂之筏。」通典兵門云：「槍十根爲一束，勝力一人，四千一百六十六根即成一栰。」此後世法，不知墨子所謂「一筏」數幾何也。塗茅屋若積薪者，厚五寸已上。吏各舉其步界中財物可以左守備者，上。王引之云：「『步界』二字義不可通，『步』當爲『部』，吏各有部，部各有界，故曰『部界』。號令篇云『因城中里爲八部，部一吏』，又云『諸吏卒民，非其部界而擅入』，皆其證也。俗讀部、步聲相亂，故『部』譌作『步』。『上』下當有『之』字，『上之』，謂上其財物也。備城門篇云『民室材木瓦石，可以益城之備者，盡上之』，與此文同一例。今本脱『之』字，則文義不明。」又云：「『左與佐同。』」蘇云：「上，謂聞之於上。」

有讒人，有利人，有惡人，有善人，有長人，有謀士，有勇士，有巧士，有使士，使士，謂可以奉使之士，又疑當作「信士」。號令篇屢言「信人」，亦或誤爲「使人」。**有内人者，外人者，有善人者，有善門人者，**蘇云：「上句『善』下疑脱一字。『善門』疑『善門』之訛。」**守必察其所以然者，應名乃内之。**蘇云：「應名，言名實相應也。『内』讀如納。」**民相惡，若議吏，吏所解，**吏所解，謂民相惡有讐怨，吏爲解之者，見上號令篇。**皆札書藏之，**札，舊本譌作「禮」。王引之云：「『禮書』當爲『札書』，古『禮』字作『礼』，與『札』相似，『札』譌爲『礼』，後人因改爲『禮』耳。『札書』見號令篇。莊子人閒世篇『名也者，相札也』，崔譔曰：『札或作禮。』淮南説林篇『烏力勝日，而服於鵻札』，今本『札』譌作『禮』。」蘇云：「『禮』當作『謹』。備城門篇言『皆謹收藏』也。」案：王校是也，今據正。周禮調人云「凡有鬭怒者成之，不可成者則書之，先動者誅之」，鄭注云：「不可成，不可平也。書之，記其姓名，辯本也。」此「札書」與彼義同。**以須告之至以參驗之。**「告」下疑當有「者」字。吴鈔本脱「至」字。**睨者小五尺不可卒者，爲署吏，令給事官府若舍。**蘇云：「『睨者』二字傳寫錯誤，或爲『兒童』之訛。意言弱小未堪爲卒，唯給使令而已。」詒讓案：孟子梁惠王篇趙注云：「倪，弱小繫倪者也。」説文女部云：「婗，嬰婗也。」廣雅釋親云：「婗，兒，子也。」此「睨」即「婗」之叚字。或云「睨者小」疑當作「諸小婗」，「者」即「諸」之省，亦通。孟子滕文公篇云「五尺之童」，管子乘馬篇云「童五尺」，荀子仲尼篇云「五尺豎子」。論語泰伯篇「可以託六尺之孤」，周禮鄉大夫賈疏引鄭注云：「六尺，年十五以下。」然則「五尺」者，蓋年十四以下也。「舍」謂守者之私舍，號令篇云「城上吏卒養皆爲舍道内」。**藺石、**見號令篇。**厲矢、諸材**畢云：「舊作『林』，以意改。」蘇云：「諸與儲同。」詒讓案：「諸」如字。**器用皆謹部，各有積分數。**號令篇云「輕重分數各有請」。**爲解車以枱，城矣**説文木部云：「枱，耒耑木也。」案：「枱」即考工記車人「耒庛」之正字，與此義不相當。此「枱」當爲木材，疑即「梓」之叚借字。「枱」籀文从辝作「辝」，與「梓」聲類相近也。備穴篇「用揣若松爲穴户」，「揣」疑亦即「枱」、「梓」之異文。蘇云：「此句錯誤不可讀。『解車』疑即『軺車』，據下文是言車之載矢者。『城矣』二字或即『載矢』之訛。下『以』字衍。」案：蘇説近是，但下「以」字非衍。**以軺車，**畢云：「漢書注：『服虔云：軺音瑶，立乘小車也。』」**輪軲**道藏本、茅本「軲」作「軲〔二〕」。「軲」亦見經説下。畢云：「此『轂』字異文無疑。廣雅云：『軲，車也。』曹憲音枯，又音姑。」案：畢説未塙。「軲」疑即車前胡，字形又與軸相近，詳經説下篇。輪與軲不得同度，疑亦有脱誤。**廣十尺，**轂廣度必無十尺，此亦足證畢説之非。但胡即軥前下垂柱地者，亦不得有廣度，疑指車前軓當胡處而言。下「箱」與「轅」等亦長丈，則軓長廣正方矣。若爲軸，則當云「長」，不當云「廣」。未能質定也。**轅長丈，**此蓋直轅，與考工記大車同。長丈〔三〕，當爲轅出箱前者之度。下云「箱長與轅等」，則并當箱與箱前二者計之，轅通長二丈也。車人「凡爲轅，三其輪崇」，此輪六尺，而轅二丈，羸於彼也。**爲三輻，**「三輻」疑當作「四輪」，備高臨篇「連弩車兩軸四輪」，亦誤作「三輪」。**廣六尺，**凡輪廣與崇等，考工記車人鄭注：「柏車，山車。輪高六尺。」此與彼度同。**爲板箱，長與轅等，**説文竹部云：「箱，大車牝服也。」考工記車人云「大車牝服二柯又參分柯之二」，鄭注云：「牝服長八尺，謂較也。」鄭司農云：「牝服謂車箱。」此車箱長丈，蓋長於

〔二〕「軲」，原誤「軲」，據道藏本、茅本改。

〔三〕「丈」，原誤「文」，據文義改。

大車二尺也。**高四尺，**舊本作「四高尺」。蘇云：「當作『高四尺』。」案：蘇校是也，今據乙正。**善蓋上，治中**〔一〕**令可載矢。**舊本脫「中」字，今據道藏本、吴鈔本、茅本補。

子墨子曰：凡不守者有五：城大人少，一不守也；畢云：「舊作『者』，以意改。」案：茅本正作「也」，不誤。**城小人衆，二不守也；人衆食寡，三不守也；市去城遠，四不守也；畜積在外，富人在虚，**蘇云：「虚同墟，言不在城邑也。」**五不守也。率萬家而城方三里。**尉繚子兵談篇云：「量地肥墝而立邑，建城稱地，以城稱人，以人稱粟，三相稱，則內可以固守，外可以戰勝。」畢云：「言大率萬家而城方三里，則可守。」詒讓案：方三里者，積九里，爲地八千一百畝也。以萬家分居之，蓋每宅不及一畝，貧富相補，足以容之矣。

〔一〕「中」字原脱，按孫注云「據道藏本、吴鈔本、茅本補」，是正文當有「中」字而漏刻，今補。

墨子目録一卷

道藏本及明鈔本、刻本並無目録，此畢氏所定，依意林爲第十六卷，今從隋志，別爲一卷。

卷之一

親士第一

脩身第二

所染第三　魏徵羣書治要引篇目同。

法儀第四　治要引篇目同。

七患第五　治要引篇目同。

辭過第六　治要引此篇文并入七患篇，疑唐以後人所分。

三辯第七　黄震、宋濂所見別本，以上七篇題曰經，蓋宋人所加。

卷之二

尚賢上第八　治要引篇目同。漢書藝文志顔師古注引作「上賢」。

尚賢中第九
尚賢下第十
卷之三
尚同上第十一漢書顔注引作「上同」。
尚同中第十二
尚同下第十三中興館閣書目云「一本自親士至上同十三篇」，即此。黄震、宋濂所見别本，以上六篇題曰論，亦宋人所加。
卷之四
兼愛上第十四漢書顔注引同。
兼愛中第十五
兼愛下第十六
卷之五道藏本六同卷。
非攻上第十七
非攻中第十八
非攻下第十九

卷之六

節用上第二十漢書顏注引同。

節用中第二十一

節用下第二十二闕

節葬上第二十三闕

節葬中第二十四闕

節葬下第二十五

卷之七

天志上第二十六

天志中第二十七

天志下第二十八

卷之八

明鬼上第二十九闕。漢書顏注引作「明鬼神」。

明鬼中第三十闕

明鬼下第三十一

大取第四十四
小取第四十五
耕柱第四十六
卷之十二畢云：「舊云『十三同卷』者，梵本分帙如此。」詒讓案：此明人編入道藏所合并，非古本也。畢謂梵本，亦非。
貴義第四十七治要引篇目同。
公孟第四十八
卷之十三
魯問第四十九
公輸第五十
□□第五十一
卷之十四
備城門第五十二明吴寬鈔本無目録，其當卷篇目，以備城門爲五十四，備高臨爲五十五。册末，吴氏手跋云：「本書七十一篇，其五十一之五十三、五十七、五十九之六十、六十四之六十七，篇目並闕，當訪求古本考入云。」是吴所據舊本實如此，則當闕五十二、五十三二篇。未知孰是。

備高臨第五十三

□□第五十四依備城門篇所列攻具十有二，臨第一，鉤第二，則此篇疑當爲備鉤。

□□第五十五備城門篇十二攻具，衝第三，則此篇疑當爲備衝。詩大雅皇矣孔疏引有備衝篇，蓋唐初尚未佚也。

備梯第五十六

□□第五十七十二攻具，梯第四，堙第五，則此篇疑當爲備堙。

備水第五十八

□□第五十九十二攻具〔二〕，水第六，穴第七，突第八，空洞第九，蟻傅第十，今唯闕備空洞一篇，其次又不當列水、突之閒，豈爲後人所貿亂與？

□□第六十

備突第六十一

備穴第六十二十二攻具，穴在突後〔三〕，此篇次與彼不合。

〔二〕「具」，原誤「其」，據文義改。

〔三〕按「後」疑當作「前」。據本書備城門篇十二攻具，「穴」列第七，「突」列第八。

備蛾傅第六十三

卷之十五

□□第六十四十二攻具，轒輼第十一，軒車第十二，則當有備轒輼、備軒車二篇，其次當在此。

□□第六十五

□□第六十六

□□第六十七

迎敵祠第六十八

旗幟第六十九「幟」俗字，王念孫校改「職」。

號令第七十九章筭術衰分篇劉徽注引篇目同。

襍守第七十一

畢沅云：案舊本皆無目，隋書經籍志云：「墨子十五卷，目一卷。」馬總意林云：「墨子十六卷。」詒讓案：馬本梁庾仲容子鈔，見高似孫子略。則是古本有目也。考漢書藝文志云「墨子七十一篇」，高誘注呂氏春秋云「七十二篇」，疑當時亦以目爲一篇耳。藏本云「闕」者八篇而有其目，節用下，節葬上、中，明鬼上、中，非樂中、下，非儒上是也。當是宋本如此。而館閣書目云「自親士至雜守爲六十一篇，亡九篇」，恐是「八」譌爲「九」。又七十一篇亡其九，當存六十二，而云「六十一」，亦「二」之譌也。其十篇者，藏本并無目，亦當是宋時亡之。然則宋時所存實止五十三篇耳。詒讓案：荀子修身篇楊注云「墨子著書三十五篇」，疑當作「五十三篇」。或唐中葉以後此書即有闕佚，篇數已與今本同也。然詩正義引備衝篇，則尚存其目，而不知列在第幾。太平御覽引有備衝法，正在此篇，則宋初尚多存與？詒讓案：御覽多本古類書，不足證北宋時此書尚有完本也。南宋人所見十三篇一本，樂臺曾注之，即自親士至上同是。而潛谿諸子辯云：「上卷七篇，號曰經，下卷六篇，號曰論，共十三篇。」詒讓案：此即中興館閣書目所載別本，書録解題亦箸録。黄氏日鈔諸子云「墨子之書凡二，其後以論稱者多衍復，其前以經稱者善文法。」又吴道師戰國策校注五引兼愛中篇「楚靈王好士細腰」數語，云：「今按墨子三卷中無此文。」三卷者，別本也，古墨子篇數不止此。是陳直齋、黄東發、吴正傳所見墨子皆止十三篇本也。又有可疑：夫墨子自有經上下、經說上下，在十三篇之後。此所謂經，乃親士、修身、所染、法儀、七患、辭過、三辯七篇，與下尚賢、尚同各三篇文例不異，似無經、論之別，未知此說何據？以意求之，或以經上下、經說上下及親士、修身六篇爲經。詒讓案：南宋別本不如是，畢說非。其說或近，以無子墨子云云故也。詒讓案：此說亦非，詳親士篇。然古人亦未言之。至樂臺所注，見鄭樵通志藝文略，而焦竑國史經籍考亦載之，似至明尚存，詒讓案：鄭、焦二志多存虛目，不足據。卒亦不傳，何也？若錢曾云「藏會稽鈕氏世學樓本，共十五卷七十一篇，内亡節用等九篇」者，實即今五十三篇之本，内著「闕」字者八篇，錢不深核耳。

洪頤煊云：墨子今本十五卷，自親士至雜守凡七十一篇，内闕有題八篇，無題十篇。據陳振孫書録解題稱漢志七十一篇，館閣書目有十五卷六十一篇者多訛脱不相聯屬。是無題十篇宋本已闕，有題八篇闕文在宋本已後。讀書叢録。詒讓案：道藏本即從宋本出，有題八篇宋本蓋已闕，洪説未塙。

墨子附録一卷

墨子篇目考 畢沅述，今重校補。

漢書藝文志：

墨子七十一篇。名翟，爲宋大夫，在孔子後。

隋書經籍志：

墨子十五卷，目一卷。宋大夫墨翟撰。

庾仲容子鈔：見高似孫子略，畢本無，今補。

墨子十六卷。

馬總意林：

墨子十六卷。案：墨子名翟，高誘曰魯人，一曰宋人，爲宋大夫，善守禦，務儉嗇。所著書，漢志七十一篇，隋、唐志十五卷、目一卷，宋志十五卷，楊倞荀子注云三十五篇，宋潛溪曰二卷、親士至經説十三篇。明堂策檻刊本十五卷、七十一篇，與舊志合，闕節用下、節葬上中、明鬼上中、非樂中下、非儒上，共八篇。蓋楊據篇名摠計之，宋則未見全書也。明刻文多重複，似亦非古本，但次第正與此同。

君子自難而易彼，「彼」字補，同下。衆人自易而難彼。親士篇。

靈龜先灼，神蛇先暴。「先」原作「近」。

君子雖有學，行爲本焉。戰雖有陳，勇爲本焉。喪雖有禮，哀爲本焉。修身篇。

墨子見染絲而嘆曰：「染於蒼則蒼，染於黄則黄。非獨染絲然也，國亦有染。詒讓案：張海鵬本「國」作「人固」二字。舜染許由，桀染干辛，「干」舊作「予」。説苑作「干莘」。原有「推哆」，韓非子曰「桀有侯侈〔一〕」。紂染崇侯也。」所染篇。

聖人爲舟車，完固輕利，可以任重致遠。辭過篇。

子自愛不愛父，欲虧父而自利；弟自愛不愛兄，欲虧兄而自利，非兼愛也。句非原文。盜愛其室不愛異室，故竊異室以利其室，亦非舊訛「能」。詒讓案：張本不訛。兼愛。兼愛上篇。

〔一〕「侈」，原誤「哆」，據韓非子説疑篇改。

節葬之法：三領之衣原作「衣三領」。足以朽肉，節葬篇作「蔽形」。三寸之棺原作「棺三寸」。足以朽骸，深則通於泉。原作「堀穴深不通於泉，流不發洩則止。」節葬篇亦云「下無及泉，上無通臭」。節用中篇。

諸侯不得恣己爲政，有三公政之；「政之」之「政」原作「正」，下同。三公不得恣己爲政，有天子政之；天子不得恣己爲政，有天舊有「下」字。政之。天志下篇。案此文兩見，皆作「有天政之」。

斷指以存脛，原作「服」。下云「利之中取大，害之中取小也。害之中取小，非取害也，取利也」。以免於身者利。原作「遇盜人，而斷指以免身，利也」。言雖受傷而身得免，即謂之利。大取篇。

君子如鐘，扣則鳴，不扣則不鳴。美原作「義」。女處不出，則爭求之；行而自衒，人莫之娶。公孟篇。

墨子勸弟子學曰：「汝速學，君原作「吾」。當仕汝。」弟子學朞年，就墨子責仕。二字補。責，求也。墨子曰：「汝聞魯人原作「語」。乎？有昆弟五人，父死，其長子嗜酒不肯預葬，其四弟曰：『兄若送葬，我當爲兄沽酒。』此下與原文小異。葬訖，就四弟求酒。四弟曰：『子葬父，豈獨吾父也？吾恐人笑，欺以酒耳！』今不學，人自笑子，故勸子也。」遂不復求仕。

墨子謂門人曰：「汝何不學？」對曰：「吾族無學者。」墨子曰：「不然。豈謂欲好美，而曰吾族無此，辭不欲耶？欲富貴，而曰吾族無此，辭不用耶？强自力矣！」

甘瓜苦蔕，天下物無全美。二句原書闕，見埤雅引。下二條亦原書所無。

古之學者得一善言，附於其身；今之學者得一善言，務以説人，言過而行不及。書鈔引新序「齊王問墨子曰：『古之學者爲己，今之學者爲人，何如？』對曰『古之學者云云説人』」，則爲墨子之言甚明。

君子服美則益敬，小人服美則益驕。詒讓案：今本公輸篇後，兵法諸篇之前，闕第五十一篇，以上數條疑皆此篇佚文。

案：史記：墨翟「或曰竝孔子時，或曰在其後」。張衡謂當子思時，出仲尼後也。抱朴子、小司馬皆言在七十子後。史鄒陽書曰「宋信子罕之計囚墨翟」，漢書「子罕」作「子冉」。意其生稍後孔子，而先於孟子者歟？竊謂儒與楊墨猶陰與陽，而墨較近理，故與楊同一塞路，同經孟子辭闢，而墨氏之書至今猶有傳者。甚至尸佼謂孔子貴公，墨子貴兼，其實則一。韓非子顯學篇孔墨竝尊。史傳以墨附孟，范書言墨孟之徒。韓昌黎謂孔子必用墨子，墨子必用孔子，是豈特秦越同舟已哉！荀卿書雖不醇，其禮論篇譏墨子薄葬，反覆數百言，大旨謂以倍叛之心事親，棺槨三寸、衣衾三領，爲刑餘罪人之喪，又謂刻死而附生，所見實出孔鮒詰墨子上，唐開元從祀孔庭，其以此歟？詒讓案：此條於墨子篇目及馬氏書均無涉，姑録之，以存畢考之舊。

唐書經籍志：

墨子十五卷。墨翟撰。

新唐書藝文志：

墨子十五卷。墨翟。

宋史藝文志：

墨子十五卷。宋墨翟撰。

崇文總目：畢本無，今補。

墨子十五卷。墨翟撰。

鄭樵通志藝文畧：

墨子十五卷。宋大夫墨翟撰。墨翟與孔子同時。漢志注「在孔子後」。又三卷。樂臺注。唐志不載，當考。

馬端臨文獻通考經籍考：

墨子十五卷。

王應麟玉海：

書目云：「墨子十五卷，自親士至雜守爲六十一篇。亡九篇。一本自親士至上同凡十三篇者。」詒讓案：此即中興館閣書目，王氏所引非全文。

晁公武郡齋讀書志：

墨子十五卷，宋墨翟撰，戰國時爲宋大夫，著書七十一篇，以貴儉、兼愛、尊賢、右鬼、非命、尚衢本作「上」。同爲説云。荀、孟皆非之，而韓愈獨謂辨生於末學，非二師之道本然也。

陳振孫直齋書録解題：

墨子三卷，宋大夫墨翟撰，孟子所謂邪説詖行，與楊朱同科者也。韓吏部推尊孟子，而讀墨一章，乃謂孔、墨相爲用，何哉？漢志七十一篇，館閣書目有十五卷、六十一篇者，多訛脱不相聯屬。又二本止存十三篇者，當是此本也。方楊、墨之盛，獨一孟子詘言非之，諄諄焉惟恐不勝。今楊朱書不傳，列子僅存其餘，墨氏書傳於世者亦止於此。孟子越百世益光明，遂能上配孔氏，與論語並行。異端之學，安能抗吾道哉！

焦竑國史經籍考：

墨子十五卷。又三卷。樂臺注。

四庫全書總目：畢本無，今補。

墨子十五卷。兩江總督採進本。舊本題宋墨翟撰。考漢書藝文志「墨子七十一篇」，注曰：「名翟，宋大夫。」隋書經籍志亦曰：「宋大夫墨翟撰。」然其書中多稱子墨子，則門人之言，非所自著。又諸書多稱墨子名翟，因樹屋書影則曰：「墨子姓翟，母夢烏而生，因名之曰烏，以墨爲道。今以姓爲名，以墨爲姓，是老子當姓老耶？」其説不著所出，未足爲據也。詒讓案：周亮工説本元伊世珍瑯嬛記。宋館閣書目稱墨子十五卷、六十一篇。此本篇數與漢志合，卷數與館閣書目合。惟七十一篇之中，僅佚節用下第二十二、節葬上第二十三、節葬中第二十四、明鬼上第二十九、明鬼中第三十、非樂中第三十三、非樂下第三十四、非儒上第三十八，凡八篇，尚存六十三篇者，詒讓案：此未數失目十篇也，今本實存五十三篇。與館閣書目不合。陳振孫書録解題又稱有一本止存十三篇者，今不可見。或後人以兩本相校互有存亡，增入二篇歟？抑傳寫者譌以六十三爲六十一也？墨家者流，史罕著録，蓋以孟子所闢，無人肎居其名。然佛氏之教，其清淨取諸老，其慈悲則取諸墨。韓愈送浮屠文暢序稱儒名墨行，墨名儒行，以佛爲墨，蓋得其真。而讀墨子一篇乃稱墨必用孔，孔必用墨，開後人三教歸一之説，未爲篤論。特在彼法之中，能自嗇其身，而時時利濟於物，亦有足以自立者，故其教得列於九流，而其書亦至今不泯耳。第五十二篇以下皆兵家言，其文古奧，或不可句讀，與全書爲不類。疑因五十一篇言公輸般九攻、墨子九拒之事，其徒因採摭其術，附記其末。觀其稱弟子禽滑釐等三百人已持守圉之器在宋城上，是能傳其術之徵矣。

錢曾讀書敏求記：詒讓案：畢本在焦竑國史經籍考前，今移此。

墨子十五卷，潛溪諸子辨云：「墨子三卷，戰國時宋大夫墨翟撰。上卷七篇號曰經，中卷、下卷六篇號曰論，共十三篇。考之漢志七十一篇，館閣書目則六十一篇，已亡節用、節葬、明鬼、非樂、非儒等九篇，今書則又亡多矣。」潛溪之言如此。予藏宏治己未舊抄本，卷篇之數恰與其言合。又藏會稽鈕氏世學樓本，共十五卷七十一篇，内亡節用等九篇，蓋所謂館閣書目本或即此歟？潛溪博覽典籍，其辨訂不肯聊且命筆，而止題爲三卷，豈猶未見完本歟？抑此書兩行於世而未及是正歟？姑識此，以詢藏書家。

詒讓案：墨子書七十一篇，即漢劉向校定本，箸於别録，而劉歆七畧、班固藝文志因之，舊本當亦有劉向進書奏録，宋以後已不傳。史記孟子荀卿傳索隱：「按别録云：今按墨子書有文子，文子即子夏之弟子，問於墨子，如此，則墨子者在七十子之後也。」此即劉録之佚文。攷文子今書未見，它書載子夏弟子亦無文子，唯史記儒林傳云「如田子方、段干木、吴起、禽滑釐之屬，皆受業於子夏之倫」，則疑文子當爲禽子。又耕柱篇「子夏之徒問於子墨子曰：君子有鬬乎」，子政或兼據彼文也。

又案：漢志兵技巧家注云「省，墨子重。」則七略墨子書，墨家與兵書蓋兩收，班志始省兵而專入墨，此亦足考劉、班箸録之異同。謹附記之。劉略入兵技巧家者，蓋即備城門以下二十篇也。

墨子佚文

畢沅述，今重校補。

樂者，聖王之所非也，而儒者爲之，過也。見荀子，當是非樂篇文。詒讓案：見樂論篇，然似約舉非樂篇大意，畢以爲佚文，未塙。孔子「子」字皆鮒所更，墨本用孔子諱。見景公，公曰：「先生素不見晏子乎？」對曰：「晏子事三君而得順焉，是有三心，所以不見也。」公告晏子，晏子曰：「三君皆欲其國安，是以嬰得順也。聞君子獨立不慙于影，今孔子伐樹削迹，不自以爲辱，身窮陳、蔡，不自以爲約。始吾望儒貴之，今則疑之。」景公祭路寢，聞哭聲，問梁丘據。對曰：「魯孔子之徒也。其母死，服喪三年，哭泣甚哀。」公曰：「豈不可哉？」晏子曰：「古者聖人非不能也，而不爲者，知其無補於死者，而深害生事故也。」見孔叢詰墨篇。疑非儒上第三十八篇文。詒讓案：二條並見晏子春秋外篇，或墨子亦有是文。

堂高三尺，索隱云：「自此已下，韓子之文，故稱曰也。」詒讓案：後漢書趙典傳注首有「堯、舜」二字，韓非子十過篇亦有此文，即索隱所據也。土階三等，茅茨不翦，采椽不刮，詒讓案：後漢書、文選魏都賦注作「斲」，又文選東京賦注引作「刊」。食詒讓案：後漢書注作「飯」。土簋，啜土刑，詒讓案：後漢書注作「歠土鉶」。糲粱之食，詒讓案：後漢書注作「飯」。藜藿之羹，夏日葛衣，冬日鹿裘。其送死，桐棺三寸，舉音不盡其哀。見史記太史公自序，又見文選注、後漢書注，文皆微異，今韓非子雖有之，然疑節用中、下篇文。詒讓案：此司馬談約引墨子語，似未必即節用中、下篇佚文。羣書治要及藝文類聚十一、太平御覽八十引帝王世紀云：「墨子以爲堯堂高三尺，土階三等，茅茨不翦，採椽不斲，夏服葛衣，冬服鹿裘。」論衡是應篇云：「墨子稱堯、舜堂高三尺，儒家以爲卑下。」以上諸書及後漢書注、文選注，疑並據史記展轉援引，非唐本墨子書實有此文也。

年踰十五，則聰明心詒讓案：畢本作「思」，今據史記五帝本紀集解校正。慮無不徇通矣。見裴駰史記集解，索隱「十五」作「五十」，「無不」作「不」，云「作『十五』非是」。詒讓案：索隱云：「俗本作『十五』，非是。案謂年老踰五十不聰明，何得云『十五』？」蓋小司馬所見墨子猶是足本，故據以校正史注俗本之謬。

禽滑釐問於墨子曰：「錦繡絺紵，將安用之？」墨子曰：「惡，是非吾用務也。古有無文者得之矣，夏禹是也。卑小宮室，損薄飲食，土階三等，衣裳細布。當此之時，黼詒讓案：舊本脱，盧文弨據御覽八百二十校補，今從之。黻無所用，而務在於完堅。殷之盤庚，大其先王之室，而改遷於殷，茅茨不翦，采椽不斲，以變天下之視。當此之時，文采之帛將安所施？夫品庶非有心也，以人主爲心，苟上不爲，下惡用之？二王者，以詒讓案：舊衍「化」字，今從盧校删。身先于天下，故化隆於其時，成名於今世也。且夫錦繡絺紵，亂君之所造也。其本皆興於齊景公喜奢而忘儉，幸有晏子以儉鐫之，然猶幾不能勝。夫奢安可窮哉！紂爲鹿臺糟邱，酒池肉林，宮牆文畫，雕琢刻鏤，錦繡被堂，金玉珍瑋，婦女優倡，鐘鼓管絃，流漫不禁，而天下愈竭，故卒身死國亡，爲天下戮。非惟錦繡絺紵之用邪？今當凶年，有欲予子隨侯之珠者，不得賣也，珍寶而以爲飾。又欲予子一鍾粟者。得珠者不得粟，得粟者不得珠，子將何擇？」禽滑釐曰：「吾取粟耳，可以救窮。」墨子曰：「誠然，則惡在事夫奢也？長無用好末淫，非聖人之所急也。故食必常飽，然後求美；衣必常暖，然後求麗；居必常安，然後求樂。爲可長，行可久，先質而後文，此聖人之務。」禽滑釐曰：「善。」見説苑，疑節用下篇文。詒讓案：節用諸篇無與弟子問荅之語，畢説未塙。

吾見百國春秋。見隋李德林重答魏收書。詒讓案：見隋書本傳，亦見史通六家篇。「春秋」下，畢本有「史」字，今據史通删。攷德林書云：「史者，編年也，故晉號紀年。墨子又云，吾見百國春秋。史又〔二〕有無事而書年者，是重年驗也。」審校文義，李書「史」字當屬下爲句，畢氏失其句讀，遂并「史」字録之，謬也。

禽子問：「天與地孰仁？」墨子曰：「翟以地爲仁。」太山之上則封禪焉，培塿之側太平御覽作「沈」。則生松柏，下生黍苗莞蒲，水生黿鼉龜魚，民衣焉，食焉，死焉，地終不責德焉。故翟以地爲仁。」見藝文類聚，又見北堂書鈔、太平御覽、吳淑事類賦，文微異。

申徒狄曰：「周之靈珪，出於土石；楚之明月，出於蚌蜃。」見藝文類聚。詒讓案：此即後申徒狄謂周公章之文，當并爲一條。

晝衣冠，異章服，而民不犯。見文選注。

墨子獻書惠王，王受而讀之，曰：「良書也。」見文選注。詒讓案：本書貴義篇云「子墨子南游於楚，

〔二〕「又」下原有「無」字，據隋書李德林傳删。

見楚獻惠王」，疑即「獻書惠王」之誤。又余知古渚宮舊事二亦云墨子至郢，獻書惠王，王受而讀之，曰「良書也」，與李所引正同。彼文甚詳，疑皆本墨子，但不箸所出書，今不據補録。詳貴義篇。

時不可及，日不可留。見文選注。

備衝篇。見詩正義。

備衝法，絞善麻長八丈，内有大樹，則繫之，用斧長六尺，令有力者斬之。見太平御覽。疑備衝篇文。詒讓案：通典兵守拒法云：「敵若推䡴車，我作麤鐵鐶，并屈桑木爲之，用索相連。䡴頭適到，速以鐶串䡴頭，於其傍便處，分令壯士牽之翻倒，弓弩而射，自然敗走。」案杜蓋即本墨子遺法，而以後世名制易之。

申徒狄謂周公曰：「賤人何可薄也！周之靈珪，出於土石；隋之明月，出於蚌蜃；少豪大豪，出於污澤，天下諸侯皆以爲寶。狄今請退也。」見太平御覽。又一引云：「周公見申徒狄，曰：『賤人强氣則罰至。』申徒狄曰：『周之靈珪，出於土□；楚之明月，出□蚌蜃；五象出於漢澤，和氏之璧、夜光之珠、三棘六異，此諸侯之良寶也。』」疑今耕柱篇脱文。詒讓案：此文當在佚篇中，今書耕柱篇雖亦有和璧、隨珠、三棘六異之文，然非申徒狄對周公語，畢説非也。通志氏族略引風俗通云：「申徒狄，夏賢人也。」林寶元和姓纂説同。莊子外物篇云「湯與務光，務光怒，申徒狄因以踣河」，此即應説所本。淮南子説山訓高注則云：「申徒狄，殷末人也。」史記鄒陽傳集解：「服虔云：申徒狄，殷之末世人也。」索隱引韋昭又云「六國時人」，莊子大宗師釋文亦云「申徒狄，殷時人」。案依韋説，則此周公或爲東、西周君。御覽八百二引有和氏之璧語。又韓詩外傳一及新序士節篇並云：「申徒狄曰：吳殺子胥、陳殺泄治而滅其國。」則狄非夏、殷末人可知。疑韋説近是。

桀女樂三萬人，晨譟聞於衢。服文綉衣裳。見太平御覽。詒讓案：此管子輕重甲篇文。以後御覽所引諸條，似多誤以它子書語爲墨子，不甚足據也，今亦未及詳校。

秦穆王遺戎王以女樂二八，戎王沈於女樂，不顧國亡，政國之禍。見太平御覽。

良劍期乎利，不期乎莫邪。見太平御覽。

禹造粉。見太平御覽。

子禽問曰：詒讓案：疑當作「禽子」。「多言有益乎？」墨子曰：「蝦蟆蛙蠅詒讓案：當作「黽」。日夜而鳴，舌乾擗，然而不聽。一引作「口乾而人不聽之」。今鶴雞時夜而鳴，天下振動。多言何益？唯其言之時也。」見太平御覽。

昔夏之衰也，有推侈、大戲；殷之衰也，有費仲、惡來，足走千里，手制兕虎。見太平御覽。詒讓案：此晏子春秋諫上篇文。

神機陰開，剞劚無迹，人巧之妙也，而治世不以爲民業。詒讓案：此淮南子齊俗訓文。劚，彼作「劂」，此誤。工人下漆而上丹則可，下丹而上漆則不可。萬事由此也。詒讓案：此淮南子説山訓文。神明鉤繩者，乃巧之具也，而非所以爲巧。詒讓案：此淮南子齊俗訓文，「神明」作「規矩」。神明之事不可以智巧爲也，不可以功力致也。天地所包，陰陽所嘔，雨露所濡，以生萬殊。翡翠瑀珇碧玉珠，文采明朗，澤若濡，摩而不玩，久而不渝，奚仲不能放，魯般弗能造，此之大巧。詒讓案：此淮南子泰族訓文。夫至巧不用劒，大匠大不斲。詒讓案：此淮南子説林訓文，下「大」字衍。夫物有以自然，而後人事有治也。故大匠不能斲金，巧治不能鑠木，金之勢不可斲，而木之性不可鑠也。埏埴以爲器，剡木而爲舟，爍鐵而爲刃，鑄金而爲鐘，因其可也。見太平御覽，而文不似墨子，或恐誤引他書。詒讓案：末條淮南子泰族訓文。

右二十一條，今本所脱，由沅採摭書傳，附十五卷末。其意林所稱，已見篇目考中，不更入也。

金城湯池。水經河水二酈道元注。

釜丘。水經濟水注云：「陶丘，墨子以爲釜丘也。」

使造下疑脱「物」字。三年而成一葉，天下之葉少哉。廣弘明集朱世卿法性自然論。案：韓非子外儲説左上宋人爲玉楮葉章有此文，或本墨子語也。

舜葬於蒼梧之野，象爲之耕。劉賡稽瑞。

禹葬會稽，鳥爲之耘。稽瑞。以上二條疑節葬上、中二篇佚文，然説舜葬處與節葬下篇不合，未詳。

五星光明，苣⿰黹盍如旗。稽瑞。

右六條，畢本無，今校增。

墨子舊敍

魯勝墨辯注敍晉書隱逸傳

名者所以别同異，明是非，道義之門，政化之準繩也。孔子曰：「必也正名，名不正則事不成。」墨子著書，作辯經以立名本，惠施、公孫龍祖述其學，以正别孫星衍校改「刑」。名顯於世。孟子非墨子，其辯言正辭則與墨同。荀卿、莊周等皆非毁名家，而不能易其論也。名必有形，當作「名必有形」。察疑脱「形」字。莫如别色，故有堅白之辯；名必有分明，分明莫如有無，故有無序之辯。是有不是，可有不可，是名兩可；同而有異，異而有同，是之謂辯同異。至同無不同，至異無不異，是謂辯同辯異。同異生是非，是非生吉凶，取辯於一物，而原極天下之汙隆，名之至也。自鄧析至秦時，名家者世有篇籍，率頗難知，後學莫復傳習，於今五百餘歲，遂亡絶。墨辯有上下經，經各有説，凡四篇，與其書衆篇連第，故獨存。今引説就經，各附其章，疑者闕之。又采諸衆雜集爲刑名二篇，「刑」當作「形」。略解指歸，以俟君子。其或興微繼絶者，亦有樂乎此也。

畢沅墨子注敍經訓堂本

墨子七十一篇，見漢藝文志。隋以來爲十五卷、目一卷，見隋經籍志。宋亡九篇，爲六十一篇，見中興館閣書目。實六十三篇，後又亡十篇，爲五十三篇，即今本也。本存道藏中，缺宋諱字，知即宋本。又三卷一本，即親士至尚同十三篇，宋王應麟、陳振孫等僅見此本。有樂臺注，見鄭樵通志藝文略，今亡。案通典言兵有守拒法，而不引墨子備城門諸篇。玉海云後漢書注引墨子備突篇，詩正義引墨子備衝篇，似亦未見全書，疑其失墜久也。今上開四庫館，求天下遺書，有兩江總督採進本，謹案亦與此本同。自此本以外，有明刻本，其字少見，皆以意改，無經上下及備城門等篇。詒讓案：此即余有丁子彙本。蓋無足觀。墨書傳述甚少，得毋以孟子之言，轉多古言古字。先是，仁和盧學士文弨、陽湖孫明經星衍互校此書，略有端緒，沅始集其成。因偏覽唐宋類書、古今傳注所引，正其譌謬，又以知聞疏通其惑。自乾隆壬寅八月至癸卯十月，踰一歲而書成。世之譏墨子以其節葬、非儒説。墨者既以節葬爲夏法，特非周制，儒者弗用之。非儒，則由墨氏弟子尊其師之過，其稱孔子諱及諸毀詞，是非翟之言也。詒讓案：此論不塙，詳非儒篇。案他篇亦稱孔子，亦稱仲尼，又以爲孔子言亦當而不可易，是翟未嘗非孔。孔子之言多見論語、家語及他緯書傳注，亦無斥墨詞。詒讓案：墨子蓋生於哀、悼閒，較之七十子尚略後，孔子安得斥之？此論甚謬。至孟子始云能言距楊、墨者，聖人之徒。又云楊、墨之道不息，孔子之道不著。蓋必當時爲墨學者，流於横議，或類非儒篇所説，孟子始嫉之。故韓非子顯學云：「墨離爲三，取舍相反不同，而皆自謂真孔、墨。」韓愈云「辯生于末學，各務售其師之説，非二師之道本然」，其知此也。今惟親士、脩身及經上、經下，疑翟自著，餘篇稱子墨子，耕柱篇并稱子禽子，則是門人小子記録所聞，以是古書不可忽也。且其魯問篇曰：「凡入國，必擇務而從事焉。國家昏亂，則語之尚賢、尚同；國家貧，則語之節用、節葬；國家憙音湛湎，則語之非樂、非命；國家淫僻無禮，則語之尊天、事鬼；國家務奪侵凌，則語之兼愛。」是亦通達經權，不可訾議。又其備城門諸篇，皆古兵家言，有寔用焉。書稱中山諸國亡於燕、代、胡、貊之間。詒讓案：此非攻中篇文，舊本作「且不著何」，當爲「相、不屠何」，明人不解，妄改爲「中山諸國」，畢氏亦沿其謬。詳本篇。攷中山之滅在趙惠文王四年，當周赧王二十年，則翟寔六國時人，至周末猶存，故史記云「或曰並孔子時，或曰在其後」，班固亦云在孔子後。司馬貞「按別録云，墨子書有文子。文子，子夏之弟子，問於墨子。如此，則墨子者在七十子後」。李善引抱朴子，亦云孔子時人，或云在其後。今按其人在七十子後。詒讓案：文選長笛賦注。若史記鄒陽傳，鄒陽曰：「宋信子罕之計而囚墨翟。」司馬貞云：「漢書作子冉，不知子冉是何人。文穎曰：子冉，子罕也。荀卿傳云：

『墨翟，孔子時人，或云在孔子後。』又襄公二十九年左傳：『宋饑，子罕請出粟。』時孔子適八歲，則墨翟與子罕不得相輩。或以子冉爲是，不知如何也。」又文選亦作子冉，注云：「文子曰：子罕也。冉音任。善曰：未詳。」詒讓案：文選鄒陽獄中上書自明，注誤以文穎爲文子。「冉音任」亦有誤。沅亦不能定其時事。又司馬遷、班固以爲翟宋大夫，葛洪以爲宋人者，以公輸篇有爲宋守之事。高誘注吕氏春秋以爲魯人，則是楚魯陽，漢南陽縣，在魯山之陽，本書多有魯陽文君問答，又亟稱楚四竟，非魯衛之魯，不可不察也。先秦之書，字少假借，後乃偏旁相益。若本書，源流之字作「原」，一又作「源」；金以溢爲名之字作「益」，一又作「鎰」；四竟之字作「竟」，一又作「境」，皆傳寫者亂之，非舊文。乃若賊敳百姓之爲殺字古文，遂而不反，合於遂亡之訓，關叔之即管叔，寔足以證聲音文字訓詁之學，好古者幸存其舊云。如其疏略，以俟敏求君子。乾隆四十八年，歲在昭陽單閼涂月，敍於西安節署之環香閣。

孫星衍墨子注後敍 經訓堂本

乾隆四十八年癸卯十二月，弇山先生既刊所注墨子成，以星衍涉于諸子之學，命作後敍。星衍以固陋辭，不獲命，敍曰：

墨子與孔異者，其學出于夏禮。司馬遷稱其善守禦，爲節用。班固稱其貴儉、兼愛、上賢、明鬼、非命、上同。此其所長，而皆不知墨學之所出。淮南王知之，其作要略訓云：「墨子學儒者之業，受孔子之術，以爲其禮煩擾而不説，厚葬靡財而貧民，服傷生而害事，故背周道而用夏政。」其識過于遷、固。古人不虛作，諸子之教或本夏，或本殷，故韓非著書亦載棄灰之法。墨子有節用，節用，禹之教也。孔子曰：「禹菲飲食，惡衣服，卑宫室，吾無閒然。」又曰：「禮，與其奢寧儉。」又曰：「道千乘之國，節用。」是孔子未嘗非之。又有明鬼，是致孝鬼神之義；兼愛，是盡力溝洫之義。孟子稱墨子摩頂放踵，利天下爲之。而莊子稱禹親自操橐耜而襍天下之川，腓無胈，脛無毛，沐甚風，櫛甚雨。列子稱禹身體偏枯，手足胼胝。呂不韋稱禹憂其黔首，顔色黎墨，竅藏不通，步不相過。皆與書傳所云「予弗子，惟荒度土功」、「三過其門而不入，思天下有溺者猶己溺之」同。其節葬，亦禹法也。尸子稱禹之喪法「死於陵者葬於陵，死於澤者葬於澤，桐棺三寸，制喪三日」，當爲「月」。見後漢書注。淮南子要略稱禹之時，天下大水，死陵者葬陵，死澤者葬澤，故節財、薄葬、閑服生焉。又齊俗稱三月之服，是絶哀而迫切之性也，高誘注云「三月之服是夏后氏之禮」。韓非子顯學稱墨者之葬也，冬日冬服，夏日夏服，桐棺三寸，服喪三月。而此書公孟篇墨子謂公孟曰「子法周而未法夏也，子之古非古也」，又公孟謂子墨子曰「子以三年之喪爲非，子之三日當爲「月」。之喪亦非也」云云，然則三月之喪，夏有是制，墨始法之矣。詒讓案：孟子云：

「三年之喪，齊疏之服，飦粥之食，自天子達於庶人，三代共之。」則孟子謂夏禮亦三年喪，此説與孟子不合。孔子則曰：「吾説夏禮，杞不足徵；吾學周禮，今用之，吾從周。」又曰：「周監於二代，郁郁乎文哉，吾從周。」周之禮尚文，又貴賤有法，其事具周官、儀禮、春秋傳，則與墨書節用、兼愛、節葬之旨甚異。孔子生於周，故尊周禮而不用夏制。孟子亦周人而宗孔，故于墨非之，勢則然焉。

若覽其文，亦辨士也。親士、脩身、經上、經下及説凡六篇，皆翟自著。經上下略似爾雅釋詁文，而不解其意指。又怪漢唐以來，通人碩儒，博貫諸子，獨此數篇莫能引其字句，以至于今，傳寫譌錯，更難鉤乙。晉書魯勝傳云：「勝注墨辨，存其敘曰：墨子著書，作辯經以立名本，惠施、公孫龍祖其學，以正刑名顯於世。孟子非墨子，其辯言正詞則與墨同。荀卿、莊周等皆非毁名家，而不能易其論也。」又曰：「墨辯有上下經，經各有説，凡四篇，與其書衆篇連第，故獨存。今引説就經，各附其章，疑者闕之。又采諸衆襍集爲刑名二篇，略解指歸，以俟君子。」如所云，則勝曾引説就經各附其篇，恨其注不傳，無可徵也。

備城門諸篇具古兵家言，惜其脱誤難讀，而弇山先生于此書，悉能引據傳注類書，匡正其失。又其古字古言，通以聲音訓故之原，豁然解釋，是當與高誘注呂氏春秋、司馬彪注莊子、許君注淮南子、張湛注列子並傳於世，其視楊倞盧辯空疏淺略，則倜然過之。

時則有仁和盧學士抱經、大興翁洗馬覃谿及星衍三人者，不謀同時共爲其學，皆折衷于先生。或此書當顯，幸其成帙，以惠來學，不覺僭而識其末也。陽湖孫星衍撰。

孫星衍經説篇跋 經訓堂本

乾隆癸卯三月，星衍方自秦北征，巡撫公將刻所注墨子，札訊星衍云：「經上下、經説上下四篇，有似堅白異同之辯，其文脱誤難曉，自魯勝所稱外，書傳頗有引之否？」星衍過晉問盧學士，又抵都問翁洗馬，俱未獲報。閲數月，重讀淮南齊俗訓，有云：「夫蝦蟇爲鶉，生非其類，唯聖人知其化。」因悟與經説上「化若鼃爲鶉」合。又讀列子湯問篇云「均，髮均縣，輕重而髮絶，髮不均也。均也，其絶也莫絶」，張湛注云：「髮甚微脃，而至不絶者，至均故也。今所以絶者，猶輕重相傾，有不均處也。若其均也，寧有絶理，言不絶也。」又云「人以爲不然，自有知其然也」，湛注云：「凡人不達理也，會自有知此理爲然者。」墨子亦有此説。」今按經説下有云：「均：髮均縣，輕而髮絶，不均也。均，其絶也莫絶。」「輕」下脱「重」字，「均其絶也」句。「均」下無「也」字。又列子仲尼篇云「影不移者，説在改也」，湛注云：「影改而更生，非向之影。墨子曰：影不移，説在改爲也。」今案經下云：「過仵景不從，説在改爲。」詒讓案：「過仵」不當屬此讀，孫亦襲舊讀之誤。詳經説下篇。其文微異而義亦同，是知子家多有若説，晉時尚能讀此書，唐人則不及此也。又楊朱篇，禽子曰「以吾言問大禹、墨翟，則吾言當矣」，湛注云：「禹、翟之教，忘己而濟物也。」亦星衍往言墨子夏教之證。比復公，而是卷已刊成，無容注處。公然其言，因據增「重」字，又命附其說于卷末。俟知十君子焉。甲辰上巳孫星衍記。

汪中墨子序 述學

墨子七十一篇，亡十八篇，今見五十三篇。明陸穩所敍刻，視它本爲完。其書多誤字，文義昧晦不可讀。今以意粗爲是正，闕所不知，又采古書之涉於墨子者，別爲表微一卷，而爲之敍曰：

周太史尹佚實爲文王所訪，晉語。克商營洛，祝筴遷鼎，有勞於王室。周書克殷解、書洛誥。成王聽朝，與周、召、太公同爲四輔，賈誼新書保傅篇。數有論諫，淮南子主術訓、史記晉世家。身沒而言立。東遷以後，魯季文子、春秋傳成四年。惠伯、文十五年。晉荀偃、襄十四年。叔向、周語。秦子桑、僖十五年。后子昭元年。及左邱明，宣十二年。竝見引重。遺書二篇，詒讓案：原作「十二篇」，今據漢書藝文志校刪「十」字。劉向校書，列諸墨六家之首。說苑政理篇亦載其文。莊周述墨家之學而原其始，曰：「不侈於後世，不靡於萬物，不暉於數度，以繩墨自矯而備世之急，古之道術有在於是者。」天下篇。可謂知言矣。古之史官，實秉禮經以成國典，其學皆有所受。魯惠公請郊廟之禮於天子，桓王使史角往，惠公止之，其後在於魯，墨子學焉。吕氏春秋當染篇。其淵源所漸，固可攷而知也。劉向以爲出於清廟之守。夫有事於廟者，非巫則史，史佚、史角皆其人也。史佚之書至漢具存，而夏之禮在周已不足徵，則莊周禽滑釐傳之禹者，莊子天下篇、列子楊朱篇。非也。

司馬遷云：「墨翟，宋大夫。或曰竝孔子時，或曰在其後。」今按耕柱、魯問二篇，墨子於魯陽文子多所陳説。楚語「惠王以梁與魯陽文子」，韋昭注「文子，平王之孫，司馬子期之子」，其言實出世本。故貴義篇墨子南游於楚，見獻惠王，獻惠王以老辭。獻惠王之爲惠王，猶頃襄王之爲襄王。由是言之，墨子實與楚惠王同時，其仕宋當景公、昭公之世。詒讓案：墨子仕宋當在昭公世，不得及景公，汪誤。其年於孔子差後，或猶及見孔子矣。詒讓案：墨子必不及見孔子，汪説誤。藝文志以爲在孔子後者，是也。非攻中篇言知伯以好戰亡，事在春秋後二十七年；又言蔡亡，則爲楚惠王四十二年，墨子竝當時及見其事。非攻下篇言今天下好戰之國齊、晉、楚、越，又言唐叔、吕尚邦齊、晉，今與楚、越四分天下。節葬下篇言諸侯力征，南有楚、越之王，北有齊、晉之君。明在句踐稱伯之後，魯問篇「越王請裂故吴地方五百里，以封墨子」，亦一證。秦獻公未得志之前，全晉之時，三家未分，齊未爲陳氏也。檀弓下「季康子之母死，公輸般請以機封」，此事不得其年。季康子之卒在哀公二十七年，楚惠王以哀公七年即位，般固逮事惠王。公輸篇「楚人與越人舟戰於江，公輸子自魯南游楚，作鉤强以備越」，亦吴亡後，楚與越爲鄰國事。惠王在位五十七年，本書既載其以老辭墨子，則墨子亦壽考人與？

親士、脩身二篇，其言淳實，與曾子立事相表裏，爲七十子後學者所述。經上至小取六篇，當時謂之墨經，莊周稱「相里勤之弟子五侯之徒，南方之墨者苦獲、己齒、鄧陵子之屬，以堅白異同之辯相訾，以觭偶不仵之辭相應」者也。公孫龍爲平原君客，當趙惠文、孝成二王之世；惠施相魏，當惠、襄二王之世，二子實始爲是學。是時墨子之没久矣，其徒誦之，竝非墨子本書。所染篇亦見吕氏春秋，其言宋康染於唐鞅、田不禮，宋康之滅在楚惠王卒後一百五十七年。墨子蓋嘗見染絲者而歎之，爲墨之學者增成其説耳。故本篇稱禽子，吕氏春秋并稱墨子。親士篇錯入道家言二條，與前後不類，今出而附之篇末。又言吴起之裂，起之裂以楚悼王二十一年，亦非墨子之所知也。詒讓案：吴起之亂，墨子似尚及見之。詳親士篇。今定其書爲内外二篇，又以其徒之所附著爲襍篇，倣劉向校晏子春秋例，輒於篇末述所以進退之意，覽者詳之。

墨子之學，其自言者曰：「國家昏亂，則語之尚賢、尚同；國家貧，則語之節用、節葬；國家憙音沈湎，則語之非樂、非命；國家淫僻無禮，則語之尊天、事鬼；國家務奪侵陵，則語之兼愛、非攻。」此其救世亦多術矣。備城門以下，臨敵應變纖悉周密，斯其所以爲才士與！傳曰：世之學老子者則絀儒學，儒學亦絀老子。惟儒墨則亦然，儒之絀墨子者，孟氏、荀氏。藝文志董無心一卷，非墨子，今亡。孔叢詰墨僞書，不數之。荀之禮論、樂論爲王者治定功成盛德之事，而墨之節葬、非樂所以救衰世之敝，其意相反而相成也。若夫兼愛，特墨之一端，然其所謂兼者，欲國家慎其封守，而無虐其鄰之人民畜産也。雖昔先王制爲聘問弔恤之禮，以睦諸侯之邦交者，豈有異哉！彼且以兼愛教天下之爲人子者，使以孝其親，而謂之無父，斯已枉矣。後之君子日習孟子之説，而未覩墨子之本書，其以耳食，無足怪也。世莫不以其誣孔子爲墨子辠。雖然，自今日言之，孔子之尊固生民以來所未有矣。自當日言之，則孔子魯之大夫也，而墨子宋之大夫也，其位相埒，其年又相近，其操術不同而立言務以求勝，雖欲平情覈實，其可得乎？是故墨子之誣孔子，猶孟子之誣墨子也，歸於不相爲謀而已矣。吾讀其書，惟以三年之喪爲敗男女之交，有悖於道。至其述堯舜，陳仁義，禁攻暴，止淫用，感王者之不作，而哀生人之長勤，百世之下如見其心焉，詩所謂「凡民有喪，匍匐救之」之仁人也！其在九流之中，惟儒足與之相抗，自餘諸子皆非其比。歷觀周、漢之書，凡百餘條，竝孔墨、儒墨對舉。楊朱之書惟貴放逸，當時亦莫之宗，躋之於墨，誠非其倫。

自墨子没，其學離而爲三，徒屬充滿天下，呂不韋再稱鉅子，去私篇、尚德篇。韓非謂之顯學，至楚、漢之際而微，淮南子氾論訓。孝武之世猶有傳者，見於司馬談所述，於後遂無聞焉。惜夫！以彼勤生薄死，而務急國家之事，後之從政者固宜假正議以惡之哉！乾隆上章困敦涂月，選拔貢生江都汪中述。詒讓案：汪氏所校墨子及表微一卷，今並未見。此敍揚州刻本爲後人竄改，文多駁異，今從阮刻本校正。

汪中墨子後序述學

中既治墨子，牽於人事，且作且止。越六年，友人陽湖孫季仇星衍以刊本示余，則巡撫畢侍郎、盧學士咸有事焉。出入羣籍，以是正文字，博而能精。中不勞日力，於是書盡通其癥結。且舊文孤學，得二三好古君子與我同志，於是有三喜焉。既受而卒業，意有未盡，乃爲後敍，以復於季仇曰：季仇謂墨子之學出於禹，其論偉矣！非獨禽滑釐有是言也，莊周之書則亦道之曰：「不以自苦爲極者，非禹之道。」是皆謂墨之道與禹同耳，非謂其出於禹也。昔在成周，禮器大備，凡古之道術，皆設官以掌之。官失其業，九流以興，於是各執其一術以爲學。諱其所從出，而託於上古神聖，以爲名高，不曰神農，則曰黄帝。墨子質實，未嘗援人以自重。其則古昔，稱先王，言堯舜禹湯文武者六，言禹湯文武者四，言文王者三，而未嘗專及禹。墨子固非儒而不非周也，又不言其學之出於禹也。公孟謂君子必古言服然後仁，墨子既非之，而曰子法周而未法夏，則子之古非古也。此因其所好而激之，且屬之言服，甚明而易曉。然則謂墨子背周而從夏者，非也。惟夫墨離爲三，取舍相反，倍譎不同，自謂別墨，然後託於禹以尊其術，而淮南著之書爾。雖然，謂墨子之學出於禹，未害也。謂禹制三月之喪，則尸子之誤也，從而信之，非也。何以明其然也？古者喪期無數，黄帝堯舜垂衣裳而天下治，則五服精粗之制立矣。放勳殂落，百姓如喪考妣，其可見者也。夏后氏三年之喪，既殯而致事，則夏之爲父三年矣。禹崩，三年之喪畢，益避禹之子於箕山之陰，則夏之爲君三年矣。從是觀之，它服術可知也。士喪禮，自小斂奠，大斂奠，朔月半薦，遣奠，大遣奠，皆用夏祝。使夏后氏制喪三月，祝豈能習其禮以贊周人三年之喪哉？若夫陵死葬陵，澤死葬澤，此爲天下大水不能具禮者言之也。荒政殺哀，周何嘗不因於夏禮以聚萬民哉！行有死人，尚或殣之，此節葬也。斂首足形，還葬而無槨，此又節葬也。豈可執是以言周禮哉。若然，夏不節喪，史佚固節喪與？夫下殤墓遠，棺斂於宫中，召公爲言於周公，而後行之，若是其篤終也。先王制禮，其敢有不至者哉！墨子者蓋學焉而自爲其道者也，故其節葬曰「聖王制爲節葬之法」，又曰「墨子制爲節葬之法」。則謂墨子自制者是也。故曰「墨之治喪，以薄爲其道」，孟子滕文公篇。曰「墨子生不歌，死不服，桐棺三寸而無槨，以爲法式」，莊子天下篇。曰「墨者之葬也，冬日冬服，夏日夏服，桐棺三寸，服喪三月」。

韓非子顯學篇。使夏后氏有是制，三子者不以之蔽墨子矣。

王念孫墨子雜志敍 讀書雜志

墨子書舊無注釋，亦無校本，故脱誤不可讀。至近時，盧氏抱經、孫氏淵如始有校本，多所是正。乾隆癸卯，畢氏弇山重加校訂，所正復多於前。然尚未該備，且多誤改誤釋者。予不揣寡昧，復合各本及羣書治要諸書所引，詳爲校正。

是書傳刻之本，唯道藏本爲最優，其藏本未誤而他本皆誤，及盧、畢、孫三家已加訂正者，皆不復羅列。唯舊校所未及，及所校尚有未當者，復加考正。是書錯簡甚多，盧氏所已改者唯辭過篇一條，其尚賢下篇、尚同中篇、兼愛中篇、非樂上篇、非命中篇及備城門、備穴二篇，皆有錯簡，自十餘字至三百四十餘字不等，其他脱至數十字，誤字、衍字、顛倒字及後人妄改者尚多，皆一一詳辨之，以復其舊。此外脱誤不可讀者，尚復不少。蓋墨子非樂、非儒，久爲學者所黜，故至今迄無校本，而脱誤一至於是。

然是書以無校本而脱誤難讀，亦以無校本而古字未改，可與説文相證。如説文「亯」字，篆文作「亯」，隸作「享」，又省作「亨」，以爲「亨通」之「亨」，又轉爲普庚反，以爲「亨煮」之「亨」。今經典中「亨煮」字皆作「亨」，俗又作「烹」。「亨」行而「享」廢矣。唯非儒篇

「子路亨普庚反。豚」，其字尚作「享」。説文：「茍，讀若「亟其乘屋」之「亟」。自急敕也。」今經典皆以「亟」代「茍」，「亟」行而「茍」廢矣。唯非儒篇「曩與女爲茍生，今與女爲茍義」，其字尚作「茍」。説文：「但，裼也。」今經典皆以「袒」代「但」，「袒」行而「但」廢矣。唯耕柱篇「羊牛犓豢，雍與饔同。今本「雍」譌作「維」。人但割而和之」，其字尚作「但」。

又有傳寫之譌，可以考見古字者。城郭之「郭」，説文本作「𩫏」，今經典皆以「郭」代「𩫏」，「郭」行而「𩫏」廢矣。唯所染篇云：「晉文染於舅犯、高偃。」案國語晉有郭偃無高偃，「郭」即「𩫏」之借字，知「高」爲「𩫏」之譌也。説文「敄，古文『殺』字」，今經典中有「殺」無「敄」，「殺」行而「敄」廢矣。唯尚賢中篇云：「率天下之民，以詬天侮鬼賤傲萬民。」案「賤傲」二字語意不倫，「賤」乃「賊」字之譌，「殺」字古文作「敄」，與「敖」相似，知「敄」譌作「敖」，又譌作「傲」也。説詳本篇。説文：「𠈣，以證反。送也。吕不韋曰：有侁氏以伊尹𠈣女。」今經典皆以「媵」代「𠈣」，「媵」行而「𠈣」廢矣。唯尚賢下篇云：「昔伊尹爲莘氏女師僕。」案有莘氏以伊尹𠈣女，非以爲僕也。「𠈣」、「僕」字形相似，知「僕」爲「𠈣」之譌也。説文「衝突」字本作「衝」，今經典皆以「衝」代「衝」，「衝」行而「衝」廢矣。唯備城門篇云：「以射衜及櫳樅。」「衜」、「衝」形相似，知「衜」爲「衝」之譌也。衝謂衝車。

是書最古，故假借之字亦最多，如「胡」作「故」，尚賢中篇「故不察尚賢爲政之本也」，「故」與「胡」

同。「降」作「隆」，尚賢中篇「稷隆播種」，非攻下篇「天命融隆火于夏之城」，隆竝與降同。「誠」作「情」，又作「請」，尚同下篇「今天下王公大人士君子，中情將欲爲仁義，求爲上士」，節葬下篇「今天下之士君子，中請將欲爲仁義，求爲上士」，情、請竝與誠同。「拂」作「費」，兼愛下篇「即此言行費也」，下文「費」作「拂」。「知」作「智」，節葬下篇「智不智」，下智字與知同。「志」作「之」，天志中篇「子墨子之有天之」，下之字與志同，「天之」即天志，本篇之名也。「宇」作「野」，非樂上篇「高臺厚榭，邃野之居」，野與宇同。「佗」作「也」，小取篇「辟也者，舉也物而以明之也」，「也物」即佗物，「佗」俗作「他」。「睎」作「欣」，耕柱篇「譬若築牆然，能築者築，能實壤者實壤，能欣者欣」，欣與睎同。「管」作「關」，耕柱篇「古者周公旦非關叔」，公孟篇「關叔爲天下之暴人」，關竝與管同。「悖」作「費」，魯問篇「豈不費哉」，上文「費」作「悖」。「從」作「松」，號令篇「松上不隨下」，松與從同。皆足以見古字之借、古音之通，他書所未有也。其脱誤不可知者，則槩從闕疑，以俟來哲。道光十一年九月十三日，高郵王念孫敍，旹年八十有八。

武億跋墨子授堂文鈔

漢書藝文志「墨子七十一篇」，注云：「墨翟爲宋大夫，在孔子後。」而不著其地。惟吕氏春秋慎大覽高誘注：「墨子名翟，魯人也。」魯即魯陽，春秋時屬楚。古人于地名，兩字或單舉一字，是其例也。路史國名紀：魯，汝之魯山縣，非兖地。詒讓案：此説誤與畢同，詳前。翟見諸傳記，多稱爲宋大夫，以予考之，亦未盡舉其實。蓋墨子居于魯陽，疑嘗爲文子之臣。觀魯問一篇，首言吾願主君之上者尊天事鬼，下者愛利百姓，厚爲皮幣，卑辭令亟，徧禮四鄰諸侯，歐國而以事齊，又言吾願主君之合其志功而觀焉。詒讓案：魯問篇魯君自是魯國君，非魯陽文君也。詳本篇。案春秋左氏傳「昭二十九年春，公至自乾侯，處于鄆，齊侯使高張來唁公，稱主君」，注：「比公于大夫。」周禮太宰「九兩：六曰主，以利得民」，注：「鄭司農謂公卿大夫。」調人「主友之讎」，注：「主，大夫君也。」呂氏春秋愛士篇「陽城胥渠處廣門之官，夜款門而謁曰：主君之臣胥渠有疾」，注：「趙簡子，晉大夫也，大夫稱主者也。」然則翟之尊文子爲主君，意其屬于文子也。禮記禮運「仕於家爲僕」，方氏曰「僕者對主之稱」，故仕于家曰僕，而大夫稱主是也。詒讓案：此說亦誤，辯詳魯問篇。翟在魯，睠然知鄉邦之重，始勸文子屈禮事齊，詒讓案：文子楚臣，何必歐國事齊？此於事勢亦不合。繼止文子攻鄭，皆反覆言子，冀以誡人。其後文子卒能受聽，故于時魯陽之民身不致重困于兵役，以保恤其家室，皆翟之賜也。

史記荀卿列傳云：「翟，或曰並孔子時，或曰在其後。」索隱：「按別録云：墨子書有文子。文子，子夏之弟子，問於墨子。如此，則墨子者在七十子後也。」案外傳楚語「惠王以梁與魯陽文子」，注：「文子，平王之孫，司馬子期子，魯陽公也。」惠王十年爲魯哀公十六年，孔子方卒。又翟本書貴義篇「子墨子南遊于楚，見楚獻惠王」，楚世家無此名，是獻惠即惠王，誤衍一「獻」字。審是，則翟實當楚惠王時，上接孔子未卒。詒讓案：墨子之生必在孔子卒後，此説亦誤。故太史公一云「並孔子時」，説非無據。自班志專謂在孔子後，後人益爲推衍。至如畢氏據本書稱中山諸國亡于燕、代、胡、貉之國，以中山之滅在趙惠文王四年，當周赧王二十年，則翟實六國時人，至周末猶存。愚竊以翟既與楚惠王接時，後必不能歷一百九十餘年尚未即化，此固不然也。中山諸國之亡，蓋墨子之徒續記而竄入其師之説，以貽此謬，何可依也？予故爲摭其時地始末如是，以附于篇，庶覽者得以詳焉。

張惠言書墨子經説解後亦見茗柯文編

右墨子經上下及説，凡四篇。晉書魯勝傳云「勝注墨辯，引説就經，各附其章」，即此也。墨子書多奥言錯字，而此四篇爲甚。勝注既不傳世，莫得其讀。今正其句投，通其旨要，合爲二篇，略可指説，疑者闕之。

古者楊、墨塞路，孟子辭而闢之。自孟子之後至今千七百餘年，而楊氏遂亡，墨氏書雖存，讀者蓋鮮。大哉，聖賢之功若此盛矣！墨氏之言脩身、親士，多善言，其義託之堯禹。自韓愈氏以爲與聖賢同指，孔、墨必相爲用，向無孟子，則後之儒者習其説而好之者，豈少哉！老氏之言，其始也微，不得孟子之辨，而佛氏之出又絶在孟子後，是以蔓蔓延延，日熾月息，而楊、墨泯焉遂微。吾以悲老、佛之不遭孟子也。當孟子時，百家之説衆矣，而孟子獨距文編作「拒」。楊、墨。今觀墨子之書，經、説、大、小取盡同異堅白之術，蓋縱横、名、法家惠施、公孫龍、申、韓之屬皆出焉。然則當時諸子之説，楊、墨爲統宗，孟子以爲楊、墨息而百家之學將銷歇而不足售也。獨有告子者，與墨爲難，而自謂勝爲仁，故孟子之書亦辯斥之。嗚呼！豈知其後復有烈于是者哉！

墨子之言誖于理而逆于人心者，莫如非命、非樂、節葬。此三言者，偶識之士可以立折，而孟子不及者，非墨之本也。墨之本在兼愛，而兼愛者，墨之所以自固而不可破。兼愛之言曰，愛人者人亦愛之，利人者人亦利之，仁君使天下聰明耳目相爲視聽，股肱畢强相爲動宰，此其與聖人所以治天下者復何以異？故凡墨氏之所以自託于堯禹者，兼愛也。尊天、明鬼、尚同、節用者，其支流也。非命、非樂、節葬，激而不得不然者也。天下之人唯惑其兼愛之説，故雖文編有「他説之」三字。誖于理，不安于心，文編有「者」字。皆從而和文編作「則」。之，不以爲疑。孟子不攻其流而攻其本，不誅其説而誅其心，斷然文編無此二字。被之以無父之罪，而其説始無以自立。嗟夫！藉使墨子之書盡亡，至于今何以見孟子之辯嚴而審、簡而有要如是哉！孟子曰：「我知言。」嗚呼，此其驗矣。後之讀此書者，覽其義，則于孟子之道猶引弦以知矩乎。乾隆五十七年十二月一日，張惠言書。

案：孫志祖讀書脞録云「墨子經、説四篇，丁小疋與許周生互相闡繹，大有端緒。」是此四篇，又有丁、許二家校本，今未見，并志之，以竢訪録。小疋名杰，周生名宗彦，並德清人。

墨子後語上

墨子傳略第一

墨氏之學亡於秦季，故墨子遺事在西漢時已莫得其詳。太史公述其父談論六家之指，尊儒而宗道，墨蓋非其所憙。故史記攟采極博，於先秦諸子，自儒家外，老、莊、韓、吕、蘇、張、孫、吴之倫，皆論列言行爲傳，唯於墨子則僅於孟荀傳末附綴姓名，尚不能質定其時代，遑論行事？然則非徒世代緜邈，舊聞散佚，而墨子七十一篇其時具存，史公實未嘗詳事校覈，亦其疏也。今去史公又幾二千年，周秦故書雅記百無一存，而七十一篇亦復書闕有閒，徵討之難，不翅倍蓰。然就今存墨子書五十三篇鉤攷之，尚可得其較略。蓋生於魯而仕宋，其平生足跡所及，則嘗北之齊，西使衞，又屢游楚，前至郢，後客魯陽，復欲適越而未果。文子書偁墨子無煖席，自然篇。又見淮南子脩務訓。班固亦云「墨突不黔」，文選荅賓戲。又趙岐孟子章指云「墨突不及汙」。斯其諭矣。至其止魯陽文君之攻鄭，絀公輸般以存宋，而辭楚越書社之封，蓋其犖犖大者。勞者苦志以振世之急，權略足以持危應變，而脱屣利禄，不以累其心。所學尤該綜道藝，洞究象數之微。其於戰國諸子，有吳起商君之才而濟以仁厚，節操似魯連而質實亦過之，彼韓、呂、蘇、張輩復安足算哉！謹甄討羣書，次弟其先後，略攷始末，以裨史遷之闕。俾學者知墨家持論雖閒涉偏駁，而墨子立身應世具有本末，自非孟、荀大儒，不宜輕相排笮。彼竊耳食之論以爲詬病者，其亦可以少息乎！

墨子名翟，漢書藝文志、呂氏春秋當染愼大篇、淮南子脩務訓高注。姓墨氏。廣韻二十五德。通志氏族略引元和姓纂云：「墨氏，孤竹君之後，本墨台氏，後改爲墨氏，戰國時宋人。墨翟著書號墨子。」魯人，呂覽當染愼大篇注。或曰宋人。葛洪神仙傳、文選長笛賦李注引抱朴子、荀子脩身篇楊注、元和姓纂。

案：此蓋因墨子爲宋大夫，遂以爲宋人。以本書攷之，似當以魯人爲是。貴義篇云：「墨子自魯即齊。」又魯問篇云：「越王爲公尚過束車五十乘以迎子墨子於魯。」呂氏春秋愛類篇云：「公輸般爲雲梯欲以攻宋，墨子聞之，自魯往，見荆王曰：臣北方之鄙人也。」淮南子脩務訓亦云：「自魯趨而往，十日十夜至於郢。」並墨子爲魯人之塙證。畢沅、武億以魯爲魯陽，畢説見墨子注序，武説見授堂文鈔墨子跋。則是楚邑。攷古書無言墨子爲楚人者。渚宫舊事載魯陽文君説楚惠王曰「墨子，北方賢聖人」，則非楚人明矣。畢、武説殊謬。

蓋生於周定王時。

漢書藝文志云「墨子在孔子後」。案：詳年表。

魯惠公使宰讓請郊廟之禮於天子，桓王使史角往，惠公止之，其後在於魯，墨子學焉。呂氏春秋當染篇高注云：「其後，史角之後也。」

案：漢書藝文志墨家以尹佚二篇列首，是墨子之學出於史佚。史角疑即尹佚之後也。墨子學於史角之後，亦足爲是魯人之證。

其學務不侈於後世，不靡於萬物，不暉於數度，以繩墨自矯而備世之急。作爲非樂，命之曰節用，生不歌，死無服，氾愛兼利而非鬬，好學而博，不異。莊子天下篇。又曰兼愛、尚賢、右鬼、非命，淮南子氾論訓。以爲儒者禮煩擾而不説，厚葬靡財而貧民，久服傷生而害事，故背周道而用夏政。淮南子要略。其稱道曰：「昔者禹之湮洪水、決江河而通四夷九州也，名川三百，支川三千，小者無數。禹親自操橐耜而九雜天下之川，腓無胈，脛無毛，沐甚雨，櫛疾風，置萬國。禹大聖也，而形勞天下如此。」故使學者以裘褐爲衣，以跂蹻爲服，日夜不休，以自苦爲極，曰：「不能如此，非禹之道也，不足謂墨。」莊子天下篇。亦道堯、舜，韓非子顯學篇。

又善守禦。史記孟荀傳。爲世顯學，韓非子顯學篇。徒屬弟子充滿天下。呂氏春秋尊師篇。

案：淮南王書謂孔、墨皆脩先聖之術，通六蓺之論。主術訓。今攷六蓺爲儒家之學，非墨氏所治也。墨子之學蓋長於詩書春秋，故本書引詩三百篇與孔子所删同，引尚書如甘誓、仲虺之誥、説命、大誓、洪範、吕刑，亦與百篇之書同。又曰「吾嘗見百國春秋」。隋書李德林傳。此與孔子所修春秋異。本書明鬼篇亦引周、燕、宋、齊諸國春秋。而於禮則法夏絀周，樂則又非之，與儒家六蓺之學不合。淮南所言非其事實也。淮南子要略又云「墨子學儒者之業，受孔子之術」，尤非。

其居魯也，魯君謂之曰：「吾恐齊之攻我也，可救乎？」墨子曰：「可。昔者三代之聖王禹湯文武，百里之諸侯也，説忠行義取天下；三代之暴王桀紂幽厲，讎怨行暴失天下。吾願主君之上者尊天事鬼，下者愛利百姓，厚爲皮幣，卑辭令，亟徧禮四鄰諸侯，敺國而以事齊，患可救也。非此，顧無可爲者。」本書魯問篇。案：魯君頗疑其即穆公，則當在楚惠王後，然無塙證。以墨子本魯人，故繫於前。魯君謂墨子曰：「我有二子，一人者好學，一人者好分人財，孰以爲太子而可？」墨子曰：「未可知也。或所爲賞譽爲是也，釣者之恭，非爲魚賜也；餌鼠以蟲，疑當作「蠱」。非愛之也。吾願主君之合其志功而觀焉。」同上。楚人常與越人舟戰於江，楚惠王時，渚宮舊事二。公輸般自魯南游楚焉，始爲舟戰之器，作爲鉤拒之備，楚人因此若勢，亟敗越人。公輸子善其巧，以語墨子曰：「我舟戰有鉤拒，不知子之義亦有鉤拒乎？」墨子曰：「我義之鉤拒，賢於子舟戰之鉤拒。我鉤拒，我鉤之以愛，揣之以恭；弗鉤以愛則不親，弗揣以恭則速狎，狎而不親則速離。故交相愛、交相恭，猶若相利也。今子鉤而止人，人亦鉤而止子，子拒而距人，人亦拒而距子，交相鉤、交相拒，猶若相害也。故我義之鉤拒，賢子舟戰之鉤拒。」本書魯問篇。渚宮舊事在止攻宋前，今故次於此。公輸般爲楚造雲梯之械，成，將以攻宋。墨子聞之，起於魯，本書作「齊」，今據呂氏春秋、淮南子改。行十日十夜而至於郢，見公輸般。公輸般曰：「夫子何命焉爲？」墨子曰：「北方有侮臣，願藉子殺之。」公輸般不說。墨子曰：「請獻十金。」公輸般曰：「吾義固不殺人。」墨子起，再拜，曰：「請說之。吾從北方聞子爲梯，將以攻宋，宋何罪之有？荆國有餘於地，而不足於民，殺所不足而爭所有餘，不可謂智；宋無罪而攻之，不可謂仁；知而不爭，不可謂忠；爭而不得，不可謂强；義不殺少而殺衆，不可謂知類。」公輸般服。墨子曰：「然，胡不已乎？」公輸般曰：「不可。吾既已言之王矣。」墨子曰：「胡不見我於王？」公輸般曰：「諾。」墨子見王，曰：「今有人於此，舍其文軒，鄰有敝轝而欲竊之；舍其錦繡，鄰有短褐而欲竊之；舍其粱肉，鄰有糟糠而欲竊之，此爲何若人？」王曰：「必爲竊疾矣。」墨子曰：「荆之地方五千里，宋之地方五百里，此猶文軒之與敝轝也；荆有雲夢，犀兕麋鹿滿之，江漢之魚鼈黿鼉爲天下富，宋所爲無雉兔鮒魚者也，此猶粱肉之與糟糠也；荆有長松文梓楩柟豫章，宋無長木，此猶錦繡之與短褐也。臣以王吏之攻宋也，爲與此同類。」王曰：「善哉！雖然，公輸般爲我爲雲梯，必取宋。」於是見公輸般。墨子解帶爲城，以褋爲械。公輸般九設攻城之機變，墨子九距之。公輸般之攻械盡，墨子之守圉有餘。公輸般詘，而曰：「吾知所以距子矣，吾不言。」墨子亦曰：「吾知子之所以距我，吾不言。」楚王問其故，墨子曰：「公輸子之意，不過欲殺臣。殺臣，宋莫能守，乃可攻也。然臣之弟子禽滑釐等三百人，已持臣守圉之器在宋城上，而待楚寇矣。雖殺臣，不能絶也。」楚王曰：「善哉！吾請無攻宋矣。」本書公輸篇。公輸子謂墨子曰：「吾未得見之時，我欲得宋。自我得見之後，予我宋而不義，我不爲。」墨子曰：「翟之未得見之時也，子欲得宋；自翟得見子之後，予子宋而不義，子弗爲，是我予子宋也。子務爲義，翟又將予子天下。」本書魯問篇。

案：墨子止楚攻宋，本書不云在何時，鮑彪戰國策注謂當宋景公時，至爲疏謬。詳年表。惟渚宮舊事載於惠王時，墨子獻書之前，最爲近之。蓋公輸子當生於魯昭、定之間，至惠王四十年以後、五十年以前，約六十歲左右，而是時墨子未及三十，正當壯歲，故百舍重繭而不以爲勞。惠王亦未甚老，故尚能見墨子。以情事揆之，無不符合。蘇時學謂即聲王五年圍宋時事，墨子刊誤。非徒與王曰「請無攻宋」之言不合，而公輸子至聲王時殆逾百歲，其必不可通明矣。詳公輸篇。

楚惠王五十年，墨子至郢獻書惠王。王受而讀之，曰：「良書也。寡人雖不得天下，而樂養賢人。」墨子辭曰：「翟聞賢人進，道不行不受其賞，義不聽不處其朝。今書未用，請遂行矣。」將辭王而歸，王使穆賀以老辭。渚宮舊事二。穆賀見墨子，墨子説穆賀，穆賀大説，謂墨子曰：「子之言則誠善矣。而君王，天下之大王也，毋乃曰賤人之所爲而不用乎？」墨子曰：「唯其可行。譬若藥然，一草之本，天子食之以順其疾，豈曰一草之本而不食哉？今農夫入其稅於大人，大人爲酒醴粢盛以祭上帝鬼神，豈曰賤人之所爲而不享哉？故雖賤人也，上比之農，下比之藥，曾不若一草之本乎？」本書貴義篇。魯陽文君言於王曰：「墨子，北方賢聖人，君王不見，又不爲禮，毋乃失士。」乃使文君追墨子，以書社五里疑當作「五百里」。封之，不受而去。渚宮舊事二。

案：楚惠王在位五十七年，墨子獻書在五十年，年齒已高，故以老辭。余知古之説蓋可信也。舊事一亦云「惠王之末，墨翟重繭趍郢，班子折謀」。以墨子生於定王初年計之，年蓋甫及三十，所學已成，故流北方賢聖之譽矣。

嘗游弟子公尚過於越。公尚過説越王，越王大悦，謂公尚過曰：「先生苟能使墨子至於越而教寡人，請裂故吳之地方五百里以封墨子。」公尚過許諾。遂爲公尚過束車五十乘以迎墨子於魯，曰：「吾以夫子之道説越王，越王大説，謂過曰：『苟能使墨子至於越而教寡人，請裂故吴之地方五百里以封子。』」本書魯問篇。墨子曰：「子之觀越王也，能聽吾言，用吾道乎？」公尚過曰：「殆未能也。」墨子曰：「不唯越王不知翟之意，雖子亦不知翟之意。吕氏春秋高義篇。意越王將聽吾言，用吾道，則翟將往，量腹而食，度身而衣，自比於羣臣，奚能以封爲哉？抑越不聽吾言，不用吾道，而吾往焉，則是我以義糶也。鈞之糶，亦於中國耳，何必於越哉？」本書魯問篇。案：疑王翁中晚年事。後又游楚，謂魯陽文君曰：「大國之攻小國，譬猶童子之爲馬也。童子之爲馬，足用而勞。今大國之攻小國也，攻者，農夫不得耕，婦人不得織，以守爲事；攻人者，亦農夫不得耕，婦人不得織，以攻爲事。故大國之攻小國也，譬猶童子之爲馬也。」又謂魯陽文君曰：「今有一人於此，羊牛芻豢，雍人但割而和之，食之不可勝食也，見人之作餅，則還然竊之，曰：『舍余食。』不知明安不足乎？其有竊疾乎？」魯陽文君曰：「有竊疾也。」墨子曰：「楚四竟之田，曠蕪而不可勝辟，呼虚數千，不可勝入，見宋、鄭之閒邑，則還然竊之。此與彼異乎？」魯陽文君曰：「是猶彼也，實有竊疾也！」本書耕柱篇。魯陽文君將攻鄭，墨子聞而止之，謂文君曰：「今使魯四竟之内，大都攻其小都，大家伐其小家，殺其人民，取其牛馬狗豕、布帛米粟貨財，則何若？」文君曰：「魯四竟之内，皆寡人之臣也。今大都攻其小都，大家伐其小家，奪之貨財，則寡人必將厚罰之。」墨子曰：「夫天之兼有天下也，亦猶君之有四竟之内也。今舉兵將以攻鄭，天誅其不至乎？」文君曰：「先生何止我攻鄭也？我攻鄭順於天之志。鄭人三世殺其父，天加誅焉，使三年不全，我將助天誅也。」墨子曰：「鄭人三世殺其父而天加誅焉，使三年不全，天誅足矣。今又舉兵將以攻鄭，曰：『吾攻鄭也，順於天之志。』譬有人於此，其子强梁不材，故其父笞之，其鄰家之父舉木而擊之，曰：『吾擊之也，順於其父之志。』則豈不悖哉！」本書魯問篇。

案：「三世殺其父」當作「三世殺其君」。此指鄭人弒哀公及韓武子殺幽公而言，蓋當在楚簡王九年以後，鄭繻公初年事也。或謂三世兼駟子陽弒繻公而言，蘇時學墨子刊誤、黄式三周季編略説。則當在楚悼王六年以後，與魯陽文君年代不相及，不足據。魯陽文君，即司馬子期之子公孫寬也。魯哀公十六年已嗣父爲司馬，事見左傳。逮鄭繻公被弒之歲，積八十四年，即令其爲司馬時年才及冠，亦已百餘歲，其不相及審矣。

宋昭公時，嘗爲大夫。史記孟荀列傳、漢書藝文志並不云何時，今攷定當在昭公時。

案：墨子仕宋，鮑彪謂當景公、昭公時，戰國策宋策注。非也。以墨子前後時事校之，其爲宋大夫當正在昭公時。景公卒於魯哀公以二十六年，見左傳，而史記宋世家及六國表謂景公卒於魯悼公十七年，殊謬。下距齊太公田和元年，凡八十三年，墨子晚年及見田和之爲諸侯，則必不能仕於景公時審矣。

嘗南遊使於衞，謂公良桓子曰：「衞，小國也，處於齊、晉之間，猶貧家之處於富家之閒也。貧家而學富家之衣食多用，則速亡必矣。今簡子之家，飾車數百乘，馬食菽粟者數百匹，婦人衣文繡者數百人。吾取飾車食馬之費與繡衣之財以畜士，必千人有餘。若有患難，則使數百人處於前，數百人處於後，與婦人數百人處前後，孰安？吾以爲不若畜士之安也。」本書貴義篇。案：此不詳何年，據云「使於衞」，或仕宋時奉宋君之命而使衞也。昭公末年，司城皇喜專政劫君，韓非子内儲説下篇云：「戴驩爲宋大宰，皇喜重於君，二人爭事而相害也。皇喜遂殺宋君而奪其政。」又外儲説右下篇云「司城子罕殺宋君而奪政」。說疑篇云「司城子罕取宋」，又二柄篇云「子罕劫宋君」，韓詩外傳七、史記李斯傳上二世書、淮南子道應訓説並同。說苑君道篇亦云「司城子罕相宋，逐其君而專其政」。司城子罕當即皇喜。本梁履繩左通說。春秋時名「喜」者多以「罕」爲字，見王引之春秋名字解詁。王應麟謂即左傳之樂喜，則非也。樂喜，宋賢臣，無劫君之事，且與墨子時不相直，史記索隱已辯之矣。呂氏春秋召類篇説前子罕相宋平、元、景三公，亦不逮昭公。梁玉繩史記志疑謂後子罕蓋子罕之後，以字爲氏，非是。其事史記宋世家不載。史記鄒陽傳稱子罕囚墨子。以墨子年代校之，前不逮景公，後不逮辟公，所相直者惟昭公、悼公、休公三君。呂氏春秋召類篇高注云：「春秋：子罕殺昭公。」攷宋有兩昭公，一在魯文公時，與墨子相去遠甚；一在春秋後魯悼公時，與墨子時代正相當。子罕所殺宜爲後之昭公。惟高云春秋時，則誤并兩昭公爲一耳。宋世家雖不云昭公被弒，然秦漢古籍所紀匪一，高説不爲無徵。賈子新書先醒篇、韓詩外傳六並云昭公出亡而復國。而説苑云子罕逐君專政，或昭公實爲子罕所逐而失國，因誤傳爲被殺，李斯、韓嬰、淮南王書並云「劫君」，劫亦即謂逐也。亦未可知。宋世家於春秋後事頗多疏略，如宋辟公被弑，見索隱引紀年。而史亦不載，是其例矣。而囚墨子。

史記鄒陽傳云「宋信子罕之計而囚墨翟」，索隱云：「漢書作子冉，不知子冉是何人。文穎云：子冉，子罕也。」文選鄒陽獄中上書自明，亦作子冉，注引文穎説同，又云：「冄音任，善云：未詳。」「冄」不得有任音，疑史記「信」字漢書、文選並作「任」，此或校異文云「信作任」，誤作「冄音任」也。新序三亦作子冉，蓋皆子罕之誤。

老而至齊，見太王田和，曰：「今有刀於此，試之人頭，倅然斷之，可謂利乎？」太王曰：「利。」墨子曰：「多試之人頭，倅然斷之，可謂利乎？」太王曰：「利。」墨子曰：「刀則利矣，孰將受其不祥？」太王曰：「刀受其利，試者受其不祥。」墨子曰：「并國覆軍，賊殺百姓，孰將受其不祥？」太王俯仰而思之曰：「我受其不祥。」本書魯問篇。北堂書鈔八十三引新序，有齊王問墨子語，蓋亦太公田和也。此皆追稱爲王，當在命爲諸侯以後事。齊將伐魯，墨子謂齊將項子牛曰：「伐魯，齊之大過也。昔者吴王東伐越，棲諸會稽；西伐楚，葆昭王於隨；北伐齊，取國子以歸於吳。諸侯報其讎，百姓苦其勞而弗爲用，是以國爲虛戾、身爲刑戮也。昔者智伯伐范氏與中行氏，兼三晉之地，諸侯報其讎，百姓苦其勞而弗爲用，是以國爲虛戾、身爲刑戮，用是也。故大國之攻小國也，是交相賊也，過必反於國。」同上。卒蓋在周安王末年，當八、九十歲。

案：墨子卒年無攷，以本書校之，親士篇説吳起車裂事，在安王二十一年；非樂篇説齊康公興樂，康公卒於安王二十三年，自是以後，更無所見。親士篇有孟賁，所染篇有宋康王，皆後人增益，非墨子所逮聞也。則墨子或即卒於安王末年。安王二十六年崩，距齊康公之卒僅三年。葛洪神仙傳載墨子年八十有二，入周狄山學道。其説虛誕不足論，然墨子年壽必逾八十，則近之耳。互詳年表。

所箸書，漢劉向校録之，爲七十一篇。漢書藝文志。

案：墨子書今存五十三篇，蓋多門弟子所述，不必其自箸也。神仙傳作十篇，荀子楊注作三十五篇，並非。

墨子年表第二

史遷云：「墨翟，或曰並孔子時，或曰在其後。」史記孟荀傳。劉向云：「在七十子之後。」史記索隱引別録。班固云：「在孔子後。」漢書藝文志，蓋本劉歆七略。張衡云：「當子思時。」後漢書本傳注引衡集，論圖緯虛妄疏云〔二〕：「公輸班與墨翟並當子思時，出仲尼後。」衆說舛啎，無可質定。近代治墨子書者，畢沅以爲六國時人，至周末猶存，既失之太後；汪中沿宋鮑彪之說，鮑說見戰國策宋策注。謂仕宋得當景公世，又失之太前，宋景公卒於魯哀公二十六年，見左傳。史記六國年表書景公卒於貞王十八年，即魯悼公十七年，遂滅昭公之年以益景公，與左氏不合，不可從也。據本書及新序，墨子嘗見田齊太公和，有問答語。田和元年上距宋景公卒年凡八十三年，即令墨子之仕適當景公卒年，年才弱冠，亦必逾百歲前後方能相及，其可信乎？殆皆不攷之過。竊以今五十三篇之書推校之，墨子前及與公輸般、魯陽文子相問答，見貴義、魯問、公輸諸篇。而後及見齊太公和，見魯問篇。田和爲諸侯在安王十六年。與齊康公興樂，見非樂上篇。康公卒於安王二十三年。楚吳起之死，見親士篇，在安王二十一年。上距孔子之卒，敬王四十一年。幾及百年，則墨子之後孔子，蓋

〔二〕按：孫文顛倒，應作「後漢書本傳論圖緯虛妄疏注引衡集云」。

信。審覈前後，約略計之，墨子當與子思並時，而生年尚在其後，子思生於魯哀公二年，周敬王二十七年也，下及事魯穆公，年已八十餘，不能至安王也。史記孔子世家謂子思年止六十二，則不得及穆公。近代譜諜書或謂子思年百餘歲者，並不足據。當生於周定王之初年，而卒於安王之季，蓋八九十歲，亦壽考矣。其仕宋蓋當昭公之世。鄒陽書云「宋信子罕之計而囚墨翟」，史記本傳。其事他書不經見。秦漢諸子多言子罕逐君，高誘則云子罕殺昭公，呂氏春秋召類篇注。又韓子說皇喜殺宋君，內儲說上。子罕與喜當即一人。竊疑昭公實被放殺，而史失載。墨子之囚，殆即昭之末年事與？先秦遺聞，百不存一，儒家惟孔子生卒年月明箸於春秋經、傳，然尚不無差異。七十子之年，孔壁古文弟子籍所傳者亦不能備。外此，則孟、荀諸賢皆不能質言其年壽，元人所傳孟子生卒年月，臆撰不足據。豈徒墨子然哉？今取定王元年迄安王二十六年，凡九十有三年，表其年數，而以五十三篇書關涉諸國及古書說墨子佚事附箸之。史記六國年表魯哀悼、宋景昭年與左傳不合，今從左傳。本書貴義篇墨子嘗使衞，年代無攷，他無與衞事相涉者。又墨子當春秋後，非攻下篇、節葬下篇並以齊晉楚越爲四大國，時燕秦尚未大興，墨子亦未至彼國，今並不列於表。雖不能詳塙，猶瘉於馮虛臆測、舛繆不驗者爾。

周	魯	晉魏、韓、趙	齊田齊	宋	鄭	楚	越	墨子時事
定王元	哀公二七	出公七 魏桓子、韓康子、趙襄子	平公十三 田成子	昭公元	聲公三三	惠王二十	王句踐二八	親士篇：越王句踐遇吳王之醜，而尚攝中國之賢君。亦見所染、兼愛、非攻、公孟諸篇。
二	悼公元	八	十四	二	三四	二二	二九	
三	二	九	十五	三	三五	二三	三十	
四	三	十	十六	四	三六	二四	三一	
五	四	十一	十七	五	三七	二五	王鹿郢元	
六	五	十二	十八	六	三八	二六	二	
七	六	十三	十九	七	哀公元	二七	三	
八	七	十四	二十	八	二	二八	四	
九	八	十五	二一	九	三	二九	五	
十	九	十六	二二	十	四	三十	六	

十一	十	十七	二三	十一	五	三一	王不壽元	
十二	十一	哀公元	二四	十二	六	三二	二	
十三	十二	二	二五	十三	七	三三	三	
十四	十三	三	宣公元	十四	八鄭人弒哀公	三四	四	魯問篇：鄭人三世殺其君。哀公即其一也。
十五	十四	四魏、韓、趙與智伯分范中行地。	二田襄子	十五	共公元	三五	五	非攻中篇：智伯攻中行氏、范氏，并三家以爲一家。
十六	十五	五智伯與魏韓圍趙襄子於晉陽，魏、韓、趙反殺智伯。	三	十六	二	三六	六	非攻中篇：智伯圍趙襄子於晉陽，韓、魏、趙氏擊智伯，大敗之。亦見魯問篇。
十七	十六	六	四	十七	三	三七	七	
十八	十七	七	五	十八	四	三八	八	

十九	十八	八	六	十九	五	三九	九	
二十	十九	九	七	二十	六	四十	十	
二一	二十	十	八	二一	七	三一	王翁元	魯問篇：公尚過説越王，越王使公尚過迎墨子於魯。疑爲王翁中晚年事。
二二	二一	十一	九	二二	八	四二 蔡滅	二	非攻中篇：蔡亡於吳、越之間。
二三	二二	十二	十	二三	九	四三	三	
二四	二三	十三	十一	二四	十	四四	四	
二五	二四	十四	十二	二五	十一	四五	五	
二六	二五	十五	十三	二六	十二	四六	六	
二七	二六	十六	十四	二七	十三	四七	七	
二八	二七	十七	十五	二八	十四	四八	八	

考王元	二八	十八	十六	二九	十五	四九	九	魯問篇：公輸般至楚，爲舟戰器，亟敗越人。墨子與論鉤拒。公輸篇：般爲雲梯將攻宋，墨子至郢，見楚王，乃不攻宋。渚宮舊事並在惠王五十年以前。附記於此。
二	二九	十九	十七	三十	十六	五十	十	貴義篇：墨子游楚，見惠王，王以老辭。渚宮舊事：惠王以書社封墨子，不受而歸。
三	三十	幽公元	十八	三一	十七	五一	十一	
四	三一	二	十九	三二	十八	五二	十二	
五	三二	三	二十	三三	十九	五三	十三	
六	三三	四	二一	三四	二十	五四	十四	
七	三四	五	二二	三五	二一	五五	十五	
八	三五	六	二三	三六	二二	五六	十六	

九	三六	七	二四	三七	二三	五七	十七	
十	三七	八	二五	三八	二四	簡王元滅莒	十八	非攻中篇：莒亡於齊、越之閒。
十一	元公元	九	二六	三九	二五	二	十九	
十二	二	十	二七	四十	二六	三	二十	
十三	三	十一	二八	四一	二七	四	二一	
十四	四	十二	二九	四二	二八	五	二二	
十五	五	十三	三十	四三	二九	六	二三	
威烈王元	六	十四	三一	四四	三十	七	二四	
二	七	十五魏文侯、韓武子、趙桓子。	三二	四五	三一	八	二五	

三	八	十六趙獻侯。	三三	四六	幽公元韓武子伐鄭，殺幽公。	九	二六	魯問篇：魯陽文君將攻鄭，曰：鄭人三世殺其父。疑當作二世殺其君，即指哀公、幽公被殺也。詳本篇。
四	九	十七	三四	四七	繻公元	十	二七	
五	十	十八	三五	四八	二	十一	二八	
六	十一	十九	三六	四九	三	十二	二九	
七	十二	烈公元	三七	五十	四	十三	三十	
八	十三	二	三八	五一	五	十四	三一	
九	十四	三	三九	五二	六	十五	三二	
十	十五	四	四十	五三	七	十六	三三	
十一	十六	五	四一	五四	八	十七	三四	

十二	十七	六	四二	五五	九	十八	三五	
十三	十八	七	四三	五六	十	十九	三六	
十四	十九	八	四四田莊子伐魯，攻葛及安陵。	五七	十一	二十	三七	魯問篇：齊項子牛三侵魯地。此攻葛及安陵，或即三侵之一。
十五	二十	九	四五伐魯取都。田和。〔一〕	五八	十二	二一	王翳元	齊伐魯取都，或亦三侵之一。
十六	二一	十	四六	五九	十三	二二	二	
十七	穆公元	十一	四七	六十	十四	二三	三	魯問篇：魯君謂墨子曰：恐齊攻我。疑即穆公。

〔一〕按：齊宣公四十五年，伐魯，取魯之一城（見史記田敬仲完世家），即此「伐魯取都」事。其時相宣公者爲田莊子，田和尚未立。此文「伐魯」上當有「田莊子」三字，句末「田和」二字當誤衍。活字本無「田和」二字，是。

十八	二	十二韓景侯、趙烈侯	四八田和伐魯取郕	六一	十五	二四	四	齊伐魯取郕，或亦三侵之一。
十九	三	十三	四九	六二	十六	聲王元	五	
二十	四	十四魏滅中山	五十	六三	十七	二	六	所染篇：中山尚染於魏義、偃長。案：中山尚疑即中山桓公，爲魏文侯所滅。
二一	五	十五	五一	六四	十八	三	七	
二二	六	十六	康公元	六五昭公薨。案：疑爲皇喜所弒。	十九	四	八	呂氏春秋召類篇注：子罕殺昭公。史記：宋信子罕之計而囚墨翟。疑昭公實被弒，因墨子即其季年事。

二三	七	十七魏文侯二二年，韓景侯六年，趙烈侯六年，始命爲諸侯。	二	悼公元	二十	五圍宋十月	九	公輸篇：公輸般爲楚造雲梯，將攻宋。墨子至郢，説止之。當在惠王時。蘇時學謂即此年聲王圍宋時事，非是。
二四	八	十八魏二三、韓七，趙七。	三	二	二一	六	十	
安王元	九	十九魏二四、韓八、趙八。	四	三	二二	悼王元	十一	
二	十	二十魏二五、韓九、趙九。	五	四	二三	二	十二	
三	十一	二一魏二六、韓烈侯元、趙武侯元。	六	五	二四	三	十三	
四	十二	二二魏二七、韓二、趙二。	七	六	二五	四	十四	

五	十三	二三魏二八、韓三、趙三。	八	七	二六	五	十五	
六	十四	二四魏二九、韓四、趙四。	九	八	二七鄭人弒繻公	六	十六	魯問篇：魯陽文君曰鄭人三世殺君，或謂指哀、幽、繻三君，然與文君年不合。
七	十五	二五魏三十、韓五、趙五。	十	休公元	康公元	七	十七	
八	十六	二六魏三一、韓六、趙六。	十一田和伐魯取最。	二	二	八	十八	黃式三謂魯陽文君將攻鄭在此年，未塙。齊伐魯或即魯問篇三侵魯地事。
九	十七	二七魏三二、韓七、趙七。	十二	三	三	九	十九	
十	十八	孝公元魏三三、韓八、趙八。	十三	四	四	十	二十	

十一	十九	二魏三四、韓九、趙九。	十四	五	五	十一	二一	
十二	二十	三魏三五、韓十、趙十。	十五	六	六	十二	二二	
十三	二一	四魏三六、韓十一、趙十一。	十六	七	七	十三	二三	
十四	二二	五魏三七、韓十二、趙十二。	十七	八	八	十四	二四	
十五	二三	六魏三八、韓十三、趙十三。	十八	九	九	十五	二五	
十六	二四	七魏武侯元、韓文侯元、趙敬侯元。	十九田齊太公和元年，始命爲諸侯。	十	十	十六	二六	魯問篇：墨子見齊太王，即太公和。新序亦載齊王與墨子問答，即田和也。
十七	二五	八魏二、韓二、趙二。	二十田齊二，伐魯破之。	十一	十一	十七	二七	齊伐魯，或即魯問篇三侵魯地事。

十八	二六	九魏三、韓三、趙三。	二一田齊桓公元。	十二	十二	十八	二八	
十九	二七	十魏四、韓四、趙四。	二二田齊二	十三	十三	十九	二九	
二十	二八	十一魏五、韓五、趙五。	二三田齊三	十四	十四	二十	三十	
二一	二九	十二魏六、韓六、趙六。	二四田齊四	十五	十五	二一悼王薨，羣臣殺吳起。	三一	親士篇：吳起之裂，其事也。
二二	三十	十三魏七、韓七、趙七。	二五田齊五	十六	十六	肅王元	三二	
二三	三一	十四魏八、韓八、趙八。	二六公薨，齊亡，田齊六	十七	十七	二	三三	非樂上篇：齊康公興樂萬。

二四	三一	十五魏九、韓九、趙九。	田齊威王元	十八	十八	三	三四	以後時事，本書無所見，疑墨子之卒即在安王末年。
二五	三二	静公元魏十、韓哀侯元、趙十。	二	十九	十九	四	三五	
二六	共公元	二魏十一、韓二、趙十一。	三	二十	二十	五	三六	

墨學傳授攷第三

吕不韋曰：「孔墨徒屬彌衆，弟子彌豐，充滿天下。」尊師篇。又曰：「孔墨之後學，顯榮於天下者衆矣，不可勝數。」當染篇。蓋墨學之昌幾埒洙泗，斯亦盛矣！公輸篇墨子之説楚王曰「臣之弟子禽滑釐等三百人」，淮南王書亦謂墨子服役者百八十人，「服役」即徒屬。韓非子五蠹篇云「仲尼爲服役者七十人」，即指七十子而言。皆可使赴火蹈刃，死不旋踵。新語思務篇云「墨子之門多勇士」。而荆吴起之亂，墨者鉅子孟勝以死爲陽城君守，弟子死者百八十五人。則不韋所述，信不誣也。獷秦隱儒，墨學亦微。至西漢儒復興，而墨竟絶。墨子既蒙世大詬，而徒屬名籍亦莫能紀述，惟本書及先秦諸子略紀其一二。今勼集之，凡得墨子弟子十五人，附存三人。再傳弟子三人，三傳弟子一人，治墨術而不詳其傳授系次者十三人，襍家四人，大都不逾三十餘人，傳記所載，盡於此矣。彼勤生薄死，以赴天下之急，而姓名澌滅，與艸木同盡者，殆不知凡幾。嗚呼悕已！

墨子弟子：

禽子名滑釐，本書公輸篇。案：司馬貞史記索隱、成玄英莊子疏並以滑釐爲字，非是。滑釐，呂氏春秋當染篇作「滑鬣」，尊師篇作「滑黎」，列子楊朱篇作「骨釐」，漢書古今人表及列子釋文並作「屈釐」，漢書儒林傳作「滑氂」，疑正字當作「屈氂」，詳公輸篇。與田子方、段干木、吳起受業於子夏。史記儒林傳。後學於墨子，呂氏春秋當染篇。盡傳其學，與墨子齊偁。莊子天下篇以墨翟、禽滑釐並傳。禽子事墨子三年，手足胼胝，面目黎黑，役身給使，不敢問欲，墨子甚哀之，乃具酒脯，寄於太山，搣茅坐之，以醮禽子。禽子再拜而嘆。墨子曰：「亦何欲乎？」禽子再拜再拜曰：「敢問守道。」本書備梯篇。又曰：「由聖人之道，鳳鳥之不出，諸侯畔殷周之國，甲兵方起於天下，大攻小，强執弱，吾欲守小國，爲之柰何？」墨子曰：「何攻之守？」禽子對曰：「今之世，常所以攻者，臨、鉤、衝、梯、堙、水、穴、突、空洞、蛾傳、轒轀、軒車，敢問守此十二者柰何？」本書備城門篇。墨子遂語以守城之具六十六事。李筌太白陰經守城具篇六十六事，一作「五十六事」，今本書備城門以下十餘篇皆其語也。楚惠王時，公輸般爲楚造雲梯之械成，將以攻宋。墨子自魯至郢止之，使禽子諸弟子三百人持守圉之器在宋城上而待楚寇，楚卒不攻宋。本書公輸篇。禽子問於墨子曰：「錦繡絺紵，將安用之？」墨子曰：「惡，是非吾用務也。古有無文者得之矣，夏禹是也。卑小宮室，損薄飲食，土階三等，衣裳細布。當此之時，黼黻無所用，而務在於完堅。殷之盤庚，大其先王之室，而改遷於殷，茅茨不翦，采椽不斲，以變天下之視。當此之時，文采之帛將安所施？夫品庶非有心也，以人主爲心，苟上不爲，下惡用之？二王者以身先於天下，故化隆於其時，成名於今世也。且夫錦繡絺紵，亂君之所造也，其本皆興於齊景公喜奢而忘儉，幸有晏子以儉鐫之，然猶幾不能勝。夫奢安可窮哉！紂爲鹿臺糟邱，酒池肉林，宮牆文畫，雕琢刻鏤，錦繡被堂，金玉珍瑋，婦女優倡，鍾鼓管絃，流漫不禁，而天下愈竭，故卒身死國亡，爲天下戮，非惟錦繡絺紵之用邪！今當凶年，有欲予子隨侯之珠者，不得賣也，珍寶而以爲飾。又欲予子一鍾粟者。得珠者不得粟，得粟者不得珠，子將何擇？」禽子曰：「吾取粟耳，可以救窮。」墨子曰：「誠然，則惡在事夫奢也。長無用，好末淫，非聖人之所急也。故食必常飽，然後求美；衣必常暖，然後求麗；居必常安，然後求樂。爲可長，行可久，先質而後文，此聖人之務。」禽子曰：「善。」説苑反質篇。禽子問：「天與地孰仁？」墨子曰：「翟以地爲仁。太山之上則封禪焉，培塿之側則生松柏，下生黍苗莞蒲，水生黿鼉龜魚，民衣焉，食焉，死焉，地終不責德焉。故翟以地爲仁。」藝文類聚地部引本書。禽子問曰：「多言有益乎？」墨子曰：「蝦蟆蛙黽日夜而鳴，舌乾檘，然而人不聽之。今鶴鷄時夜而鳴，天下振動。多言何益？唯其言之時也。」太平御覽言語部引本書。楊朱後於墨子，其説在愛己，不拔一毛以利天下，與墨子相反。荀子王霸篇楊注、殷敬順列子釋文。墨子兼愛、上同、右鬼、非命，而楊朱非之，淮南子氾論訓。禽子與之辯論。荀子注、列子釋文。禽子問楊朱曰：「去子體之一毛，以濟一世，汝爲之乎？」楊子曰：「世固非一毛之所濟。」禽子曰：「假濟，爲之乎？」楊子弗應。禽子出，語孟孫陽。孟孫陽曰：「子不達夫子之心，吾請言之。侵若肌膚獲萬金者，若爲之乎？」曰：「爲之。」孟孫陽曰：「有斷若一節得一國，子爲之乎？」禽子默然。有閒，孟孫陽曰：「一毛微於肌膚，肌膚微於一節，省矣。然則積一毛以成肌膚，積肌膚以成一節，一毛固一體萬分中之一物，柰何輕之乎？」禽子曰：「吾不能所以答子。然以子之言問老聃關尹，則子言當矣；以吾言問大禹墨翟，則吾言當矣。」列子楊朱篇。列子又云：「衛端木叔者，子貢之世也。藉其先貲，家累萬金，不治世故。及其死也，無瘞埋之資，一國之人受其施者，相與賦而藏之。禽骨釐聞之，曰：端木叔，狂人也，辱其祖矣。」此與墨學無與，附箸於此。

高石子，墨子弟子。墨子使管黔滶游高石子於衛，衛君致禄甚厚，設之於卿。高石子三朝必盡言，而言無行者。去而之齊，見墨子曰：「衛君以夫子之故，致禄甚厚，設我於卿。石三朝必盡言，而言無行，是以去之也。衛君無乃以石爲狂乎？」墨子曰：「去之苟道，受狂何傷？古者周公旦非關叔，關，管之借字。辭三公東處於商蓋，人皆謂之狂，後世稱其德，揚其名，至今不息。且翟聞之，爲義非避毀就譽，去之苟道，受狂何傷？」高石子曰：「石去之，焉敢不道也。昔者夫子有言曰：天下無道，仁士不處厚焉。今衛君無道，而貪其爵禄，則是我爲苟啗人食也。」墨子説，而召禽子曰：「姑聽之乎！夫倍義而鄉禄者，我常聞之矣，倍禄而鄉義者，於高石子焉見之也。」本書耕柱篇。

高何，齊人，學於墨子。呂氏春秋尊師篇。

縣子碩呂覽「碩」作「石」，字通。與高何皆齊國之暴者也，指於鄉曲，學於墨子，爲天下名士顯人。呂氏春秋尊師篇。治徒娛、縣子碩問於墨子曰：「爲義孰爲大務？」墨子曰：「譬若築牆然，能築者築，能實壤者實壤，能欣者欣，「欣」讀爲睎。然後牆成也。爲義猶是也，能談辯者談辯，能説書者説書，能從事者從事，然後義事成也。」本書耕柱篇。

公尚過，呂氏春秋高義篇「尚」作「上」。墨子弟子。呂覽高義篇。墨子南遊使於衛，關中載書甚多。弦唐子見而怪之，曰：「吾夫子教公尚過曰：揣曲直而已。今夫子載書甚多，何有也？」墨子曰：「昔者周公旦朝讀書百篇，夕見七十士，故周公旦佐相天子，其脩至於今。翟上無君上之事，下無耕農之難，吾安敢廢此？翟聞之，同歸之物，信有誤者，然而民聽不鈞，是以書多也。今若過之心者，數逆於精微，同歸之物，既已知其要矣，是以不教以書也。而子何怪焉？」本書貴義篇。 墨子游公尚過於越。公尚過語墨子之義，越王說之，謂公尚過曰：「子之師苟肎至越而教寡人，請以故吴之地，陰江之浦，書社三百，以封夫子。」本書魯問篇作「請裂故吴之地方五百里以封子墨子。」公尚過許諾。遂爲公尚過束車五十乘以迎墨子於魯，曰：「吾以夫子之道說越王，越王大說，謂過曰：苟能使墨子至於越而教寡人，請裂故吴之地以封子。」據本書魯問篇補。呂氏春秋作「公上過往復於子墨子」。墨子曰：「子之觀越王也，能聽吾言，用吾道乎？」公尚過曰：「殆未能也。」墨子曰：「不唯越王不知翟之意，雖子亦不知翟之意。若越王聽吾言，用吾道，翟度身而衣，量腹而食，比於賓萌，未敢求仕。越不聽吾言，不用吾道，而受其國，是以義糶也。義糶何必越，雖於中國亦可。」呂氏春秋高義篇、本書魯問篇略同。

耕柱子，墨子弟子。墨子怒耕柱子，耕柱子曰：「我毋愈於人乎？」墨子曰：「我將上大行，駕驥與羊，子將誰敺？」耕柱子曰：「將敺驥也。」墨子曰：「何故敺驥也？」耕柱子曰：「驥足以責。」墨子曰：「我亦以子爲足以責。」墨子游耕柱子於楚，二三子過之，食之三升，客之不厚。二三子復於墨子，曰：「耕柱子處楚無益矣。二三子過之，食之三升，客之不厚。」墨子曰：「未可知也。」毋幾何而遺十金於墨子，曰：「後生不敢死，有十金於此，願夫子之用也。」墨子曰：「果未可知也。」本書耕柱篇。

魏越，墨子弟子。墨子使之游，越曰：「既得見四方之君子，則將孰先語？」墨子曰：「凡入國，必擇務而從事焉。國家昏亂，則語之尚賢、尚同；國家貧，則語之節用、節葬；國家憙音湛湎，則語之非樂、非命；國家淫僻無禮，則語之尊天、事鬼；國家務奪侵淩，則語之兼愛、非攻，故曰擇務而從事焉。」本書魯問篇。

隨巢子，墨子弟子，漢書藝文志。梁玉繩云：「隨巢當是氏，或謂氏隋名巢，無據。」詒讓案：隋經籍志隨巢子注云：「巢似墨翟弟子。」則以巢爲名。墨子之術尚儉，隨巢子傳其術。史記自序正義引韋昭說。著書六篇。漢書藝文志。

胡非子，廣韻十一模云：「胡非，複姓，齊胡公之後有公子非，因以胡非爲氏。」梁玉繩云：「則胡非子齊人也。」詒讓案：隋經籍志胡非子注云：「非似墨翟弟子。」則亦以非爲名。墨子弟子，著書三篇。漢書藝文志。

管黔滶，墨子弟子。本書耕柱篇，見前。

高孫子，墨子弟子。本書魯問篇，見後。

治徒娛，墨子弟子。本書耕柱篇，見前。

跌鼻，墨子弟子。墨子有疾，跌鼻進而問曰：「先生以鬼神爲明，能爲禍福，爲善者賞之，爲不善者罰之。今先生聖人也，何故有疾？意者先生之言有不善乎？鬼神不明知乎？」墨子曰：「雖使我有病，鬼神何遽不明？人之所得於病者多方，有得之寒暑，有得之勞苦，百門而閉一門焉，則盜何遽無從入？」本書公孟篇。

曹公子，墨子弟子。墨子仕曹公子於宋，三年而反，睹墨子曰：「始吾游於子之門，短褐之衣，藜藿之羹，朝得之則夕弗得，弗得祭祀鬼神。今而以夫子之故，家厚於始也。有家享，謹祭祀鬼神。然而人徒多死，六畜不蕃，身湛於病，吾未知夫子之道之可用也。」墨子曰：「不然。夫鬼神之所欲於人者多，欲人之處高爵禄而以讓賢也，多財而以分貧也。夫鬼神豈唯擢黍拑肺之爲欲哉？今子處高爵禄而不以讓賢，一不祥也；多財而不以分貧，二不祥也。今子事鬼神唯祭而已矣，而曰病何自至哉，是猶百門而閉一門焉，曰『盜何從入』？若是而求福於百怪之鬼，豈可哉？」本書魯問篇。

勝綽，墨子弟子。墨子使勝綽事齊項子牛。項子牛三侵魯地，而勝綽三從。墨子聞之，使高孫子請而退之，曰：「我使綽也，將以濟驕而正嬖也。今綽也禄厚而譎夫子，夫子三侵魯而綽三從，是鼓鞭於馬靳也。翟聞之，言義而弗行，是犯明也，綽非弗之知也，禄勝義也。」本書魯問篇。

案：曹公子及勝綽二人，皆游墨子之門，而以違道見責，蓋未能傳其術者，今以附於諸弟子之末。

鼓輕生子問墨子曰：「往者可知，來者不可知。」墨子曰：「藉設而親在百里之外，則遇難焉，期以一日也，及之則生，不及則死。今有固車良馬於此，又有駑馬四隅之輪於此，使子擇焉，子將何乘？」對曰：「乘良馬固車可以速至。」墨子曰：「焉在不知來。」本書魯問篇。

孟山譽王子閭曰：「昔白公之禍，執王子閭，斧鉞鉤要，直兵當心，謂之曰：『爲王則生，不爲王則死。』王子閭曰：『何其侮我也！殺我親而喜我以楚國。我得天下而不義，不爲也，又況於楚國乎！』遂死而不爲。王子閭豈不仁哉？」墨子曰：「難則難矣！然而未仁也。若以王爲無道，則何故不受而治也？若以白公爲不義，何故不受王，誅白公然而反王？故曰難則難矣，然而未仁。」同上。

弦唐子。本書貴義篇，見前。

案：以上三人並見本書，是否墨子弟子，無可質證。謹附綴於此以備攷。

墨子再傳禽子弟子：

許犯學於禽滑釐。呂氏春秋當染篇。

索盧參，東方之鉅狡也，學於禽滑釐，爲天下名士顯人。呂氏春秋尊師篇。

墨子再傳胡非子弟子：

屈將子案屈爲楚公族箸姓，屈將子疑亦楚人。好勇，聞墨者非鬭，帶劒危冠往見胡非子，劫而問之曰：「將聞先生非鬭，而將好勇，有説則可，無説則死！」胡非子爲言五勇，屈將説，稱善，乃解長劒，釋危冠，而請爲弟子焉。太平御覽四百九十二、四百三十七引胡非子五勇之論甚詳。見後胡非子佚文，此不備録。

墨子三傳許子弟子：

田繫學於許犯，顯榮於天下。吕氏春秋當染篇。

墨氏名家：傳授不可攷者。附鉅子。

田俅子，漢書藝文志。「俅」一作「鳩」，鳩、俅音近，馬驌、梁玉繩並以爲一人，是也。齊人，學墨子之術。吕氏春秋首時篇、淮南子道應訓高注。田鳩欲見秦惠王，留秦三年而弗得見。客有言之於楚王者，往見楚王，楚王説之，與將軍之節以如秦。至，因見惠王。告人曰：「之秦之道乃之楚乎？」吕氏春秋首時篇、淮南子道應訓云：「出舍，喟然而嘆，告從者曰『吾留秦三年，不得見，不識道之可以從楚也』。」徐渠問田鳩曰：「臣聞智士不襲下而遇君，聖人不見功而接上。今陽城胥渠，今，韓子譌「令」。今據盧文弨、顔廣圻校正。明將也，而措於屯伯；屯，韓子譌「毛」。今據顧校正，下同。公孫亶回，聖相也，而關於州部，何哉？」田鳩曰：「此無他故異物，主有度，上有術之故也。且足下獨不聞楚將宋觚而失其政，魏相馮離而亡其國。二君者驅於聲詞，眩乎辯說，不試於屯伯，不關乎州部，故有失政亡國之患。由是觀之，夫無屯伯之試，州部之關，豈明主之備哉！」韓非子問田篇。楚王謂田鳩曰：「墨子者，顯學也。其身體則可，其言多而不辯，何也？」曰：「昔秦伯嫁其女於晉公子，令晉爲之飾裝，「晉」疑「魯」之譌。從文衣之媵七十人，至晉，晉人愛其妾而賤公女。此可謂善嫁妾，而未可謂善嫁女也。楚人有賣其珠於鄭者，爲木蘭之櫝，薰桂椒之櫝，綴以珠玉，飾以玫瑰，輯以羽翠。鄭人買其櫝而還其珠。此可謂善賣櫝矣，未可謂善鬻珠也。今世之談也，皆道辯說文辭之言，人主覽其文而忘其用。其，韓子作「有」，今以意改。墨子之說傳先王之道，論聖人之言，以宣告人。若辯其辭，則恐人懷其文忘其用，此字韓子無，據顧校增。直以文害用也。此與楚人鬻珠、秦伯嫁女同類，故其言多不辯。」韓非子外儲說左上篇。箸書三篇。漢書藝文志墨家：田俅子三篇，本注云：「先韓子。」蓋班固亦謂即田鳩也。

相里子韓非子顯學篇、元和姓纂。名勤，莊子天下篇。釋文引司馬彪云：「墨師也，姓相里名勤。」姓纂云：「晉大夫里克爲惠公所滅，克妻司成氏攜少子李連逃居相城，因爲相里氏。李連玄孫相里勤，見莊子。」案：此疑唐時譜諜家之妄說，恐不足據。南方之墨師也。成玄英莊子疏。爲三墨之一，韓非子顯學篇。箸書七篇。姓纂引韓子云：「相里子，古賢也，箸書七篇。」案：韓子無此文。漢書藝文志墨家亦無相里子書，姑存以備攷。

相夫氏，韓非子顯學篇。元和姓纂二十陌有伯夫氏，引韓子云：「伯夫氏，墨家流也。」則唐本「相」或作「伯」，或當作「柏」，與「相」形近。亦三墨之一。

鄧陵子，南方之墨者，誦墨經，莊子天下篇。案姓纂云：「楚公子，食邑鄧陵，因氏焉。」據此，則鄧陵子蓋楚人。亦三墨之一，韓非子顯學篇。有箸書。姓纂云：「鄧陵子箸書，見韓子。」案：韓子亦無此文。

韓非子顯學篇云：「自墨子之死也，有相里氏之墨，有相夫氏之墨，有鄧陵氏之墨，墨離爲三。」

苦獲，南方墨者。莊子天下篇。

己齒，南方墨者。莊子天下篇。釋文引李頤云：「苦獲、己齒，二人姓字也。」案：「姓字」當作「姓名」，疑並楚人。

相里氏弟子：

五侯子，莊子天下篇、陶潛集聖賢羣輔録。案：五侯蓋姓五。五與伍同，古書伍子胥姓多作五。非五人也。

相里勤弟子，與南方之墨者苦獲、己齒、鄧陵子之屬俱誦墨經，而倍譎不同，相謂別墨。莊子天下篇。

案：墨經即墨辯，今書經、説四篇及大取、小取二篇，蓋即相里子、鄧陵子之倫所傳誦而論説者也。

又案：陶潛集聖賢羣輔録末附載三墨云：「不累於俗，不飾於物，不尊於名，莊子天下篇作「不苟於人」。不忮於衆，此宋鈃、尹文之墨。鈃，當從莊子作「銒」，即孟子之宋牼也。裘褐爲衣，跂蹻爲服，日夜不休，以自苦爲極者，相里勤、五侯子之墨。俱誦墨經而背譎不同，相爲別墨，以堅白，此亦本莊子而文義未全，豈僞託者失其句讀，抑傳寫有脱誤邪？此苦獲、己齒、鄧陵子之墨。」此別據莊子天下篇爲三墨，與韓非書殊異。北齊陽休之所編陶集即有此條。宋本陶集宋庠後記云：「八儒三墨二條，此似後人妄加，非陶公本意。」攷莊子本以宋鈃、尹文別爲一家，不云亦爲墨氏之學。以所舉二人學術大略攷之，其崇儉非鬬雖與墨氏相近，荀子非十二子篇以墨翟、宋鈃並偁。而師承實迥異，乃强以充三墨之數，而韓非所云相夫氏之墨者反置不取，不知果何據也？宋鈃書漢書藝文志在小説家，云黄老意。尹文書在名家，今具存，其大道上篇云：「大道治者，則名、法、儒、墨自廢。」又云：「是道治者，謂之善人；藉名、法、儒、墨者，謂之不善人。」則二人皆不治墨氏之術，有明證矣。近俞正燮癸巳類稿墨學論亦以宋牼爲墨徒，誤與羣輔録同。羣輔録本依託，不出淵明，而此條尤疏謬，今不據補録。

我子，六國時人，元和姓纂引風俗通。爲墨子之學，箸書一篇。漢藝文志顔注引劉向別録。

纏子，廣韻二仙云：「纏，又姓。漢書藝文志有纏子，著書。」案：漢志無纏子，此誤。修墨子之業以教於世。儒有董無心者，其言修而謬，其行篤而庸，欲事纏子，纏子曰：「文言華世，不中利民，傾危繳繞之辭，並不爲墨子所修。勸善兼愛，則墨子重之。」意林引纏子。纏子與董無心相見講道，纏子稱墨家佑鬼神，引秦穆公有明德，上帝賜之十九年；董子難以堯舜不賜年，桀紂不夭死。論衡福虛篇。箸書一卷。意林。

墨家鉅子：

莊子天下篇説墨云「以巨子爲聖人，皆願爲之尸，冀得爲其後世」，郭象注云：「巨子最能辯其所是，以成其行。」釋文：「巨，向秀、崔譔本作『鉅』。向云：墨家號其道理成者爲鉅子，若儒家之碩儒。」呂氏春秋上德篇云「墨者以爲不聽鉅子不察」，又有墨者鉅子孟勝、田襄子、腹䵍三人，高誘以鉅子爲人姓名，非也。以莊、呂二子所言推之，墨家鉅子蓋若後世儒家大師，開門授徒，遠有端緒，非學行純卓者，固不足以當之矣。

孟勝爲墨者鉅子，善荆之陽城君。高注云「鉅子、孟勝二人學墨道者也」，非是。陽城君令守於國，毀璜以爲符，約曰：「符合聽之。」荆王薨，案即悼王。羣臣攻吴起兵於喪所，陽城君與焉。荆罪之，陽城君走，荆收其國。孟勝曰：「受人之國，與之有符。今不見符，而力不能禁，不能死，不可。」其弟子徐弱諫孟勝曰：「死而有益陽城君，死之可矣。無益也，而絶墨者於世，不可。」孟勝曰：「不然。吾於陽城君也，非師則友也，非友則臣也。不死，自今以來求嚴師必不於墨者矣，求賢友必不於墨者矣，求良臣必不於墨者矣。死之，所以行墨者之義，而繼其業者也。我將屬鉅子於宋之田襄子。田襄子，賢者也，何患墨者之絕世也？」徐弱曰：「若夫子之言，弱請先死以除路。」還歿頭前於孟勝。因使二人傳鉅子於田襄子。高注云：「二人，孟勝之弟子也。」孟勝死，弟子死之者八十三人。二人舊本無此二字，畢校補。以致令於田襄子，欲反死孟勝於荆，田襄子止之曰：「孟子已傳鉅子於我矣！」不聽，不，舊本譌「當」，畢校正。遂反死之。呂氏春秋上德篇。

案：吳起之死在周安王二十一年，時墨子當尚在，詳親士篇。則孟勝、田襄子或親受業於墨子亦未可知。其爲鉅子豈即墨子所命，爲南方墨者之大師者邪？孟勝之死也，必屬鉅子於田襄子，明以傳學爲重，亦若儒家之有師承宗派，佛氏之有傳授衣盋矣。

田襄子，宋之賢者。孟勝死荆陽城君之難，使弟子二人屬鉅子於田襄子。呂氏春秋上德篇。案：田襄子言行無攷。說苑尊賢篇有衛君問田讓語，疑即田襄子，附識以備攷。

腹䵍爲墨者鉅子，居秦。其子殺人，秦惠王曰：「先生之年長矣，非有它子也，寡人已令吏弗誅矣。先生之以此聽寡人也。」腹䵍對曰：「墨者之法：殺人者死，傷人者刑。此所以禁殺傷人也。夫禁殺傷人者，天下之大義也，王雖爲之賜而令吏弗誅，腹䵍不可不行墨子之法。」不許惠王，而遂殺之。呂不韋曰：「子，人之所私也。忍所私以行大義，鉅子可謂公矣。」呂氏春秋去私篇。高注云：「鉅姓，子通稱，腹䵍，字也。」畢沅云：「鉅子，猶鉅儒、鉅公之稱，腹乃其姓耳。」案：畢說是也。

孟勝弟子：

徐弱，孟勝弟子，與孟勝同死楚陽城君之難。見前。

墨氏襍家：凡治墨術而無從攷其學業優劣及傳授端緒者。

夷之，治墨家之道者，孟子滕文公上篇趙注。因徐辟而求見孟子。孟子曰：「吾固願見，今吾尚病，病愈，我且往見。」夷子不來。他日又求見孟子，孟子曰：「吾今則可以見矣。不直則道不見，我且直之。吾聞夷子墨者，墨之治喪也，以薄爲其道也。夷子思以易天下，豈以爲非是而不貴也？然而夷子葬其親厚，則是以所賤事親也。」徐子以告夷子。夷子曰：「儒者之道，古之人若保赤子，此言何謂也？之則以爲愛無差等，施由親始。」徐子以告孟子。孟子曰：「夫夷子信以爲人之親其兄之子爲若親其鄰之赤子乎？彼有取爾也。赤子匍匐將入井，非赤子之罪也。且天之生物也，使之一本，而夷子二本故也。蓋上世嘗有不葬其親者，其親死則舉而委之於壑。他日過之，狐狸食之，蠅蚋姑嘬之。其顙有泚，睨而不視。夫泚也，非爲人泚，中心達於面目，蓋歸反虆梩而掩之。掩之誠是也，則孝子仁人之掩其親，亦必有道矣。」徐子以告夷子。夷子憮然，爲閒，曰：「命之矣！」孟子滕文公上篇。

謝子，呂氏春秋去宥篇、淮南子脩務訓。高注云：「謝，姓也，子，通稱。」關東人也，學墨子之道。呂覽高注。說苑襍言篇作「祁射子」。梁玉繩呂子校補云「祁乃地名，祁屬太原，正是關東」，恐未塙。唐姑果，淮南子脩務訓作「唐姑梁」，高注云：「唐姓，名姑梁」。說苑襍言篇作「唐姑」。秦之墨者。淮南子高注云「秦大夫」，疑誤。東方墨者謝子將西見秦惠王。淮南子、說苑並云「惠王說之」。惠王問唐姑果，唐姑果恐王之親謝子賢於己也，對曰：「謝子東方之辯士也。淮南子作「山東辯士」。其爲人甚險，將奮於說以取少主也。」淮南子作「固權說以取少主」。王因藏怒以待之。謝子至，說王，王弗聽。淮南子云「後日復見，逆而弗聽」。謝子不說，遂辭而行。呂氏春秋去宥篇。

某翟，鄭人。兄緩呻吟裘氏之地。釋文云：「裘氏，地名。」祇三年，而緩爲儒，使其弟墨。儒墨相與辯，其父助翟。十年而緩自殺。莊子列禦寇篇郭注云：「翟，緩弟名。」案：未詳其姓氏。

案：唐姑果媢賢自營，違墨氏尚賢尚同之指；鄭人翟爭論儒墨而殺其兄，則亦非悌弟也，故附於墨學襍家之末。又孟子告子篇趙注謂告子兼治儒墨之學，其人無可攷。本書公孟篇有告子，亦恐非一人。淮南子人閒訓云「代君爲墨而殘」，許注云：「代君，趙之別國，不詳其名及時代。」則疑是趙武靈王子代君章，見趙世家。此並無可質證。謹附識於此，以備攷。

墨子後語下

墨子緒聞第四

墨氏之學微矣！七國時，學者以孔墨並偁，孔子言滿天下，而墨子則遺文佚事自七十一篇外所見殊尠。非徒以其爲儒者所擯絀也，其爲道瘠薄而寡澤，言之垂於世者質而不華，務申其意而不馳騁其辭，故莊周謂其道大觳，使人憂，使人悲，其行難爲。而楚王之問田鳩，亦病其言多而不辯。田鳩答以墨子之説傳先王之道，論聖人之言，若辯其辭，則恐人懷其文忘其用。韓非子外儲説上左。蓋孟荀之議未興，世之好文者固已弗心慊矣！秦漢諸子，若呂不韋、淮南王書，所采摭至博，至其援舉墨子之言，亦多本書所已見，絶無異聞。然孔氏遺書自六蓺外，緯候之誣，家語、孔叢之僞，集語之襍，真贋糅莒，不易別擇。而墨氏之言行以誦述者少，轉無叚託傅益之弊。則其僅存者雖不多，或尚碻然可信與！今采本書之外，秦漢舊籍所紀墨子言論行事，無論與本書異同，咸爲甄緝。或一事而數書並見，亦悉附載之，以資讐勘。而七十一篇佚文，則畢氏所述略備，固不勞綴録也。

齊王問墨子曰：「古之學者爲己，今之學者爲人，何如？」對曰：「古之學者得一善言以附其身，今之學者得一善言務以悦人。」北堂書鈔八十三、太平御覽六百七引新序。案：齊王當即齊太王，此與意林引本書佚文略同，而文較詳，故録之。說苑反質篇又有禽滑釐問墨子語，畢氏已采入佚文，今不録。

景公外傲諸侯，内輕百姓，好勇力，崇樂以從嗜欲，諸侯不説，百姓不親。公患之，問於晏子曰：「古之聖王，其行若何？」晏子對曰：「其行公正而無邪，故讒人不得入；不阿黨，不私色，故羣徒之卒不得容；薄身厚民，故聚斂之人不得行；不侵大國之地，不耗小國之民，故諸侯皆欲其尊；不劫人以兵甲，不威人以衆彊，故天下皆欲其彊；德行教訓加於諸侯，慈愛利澤加於百姓，故海内歸之若流水。今衰世君人者，辟邪阿黨，故讒諂羣徒之卒繁；厚身養，薄視民，故聚斂之人行；侵大國之地，耗小國之民，故諸侯不欲其尊；劫人以甲兵，威人以衆彊，故天下不欲其彊；災害加於諸侯，勞苦施於百姓，故讐敵進伐，天下不救，貴戚離散，百姓不與。」元槧本譌「興」，據盧文弨校正。公曰：「然則何若？」晏曰：「請卑辭重幣以説於諸侯，輕罪省功以謝於百姓，其可乎？」公曰：「諾。」於是卑辭重幣而諸侯附，輕罪省功而百姓親。故小國入朝，燕魯共貢。墨子聞之，曰：「晏子知道。道在爲人，而失在爲己。元本脱「在」字，據孫星衍校增。爲人者重，自爲者輕。景公自爲而小國不爲與，爲人而諸侯爲役，則道在爲人，而行在反己矣。黄以周云：「『行』蓋『得』之剥文。」故晏子知道矣！」晏子春秋内篇問上。

景公與晏子立于曲潢之上，晏子稱曰：「衣莫若新，人莫若故。」公曰：「衣之新也，信善矣。人之故，相知情。」有脱誤。晏子歸，負載，使人辭于公，曰：「嬰故老耄無能也，請毋服壯者之事。」公自治國，身弱于高、國，百姓大亂。公恐，復召晏子。諸侯忌其威，而高、國服其政。田疇墾辟，蠶桑豢牧之處不足，元本「牧」譌「收」，據盧文弨校正。絲蠶於燕，牧馬于魯，共貢入朝。墨子聞之曰：「晏子知道，晏公知窮矣。」晏子春秋内篇襍上。右墨子遺説。

公輸般爲蒙天之階，階成，將以攻宋。墨子聞之，赴於楚，行十日十夜而至於郢。見般，曰：「聞子爲階將以攻宋，宋何罪之有？無罪而攻之，不可謂仁。胡不已也？」公輸般曰：「不可。吾既以言之王矣。」墨子曰：「胡不見我於王？」公輸般曰：「諾。」墨子見楚王，曰：「今有人於此，舍其文軒，隣有敝輿而欲竊之；舍其錦繡，鄰有短褐而欲竊之；舍其粱肉，隣有糟糠而欲竊之。此爲何若人？」王曰：「此爲竊疾耳！」汪繼培云：「一作『必竊疾矣』。」墨子曰：「荆之地方五千里，宋之地方五百里，此猶文軒之與敝輿也；荆有雲夢，犀兕麋鹿盈溢，江漢之魚鼈黿鼉爲天下饒，宋所謂無雉兔鮒魚者也，猶粱肉之與糟糠也；荆有長松文梓楩枏豫章，宋無長木，此猶錦繡之與短褐也。臣以王之攻宋也，爲與此同類。」王曰：「善哉！請無攻宋。」藝文類聚八十八引尸子，又太平御覽三百三十六引尸子云：「般爲蒙天之階，階成，將以攻宋。墨子請獻十金，般曰『吾義固不殺人』，墨子再拜。」本書公輸篇文略同。

公輸般爲楚設機，將以攻宋。墨子聞之，百舍重繭往見公輸般，謂之曰：「吾自宋聞子，吾欲藉子殺人。」宋本作「王」，吳師道云：「一本作『生』，唐武后『人』字。」黄丕烈云：「公輸篇文略同。」公輸般曰：「吾義固不殺人。」墨子曰：「聞公爲雲梯將以攻宋，宋何罪之有？義不殺王〔二〕而攻國，是不殺少而殺衆。敢問攻宋何義也？」公輸般服焉，請見之王。墨子見楚王，曰：「今有人於此：舍其文軒，隣有弊輿而欲竊之；舍其錦繡，鄰有短褐鮑彪本「短」作「裋」。而欲竊之；舍其粱肉，鄰有糟糠而欲竊之。此爲何若人也？」王曰：「必爲有竊疾矣！」墨子曰：「荆之地方五千里，宋方五百里，此猶文軒之與弊輿也；荆有雲夢，犀兕麋鹿盈之，江漢魚鼈黿鼉爲天下饒，宋所謂無雉兔鮒魚者也，此猶

〔二〕按：據上文，「王」字似應作「人」。吳師道曰：「一本三『殺王』並作『殺生』。」「生」即「人」字。

粱肉之與糟糠也；荆有長松文梓楩枏豫樟，鮑本作「章」。宋無長木，此猶錦繡之與短褐也。臣以王吏之攻宋，臣，宋本作「惡」，黄云：「即『惡』字。」案：惡，武后「臣」字。爲與此同類也。」王曰：「善哉！請無攻宋。」戰國策宋策。

公輸般爲高雲梯，欲以攻宋。墨子聞之，自魯往，裂裳裹足日夜不休，十日十夜而至於郢。見荆王，曰：「臣，北方之鄙人也，聞大王將攻宋，信有之乎？」王曰：「然。」墨子曰：「必得宋乃攻之乎？亡其不得宋，且不義，猶攻之乎？」王曰：「必不得宋，且有不義，則曷爲攻之？」墨子曰：「甚善。臣以宋必不可得。」王曰：「公輸般，天下之巧工也，已爲攻宋之械矣。」墨子曰：「請令公輸般試攻之，臣請試守之。」於是公輸般設攻宋之械，墨子設守宋之備，公輸般九攻之，舊本脱「公輸般」三字，畢沅據御覽三百二十校補。墨子九卻之，不能入。故荆輟不攻宋。墨子能以術禦荆免宋之難者，此之謂也。吕氏春秋愛類篇。案：吕氏春秋慎大覽高注云：「墨子曰：使公輸般攻宋之城，臣請爲宋守之備。公輸般九攻之，墨子九卻之。又令公輸般守備，墨子九下之。」諸書並止言輸攻墨守，惟此注更有輸守墨攻事，不知何據，謹附識於此。

昔者楚欲攻宋，墨子聞而悼之，自魯趨而往，舊本脱，王念孫據北堂書鈔補。十日十夜，足重繭而不休息，裂裳裹足，「裂」下舊本衍「衣」字，王據書鈔删。至於郢。見楚王，曰：「臣聞大王舉兵將宋攻，計必得宋而後攻之乎？亡其苦衆勞民，亡，宋本作「忘」。頓兵剉鋭，剉，舊本作「挫」，今從宋本正。負天下以不義之名，而不得咫尺之地，猶且攻之乎？」王曰：「必不得宋，又且爲不義，曷爲攻之？」墨子曰：「臣見大王之必傷義而不得宋。」王曰：「公輸，天下之巧士，作爲雲梯之械，「爲」字舊本脱，據宋本補。設以攻宋，曷爲弗取？」墨子曰：「令公輸設攻，臣請守之。」於是公輸般設攻宋之械，墨子設守宋之備，九攻而墨子九卻之，弗能入。於是乃偃兵，輟不攻宋。淮南子脩務訓。

公輸般爲雲梯之械，將攻宋。墨翟行自齊，行十日夜至郢。獻千金於般，曰：「北方有侮臣者，願子殺之。」般不悦，曰：「吾義固不殺人。」墨子再拜，曰：「吾聞子之梯以攻宋。楚有餘於地不足於民，殺所不足，爭所有餘，不可謂智；宋無罪而攻，不可謂仁；子義不殺少而殺衆，不可謂知類。」般子服。翟曰：「何不已乎？」曰：「既言之王矣。」曰：「何不見吾於王。」遂見之。墨解帶爲城，以褋爲械。般設九攻，而墨九卻之。般詘，而曰：「吾知所以距子矣。」問其故，墨曰：「般意不過欲殺臣，殺臣則宋莫能守。然臣弟子禽滑釐等三百人，持臣守器在宋城上以待楚矣。」王曰：「請無攻宋。」渚宮舊事二。

子墨子游公上過於越。公上過語墨子之義，越王説之，謂公上過曰：「子之師苟肯至越，請以故吳之地，陰江之浦，書社三百，以封夫子。」公上過往復於子墨子。子墨子曰：「子之觀越王也，能聽吾言，用吾道乎？」公上過曰：「殆未能也。」墨子曰：「不唯越王不知翟之意，雖子亦不知翟之意。若越王聽吾言，用吾道，翟度身而衣，量舊校云：「一作『裹』。」腹而食，比於賓萌，未敢求仕。高注云：「賓，客也。萌，民也。」越王不聽吾言，不用吾道，雖全越以與我，吾無所用之。越王不聽吾言，不用吾道，而受舊校云：「一作『愛』。」其國，是舊校云：「一作『退』。」以義翟也。義翟何必越？畢云：「兩『翟』字當是『糶』字之誤。」雖於中國亦可。」呂氏春秋高義篇。本書魯問篇文略同。

墨子至郢，獻書惠王。王受而讀之，曰：「良書也。是寡人雖不得天下，而樂養賢人。請過，此上下有脱文。進日百種，疑當作「進粟百鍾」。以待官舍人，不足須天下之賢君。」墨下脱「子」字。辭曰：「翟聞賢人進道不行，不受其賞，義不聽，不處其朝。今書未用，請遂行矣。」將辭王而歸，王使穆賀以老辭。余注云：「時惠王在位已五十年矣。」魯陽文君言於王曰：「墨子，北方賢聖人，君王不見，又不爲禮，毋乃失士。」乃使文君追墨子，以書社五里疑當作「五百里」。封之，不受而去。渚宫舊事二。案：首數語與貴義篇及文選注所引本書佚文略同，見附録。右墨子遺事。

墨子爲木鳶，三年而成，蜚一日而敗。弟子曰：「先生之巧，至能使木鳶飛。」墨子曰：「不如爲車輗者巧也，用咫尺之木，不費一朝之事，而引三十石之任，致遠力多，久於歲數。

今我爲鳶三年而成，蜚一日而敗。」惠子聞之，曰：「墨子大巧，巧爲輗，拙爲鳶。」韓非子外儲說左上。淮南子齊俗訓云：「魯般、墨子以木爲鳶，而飛之三日不集，而不可使爲工也。」論衡儒增篇云：「儒書稱魯般、墨子之巧，刻木爲鳶，飛之三日而不集。」案：本書魯問篇說公輸子削竹木以爲鵲，與此略同，疑傳聞之異。

夫班輸之雲梯，墨翟之飛鳶，張注云：「墨子作『木鳶』，飛三日不集。」自謂能之極也。弟子東門賈、禽滑釐聞偃師之巧，以告二子，二子終身不敢語蓺，而時執規矩。列子湯問篇。案：東門賈蓋班輸弟子，故云「以告二子」。或謂亦墨子弟子，非是。

墨子服役百八十人，皆可使赴火蹈刃，死不旋踵，化之所致也。淮南子泰族訓。案：主術訓又云「孔丘墨翟脩先聖之術，通六蓺之論，口道其言，身行其志，慕義從風而爲之服役者，不過數十人」，與此小異。

墨子見歧道而哭之。呂氏春秋疑似篇。高注云：「爲其可以南可以北，言乖別也。」賈子新書審微篇云：「故墨子見衢路而哭之，悲一跬而繆千里也。」案：荀子王霸篇又云「楊朱哭衢涂」，蓋傳聞之異。

墨子非樂，不入朝歌之邑。淮南子說山訓。史記鄒陽傳云：「邑號朝歌，而墨子迴車。」又說山訓高注云：「墨子尚儉不好樂，縣名朝歌，墨子不入。」

墨子見荆王，錦衣吹笙，因也。呂氏春秋貴因篇。高注云：「墨子好儉非樂，錦與笙非其所服也，而爲之，因荆王之所欲也。」蓺文類聚四十四引尸子云：「墨子吹笙，墨子非樂，而於樂有是也。」

蓋聞孔丘、墨翟晝日諷誦習業，夜親見文王、周公旦而問焉。呂氏春秋博志篇。

繞梁之鳴，許史鼓之，非不樂也，墨子以爲傷義，故不聽也。文選七命李注引尸子。右墨子瑣事。

墨子者名翟，宋人也，仕宋爲大夫。外治經典，内修道術，著書十篇，號爲墨子。世多學者，與儒家分途，務尚儉約，頗毁孔子。有公輸般者，爲楚造雲梯之械，以攻宋。墨子聞之，往詣楚。脚壞，裂裳裹足，七日七夜到。見公輸般而説之，曰：「子爲雲梯以攻宋，宋何罪之有？有餘於地而不足於民，殺所不足而爭所有餘，不可謂智；宋無罪而攻之，不可謂仁；知而不爭，不可謂忠；爭而不得，不可謂彊。」公輸般曰：「吾不可以已，言於王矣。」墨子見王，曰：「於今有人，捨其文軒，隣有一弊輿而欲竊之；舍其錦繡，隣有短褐而欲竊之；舍其粱肉，隣有糟糠而欲竊之。此爲何若人也？」王曰：「若然者，必有狂疾。」翟曰：「楚有雲夢之麋鹿，江漢之魚鼉，爲天下富，宋無雉兔鮒魚，猶粱肉與糟糠也；楚有杞梓豫章，宋無數丈之木，此猶錦繡之與短褐也。臣聞大王更議攻宋，有與此同。」王曰：「善哉。然公輸般已爲雲梯，謂必取宋。」於是見公輸般。墨子解帶爲城，以幞爲械，公輸般乃設攻城之機，九變而墨子九拒之，公輸之攻城械盡，而墨子之守有餘也。公輸般曰：「吾知所以攻子矣，吾不言。」墨子曰：「吾知子所以攻我，我亦不言。」王問其故。墨子曰：「公輸之意，不過殺臣，謂宋莫能守耳。然臣弟子禽滑釐等三百人，早已操臣守禦之器，在宋城上而待楚寇矣！雖殺臣，不能絶也。」楚乃止，不復攻宋。

墨子年八十有二，乃歎曰：「世事已可知，榮位非常保，將委流俗以從赤松子游耳！」乃入周狄山，精思道法，想像神仙。於是數聞左右山閒有誦書聲者，墨子卧後，又有人來以衣覆足。墨子乃伺之，忽見一人，乃起問之曰：「君豈非山岳之靈氣乎？將度世之神仙乎？願且少留，誨以道要。」神人曰：「知子有志好道，故來相候。子欲何求？」墨子曰：「願得長生，與天地相畢耳。」於是神人授以素書、朱英丸方、道靈教戒、五行變化，凡二十五篇。告墨子曰：「子有仙骨，又聰明，得此便成，不復須師。」墨子拜受合作，遂得其驗。乃撰集其要，以爲五行記，乃得地仙，隱居以避戰國。至漢武帝時，遣使者楊違，束帛加璧以聘墨子。墨子不出，視其顏色常如五十許人。周游五嶽，不止一處。葛洪神仙傳。右附。

案：墨子法夏宗禹，與黄老不同術。晉宋以後，神仙家妄撰墨子爲地仙之説，於是墨與道乃合爲一。阮孝緒七録有墨子枕中五行要記一卷，五行變化墨子五卷，隋志並云：「梁有，今亡。」案：抱朴子内篇遐覽云：「變化之術大者，唯有墨子五行記，本有五卷。昔劉君安未仙去時，鈔取其要，以爲一卷。」葛氏所説甚詳。蓋五行變化即五卷之全書。要記即劉安所鈔一卷也。隋書經籍志醫方類有墨子枕内五行記要一卷，宋史蓺文志神仙類有太上墨子枕中記二卷，皆即是書。抱朴子神仙金汋經又載墨子丹法，蓋皆道家僞託之書。五代史唐家人傳云「魏州民自言有墨子術，能役鬼神，化丹砂水銀」，即此術也。蓋即葛傳所謂五行記者。明鬼之論忽變爲服食練形，而七十一篇之外又增金丹變化之書，斯皆展轉依託，不可究詰。魏晉之閒，俗尚浮靡，嫁名僞册，榛薉編録，此亦其一矣。開元占經引墨子占，疑亦叚託。稚川之傳，惟與公輸般論攻守事見本書，餘皆肊造，不足論。以其晉人舊帙，姑録附於末，以識道家不經之談所由肇耑。至於年代彌遠，詭説日孳，生有夢烏之徵，伊世珍瑯嬛記引賈子説林，謂墨子姓翟名烏，其母夢日中赤烏入室，驚覺生烏，遂名之。其説謬妄，不足辯。説林古亦無是書，蓋即世珍所肊撰也。終以服丹而化，陶弘景真誥稽神樞篇云：「墨狄子服金丹而告終。」若兹之類，誣誕尤甚，今無取焉。

墨學通論第五

春秋之後，道術紛歧，倡異説以名家者十餘，然惟儒墨爲最盛，其相非亦最甚。墨書既非儒，儒家亦闢楊墨。楊氏晚出，復擯儒、墨而兼非之。然信從其學者少，固不能與墨抗行也。莊周曰：「兩怒必多溢惡之言。」人閒世篇。況夫樹一義以爲臬槸，而欲以易舉世之論，沿襲增益，務以相勝，則不得其平，豈非勢之所必至乎？今觀墨之非儒，固多誣妄，其於孔子，亦何傷於日月？而墨氏兼愛，固諄諄以孝慈爲本，其書具在，可以勘驗。班固論墨家亦云：「以孝視天下，是以尚同。」而孟子斥之，至同之無父之科，則亦少過矣。自漢以後，治教嫥一，學者咸宗孔孟，而墨氏大絀。然講學家剽竊孟荀之論，以自矜飾標識；綴文之士，習聞儒言，而莫之究察。其於墨也，多望而非之，以迄於今。學者童丱治舉業，至於皓首，習斥楊墨爲異端，而未有讀其書，深究其本者。是暖姝之説也，安足與論道術流別哉！今集七國以還於漢諸子之言涉墨氏者，而殿以唐昌黎韓子讀墨子之篇，條別其説，不加平議。雖復申駮襍陳，然否錯出，然視夫望而非之者，固較然其不同也。至後世文士衆講學家之論，則不復甄録。世之君子，有秉心敬恕，精究古今學業純駁之故者，讀墨氏之遺書，而以此篇證其離合，必有以持其是非之平矣。秦漢諸子及史傳，涉儒墨者甚夥，華文汜論，無所發明，及荀韓諸子，難節葬、兼愛之論，而未明斥墨子者，今並不録。

墨子之言，昭昭然爲天下憂不足。夫不足，非天下之公患也，特墨子之私憂過計也。今是土之生五穀也，人善治之，則畝數盆，一歲而再獲之，楊注云：「『獲』讀爲穫。」然後瓜桃棗李一本數以盆鼓，然後葷菜百疏以澤量，然後六畜禽獸一而剸車，楊云：「剸與專同，言一獸滿一車。」黿鼉魚鼈鰌鱣以時別，一而成羣，然後飛鳥鳧鴈若煙海，然後昆蟲萬物生其閒，可以相食養者不可勝數也。夫天地之生物也固有餘，足以食人矣；麻葛繭絲、鳥獸之羽毛齒革也，固有餘，足以衣人矣。夫有餘不足，非天下之公患也，特墨子之私憂過計也。天下之公患，亂傷之也。胡不嘗試相與求亂之者誰也？我以墨子之非樂也，則使天下亂；墨子之節用也，則使天下貧。非將墮之也，説不免焉。墨子大有天下，小有一國，將蹙然衣麤食惡，憂戚而非樂。若是則瘠，瘠則不足欲，不足欲則賞不行。墨子大有天下，小有一國，將少人徒，省官職，上功勞苦，與百姓均事業，齊功勞。若是則不威，不威則賞罰不行。賞不行，則賢者不可得而進也；罰不行，則不肖者不可得而退也。賢者不可得而進也，不肖者不可得而退也，則能不能不可得而官也。若是則萬物失宜，事變失應，上失天時，下失地利，中失人和，天下敖然，若燒若焦。楊云：「『敖』讀爲熬。」墨子雖爲之衣褐帶索，嚽菽飲水，惡能足之乎？楊云：「嚽與啜同。」既以伐其本，竭其原，而焦天下矣。故先王聖人爲之不然。知夫爲人主上者，不美不飾之不足以一民也，不富不厚之不足以管下，不威不强之不足以禁暴勝悍也，故必將撞大鐘、擊鳴鼓、吹笙竽、彈琴瑟以塞其耳；必將錭琢刻鏤、黼黻文章以塞其目；楊云：「錭與彫同。」必將芻豢稻粱、五味芬芳以塞其口，然後衆人徒、備官職、漸慶賞、嚴刑罰以戒其心。使天下生民之屬，皆知己之所願欲之舉在是于也，故其賞行；楊云：「是于，猶言于是。言生民所願欲皆在于是也。説苑亦作『是于也』。」皆知己之所畏恐之舉在是于也，故其罰威。賞行罰威，則賢者可得而進也，不肖者可得而退也，能不能可得而官也。若是則萬物得宜，事變得應，上得天時，下得地利，中得人和，則財貨渾渾如泉源，汸汸如河海，楊云：「『汸』讀爲滂，水多貌也。」暴暴如山丘，不時焚燒，無所臧之，夫天下何患乎不足也！故儒術誠行，則天下大而富使有功，楊云：「『大』讀爲泰，優泰也。」撞鐘擊鼓而和。詩曰「鐘鼓喤喤，管磬瑲瑲，降福穰穰，降福簡簡，威儀反反。既醉既飽，福禄來反」，此之謂也。謝墉云：「『管磬瑲瑲』，元刻作『磬筦將將』。」故墨術誠行，則天下尚儉而彌貧，非鬭而日爭，楊云：「墨子有非攻篇，非攻即非鬭也。」勞苦頓萃而愈無功，愀然憂戚，非樂而日不和。楊云：「萃與顇同。」詩曰「天方薦瘥，喪亂弘多。民言無嘉，憯莫懲嗟」，此之謂也。荀子富國篇。右難節用。

夫樂者樂也，人情之所必不免也。故人不能無樂，樂則必發於聲音，形於動靜，而人之道，聲音動靜，性術之變盡是矣。故人不能不樂，樂則不能無形，形而不爲道則不能無亂。先王惡其亂也，故制雅頌之聲以道之，使其聲足以樂而不流，使其文足以辨而不諰，謝墉云：「禮記樂記作『論而不息』，史記樂書作『綸而不息』，此作『諰』，乃『⿰言息』之訛。莊子人間世篇『氣息茀然』，向本作『⿰言息』，崔本亦同。」使其曲直繁省、廉肉節奏足以感動人之善心，謝云：「繁省，史記同，禮記作『繁瘠』。」使夫邪汙之氣無由得接焉，是先王立樂之方也。而墨子非之，柰何？故樂在宗廟之中，君臣上下同聽之，則莫不和敬；閨門之内，父子兄弟同聽之，則莫不和親；鄉里族長之中，長少同聽之，則莫不和順。故樂者審一以定和者也，比物以飾節者也，合奏以成文者也，謝云：「禮記作『節奏合以成文』，史記同。」足以率一道，足以治萬變，是先王立樂之術也。而墨子非之，柰何？故聽其雅頌之聲，而志意得廣焉；執其干戚，習其俯仰屈伸，而容貌得莊焉；行其綴兆、要其節奏，而行列得正焉，進退得齊焉。故樂者，出所以征誅也，入所以揖讓也，征誅揖讓其義一也。出所以征誅，則莫不聽從；入所以揖讓，則莫不從服。故樂者天下之大齊也，中和之紀也，人情之所必不免也，是先王立樂之術也。而墨子非之，柰何？且樂者，先王之所以飾喜也；軍旅鈇鉞者，先王之所以飾怒也。先王喜怒皆得其齊焉，謝云：「禮記『齊』作『儕』。」是故喜而天下和之，怒而暴亂畏之。先王之道，禮樂正其盛者也，而墨子非之。故曰：墨子之於道也，猶瞽之於白黑也，猶聾之於清濁也，猶之楚而北求之也。夫聲樂之入人也深，其化人也速，故先王謹爲之文。樂中平則民和而不流，樂莊肅則民齊而不亂。民和齊則兵勁城固，敵國不敢嬰也，如是則百姓莫不安其處、樂其鄉，以至足其上矣。然後名聲於是白，光輝於是大，四海之民莫不願得以爲師，是王者之始也。樂姚冶以險，則民流僈鄙賤矣。流僈則亂，鄙賤則爭，亂爭則兵弱城犯，敵國危之。如是，則百姓不安其處，不樂其鄉，不足其上矣。故禮樂廢而邪音起者，危削侮辱之本也。故先王貴禮樂而賤邪音，其在序官也，曰修憲命，審誅賞，禁淫聲，以時順修，使夷俗邪音不敢亂雅，太師之事也。墨子曰：「樂者，聖王之所非也，而儒者爲之，過也。」君子以爲不然。樂者聖人之所樂也，而可以善民心，其感人深，其移風易俗，故先王導之以禮樂而民和睦。夫民有好惡之情，而無喜怒之應則亂，先王惡其亂也，故修其行，正其樂，而天下順焉。故齊衰之服，哭泣之聲，使人之心悲；帶甲嬰軸歌於行伍，使人之心傷；姚冶之容，鄭衛之音，使人之心淫；紳端章甫，舞韶歌武，使人之心莊。故君子耳不聽淫聲，目不視女色，口不出惡言，此三者君子慎之。凡姦聲感人而逆氣應之，逆氣成象而亂生焉。正聲感人而順氣應之，順氣成象而治生焉。唱和有應，善惡相象，故君子慎其所去就也。君子以鐘鼓道志，以琴瑟樂心，動以干戚，飾以羽旄，從以磬管，謝云：「元刻作『簫管』，與禮記同。」故其清明象天，其廣大象地，其俯仰周旋有似於四時。謝云：「元刻『周旋』作『隨還』。」故樂行而志清，禮修而行成，耳目聰明，血氣和平，移風易俗，天下皆寧，莫善於樂。謝云：「宋本作『美善相樂』。」故曰樂者樂也。君子樂得其道，小人樂得其欲。以道制欲則樂而不亂，以欲忘道則惑而不樂。故樂者所以道樂也，金石絲竹所以道德也，樂行而民鄉方矣。故樂者治人之盛者也，而墨子非之。且樂也者，和之不可變者也；禮也者，理之不可易者也。樂合同，禮別異，禮樂之統，管乎人心矣。窮本極變，樂之情也；著誠去僞，禮之經也。墨子非之，幾遇刑也。明王已沒，莫之正也。愚者學之，危其身也。君子明樂，乃其德也。亂世惡善，不此聽也。於乎哀哉，不得成也。弟子勉學，無所營也。謝云：「勉，元刻作『免』，古通用。」荀子樂論篇。右難非樂。

墨子稱：景公問晏子以孔子而不對，又問，三皆不對。公曰：「以孔子語寡人者衆矣，俱以爲賢人，今問子而不對，何也？」晏子曰：「嬰聞孔子之荆，知白公謀而奉之以石乞。勸下亂上，教臣弑君，非聖賢之行也。」見非儒下篇。詰之曰：楚昭王之世，夫子應聘如荆，不用而反，周旋乎陳宋齊衞。楚昭王卒，惠王立，十年，令尹子西乃召王孫勝以爲白公。宋咸注云：「史云『二年』，此云『十年』。」是時魯哀公十五年也，夫子自衞反魯居五年矣。白公立一年，然後乃謀作亂。亂作在哀公十六年秋也，夫子已卒十旬矣。墨子雖欲謗毁聖人，虚造妄言，柰此年世不相值何？

墨子曰：「孔子至齊，見景公，公悦之，封之於尼谿。晏子曰：『不可。夫儒浩居而自順，浩，宋本作「法」，明刻本作「浩」，與非儒篇同，今從之。立命而怠事，崇喪遂哀，盛用繁禮，其道不可以治國，其學不可以導家。』非儒篇作「衆」，此疑誤。公曰：『善。』」見非儒下篇。詰之曰：即如此言，晏子爲非儒惡禮，不欲崇喪遂哀也。察傳記，晏子之所行，未有以異於儒焉。又景公問所以爲政，晏子荅以禮云，景公〔二〕曰：「禮其可以治乎？」晏子曰：「禮於政與天地並。」此則未有以惡於禮也。晏桓子卒，晏嬰斬衰枕草，苴絰帶杖，菅菲食粥，居於倚廬，遂哀三年。此又未有以異於儒也。若能以口非之，而躬行之，晏子所弗爲。

〔二〕「景公」，原誤「晏公」，據孔叢子詰墨篇改。

墨子曰：「孔子怒景公之不封己，乃樹鴟夷子皮於田常之門〔一〕。」見非儒下篇。詰之曰：夫樹人，爲信己也。記曰：「孔子適齊，惡陳常而終不見。常病之，亦惡孔子。」交相惡而又任事，其然矣。記又曰：「陳常弑其君，孔子齋戒沐浴而朝請討之。」觀其終，不樹子皮審矣。

墨子曰：「孔子爲魯司寇，舍公家而奉季孫。」見非儒下篇。詰之曰：若以季孫爲相，司寇統焉，奉之自法也。若附意季孫，季孫既受女樂，則孔子去之；季孫欲殺囚，則孔子赦之，非苟順之謂也。

墨子曰：「孔子厄於陳、蔡之閒，子路烹豚，孔子不問肉之所由來而食之；剥人之衣以沽酒，孔子不問酒之所由來而飲之。」見非儒下篇。詰之曰：所謂厄者，沽酒無處，藜羹不粒，乏食七日，若烹豚飲酒，則何言乎厄？斯不然矣。且子路爲人，勇於見義，縱有豚酒，不以義不取之可知也，又何問焉？

墨子曰：「孔子諸弟子，子貢、季路輔孔悝以亂衞，陽虎亂魯，佛肸以中牟叛，漆雕開形殘。」見非儒下篇。詰之曰：如此言，衞之亂，子貢、季路爲之耶？斯不待言而了矣。陽虎

〔一〕「門」，原誤「問」，據非儒下篇改。

欲見孔子，孔子不見，何弟子之有？佛肸以中牟叛，召孔子，則有之矣，爲孔子弟子，未之聞也。且漆雕開形殘，非行己之致，何傷於德哉！

墨子曰：「孔子相魯，齊景公患之，謂晏子曰：『鄰有聖人，國之憂也。今孔子相魯，爲之若何？』晏子對曰：『君其勿憂。彼魯君，弱主也，孔子，聖相也。不如陰重孔子，欲以相齊，則必强諫魯君，魯君不聽，將適齊，君勿受，則孔子困矣。』」今本書無。畢沅云：「疑非儒上篇佚文。」詰之曰：按如此辭，則景公、晏子畏孔子之聖也。上乃云乃，宋本作「而」。「非聖賢之行」，上下相反，若晏子悖，可也，否宋本作「不然」。則不然矣。

墨子曰：「孔子見景公，公曰：『先生素不見晏子乎？』對曰：『晏子事三君而得順焉，是有三心，所以不見也。』公告晏子。晏子曰：『三君皆欲其國安，是以嬰得順也。聞君子獨立不慙於影，今孔子伐樹削迹，不自以爲辱，自窮陳、蔡，不自以爲約。始吾望儒貴之，今則疑之。』」畢云：「疑非儒上篇佚文。」詰之曰：若是乎，孔子、晏子交相毀也？小人有之，君子則否。孔子曰：「靈公汙，而晏子事之以潔；莊公怯，而晏子事之以勇；景公侈，而晏子事之以儉。晏子，君子也。」梁丘據問曰：「晏子事三君而不同心，而俱順焉，仁人固多心乎？」晏子曰：「一心可以事百君，百心不可以事一君。故三君之心非一也，而嬰之心非三也。」孔子聞之曰：「小子記之！晏子以一心事三君，君子也。」如此，則孔子譽晏子，非所謂毀而不見也。景公問晏子曰：「若人之衆，則有孔子乎？」對曰：「孔子者，君子行有節者也。」晏子又曰：「盈成匡，晏子春秋外篇作「盆成适」，此疑誤。父之孝子，兄之弟弟也。其父尚爲孔子門人，尚，晏子春秋作「嘗」，古通。門人且以爲貴，則其師亦不賤矣。」是則晏子亦譽孔子，可知也。夫德之不修，己之罪也，不幸而屈於人，己之命也。伐樹削迹，絶糧七日，何約乎哉！明刻本作「故」，據宋本正。若晏子以此而疑儒，則晏子亦不足賢矣。

墨子曰：「景公祭路寢，聞哭聲，問梁丘據，對曰：『魯孔子之徒也。其母死，服喪三年，喪，宋本作「哀」。哭泣甚哀。』公曰：『豈不可哉？』晏子曰：『古者聖人非不能也，而不爲者，知其無補於死者，而深害生事故也。』」畢云「疑非儒上篇佚文。」詰之曰：墨子欲以親死不服，三日哭而已，於意安者，卒自行之，空用晏子爲引，而同乎己，適證其非耳。且晏子服父禮，則無緣非行禮者也。曹明問子魚曰：「觀子詰墨者之辭，事義相反，墨者妄矣。假使墨者復起，對之乎？」荅曰：「苟得其理，雖百墨，吾益明白焉。失其正，雖一人，猶不能當前也。墨子之所引者，矯晏子，晏子之善吾先君，先君之善晏子，其事庸盡乎？」曹明曰：「可得聞諸？」子魚曰：「昔齊景公問晏子曰：『吾欲善治，可以伯諸侯乎？』伯，明刻作「霸」，今從宋本。對曰：『官未具也。臣亟以聞，而君未肯然也。臣聞孔子聖人，然猶居處勌惰，廉隅不修，則原憲、季羔侍；氣鬱而疾，宋本作「一食血氣不休」，今從明刻本，與晏子春秋内篇問上合。志意不通，則仲由、卜商侍；德不盛，行不勤，則顏、閔、冉、雍侍。今君之朝臣萬人，立車千乘，不善之政加於下民者衆矣，未能以聞者。臣故曰：官未備也。』此又晏子之善孔子者也。子曰：『晏平仲善與人交，久而敬之。』此又孔子之貴晏子者也。」曹明曰：「吾始謂墨子可疑，今則決妄不疑矣。」孔叢子詰墨篇。右難非儒。

三年之喪，是强人所不及，而以僞輔情也。三月之服，是絶哀而迫切之性也。夫儒墨不原人情之終始，而務以行相反之制。淮南子齊俗訓。高注云：「三月之服，夏后氏之禮。」右難節葬。

聖賢之業，皆以薄葬省用爲務。然而世尚厚葬，有奢泰之失者，儒家論不明，墨家議之非故也。墨家之議右鬼，以爲人死輒爲神鬼，而有知能，形而害人，故引杜伯之類以爲效驗。儒家不從，以爲死人無知，不能爲鬼，然而賻祭備物者，示不負死以觀生也。陸賈依儒家而説，故其立語不肯明處。劉子政舉薄葬之奏，務欲省用，不能極論。是以世俗内持狐疑之議，外聞杜伯之類，又見病且終者，墓中死人來與相見，故遂信是。謂死如生，閔死獨葬，魂孤無副，丘墓閉藏，穀物乏匱，故作偶人以侍尸柩，多藏食物以歆精魂。積浸流至，或破家盡業以充死棺，殺人以殉葬，以快生意，非知其内無益，而奢侈之心外相慕也。以爲死人有知，與生人無以異。孔子非之，而亦無以定實。然而陸賈之論，兩無所處。劉子政奏亦不能明儒家無知之驗，墨家有知之故。事莫明於有效，論莫定於有證，空言虛語，雖得道心，人猶不信。是以世俗輕愚信禍福者，畏死不懼義，重死不顧生，竭財以事神，空家以送終。辯士文人有效驗，若墨家之以杜伯爲據。則死無知之實可明，薄葬省財之教可立也。今墨家非儒，儒家非墨，各有所持，故乖不合，業難齊同，故二家争論。世無祭祀復生之人，故死生之義未有所定。實者死人闇昧，與人殊途，其實荒忽，難得深知。有知無知之情不可定，爲鬼之實不可是。通人知士雖博覽古今，窺涉百家，條入葉貫，不能審知。唯聖心賢意，方比物類，爲能實之。夫論不留精澄意，苟以外效立事是非，信聞見於外，不詮訂於內，是用耳目論，不以心意議也。夫以耳目論，則以虚象爲言；虚象效，則以實事爲非。是故是非者，不徒耳目，必開心意。墨議不以心而原物，苟信聞見，則雖效驗章明，猶爲失實。失實之議難以教，雖得愚民之欲，不合知者之心。喪物索用無益於世，此蓋墨術所以不傳也。墨家之議，自違其術，其薄葬而又右鬼。右鬼引效，以杜伯爲驗。杜伯死人，如謂杜伯爲鬼，則夫死者審有知，如有知而薄葬之，是怒死人也。情欲厚而惡薄，以薄受死者之責，雖右鬼，其何益哉？如以鬼非死人，則其信杜伯非也；如以鬼是死人，則其薄葬非也。術用乖錯，首尾相違，故以爲非，非與是不明，皆不可行。王充論衡薄葬篇。右難明鬼、節葬。

儒家之宗孔子也，墨家之祖墨翟也。且案儒道傳而墨法廢者，儒之道義可爲，而墨之法議難從也。何以驗之？墨家薄葬右鬼，道乖相反，違其實，宜以難從也。乖違如何？使鬼非死人之精也，右之未可知；今墨家謂鬼審人之精也，厚其精而薄其屍，此於其神厚而於其體薄也，薄厚不相勝，華實不相副，則怒而降禍，雖有其鬼，終以死恨。人情欲厚惡薄，神心猶然，用墨子之法事鬼求福，福罕至而禍常來也。以一況百，而墨家爲法，皆若此類也。廢而不傳，蓋有以也。論衡案書篇。右難明鬼。

墨子貴兼，孔子貴公，皇子貴衷，田子貴均，列子貴虛，料子貴別，囿其學之相非也，數世矣而已，何焯校云：「『而』下疑脱『不』字。」皆弇於私也。爾雅釋詁邢昺疏引尸子廣澤篇。呂氏春秋不二篇云：「老耽貴柔，孔子貴仁，墨翟貴廉，關尹貴清，子列子貴虛，陳駢貴齊，陽生貴己，孫臏貴勢，王廖貴先，兒良貴後。」案：呂覽云「墨子貴廉」，「廉」疑即「兼」之借字。

孟子曰：「楊氏爲我，是無君也；墨氏兼愛，是無父也。無父無君，是禽獸也。」孟子滕文公上篇。孟子曰：「墨子兼愛，摩頂放踵，利天下爲之。」告子下篇。

不侈於後世，不靡於萬物，不暉於數度，釋文云：「暉，崔本作『渾』。」以繩墨自矯而備世之急，古之道術有在於是者。墨翟、禽滑釐聞其風而説之，説，成玄英本作「悦」。爲之大過，大，成本作「太」。已之大順。釋文云「『順』或作『循』。」案：成本作「循」。疏云「循，順也」。作爲非樂，命之曰節用；生不歌，死無服。墨子氾愛兼利而非鬬，其道不怒；又好學而博，不異，不與先王同，毁古之禮樂。黄帝有咸池，堯有大章，舜有大韶，禹有大夏，湯有大濩，文王有辟雍之樂，武王、周公作武。古之喪禮，貴賤有儀，上下有等，天子棺槨七重，諸侯五重，大夫三重，士再重。今墨子獨生不歌，死不服，桐棺三寸而無槨，以爲法式。以此教人，恐不愛人；以此自行，固不愛己。未敗墨子道，釋文云：「『敗』或作『毀』。墨子是一家之正，故不可以爲敗也。崔云：未壞其道。」雖然，歌而非歌，哭而非哭，樂而非樂，是果類乎？其生也勤，其死也薄，其道大觳；郭注云：「觳，無潤也。」使人憂，使人悲，其行難爲也，恐其不可以爲聖人之道，反天下之心，天下不堪。墨子雖獨能任，柰天下何！離於天下，其去王也遠矣。墨子稱道曰：「昔者成本無「者」字。禹之湮洪水，決江河而通四夷九州也，名川三百，支川三千，釋文云：「支川，本或作『支流』。」小者無數。禹親自操橐耜而九雜天下之川，腓無胈，脛無毛，沐甚雨，櫛疾風，置萬國。禹大聖也，而形勞天下也如此。」釋文「橐」作「槀」，云：「槀，舊古考反。崔、郭音託，字則應作『橐』。崔云：『囊也。』司馬云：『盛土器也。』『九』音鳩，本亦作『鳩』，聚也。雜，本或作『朵』，音同。崔云：『所治非一，故曰雜也。』崔本『甚』作『湛』，音淫。」詒讓案：此當從「橐」爲是，釋文本非。成本亦作「橐」，疏同司馬義，又云：「舟檝往來，九州雜易。又解：凡經九度，言九雜也。又本作『鳩』者，言鳩雜川谷以導江河也。」案：九雜，猶言九帀也，成引一解云「經九度」者是也。諸說並未得其指。使後世之墨者，多以裘褐爲衣，以跂蹻爲服，日夜不休，以自苦爲極，釋文云：「李云：『麻曰屩，木曰屐。』屐與跂同，屩與蹻同。」曰：「不能如此，非禹之道也，不足謂墨。」相里勤之弟子五侯之徒，南方之墨者苦獲、已齒、鄧陵子之屬，俱誦墨經，而倍譎不同，相謂別墨；以堅白同異之辯相訾，以觭偶不仵之辭相應；以巨子爲聖人，釋文云：「巨子，向、崔本作『鉅』。」皆願爲之尸，冀得爲其後世，至今不決。墨翟禽滑釐之意則是，其行則非也。將使後世之墨者，必自苦以腓無胈，脛無毛，相進而已矣。亂之上也，治之下也。雖然，墨子真天下之好也，將求之不得也，雖枯槁不舍也。才士也夫！莊子天下篇。

駢於辯者，纍瓦結繩竄句，遊心於堅白同異之閒，而敝跬譽無用之言非乎？而楊墨是已。莊子駢拇篇。

不知壹天下、建國家之權稱，上功用、大儉約而優差等，曾不足以容辨異、縣君臣。然而其持之有故，其言之成理，足以欺惑愚衆，是墨翟、宋鈃也。荀子非十二子篇。

今以一人兼聽天下，日有餘而治不足者，使人爲之也。大有天下，小有一國，必自爲之然後可，則勞苦耗顇莫甚焉。如是，則雖臧獲不肯與天子易埶業。以是縣天下，一四海，何故必自爲之？爲之者，役夫之道也，墨子之説也。論德使能而官施之者，聖王之道也，儒之所謹守也。荀子王霸篇。

墨子有見於齊，無見於畸；楊注云：「畸，謂不齊也。墨子著書有上同、兼愛，是見齊而不見畸也。」有齊而無畸，則政令不施。楊注云：「夫施政令所以治不齊者，若上同，則政令何施也？」荀子天論篇。

墨子蔽於用而不知文，楊注云：「欲使上下勤力，股無胈，脛無毛，而不知貴賤等級之文飾也。」宋子蔽於欲而不知得，慎子蔽於法而不知賢，申子蔽於執而不知知，楊云：「下『知』音智。」惠子蔽於辭而不知實，莊子蔽於天而不知人。故由用謂之道盡利矣，楊云：「由，從也。若由於用，則天下之道無復仁義，皆盡於求利也。」由俗謂之道盡嗛矣，楊云：「『俗』當爲『欲』，『嗛』與『慊』同，快也。」由法謂之道盡數矣，由執謂之道盡便矣，由辭謂之道盡論矣，由天謂之道盡因矣。此數具者，皆道之一隅也。夫道者，體常而盡變，一隅不足以舉之。曲知之人，觀於道之一隅而未之能識也，故以爲足而飾之，內以自亂，外以惑人，上以蔽下，下以蔽上，此蔽塞之禍也。荀子解蔽篇。

世之顯學，儒墨也。儒之所至，孔丘也；墨之所至，墨翟也。自孔子之死也，有子張之儒，有子思之儒，有顏氏之儒，有孟氏之儒，有漆雕氏之儒，有仲良氏之儒，道藏本「良」作「梁」，聖賢羣輔録同，今從宋本。良、梁字通。有孫氏之儒，顧廣圻云：「即荀卿。」案：顧説是也。羣輔録作「公孫氏」，疑不足據。有樂正氏之儒。自墨子之死也，有相里氏之墨，有相夫氏之墨，有鄧陵氏之墨。故孔墨之後，儒分爲八，墨離爲三，取舍相反不同，而皆自謂真孔墨。孔墨不可復生，將誰使定世之學乎？孔子、墨子俱道堯舜，而取舍不同，皆自謂真堯舜。堯舜不復生，將誰使定儒墨之誠乎？殷周七百餘歲，虞夏二千餘歲，而不能定儒墨之真，今乃欲審堯舜之道於三千歲之前，意者其不可必乎！無參驗而必之者，愚也；弗能必而據之者，誣也。故明據先王，必定堯舜者，非愚則誣也。愚誣之學，襍反之行，明主弗受也。墨者之葬也，冬日冬服，夏日夏服，桐棺三寸，服喪三月，世主以爲儉而禮之。「主」字舊本脱，今據盧文弨、顧廣圻校補。儒者破家而葬，服喪三年，大毁扶杖，世主以爲孝而禮之。夫是墨子之儉，將非孔子之侈也；是孔子之孝，將非墨子之戾也。今孝戾、侈儉俱在儒墨，而上兼禮之。韓非子顯學篇。

夫弦歌鼓舞以爲樂，盤旋揖讓以脩禮，厚葬久喪以送死，孔子之所立也，而墨子非之。兼愛、尚宋本作「上」。賢、右鬼、非命，墨子之所立也，而楊子非之。淮南子氾論訓。

墨子學儒者之業，受孔子之術，以爲其禮煩擾而不悦，許注云：「悦，易也。」王念孫云：「當爲『侻』。」厚葬靡財而貧民，服傷生而害事，王云：「當云『久服』，此脱『久』字。」故背周道而用夏政。禹之時，天下大水，禹身執虆臿，今本譌「垂」，據宋本正。以爲民先，剔河而道九岐，鑿江而通九路，辟五湖而定東海。當此之時，燒不暇撌，濡不給扢，死陵者葬陵，死澤者葬澤，故節財薄葬閑宋本作「閒」。服生焉。淮南子要略。

蓋墨翟宋之大夫，善守禦，爲節用。或曰並孔子時，或曰在其後。史記孟子荀卿傳。

墨者儉而難遵，是以其事不可偏循。然其彊本節用，不可廢也。墨者亦尚堯舜道，言其德行，曰：「堂高三尺，土階三等，茅茨不翦，采椽不刮；食土簋，集解：「徐廣曰：一作『塯』。」啜土刑，糲粱之食，藜藿之羹；夏日葛衣，冬日鹿裘。其送死，桐棺三寸，舉音不盡其哀，教喪禮，必以此爲萬民之率。使天下法若此，則尊卑無别也。夫世異時移，事業不必同，故曰儉而難遵。要曰彊本節用，則人給家足之道也，此墨子之所長，雖百家弗能廢也。史記自序司馬談論六家要指。

儒譏墨以上同、兼愛、上賢、明鬼，而孔子畏大人，居是邦不非其大夫，春秋譏專臣，不上同哉？孔子泛愛親仁，以博施濟衆爲聖，不兼愛哉？孔子賢賢，以四科進褒弟子，疾没世而名不稱，不上賢哉？孔子祭如在，譏祭如不祭者，曰「我祭則受福」，不明鬼哉？儒墨同是堯舜，同非桀紂，同修身正心以治天下國家，奚不相悦如是哉？余以爲辯生於末學，各務售其師之説，非二師之道本然也。孔子必用墨子，墨子必用孔子，不相用不足爲孔墨。韓愈昌黎集讀墨子。

右通論。

墨家諸子鉤沈第六

劉歆七略諸子十家，墨爲第六。漢志箸録六家，自墨子書外，史佚遠在周初，爲墨學所從出。史佚書漢以後不傳，近馬國翰輯本一卷，僅録左傳、周書所載史佚語及遺事數條，無由定其爲二篇之佚文，今不録。胡非隨巢二子，皆墨子弟子；田俅與秦惠王同時，似亦逮見墨子者；我子則六國時爲墨學者，我子書漢以後不傳，古書亦絶無援引。時代或稍後與？田俅書惟阮孝緒七録尚箸録，唐初已亡。見隋志。隋經籍志、唐經籍藝文志及梁庾仲容子鈔、見意林及高似孫子略。馬總意林，僅録胡非、隋巢二家，餘並不存。而別增纏子一家，則即漢志儒家董無心之書也。至宋崇文總目而盡亡。惟纏子爲董子，宋時尚存，崇文目及宋史藝文志並入儒家。使非墨子本書具存，則九流幾絶其一，甚足悕也。田俅以下四家之書，近世有馬國翰校輯本，田俅、隨巢書，別有仁和勞格輯本，不及馬本之詳。檢覈羣書，不無遺闕，今略爲校補，都爲一篇。孤文碎語，不足以攷其閎恉。然田俅盛陳符瑞，非墨氏徵實之學，與其自對楚王以文害用之論亦復乖啎，或出依託。隨巢、胡非則多主於明鬼、非鬭，與七十一篇之恉若合符契。而隨巢之説兼愛曰「有疏而無絶，有後而無遺」，則尤純篤無疵。是知愛無差等之論，蓋墨家傳述之末失，後人抵巇蹈瑕，遂爲射者之的，其本意固不如是也。捊而録之，以見先秦墨家沿流之論，或亦網羅放失者所不廢乎？

墨家諸子箸録

漢書藝文志諸子：

尹佚二篇。周臣，在成、康時也。田俅子三篇。先韓子。我子一篇。顏注引劉向云：「爲墨子之學。」隨巢子六篇。墨翟弟子。胡非子三篇。墨翟弟子。墨子七十一篇。名翟，爲宋大夫，在孔子後。右墨六家八十六篇。墨家者流，蓋出於清廟之守。茅屋采椽，是以貴儉；養三老五更，是以兼愛；

選士大射，是以上賢；宗祀嚴父，是以右鬼；如淳曰：「右鬼，謂信鬼神，如杜伯射宣王，是親鬼而右之。」師古曰：「右猶尊尚也。」詒讓案：右鬼，即本書明鬼三篇。順四時而行，是以非命；蘇林曰：「非有命者，言儒者執有命，而反勸人修德積善，政教與行相反，故譏之也。」如淳曰：「言無吉凶之命，但有賢不肖善惡。」以孝視天下，是以上同，如淳曰：「言皆同可以治也。」師古曰：「墨子有節用、兼愛、上賢、明鬼神、非命、上同等諸篇，故志歷序其本意也。」此其所長也。及蔽者爲之，見儉之利，因以非禮；推兼愛之意，而不知別親疏。

阮孝緒七録子録：

墨部四種，四帙一十九卷。廣弘明集三。

案：阮録久佚，其細目弘明集未載。以隋志攷之，蓋墨子十五卷、目一卷，隋巢子一卷，胡非子一卷，田俅子一卷，隋志云「梁有」，即據阮録言之。通爲四帙一十九卷，與部數正合。

隋書經籍志子：

墨子十五卷、目一卷，宋大夫墨翟撰。隨巢子一卷，巢似墨翟弟子。胡非子一卷。非似墨翟弟子，梁有田俅子一卷，亡。右三部，合一十七卷。墨者，强本節用之術也，上述堯舜之道，夏禹之行，茅茨不翦，糲粱之食，桐棺三寸，貴儉兼愛，嚴父上德，以孝示天下，右鬼神而非命。漢書以爲本出清廟之守，然則周官宗伯「掌建邦之天神地祇人鬼」、肆師「掌立國祀及兆中廟中之禁令」，是其職也。愚者爲之，則守於節儉，不達時變，推心兼愛，而混於親疏也。

舊唐書經籍志丙部子録：

墨子十五卷。墨翟撰。　胡非子一卷。右墨家二部，凡一十六卷。

唐書藝文志丙部子録：

墨子十五卷。墨翟。　隨巢子一卷。胡非子一卷。　右墨家類三家，三部一十七卷。

馬總意林：高似孫子略載梁庾仲容子鈔目同。

胡非子一卷。墨子十六卷。纏子一卷。隨巢子一卷。

案：宋史藝文志墨家唯存墨子一種，餘均不箸録，崇文總目以後諸家書録並同。鄭樵通志藝文略全録漢隋唐諸志，徒存虚目，無關攷證，今並不録。晁公武郡齋讀書志本列子楊朱篇張湛注及唐柳宗元説，以晏子春秋入墨家，與各史志並異，亦不足據。並詳畢氏篇目考。

隨巢子佚文

執無鬼者曰：越蘭問隨巢子曰：「鬼神之智何如聖人？」曰：「聖也。」疑當作「賢於聖也」。越蘭曰：「治亂由人，何謂鬼神邪？」隨巢子曰：「聖人生於天下，未有所資。鬼神爲四時八節，以紀育人，乘雲雨潤澤，以繁長之，皆鬼神所能也，豈不謂賢於聖人？」意林一。

有疏而無絶，有後而無遺。大聖之行，兼愛萬民，疏而不絶。賢者欣之，不肖者則憐之。賢而不欣，是賤德也；不肖不憐，是忍人也。同上。太平御覽四百一引「大聖之行」五句，「民」作「物」，末二句作「賢則欣之，不肖則矜之。」

有陰而遠者，有憚明而功者。杜伯射宣王於畝田，是憚明而功者。荀子王霸篇楊注。案：「功」疑並當爲「切」。「畝田」即圃田，見本書明鬼篇。

明君之德，察情爲上，察事次之。晉書石崇傳自理表。

史皇産而能書。北堂書鈔七。

禹産於碮石，啟生於石。藝文類聚六、太平御覽五十一。書鈔一引「啟生碮石」。案：淮南子脩務訓云「禹生於石，史皇産而能書」，疑並用隨巢子文。史記六國表集解引皇甫謐云「禹生石紐」，「碮石」疑即「石紐」也。

禹娶塗山，治鴻水，通轘轅山，化爲熊。塗山氏見之，慙而去，至嵩高山下，化爲石。禹曰：「歸我子。」石破北方而生啟。馬驌繹史十二。

昔三苗大亂，龍生于廟，犬哭于市。御覽九百五。案：此與本書非攻下篇文同。

三苗將亡，天雨血，夏有冰，地坼及泉，青龍生於廟，日夜出，晝日不出。劉恕通鑑外紀帝舜紀引隨巢子、汲冢紀年。疑兼用二書文。

昔三苗大亂，天命殛之。夏后受於玄宮，類聚無「殛之」及「后」字，「受」作「屬」。御覽八百八十二無

「於玄宮」三字。海録碎事引作「天命夏禹於玄宮」。**有大神，人面鳥身，降而福**御覽八十二作「輔」，八百八十二作「富」。**之，**案：此與非攻下篇文略同。**司禄益食而民不飢，司金益富而國家實，**御覽作「寶」。**司命益年而民不夭，**類聚、碎事並無「益食而民不飢司金」八字，御覽八十二無「司録益食」二句。**四方歸之。禹乃克三苗，而神民不違，**御覽無此句。**闢土以王。**類聚十引至「神民不違」。御覽八十二，又八百八十二引至「四方歸之」。海録碎事十節引五句。

三苗大亂，天命殛之，夏后受之。無方之澤出神馬，四方歸之。稽瑞。

夏桀德衰，岱淵沸。御覽七十。

夷羊在牧，史記周本紀集解。**飛拾滿野，**史記周本紀索隱。**天鬼不顧，亦不賓滅。**同上。案：史記周本紀：「武王曰：「維天不饗殷，自發未生至於今六十年，麋鹿在牧，蜚鴻滿野，天不〔二〕享殷，乃今有成。維建殷，其登名民三百有六十夫，不顯亦不賓滅。」集解：「徐廣曰：「此事出周書及隨巢子。」索隱亦云：「亦見周書及隨巢子，頗復脱錯。」是隨巢子蓋全用彼文而多錯異，今無可攷。

姬氏之興，河出緑圖。書鈔一百五十八。案：此與本書非攻篇文略同。

殷滅，周人受之，河出圓圖也。書鈔九十六。

〔二〕「不」字原脱，據史記補。

天賜武王黄鳥之旗以伐殷。書鈔一百二十，御覽三百四十。案：此與本書非攻篇文同。

幽、厲之時，天旱地坼。御覽八百七十九。

幽、厲之時，奚祿山壞。天賜玉玦於羿，遂以殘其身，以此爲福而禍。御覽八百五。

召人以環，絶人以玦。書鈔一百二十八、御覽六百九十二。

胡非子佚文

胡非子脩墨以教。有屈將子好勇，聞墨者非鬭，帶劒危冠往見胡非子，劫而問之曰：「將聞先生非鬭，而將好勇，有説則可，無説則死。」太平御覽四百九十六，下云：「胡非子爲言五勇，屈將子悦服。」蓋約引，意林引無此段。御覽四百三十七引無首句，作「屈將子好勇，見胡非，刻而問曰：聞先生非鬭士而好勇」，下二句同。「刻」即「劫」之譌。御覽「而」下無「將」字，馬本依繹史引補。胡非子曰：「吾聞勇有五等。夫意林無此七字。負長劒，赴榛薄，析御覽作「折」，文選注同。兕豹，搏熊羆，此御覽無「此」字，下並同。獵徒之勇也；負長劒，赴深泉，文選注引作「淵」，此唐人避諱改。斬御覽作「折」，文選注同。蛟龍，搏黿鼉，此漁人之勇也；登高陟危，御覽作「登高危之上」。鵠御覽作「鶴」。立四望，顔色不變，此陶缶之勇也；缶，御覽作「匠」。案：説苑善説篇：「林既對齊景公云：夫登高臨危，而目不眴，而足不陵者，此工匠之勇悍也。」以彼校此，則御覽是也。剽必刺，視必殺，御覽作「若迕視必殺」。此五刑之勇也。昔齊桓公以魯爲南境，魯公憂之，三日不食。御覽作「昔齊桓公伐魯」，無「魯公」二句。曹劌聞之，觸齊軍，見桓公曰：「臣聞君辱臣死，君退師則可，不退，則臣請擊頸以血濺君矣。」意林作「曹沫請擊頸以血濺桓公」，無「聞之」以下二十四字，御覽引有之，而無「請擊頸」三字，馬互參校補。桓意林無「桓」字。公懼，不知所措，御覽無此句。管仲乃勸御覽作「曰許」。與之盟而退。意林無「而退」二字。夫曹劌，匹夫徒步之士，布衣柔履之人也，「柔」疑當爲「枲」，形近而譌。唯無怒，一怒而劫萬乘之師，存千乘之國。此謂君子之勇，勇之貴者也。太平御覽別引云「夫曹劌疋夫，一怒而卻齊侯之師，此君子之勇」，意林引作「夫曹沫，匹夫之士，布衣柔履之人，一怒卻萬乘之師，千乘之國，此君子之勇也」。晏嬰匹夫，一怒而沮崔子之亂，亦君子之勇也。五勇不同，公子將何處？」屈將悅，稱善。乃解長劍，釋危冠，而請爲弟子焉。太平御覽四百三十七。意林一引無「晏嬰」以下四十五字。文選王子淵聖主得賢臣頌李注引「負長劍，赴榛薄，折兕豹，赴深淵，斷蛟龍」五句。

善爲吏者樹其德。北堂書鈔七十七。

目見百步之外，而不能見其眥。藝文類聚十七。

一人曰：「吾弓良，無所用矢。」一人曰：「吾矢善，無所用弓。」羿聞之曰：「非弓，何以往矢？非矢，何以中的？」令合弓矢而教之射。御覽三百四十七。

田俅子佚文

黃帝時，稽瑞有「常」字。有草生於帝稽瑞無此字。庭階。若佞臣入朝，則草稽瑞有「屈而」二字。指之。名曰「屈軼」。稽瑞下有「草」字。是以佞人不敢進也。文選王元長三月三日曲水詩序李注、稽瑞。

少皞生於稚華之渚，渚一旦化爲山澤，鬱鬱葱葱焉。太平御覽八百七十二。

少昊氏都于曲阜，鞬鞮毛人獻其羽裘。御覽六百九十。

少昊之時，赤燕一雙，御覽作「白鷰一銜羽」。而飛集少昊氏之户，遺其丹書。藝文類聚九十九、御覽九百二十二。

堯爲天子，蓂莢生于庭，爲帝成歷也。文選張平子東京賦注，又張景陽七命注，又王元長三月三日曲水詩序注，又陸佐公新刻漏銘注。

昔帝堯之爲天下平也，出庖厨，爲帝去惡。稽瑞「萐蒲」注引。「平也」二字有誤。

堯時有獬廌，緝其毛爲帝帳。白孔六帖九十八。御覽八百九十引「有」作「獲」，「毛」作「尾」，「爲」上有「以」字。稽瑞「獬豸」注引云「堯時獲之，緝其皮以爲帳」。

渠搜之人服夏禹德，獻其珍裘，毛出五彩，光曜五色。御覽六百九十四。

商湯爲天子，都于亳，有神手牽白狼，口銜金鉤，而入湯庭。類聚九十九。

殷湯爲天子，白狐九尾。稽瑞

周武王時，倉庭國獻文章騶。稽瑞「文犀駭雞」注引。「章騶」疑當作「犀駭」，末又脱「雞」字。

纏子佚文

纏子脩墨氏之業，以教于世。儒有董無心者，其言修而謬，其行篤而庸。言謬則難通，行庸則無主。欲事纏子，纏子曰：「文言華世，不中利民，傾危繳繞之辭者，並不爲墨子所修。勸善兼愛，則墨子重之。」意林一。

纏子曰：「墨家佑鬼神。秦穆有明德，上帝賜之九十年。」論衡福虚篇。案：秦穆公事見本書明鬼篇。秦，今本譌「鄭」，當據此校正。「九十」當作「十九」，本書不誤。

桀爲天下，酒濁而殺廚人。紂王天下，熊蹯不熟而殺庖人。太平御覽九百八。

董子曰：「子信鬼神，何異以踵解結，終無益也！」纏子不能應。意林。

董無心曰：「無心，鄙人也。罕得事君子，不識世情。」文選陶淵明雜詩李注。又陸士衡文賦注，又陶淵明辛丑歲七月赴假還江陵夜行塗口詩注引並無「無心鄙人也」句。

董無心曰：「離婁之目察秋毫之末於百步之外，可謂明矣。」文選班孟堅答賓戲注。案：以上三條並董子難語，今附於後。

馬國翰云：「纏子一卷，不詳何人。漢、隋、唐志皆不著此書之目，書亦佚。馬總意林始載纏子一卷，引其書二節，中言與儒者董無心論難。按漢志儒家董子一篇，名無心，難墨子。王充論衡亦載董無心難纏子天賜秦穆公以年之説。文選注引纏子，亦載董無心言，蓋本董子之書，取爲纏子，如孔穿與公孫龍論臧三耳，孔叢子、公孫龍兩書並載之類。」纏子輯本序。

案：漢書藝文志儒家董子一篇，名無心，難墨子。隋唐舊經籍、新藝文。宋諸史志並一卷。並入儒家。晁公武讀書志云「吴祕注」，玉海引中興館閣書目云：「董子一卷，與學墨者纏子辯上同、兼愛、上賢、明鬼之非，纏子屈焉。」是纏子與董子塙爲一帙，主墨言之則題纏子，鄭樵通志蓺文略以董子箸録，而入墨家，則非。主儒言之則題董子，無二書也。館閣書目謂纏子屈於董子，與意林纏子不能應之言合，則是書自是先秦儒家遺籍，入墨家爲非其實。其書明時尚有傳本，見陳第世善堂書目。今則不復可得，佚文僅存六事，不足徵其論難之恉也。

黃跋

漢志墨子書列在爲墨學者我子及隨巢子、胡非子之後。其敘録偁：「墨家出於清廟之守，茅屋采椽，是以貴儉；養三老五更，是以兼愛；宗祀嚴父，是以右鬼；以孝視天下，是以上同。及蔽者爲之，見儉之利，因以非禮；推兼愛之意，而不知别親疏。」其文蓋出别録。然則詳劉向之意，七十一篇之書，多弟子所論篹。孟、荀、孔鮒諸所據以排斥墨氏者，抑亦有蔽者增坿之言，其本師之説不盡如是也。墨子生當春秋之後，戰國之初，憤文勝之極敝，欲一切反之質家，乃遂以儒爲詬病。其立論不能無偏宕失中，故傳其説者益倍譎不可訓。然其哀世變而恤民殷之心，宜可諒也。南皮張尚書嘗語紹箕曰：「荀卿有言，矯枉者必過其直。諸子志在救世，淺深純駁不同，其矯枉而過直一也。自非聖人，誰能無過？要在學者心知其意，斯可矣！」自太史公敘六家，劉向條九流，各以學術名其家，獨墨家乃繫以姓，豈非以其博學多方，周於世用，儒家之匹亞，異夫一曲不該、姝姝自悦者與？今觀其書，務崇儉約，又多名家及兵技巧家言。備城門以下二十□篇，今亡九篇。漢志兵技巧家注云「省墨子」，不言篇數。省者，别録有而志省也。西漢諸子多别行本，篇數多寡不一，觀管子、晏子、孫卿書録可見。任宏因楊僕兵録之舊，專輯兵書，與劉向所定箸未必一本。漢志兵家都數注云「省十家二百七十一篇」，以兵權謀家省九家二百五十九篇計之，則技巧家之墨子僅十二篇，疑字有脱誤。明鬼、非命，往復以申福善禍暴之義，與佛氏果報之説同。經上以下四篇，兼及幾何算學、光學、重學，則又今泰西之所以利民用而致富强者也。然西人覃思藝事，期於便己適用，爲閎侈以自娱樂而已。墨子備世之急，而勞苦其身，又善守禦而非攻，而西人逐逐焉惟兼并之是務，其宗旨蓋絶異。今西書，官私譯潤，孯覽日衆，況於中國二千年絶學、强本節用，百家不能廢之書，知言君子其惡可過而廢之乎？往讀鎮洋畢氏注本，申證頗多，而疑滯尚未盡釋。蓋墨書多引古書古事，或出孔子删修之外，其難通一也；奇字之古文，旁行之異讀，譌亂迻竄，自漢以來，殆已不免，加以誦習者稀，楮槧俗書重貤悂謬，無從理董，其難通二也；文體繁變，有專家習用之詞，有雅訓簡質之語，有名家奥衍之恉，有兵法藝術隱曲之文，其難通三也。江都汪氏中、武進張氏惠言，皆嘗爲此學，勒有成書，而傳本未覯。世丈孫仲頌先生，旁羅異本，博引古書，集畢氏及近代諸儒之説，從善匡違，增補扁略，取許叔重淮南閒詁之目，以署其書。太史公曰「書缺有閒，其軼乃時時見於他説」，鄭康成尚書大傳敍曰「音聲猶有譌誤，先後猶有差舛，重以篆隸之殊，不能無失。數子各論所聞，以己意彌縫其閒，别作章句」。所謂「閒」者，即指音聲之譌誤、先後之差舛、篆隸之殊失而言。「彌縫其閒」猶云彌縫其闕也。先生此書，援聲類以訂誤讀，宷文例以逡錯簡，推篆籀隸楷之遷變以刊正譌文，發故書雅記之晻昧以疏證軼事。其所變易，灼然如晦之見明；其所彌縫，奄然若合符復析。許注淮南全袠不可得見，以視高誘、張湛諸家之書，非但不愧之而已。紹箕幸與校字之役，既卒業，竊喜自此以後孤學舊文盡人通曉，亦淵如先生所云不覺僭而識其末也。黄紹箕謹跋。

修訂後記

我校點的墨子閒詁，二〇〇一年四月由中華書局出版。出版後一兩年，我看到一些讀者的文章，指出此書排印錯誤較多，我把書翻了一遍，果然錯誤不少。當時我打算謀之中華書局，把排印錯誤以及我自己的疏忽之處修訂一下，以備再版重印之需。但不久就參與了續修四庫全書提要史部整理稿的審稿工作，接下來又參與了多卷本中國家譜資料選編的文字審校工作，真的抽不出一點時間來修訂此書。直到現在我才有點時間，並得到中華書局同意，修訂此書。

修訂工作是這樣做的：

一、初版中發現有排錯的字和排錯的、不適當的標點，儘量改正。

二、原文極個別文字的校訂，我在初版中失校，現在發現的就糾正。

三、整理孫詒讓墨子閒詁，工作底本只有一種刻本，即宣統二年刻的定本墨子閒詁。但在宣統刻本之前還有一種光緒甲午（二十年）木活字印本，印量僅三百部，現在極難見到，已成「善本」。木活字本錯字比刻本多，但也有木活字本不錯而刻本反錯的。我當時整理，尚未見到木活字本墨子閒詁，乘這次修訂，我利用木活字本作參校本，糾正了刻本的個別錯字，雖僅二十餘條，但也是還墨子閒詁原面目。

四、標點體例前後不一致的地方儘量作了統一處理。關於標點體例問題，我在整理吳毓江墨子校注的點校説明和本書的前言中也提到過。雖然整體上要有個體例，但也不能過於拘泥體例而不顧古籍本身的特殊情況，例如正文中「子墨子言曰」後面的文字只加冒號，不加引號，文中明確引書或他人之言論，則加引號以標明起訖，所以「曰」後面並不一律加引號，前提是不會造成誤解文意。又例如某書某篇某人注曰、疏曰、傳曰，這個「注」、「疏」、「傳（即注）」可當作動詞「注解」處理，不加書名號，而也有人當作著作的名稱而加書名號。加與不加書名號，不影響對文意理解，但前後應該統一處理。我是主張不加的，不過限於整理者、編輯和校對者的精力，個別地方也會出現不統一的情況而被疏忽。至於泛稱李善文選注、服虔左傳注、酈道元水經注、楊倞荀子注之類，從整體上説可看作是一部著作，則宜加書名號。這次修訂，儘量在這方面分別情況，統一處理，但仍可能有疏漏而不一致之處，好在這類問題不會造成專業讀者對文意的誤解。

關於標點，有個問題可在這裏順便交待。就是在諸家校釋中，提到錯字，往往說：「『某』當爲『某』，字之誤（也）。」現在有人在「字之誤」或「字之誤也」前不加逗號，標點爲「『某』當爲『某』字之誤（也）」。這是不正確的。這裏「字之誤」本來是漢人校經的常用術語，比如鄭玄注三禮、詩就常用此語，它的意思是指兩個字因字形相近而誤，即後人說的「形訛」。與「字之誤」相對的，還有「聲之誤」，是指兩個字因字音相近而誤，即後人說的「音訛」。這兩個傳統校勘術語，爲清代以至近代的學者校勘古籍時常用，「字之誤」和「聲之誤」一樣，都不能連上文讀，應單獨爲句。假如我說「『士』爲『土』字之誤」，只是指出了錯字；但假如我說「『士』當爲『土』，字之誤也」，則不僅指出錯字，還說明了訛誤的原因。這其中的差別是明顯的。由於受到現代漢語的影響，往往不易看出這種差別，都作爲一句讀，所以校點的人要注意分清。

古人說，校書如掃落葉，旋掃旋生，所以這次雖然糾正、修飾、補充了近七百處，也不可能盡善盡美，但比起初版，質量應該有所提高，希望讀者繼續批評指正。對於初版的排印錯誤，造成讀者利用此書不方便，我也有責任，因爲校樣打出時，恰逢我臥病在床，沒有自己審改校樣。在這裏，我向讀者道歉！

此書初版已經重印過了，這個修訂版恐怕一時還不能付印，我就交與中華書局保存，以備下次再版重印之用。古籍是没有時效的，像墨子閒詁這類清代學術名著，就過一百年仍然有人看，所以提高整理本質量的必要性，並不會因爲一時需求量的大小而改變，因此我這次願意盡義務修訂。

孫啟治

二〇〇八年九月十一日